人才密码

向大同 著

WUHAN UNIVERSITY PRESS
武汉大学出版社

图书在版编目(CIP)数据

人才密码/向大同著 . —武汉：武汉大学出版社,2016.3
ISBN 978-7-307-17551-8

Ⅰ.人… Ⅱ.向… Ⅲ.人才—研究 Ⅳ.C96

中国版本图书馆 CIP 数据核字(2016)第 018920 号

责任编辑:郭 毅 周 莹   责任校对:李孟潇   版式设计:马 佳

出版发行:**武汉大学出版社**   (430072   武昌   珞珈山)
          (电子邮件:cbs22@ whu. edu. cn   网址:www. wdp. com. cn)
印刷:武汉中科兴业印务有限公司
开本:787×1092   1/16   印张:21.5   字数:443 千字   插页:1
版次:2016 年 3 月第 1 版   2016 年 3 月第 1 次印刷
ISBN 978-7-307-17551-8   定价:45.00 元

前　言

夫欲治理社会，必先了解人性；夫欲了解人性，必先研究人才。人世间的一切问题最后都会归结到人本身，归结到"人才"问题。

何谓人才？有一定自主行动能力，并能通过发挥自己的能力产生一定社会效果的人，就是本书之所谓"人才"。这种社会效果可能是正面的，也可能是负面的。智慧用于正道则表现为创造力，智慧误入歧途则表现为破坏力。人类的创造力集中表现于"人才"，人类的破坏力也集中表现于"人才"。① 是人才促进了技术进步和社会进步，也是人才制造了对立与战争。科学技术越发达，世界联系越紧密，那么，创造力的价值就越大，破坏力的破坏性就越强。历史的总趋势犹如大江东流去，这是必然的。但是，东流的大江在中途可能会折向，甚至逆流，历史具体到一定事变中则是"几可"的。而影响具体事变的关键性因素正是人才。

历史充满了主观色彩，那里有歌唱英雄主义的史诗，也有功利主义者的自我诡辩。而今天，在信息泛滥的世界里，有意的欺骗和无意的偏见有时让我们无所适从。对自由和人权的热爱，正在被夸张为对自我的放纵；对物质的迷信和追逐，正在把人性拉入堕落的陷阱。经济迟滞，地缘政治危机，恐怖主义威胁，还有诡谲的街头政治等等，这纷纷扰扰的世界究竟怎么了？

真理如同上帝，永远不会直观地站在人类面前，她只是在规律的

---

① 本书强调人的主体性和可塑性，选择的是广义上的人才概念。从今日之文明来说，也不宜认为某些人是人才，而另一些人不是人才。人人都是人才，区别在于做什么样的社会之材。

神庙中布道。而只有那些大智大慧的人，才更善于悟道。真理本身并不直接表现为力量，只有当它被懂得真理并善于运用真理的人所掌握，才会表现出辩证的必然性，表现出强大的力量。这是历史已经反复证明而我们却熟视无睹的一个命题。遗憾的是，在现实中，我们一直只专注寻找真理，却不研究哪些人才更善于感悟真理。

从某种程度上来说，缺乏对人才的科学研究和把握已经成为文明进程的一种障碍。

一

少年时代，总是爱听"精忠报国"、"三侠五义"一类的故事，并常常为那些唯美的英雄主义所感动，甚至萌生出种种做侠客义士的幻想。

走上社会后，少年梦幻很快被现实的困惑浇灭，似乎既没有"英雄"成长的土壤，也没有"侠客"的现实需求。困惑还不仅仅在于此，你的逻辑往往不对应领导的逻辑，你认为的道理并不一定被现实认同。对分歧的反思，促使笔者开始研究人才的差异性。

由于当时社会阅历尚浅，这项研究必须依靠对诸多历史人物的归类分析。所幸，因为一直对历史人物研究有浓厚的兴趣，积累了一些相关知识。

不久，笔者开始以《用才之道》为题进行写作，从如何重视人才、如何识别人才、如何合理用才等方面进行探讨。这篇文章是从人才管理角度切入的，但重点还是放在人才的分类研究上。该文章以连载的形式在一家企业报上刊登后，引起了很好的反响。一些读者看到部分章节后，打电话到报社讨要之前的报纸，以方便将文章整个联系起来读。

在随后二十多年的社会磨砺中，笔者接触到更多的人和事。有个性独断、以公权为私权的政客，有只顾眼前小利、不讲原则、不管大局的生意合伙人，有为人热情、不偏不倚的朋友，还有一些跟着感觉走的亲人朋友等，他们都生活于自我感知的世界。而潮起潮落，成功失败，几多悲欢离合故事——从权力高位锒铛入狱的有之，赌光千万资产的有之，被传销模式骗得潦倒不堪的有之。当然，脚踏实地走向成功彼岸的也不少。他们的经历证明着"性格决定命运"这一定理。

同时，笔者也一直关注更广阔的范围，包括国际国内的大事件，以及世界政坛风云人物的命运遭际。在最高位，不同个性的人才演绎的命运轨迹也不一样。本·拉登、卡扎菲的命运与他们的人才个性根本相连，贝卢斯科尼的庸俗剧也是属于他的个性表演。此外，还有强人普京，以及中庸的默克尔等，这个时代烙下了他们的个性印记。"是我们改变了世界，还是世界改变了我和你！"这是多么朴素的歌词，又包含了多么深厚的哲理。

越是更多地研究人才，越是深深地感受到人才对实践的作用力。

二

当然，我们还需要从一个更广大的社会视角来看待人才问题，即从社会文明进步要求的高度来看待人才问题。

在人类文明进程中，各种矛盾和斗争构成历史的主要情节。即使在发展最快的近 100 年文明进程中，一方面，生产关系大大改善，技术和物质的进步更是让人欢欣鼓舞；而另一方面，两次世界大战和诸多局部战争造成了巨大的牺牲。历史的沉重并没有唤醒和平之神，战争的阴云一直笼罩在地球的上空。

人性没有因为悲剧的锤炼而获得升华，盲目的自我讴歌并不能带我们走出现实的困惑。现存文明之最大不足就是：我们在对物质世界的认识取得长足进步的同时，对人本身认识的进步却少得可怜。正是因为把握不了自己，我们才对自己创造的文明感到恐惧。

古往今来产生了许多关于社会科学的宏大理论，但是，它们多半是政治斗争的工具，都专注于对外因的寻找，把我们因为自负而导致的对立归结为意识形态的分歧，把我们因为贪婪而导致的悲剧归罪于"物竞天择"的生存法则。而事实上，除了罪恶的灵魂，没有哪一场悲剧是不可以避免的。

美国前总统尼克松曾说："下个世纪（21 世纪）最大的挑战之一是不要再赞叹和陶醉于我们的技术力量，而要用他来处理信奉针锋相对的意识形态的人民之间依然存在——并将永远存在——的深刻分歧。"① 这只是一位平庸医生开出的常规处方，它所着眼的只是病人的病症处理。尼克松之所谓"技术力量"对人类健康而言不过是一种"感冒药"。而其所谓的"意识形态"不过是政客们充满偏见的政治口号。人类历史上的一些重大悲剧的根源恰恰在于我们盲目相信技术手段。

如果我们的注意力都只是集中在治病的药物上，人类的健康是不会有充分的保障的。药物是必需的，但不是根本的。只有在深入研究人体，把握"七经八脉、五脏六腑"的运作规律的基础上，创造出科学的保健方法，再辅之以具体药物，人类的健康才会有保障。

只有深入地研究人类精神的运动规律，把握人类的差异性本质特征，才能打开人类深层次的困惑之门。具体地说，就是要研究人本身、研究人才，找出人才作用于社会的规律。研究、把握人才之对于人类健康的重要性，就恰似研究把握人体运作规律和创造科学的保健方法之对于人体健康的重要性。

在本世纪，无论物质和技术如何进步，人才对社会的挑战仍将是我们面临的最重要的

---

① 理查德·尼克松著：《1999：不战而胜》，世界知识出版社，1989 年版，第 4 页。

战略课题之一。物质的充裕将充分释放人才的精神要求，而人才差异性特征将放大各种形式的分歧，因为，在放大的自我面前没有真理。不承认人才的差异性，这是道德的虚伪。不正视人才的差异性，我们就会不断重复昨天的悲剧故事。

当我们把人才研究上升到社会文明高度时，最初的趣味课题已经不再只是一个趣味了。我们希望找到人才本质，进而总结出人才发生作用的规律。

三

探索真理是一个从一般到抽象的过程，研究人才离不开大量活生生的事实，同时也离不开理论的抽象。在研究人的问题时，我们也尝试着结合人类学哲学进行考量。

我们首先看到了东西方关于人的哲学思考的方法论差异。

西方人类学哲学力图从单纯自然属性中抽象出人的本质，他们不断地探索"人是什么"的问题。从古希腊哲学家关于人的"理性"定义，到中世纪基督教的原罪说，到恩斯特·卡西尔的"符号的动物"，他们孜孜探索的答案显然都是"人是什么"的问题。他们努力想从人的现实表现中找到这个答案，于是，有人看到"理性"特征，有人认识到"感性"特征，还有人则看到了人的文化属性。然而，这些答案似乎仍然无法获得普遍的认同。特别是，当我们把这些认知用来审视不同人才的差异性反应时，这些哲学抽象就往往失之于玄远，显得现实作用力不够。那么，他们的方法论的缺陷在哪里？

东方的哲学家们偏重于人的社会属性定位，他们高度注重人的差异性反应，而不注重人本质的哲学抽象。在东方长期占统治地位的儒家学说实际上是一种道德学说，它注重的问题是"做什么样的人"。所以，儒家倡导"己所不欲勿施于人"、"仁者爱人"等。从孔子的明德亲民、教立而行，到董仲舒的"天人合一"，到程朱理学的"正心诚意"、"格物致知"、"存天理、绝人欲"，到王阳明的"知行合一"，儒家积极入世的实践理性精神得到充分的展现。在漫长的中国封建社会中，以儒家学说为基础建构的封建意识形态曾经发挥了积极的作用，是中国早期封建社会快速发展的重要精神保障。但是，毋庸讳言，在中国封建社会末期，儒家的"三纲五常"思想等也一度成为维护落后封建统治的工具，阻碍了社会思想的进步和社会革命的实践。显然，儒家学说关于人的思考也有其局限性，这与其对人的自然属性的忽视是不是有很大的关联呢？

东西方哲学家们没有从现象归纳中找到人的本质，即人何以成为他自己、成为差异性存在，这个问题并没有解决。传统人类学哲学研究显然忽略了什么，正是这种忽略使他们始终无法实现关于人的本质的抽象。

关于自然，我们有大爆炸理论，有太阳中心说，有万有引力定律，正是通过这样一些规律的揭示，使宇宙学真正进入了科学的殿堂。那么，人类物质体与精神的关系是什么样的？人类精神的中心在哪里？人类精神的引力是什么、又是如何发生作用的？这项研究显然无法从形而上学的推演中完成，更不可能在千差万别的现象堆砌中完成，而只能在人类学哲学与生物学的统一中完成。我们认为，只有采取"入乎其内而又出乎其外"的研究方法，把生物学原理与历史人物事实的抽象结合起来，才能把握人类精神的本质。

当我们试图将宇宙原理与人的本质结合起来考量时，我们看到了诸多宇宙特性在人的身上的反映。当我们深入研究人的物质体与精神的关系时，我们发现了精神的相对独立存在。而遵循围绕精神中心的运动轨迹，我们找到了人的自定义本质。正是因为这种自定义本质，我们超越一般动物的条件反射，成为有独立人格特征的高级生物。因为是自定义的，人才表现出多元的特征，表现出不同的道德属性和要求；因为是自定义的，主观色彩和个性差异充斥全部的文明史；因为是自定义的，人才有角色追求，也有角色转换的能力。每个人都有他的理由，因为他是自定义的。

从单纯的自然属性的抽象中找不到人的定义，从社会道德自觉的角度也无法透视人的本质，没有正视人类精神作为中心的存在，这就是制约人类学哲学发展的致命瓶颈。传统人类学哲学因为忽略了精神的独立存在本质，把精神当成了物质体的附庸，不可避免地把精神反应机械化，从而把"反应了什么"当成了本质，而忽略了"为什么而反应"。在一样的笑颜背后，不同的人有不同的用心，显然，这不同用心才是本质之所在。

通过对人才自定义本质的深入剖析，我们建构了完整的智慧人才学体系。从自定义本质着手，我们找到了东西方人类学哲学的结合点，找到了人的自然属性与社会属性的统一。我们不再为抽象概念所束缚，也不再盲目鼓吹超越自然人性的社会自觉。人类文明史用辉煌的进步轨迹证明了自定义的伟力，也用分歧和血腥见证了自定义的盲目。

人类文明的全部奥秘都存在于我们的自定义本质之中。

四

当我们用智慧人才学理论来反省实践时，我们对人才获得了全新的认识，并建立起智慧人才模型。

本书是在人才研究方法论上的一个创新。智慧人才学超越了传统人才研究的感性判断，建构起完整的人才精神运动分析模型，形成科学的人才识别体系。对人才个体而言，本理论帮他们定位了自己的"宝藏"所在，并告知了发掘的方法，对指导个体成才有现实的指导意义。而对人才管理而言，本理论是培养伯乐的教科书，也是管理人才的武功秘笈，将有益于减少实践中因用人失误而造成的损失。

我们都深受自己的智能特征的影响。当我们用智慧人才学理论来反省历史时，历史的因果链条变得更加清晰了，我们看到了历史人物的功与过、罪与罚与其个性之间的内在联系，不再被狭隘功利主义的偏见所迷惑。当我们用智慧人才学理论反省实践时，那些看似复杂的人际关系更清楚地显示出了它的脉络。那些积极进取之人士用成功证明了个性的积极性，而那些在错误道路上执迷不悟的人则用最后的挫折见证了自己的个性缺陷。同时，我们对于"人"的认识更加理性，并因为认知的升华而获得宽容。

当我们把人才研究与时代特征结合起来时，我们对本书的价值有了更大的自信。就像本书中所阐述的那样，因为全球化、信息化、高技术化、公开化、民主化、大数据化等方面的进步，我们已经进入一个战略时代。无论是面对急剧变化中的世界政治，还是面对大企业的跨国经营，小智慧已经无法掌舵时代的航母，战略管理人才已经成为非常现实的需要。而什么样的人才才是懂得战略制胜的战略家呢？时代使我们的这项研究变得更加有趣。

同时，在写作方法上，我们努力避免概念化，在通俗性和趣味性上下了很大的工夫，将大大方便读者的阅读和理解。

五

研究人才就会涉及人物评价的问题。本书对人才的评价没有任何倾向性，不带有任何政治观点或意识形态偏见。这是一种纯粹的人才学方法论。

首先，智慧人才学肯定所有人才的价值。人皆有才，才皆可用，重要的是了解自己的所长所短，找到适合自己的舞台。区分九型人才并不意味着分辨哪种智能特征最优越、哪种智能特征更弱势，而是要明晰它们在实践中的反应模式和发生作用的规律性。无论是哪种类型的人才，只有当他们的智能特征在一定环境中找准对应模式，实现最佳契合，其能力才能得到最大发挥。如果明珠暗投，大英雄也无用武之地；如果天时地利人和全都占有，任何类别的人才都可以成就一定的事业。而如果人才自我定位错误，总是选择自己不擅长的模式，遭受挫折就不可避免，甚至贻误一生。

其次，智慧人才学是一种人才学方法论，不带有任何政治色彩或道德偏见。每个人在价值判断上有先天的倾向性，但它本身不是道德。道德不是精神的先验审判，而是现实的利害得失，大道德就是统一正义和多数的价值，不道德就是因私而害公、损人以利己。每个人的智慧的辐射范围和作用力的大小都不同，但每一种智能特征都有他的特殊价值。本书中所有人才个性概念都是一种中性概念，不宜用传统思维去理解，如自我、任性、机会主义等概念。我们指出各类人才的优缺点，并不意味着否定任何一类人才或者其属性。"我们是如何成就自己的？又是如何成就他人的？"这就是我们的主题。

其三，社会的前进是用理想和功利两个轮子推动的。人们往往习惯于功利评价，然而，在纯粹的功利主义中是没有真理的，唯一的真理在于我们的精神与物质世界的和谐之中。每个人都是自由的存在，但这种自由必须统一于集体自由之中才是真正的自由；每种个性都有存在的理由，但任何个性不能以排斥其他个性为权力。文明制度的作用，就是通过建立、完善公平正义的沟渠，让不同的人才个性成为自由而不泛滥的水流，方便自我发展，同时造福社会。我们有幸生活于一个文明自由的时代，但是，对立和分歧仍然无所不在。只有懂得从自定义的起点开始反省自我，才能找到通往和谐世界的金钥匙，自由的伊甸园才会降临人间。

本书的意义还在于：人才学与社会科学、历史学、管理学等关联甚深，它的深入研究和发展将促进这三大学科的发展。它将给社会科学增加更多人性化的养料，使我们更方便突破理论的教条，而发现人才的创造性；它也将促进管理学的发展，使管理学突破经验主义的教条，增加更多科学的元素。智慧人才学还将对历史研究起到重大影响，因为历史是具体人才作用下的历史，特别是那些历史英雄，他们对阶段性历史的推动作用是非常巨大的。本书还会对心理咨询、刑事侦查等方面的工作提供有益的帮助。

当然，我们也知道，本书一定会引起复杂的反响。本书是一面精神之镜，照见了不同人才的智能短长。每个人都自定义为"聪明的"，本书对这种习惯心理定势是有一定冲击的。但是，自信者不盲目自大，自尊者不讳疾忌医。勇敢地面对这面镜子，就能通过合理修正使精神更见美丽；勇敢地反省自我，只会使我们变得更加强大。

世界上没有百分百真理，但我们要有百分百走向真理的勇气。我们的研究结果将为实践提供有价值的参考，我们竖起的这面镜子将有利于人才修正自己。

人生苦短，找准自己的成才模式就意味着成功了一半。社会复杂，把握人才就意味着接近胜利。

作　者

于 2015 年元月

目　录

第一章 | 人才自定义

> 上帝在创造人类时，特别给人类大脑加装了一个精神放大器。诸神对此不解，问："为什么给人类加装这种其他动物没有的精神放大器？"上帝说："被放大的欲望所困扰，人类就会既区别于一般动物，又不会成为神！"

成败兴衰之事，并非因为天命有定，实际上都是因为人事影响。

在血影刀光的文明进程中，人类久经曲折，饱受悲剧的折磨，这并非上帝对人类命定的考验模式，而是人类自我选择的结果。在鲜活的社会实践中，人为因素深深地影响了具体的事变，表现于人才的差异性反应，表现于不同人才对实践的不同影响力和作用力。

什么是人才的差异性特征呢？在人类大家庭中，不同人才对世界的认知能力、角逐能力、援助能力、情感意志都不一样，就像我们的五个手指不一般齐一样。

"我想过什么样的生活？"

"我要获得成功的模式是哪一种？"

"生活为什么总是矛盾的？"

"现实为什么是难的？"

每个人都在找寻自己的人生理想，也自信终有一天会实现理想。但是，对许多人而言，轮回之后，理想似乎仍然在彼岸闪烁。显然，愿望与成功模式相距甚远。

现实的困惑不在于我们不够聪明，而在于我们并不真正地了解自我。

我们生活在自我放大的世界里，它使我们成为个性鲜明的存在，也使矛盾和分歧成为我们的生活的一部分。尽管文明生产了制度，文化创造了上帝，但我们并没有因此而更接近真理。在博爱与私欲之间，在自由与放纵之间，在民主与集中之间，在正义与权力之间，在真理与谎言之间，我们按照各自的理解自说自话，莫衷一是。认知不一样，要求不一样，反应不一样，这就是人的差异性特征。

差异性特征反映在个体身上，表现为个性品质的差异，表现为价值追求的差异。在这个世界上，不仅有"充吾爱助天下人爱其所爱"的林觉民精神，有"把有限的生命投入到无限的为人民服务中去"的雷锋精神，有关爱弱势群体、倾心慈善事业的戴安娜精神，同时，也有制造"天堂屠杀"的刽子手，还有极端主义和恐怖主义犯罪。

人们总是习惯于用客观原因来为自己的行为辩解，但是，教条主义的辩护显得那么苍白无力。难道布雷维克实施"天堂屠杀"是因为童年有精神创伤吗？难道中国的"大老虎"们贪婪成性是因为在党校学习时没做好课堂笔记吗？难道希特勒、东条英机的残忍是由社会基因导致的吗？显然都不是。客观只是借口，内因才是关键。每一个民族都有真正的精英，每一个国家都有丧失基本良知的罪犯。

这种差异性特征反映在集体化生活中，形成集体差异性反应，集中表现于具体历史事变的偶然性。英雄可以集中差异性反应而开创英雄时代，"魔鬼"也能够利用差异性反应为祸一时，差异性反应构成一切具体事件的导火索和内驱力。因为差异性，许多人既可以成为英雄主义大旗下的勇士，也可能自我迷失成为魔鬼的走卒。具体表现就是：无论多么反动的统治，都会有代表其利益集团的支持力量；无论多么伟大的真理，都有不能唤醒的群落。无数的流血和牺牲并没有让战争从我们的生活中走开；想领导世界的美国或许自己都不知道究竟是维护和平更多，还是破坏和平更多；一些年轻人向暴虐的 ISIS 靠拢……因为不能正视人才的差异性特征，导致社会悲剧不断重演。有人讽刺地说，研究历史就是为了让我们重复历史的错误。

古往今来的理论家们对社会矛盾运动规律的探索一直没有停止，却一直找不到普遍真理的答案，原因在于他们不探究社会病的源头。他们只迷恋于治标的药物，而不去寻找社会病的内因。医学家们都懂得，寻找治病药方必须向病源处去追索。遗憾的是，政治家们却忽略这个浅显的道理，他们执著地把物质手段当作治愈社会病的万能药。物质手段只是一种普通的感冒药，无论它怎么升级，也无法用来根治人才精神的功能性疾病。

社会病的源头在哪里？就在于精神世界的差异性，以及由此派生出的人才个性差异。不客观承认这种差异性，那是道德的虚伪；不科学对待这种差异性，我们就无法走向真理，消除混乱。

当前，文明已经发展到较高的高度，一方面，强大的物质和技术支持足以繁荣全球市场，政治模式的相互借鉴足以创造出更加文明的体系；而另一方面，技术破坏力风险也强大到足以毁灭全人类。因差异性特征而导致的分歧已经成为人类迈上更高文明台阶的障碍，不了解差异性本质，我们就难以有效地管控分歧，就无法充分地把物质进步变成文明的推动力。如果只是遵循弱肉强食的动物法则，让贪婪和血腥不断激化我们的矛盾，我们就会有因"条件反射"而按下核按钮的危险。终结这个噩梦不可能在利益的谈判桌上完成，因为利益的谈判桌上没有真理。只有深入研究人才差异性本质特征，找到并掌握其发生作用的规律，我们才能拿到治愈社会病的关键钥匙。

人才差异性特征发生作用的规律并非无迹可寻，只要我们深入到历史中，深入到实践中，就会发现真理的影踪。人才差异性特征表现为人才作用之规律，这种规律构成历史的因果链条，构成现实的丰富而复杂的矛盾。分类把握人才是解析人类差异性特征和把握人才作用规律的必然途径。

人类急需实现对自我的超越。幸运的是，五千年无数人才实践的案例足以让我们总结经验，破解谜题。

在本章，我们首先要进行全新的理论建构：

- 简要回顾历史上关于人（人才）的研究；
- 建构关于人的"精神中心说"理论；
- 建构人的精神运动分析模型；
- 建构智慧人才分类模型。

第一节　历史的探索

故事新编

> 人类精神被放大后，每天吵嚷着向上帝要求更大的自由和权力。亚当和夏娃用偷吃禁果的方式表达对传统权力的抗议。上帝于是将人类赶出伊甸园，贬到凡尘辛苦劳作，进行反省。

"滚滚大江东逝水，浪花淘尽英雄。"历史是少数大英雄的赞歌，也是无数小英雄的列传。但是，不同类型的人才在历史上的地位和作用是不一样的。人们一直在锲而不舍地研究这一课题。

从前，齐桓公问管仲："我这个人好打猎，也好色，这对建立霸业有害吗？"管仲说："这虽然不是好事，但对建立霸业没有害。"齐桓公问："怎样才对霸业有害呢？"管仲说："不知道人才，对霸业有害；知而不能用，对霸业有害；用而不让他担当责任，对霸业有害；让他担当责任而不相信他，对霸业有害；相信他，而又让小人去参与他的工作，对霸业有害。"管仲在这里把"不知道人才"列为妨碍建立霸业的第一大害，足见古人已经知道识别人才的重要性。①

但是，知才确实极为不容易。自古以来，重视人才的业主多，善于识别人才的业主少。即使是一代明主汉光武帝刘秀也难免用错庞萌，素有知人善任之名的曹操也曾错信张邈。因为用人失误而遭致失败的案例比比皆是。所以，北宋政治家王安石慨叹道："人才难得亦难知！"②

知才之难，难在何处呢？一则难知其心性，二则难知其才类。用才之人如果不在这两个方面下足够的工夫，就不能从根本上把握住人才。

人上一百，形形色色。有的人外表严正，实际上是不肖之徒；有的人表面温良敦厚，实际上心地卑猥；有的人表面恭敬有礼，实际上心怀叵测；有的人性格倨傲，但襟怀坦荡；有的人常犯人颜色，其实一腔赤诚……凡此种种，不一而足。面对复杂的人类世界，我们要察人才之心、量人才之德，辩忠奸、识贤愚，着实不容易。

那么，我们一直以来是如何进行人才研究的呢？

一、关于人的哲学研究

要研究人才，首先要了解人的本质，了解人性。所以，关于人的哲学研究是我们必须追溯的历程。

哲学从其诞生之日起，就把人的本质当作其核心的研究课题。这种关于人的哲学研究，我们可以统称为人类学哲学研究。

显然，东方人类学哲学和西方人类学哲学在方法论上是不一样的。

1. 西方人类学哲学研究

西方人类学哲学是从自然人性角度切入的，他们致力于人类自然属性的抽象，想用类似"条件反射"一样的概念来定义人的本质属性。

古希腊哲学把理性当作人类的本质。苏格拉底说："没有经过反思的生活，是不值得活的。"③ 他认为人是一种能对理性问题给予理性回答的存在，正是因为这种理性精神，人成为"有责任心的"存在物，成为一个道德主体。亚里士多德虽然强调人性的倾向性，重视知觉在认识中的重要性，但他也认为，科学的知识不可能仅仅依靠知觉来实现。斯多

---

① 《东周列国志》，岳麓书社1990年版。
② 赵蕤著：《长短经》，华中理工大学出版社1992年版，第18页。
③ 恩斯特·卡西尔著：《人论》，西苑出版社2009年版，第22页。

葛派则把绝对独立性奉为人的最高美德，赋予人一种与自然的和谐感和依赖感。古希腊哲学总的说来是多元的，但在对人性的哲学考量上，理性和道德始终被当作基本的度量衡。从人类学哲学来说，这是一轮从蒙昧到纯粹理性的认识运动。

围绕利益的争斗毫无理性可言，事实总是在证明人性的矛盾。到了中世纪，社会展开了对人性的批判，也从根本上否定了纯粹理性说。奥古斯丁认为，理性本身是世界上最令人质疑、最模棱两可的事物的之一，理性单凭自身及其本身具备的能力，永远找不到回去的路。应运而生的基督教认为：地球是宇宙的中心，人类是世界的中心；而人是具有原罪的，如果不思悔改，人就不能获得拯救。为了用宗教神秘性增加自己的权威，基督教把人的独立性认知当作最大的恶和过失。中世纪的基督教因为其对意识形态和文化的主宰，开创了一个宗教主宰人类的时代。这是一次从纯粹理性到非理性定义的认识运动。

显然，基督教看到了现象世界的非理性的一面，但它并不是用科学精神来看待的。当宗教裁判所无所不用其极地打压人性时，一场用科学反抗宗教神秘主义的运动也开始了。这个进步起源于哥白尼的太阳中心说，它通过否定基督教的地球中心说首先剥去基督的神性外衣，继而用科学解释种种天文现象，揭穿教会欺骗世人的种种把戏。其对人类学哲学的启发意义则在于：对基督教理论的否定，激发了社会的批判意识，引发了对自然人性的呼唤。在此基础之上，斯宾诺莎创立了新的伦理学，这种理论被认为是一种关于激情和爱的理论，以及一种关于道德世界的数学理论。他认为，只有凭借这种理论，才能摆脱人类中心主义的错误和偏见，形成科学的人类学哲学。由此直到启蒙运动，人类学哲学终于迎来了人性的落地，它不再是抽象理性的附庸，也摆脱了宗教神秘的桎梏。

到了19世纪，欧洲在推进工业化革命的同时，也迎来了思想革命和社会革命的高潮。达尔文用生物进化论为人类学提供了一种新解释——人不过是大千世界的万千物种之一，区别是我们先一步完成了进化。达尔文本人可能没有料到，他的这个生物学领域里的一次跨越，竟然把唯物主义与人类学哲学的结合大大推进了一步。马克思的历史唯物主义成为达尔文主义在社会学和历史学上的"进化"，在这里，人褪去了传统哲学的概念抽象和宗教的神秘色彩，并用主观能动性建立起新的自信。马克思主义在强调对规律的尊重的同时，高度肯定人用主观能动性改造社会的能力。但是，马克思之所谓能动性，在本质上仍然是对人的生物性自觉的概括。

在20世纪的人类学哲学研究活动中，恩斯特·卡西尔是极具代表性的人物，他把人定义为"符号的动物"①。他认为，动物只能对"信号"做出条件反射，而人则能把信息改造成有特别意义的"符号"，并运用这种符号来进行创造。所以，动物是被动的、物理反应式的，而人则是主动的、创造性的。恩斯特·卡西尔从文化视角透视人性时，看到了

---

①　恩斯特·卡西尔：《人论》，西苑出版社，2009年版。

人类所具备的特异的文化修正能力。当他把人类的文化属性和创造"理想世界"的能力当做人的本质属性时，也就实现了传统哲学关于人的一般概念的超越。

2. 中国人类学哲学研究

中国哲学关于人的思考主要是从社会自觉这一角度切入的，这种哲学不注重探讨"人是什么？"，更在乎"是什么样的人"。所以，人们往往习惯于从人性的善恶、以及如何扬善去恶来看待人，不喜欢单纯的哲学抽象。

在从古至今流传下来的《三字经》中，我们对人的本性作出善的肯定——"人之初，性本善。性相近，习相远。苟不教，性乃迁。"孔子尊重礼、求得仁，其思想之基础是立足于人性本善的。所谓"道之以政，齐之以刑，民免而无耻；道之以德，齐之以礼，有耻且格。"① "君子务本，本立而道生，孝悌也者，其为人之本欤？"② 孟子也是主张性善论的，他认为，人生来就具有天生的仁义礼智四个"善端"，"恻隐之心、羞恶之心、恭敬之心、是非之心"③ 与生俱来。正是建立在这种性善论的基础上，儒家确立了其积极入世的实践理性精神。《大学》中说："大学之道，在明明德，在亲民，在止于至善。""物格而后知至；知至而后意诚；意诚而后心正；心正而后身修；身修而后家齐；家齐而后国治；国治而后天下平。自天子以至于庶人，壹是皆以修身为本。其本乱而未治者否矣。"④ 其后，这部经典中所确立的"三纲"（明德、新民、止于至善）"八目"（格物、致知、诚意、正心、修身、齐家、治国、平天下），就成为儒家的总方针。

西汉大儒董仲舒用"天人合一"、"天人感应"的宇宙观进一步充实儒家学说。这种理论一方面论证了君权神授，要求大众遵循"君君臣臣、父父子子"的纲常伦理，另一方面也要求统治阶级"敬天畏民"，施行仁政。同时，董仲舒还把"五常"（仁、义、礼、智、信）当作基本的人性概念，进一步明晰了人作为社会存在的角色要求。⑤

到明朝时期，程朱理论进一步强化人的社会自觉。当朱熹推出"存天理，绝人欲"的理论时，其显然已经是把人的自然属性与社会自觉完全对立起来了，从而走向了极端。

应该说，王阳明的"心学"是人类学哲学的一个重大进步。他认为："无善无恶心之体，有善有恶意之动，知善知恶是良知，为善去恶是格物。"他强调："心一而已，以其全体恻怛而言谓之仁，以其得宜而言谓之义，以其条理而言谓之理。不可以心外求仁，不可外心以求义，独可外心以求理乎？外心以求理，此知行之所以二也；求理于吾心，此圣

---

① 《论语·为政2·3》。
② 《论语·学而1·2》。
③ 《孟子·公孙丑上》。
④ 《四书五经》，吉林出版集团有限公司2007年版，第7-8页。
⑤ 董仲舒：《春秋繁露》。

门知行合一之教。"① 王阳明的"知行合一"思想对后世产生了很大的影响。

除了儒家之外，中国的道家、法家、墨家等学派也从人的社会自觉角度对人性进行了透视。

荀子主张人性是恶的。荀子认为，饥而欲食，寒而欲暖，劳而欲息，好利而恶害，这是人与生俱来的本性。所以，他认定"人之性恶，其善者伪也。"② 以这种性恶论为基础，法家强调法治，甚至主张严刑峻法，以法制来规范人们的行为，以刑罚来遏制人们的恶念。

中国道家认为人性即人的自然性。老子说："绝圣弃智，民利百倍；绝仁弃义，民复孝慈；绝巧弃利，盗贼无有。此三者以为文，不足。故令有所属：见素抱朴，少思寡欲，绝学无忧善之与恶，相去若何？"③ 显然，老子把遵循自然本质、保持朴实无华的天性视为唤醒人性的正道。庄子的"无为"、"无恃"、"寡欲"等思想与老子的思想是一脉相承的。

3. 中西人类学哲学的比较说明

东西方人类学哲学走了两个不同的方向，但他们在这两个方向都没有走出终极困惑，即"人何以成为他自己"这一最基本的问题始终没有解决。

西方哲学想从纯粹的自然人性中找到人的本质，想从某种共性中完成关于人的本质的哲学抽象，最终却落入了一般反应论的窠臼。无论是纯粹理性概念，还是感性概念，或者"符号的动物"概念等，都不足以准确定义人的本质。问题出在哪里？西方人类学哲学看到了精神的存在，但却拒绝承认精神是相对独立的存在，始终把人的精神当作刺激—反应的简单信息处理中心，坚持把环境作用当作绝对的推动力。这使他们在对人才作用的认识上，习惯性颠倒内因与外因的辩证关系。所以，尽管他们在关于"人是什么"的哲学抽象方面进行了持续不断的努力探索，最终没有帮助他们找到人的精神运动规律。他们看不见精神的自定义特征，也因而无法把握人的差异性。表现在实践中，他们注重生物性自觉，而忽视社会自觉；他们张扬人才个性，却往往忽略内省对于完善独立人格的重要性。

中国哲学强调社会自觉，并因而高度重视人性的善恶表现，重视人格修炼与完善。孔子的"己所不欲勿施于人"、"仁者爱人"，以及贯穿于整个封建社会意识形态的"仁、义、礼、智、信"，都是中国哲学突出社会自觉意识的明证。但是，这种中国哲学忽略了每一种社会自觉都离不开独立的人格，忽视了肯定自然人性的重要性。正是这种忽视，使

---

① 周月亮著：《王阳明大传》，中华工商联合出版社 1999 年版。
② 《荀子选》，人民文学出版社 1985 年版，第 109 页。
③ 《老子·道德经》之十九。

后来的程朱理学走入"存天理、灭人欲"的片面认知。王阳明认为善恶取决于"意之动"，这是关于人的认识论的一大进步。"意"如何动，这并不是单一社会规范所能解决的问题，还涉及个体的主观倾向性。离开了鲜明的个性，也就很难有独立的人格，也就必然造成精神的压抑并因而失去许多创造性。

实际上，生物性自觉与社会自觉是人的一体两面，割裂这两者的关系，就无法得到完整的人。

二、中国人才研究

与哲学视角一致，中国的人才研究一直注重从外审视，即从社会视角来定性人才。

孔子说："人有五仪，有庸人、有士人、有君子、有圣、有贤，审此五者，则治道毕矣。"① "所谓庸人者，心不存慎终之规，口不吐训格之言，不择贤以托身，不力行以自定，见小暗大而不知所务，从物如流而不知所执，此则庸人也。""所谓士人者，心有所定，计有所守，虽不能尽道术之本，必有率也，虽不能遍白善之美，必有处也。是故智不务多，务审其所知；言不务多，务审其所谓；行不务多，务审其所由。智既知之，言既得之，行既由之，则若性命形骸之不可易也，富贵不足以益，贫贱不足以损，此则士人也。所谓君子者，言必忠信而心不忘，仁义在身而色不伐，思虑通明而辞不专，笃行信道，自强不息，油然若将可越而终不可及者，此君子也。所谓贤者，德不闲，行中规绳，言足法于天下而不伤其身，道足化于百姓而不伤于本，富则天下无宛财，施则天下不病贫，此则贤者也。所谓圣者，德合天地，变通无穷，穷万事之终始，协庶品之自然。敷其大道，而遂成性情，明并日月，化形若神，下民不知其德，睹者不识其邻。此圣者也。"

《钤经》中说："德足以怀远，信足以一异，识足以鉴古，才足以冠今，此则人之英也。法身足以成教，行足以修义，仁足以得众，明足以照下，此则人之俊也。身足以为仪表，智足以决嫌疑，操足以厉贪鄙，信足以怀殊俗，此则人之豪也。守节而无挠，处义而不怒，见嫌不苟免，见利不苟得，此则人之杰也。"②

如何对这些角色进行识别呢？

《吕氏春秋》说："通则观其所礼，贵则观其所进，富则观其所养，听则观其所行，近则观其所好，习则观其所言，穷则观其所不爱，贱则观其所不为，喜之以验其守，乐之以验其僻，怒之以验其节，哀之以验其仁，苦之以验其志。"③

庄子说："远使之而观其忠，近使之而观其敬，烦使之而观其能，卒然问焉而观其

---

① 赵蕤著：《长短经》，华中理工大学出版社 1992 年版，第 18 页。
② 赵蕤著：《长短经》，华中理工大学出版社，1992 年版，第 19 页。
③ 赵蕤著：《长短经》，华中理工大学出版社 1992 年版，第 27 页。

智，急与之期而观其信，杂之以处而观其色。"①

唐人赵蕤的方法是："微察问之，以观其辞；穷之以辞，以观其变；与之间谋，以观其诚；明白显问，以观其德；远使以财，以观其廉；试之以色，以观其贞；告之以难，以观其勇；醉之以酒，以观其态。"②

此外，还有"听气"、"察色"、"考志"、"测隐"、"揆德"等诸多察人之术，这里不一一赘述。

值得一提的是，中国古代在关于人才特殊性的研究方面进行过卓有成效的探索。《吕氏春秋》中说："小方，大方之类也；小马，大马之类也；小智，非大智之同类也。"③）显然，人们已经认识到，小智慧与大智慧的区别不是量的区别，而是质的区别。遗憾的是，因为受特殊时代环境的制约，这些研究未向前深入发展。

三、西方人才研究

西方人才研究也深受西方哲学的影响，即他们更多地是把人才当作一般物质体看待，努力想找到人的刺激—反应规律。这一倾向首先反映在他们的人才史观上，其次是反映在其心理学研究方法上。

近现代西方学者对人才的研究大致可分为三种流派，即唯物学派、唯心学派、心理学派。

唯物主义学派把"物质决定意识"当作终极真理，他们强调人的社会属性，把人才看成是社会的必然产物，并用"辩证的必然性"来为历史人物注释。他们把历史英雄都当作环境的必然产物，努力从环境矛盾中去找寻人才存在的理由。但他们无法解释的是，如果英雄们都是普遍的客观存在、并会在历史需要的节点涌现出来，那么，在几大文明古国消失的前夜，为什么"辩证的必然性"没有出现。尽管唯物主义也肯定意识的能动性，肯定人类改造自然的能力。但由于这种肯定没有深入到人才的差异性特征之中，所以没有得出关于人才作用规律的科学结论。而普列汉诺夫式机械唯物史观更是对人才差异性视而不见，他们在强调历史的必然性时，看不见其中的偶然性。他们不是只见树木不见森林，而是看见了森林却看不清其中的标志性树木。他们看不见特殊历史人物在具体事变中的决定性作用，以为只要人民革命的洪流来了，任何人都可以成为引领潮流的弄潮儿。

主观唯心主义对人才作用的认识上走向反向的极端，他们忽略客观存在，夸大意识能

---

① 赵蕤著：《长短经》，华中理工大学出版社 1992 年版，第 27 页。
② 赵蕤著：《长短经》，华中理工大学出版社 1992 年版，第 27 页。
③ 《吕氏春秋·淮南子》，岳麓书社 1989 年版，第 230 页。

动作用，鼓吹精神万能。叔本华和尼采的强人意志论代表了主观唯心主义的一个高度，它完全否认现实的理性精神，认为现实世界是感性的，充满不可预知的变数，唯强人意志能够主宰。主观唯心主义是一切极端主义的温床，鼓吹"光荣胜于面包"的纳粹主义是如此，其它各种极端主义也都是如此。

心理学派力图从纯生物学角度把握人的本质特征，其代表学说如弗洛伊德理论、荣格心理说、九型人格说等。其中最具代表性、影响最为广泛的是荣格心理学。

荣格将人分为外倾思维型、内倾思维型、外倾情感型、内倾情感型、外倾感觉型、内倾感觉型、外倾直觉型、内倾直觉型等八种类别，详细论述了这八类人的心理特征与外界环境的关系。荣格将个人心理划分成两个基本的区块：意识与潜意识。他还将潜意识又进一步区分为个人潜意识和"集体潜意识"。荣格理论被应用于教育、管理、医学和职业选择等领域，产生了广泛的影响。而荣格早期关于词语联想的实验研究方法，后来被用于测谎器的创造和运用上。但是，当荣格把这种理论用于人才识别上时，暴露出某种重大缺陷。譬如，他认为希特勒和墨索里尼是因为认同集体潜意识所塑造的人物，而导致他们两人以及两个国家的悲剧。这显然是把外因当作了事物变化的根据。希特勒的狂人本质与墨索里尼的政客本质大相径庭，两人的行为方式、决策模式、战略能力都有很大的不同，这也造成了他们在实践中的表现的不同。尽管他们在运用权术影响社会方面表现出相近的政客特征，但希特勒相对更具统治力，也更具破坏性。他们两人的心理特征也有天壤之别，希特勒是要统治世界、唯我独尊，墨索里尼则不过是要享受独断权力。

美国学者海伦·帕尔默在《九型人格》一书中，将人才分为完美主义者、给予者、实干者、悲情浪漫者、观察者、怀疑论者、享乐主义者、保护者、调停者等九种类型。该书的研究方法主要还是西方传统的"临床"分析法，即用大量的个体心理表述来归类划分。该书的严重不足是缺乏理论建构，堆砌了很多的事例，却并没有理顺其中的逻辑。所以，其每一类人格分析都显得似是而非，有的甚至把病态心理反应当成了一般特征。

美国的凯恩琳·布里格斯和她的女儿伊莎贝尔·布里格斯·迈尔斯以荣格划分的八种类型为基础加以扩展，形成迈尔斯布里格斯类型指标（MBTI）体系，归纳出16种性格类型。有人说，MBTI测试能够帮助改善人际关系，例如增强与客户的沟通能力；测完MB-TI，你发现自己适合一大堆职业等。但是，美国国家科学院认为，源自荣格的"心理类型"的MBTI存在缺陷，测完之后并不能增加"自知之明"，用来做职业规划更是不靠谱，不推荐在职业咨询中使用MBTI测试。

比之于中国式人才研究，西方在自然人性方面的探索更见深度，但在社会自觉的研究方面则不如中国。正是因为他们忽视了人的更高的精神要求，所以无法超越一般反应论，事实上是把人仍然视为本能的奴隶。

四、大数据时代与人才研究

人（人才）是什么？对于这个问题的回答，单纯的哲学抽象显然是不够的，必须把生命研究和历史归纳统一起来，把事实归纳与概念抽象统一起来，才能找到科学的答案。

人是一种远比一般动物更为复杂的物种，以致认识自我成为一道难题。一个做了十件好事的人不一定是善人，一个不施舍你的人也不一定是坏人。人才本质在于其行为的目的性，而不在于其行为表现。

大数据时代的到来，为我们深入研究人才提供了充分的信息支撑，大大方便了人才学这门学科的发展。无论是对历史人物的研究，还是对现实人物的考量，我们都更方便获得信息的支持。

与此同时，网络时代的信息泛滥对我们的鉴别力提出了挑战，我们不仅要有追求真理的勇气，还要有鉴别真伪的火眼金睛。这是一个自我膨胀的时代，每个人都自认为拥有真理；这又是一个超级宏观的时代，"兴亡忽焉"的事实不断证明我们并不拥有真理。看看各种论坛上的唇枪舌剑、莫衷一是，我们就会明白：现实缺乏一套科学的理论和一个能方便丈量实践的度量衡。看看大企业的兴衰沉浮，我们就会明白：建立科学的人才识别体系和创新管理是何等的迫切。

我们的研究方法是，把理论抽象与事实归纳结合起来，从人的自然属性与社会属性的统一中把握人的本质，找到人才发生作用的规律。具体来说，就是深入人才精神世界之核心，找到人才的实践反应和其精神运动规律的本质联系，建立全新的人才分析模型。我们要把历史经验和教训当作鲜活的案例，并用科学的精神来解剖，这样就一定能解开人才的奥秘，并进而创新管理。

第二节　精神的存在

故事新编

在凡尘的劳动中，人类忘记了伊甸园的美好，更忘记了伊甸园赖以存在的秩序和原则。他们放大对自由和权力的贪婪，总是想扩大自己的权力边界。人世间因此充满了恶性的争斗。

人类是宇宙的产物，反照着宇宙的本质特性。所以，研究人才也必须先从探究宇宙生命之奥秘开始。

生命是本体、运动、轨迹的统一。宇宙由物质和暗物质组成生命本体，以引力场

（内引力和外引力）表现生命力，以时间和空间为存在经纬，这就是基本的宇宙生命模型。

人类如何反照宇宙特性呢？人类由物质和精神组成生命体，以物质力量和精神力量的相互作用表现生命力，以社会运动轨迹和生命周期轨迹为经纬表达我们的存在，这就是人类之生命模型。事实上，人是宇宙的一个细分，人本身就是一个小宇宙。

虚实相生，阴阳两面，正负两极，从宇宙的本体构成到它的存在形式，无不体现了对立统一的规律。而从人类生命体的构成到生命力表现，也充分体现了对立统一规律。宇宙的诸多特性总是奇妙的反射到人类的身上。

中国古代哲学家老子说："人法地，地法天，天法道，道法自然。"①

汉代大儒董仲舒认为："天地之气，合二为一，分为阴阳，判为四时，列为五行。"他认为天是可以与人发生感应关系的存在，提出"天人合一"说。这包含两层意思：一是天人一致，宇宙自然是大天地，人则是一个小天地。二是天人相应，或天人相通。人和自然在本质上是相通的，顺乎规律才能达到和谐。②

一、物质与精神的统一体

作为宇宙的一分子，就像宇宙本体虚实相生一样，精神和物质的统一形成人类独特的生命体。

人类对自身物质属性的认知远远早于文明认知，表现于为生存与自然的斗争中，表现于本能的种族繁衍中。但是，人类显然有别于一般的宇宙物质。人类有独特的精神世界，表现出鲜明的主观能动性，表现出强烈的情感意志。这种精神虽然依存于物质体，但又相对独立，甚至反过来主宰物质体。人是物质的，却无法满足于物质；人是精神的，却无法超越物质而存在。

如何看待人的物质属性与精神属性的关系？

首先，人类精神不能离开物质而存在。

人类是物质俗体，离不开生老病死的自然规律。每个生命都遵循着自然之规律，从诞生到成长到死亡，这是必然之过程。不死的神话曾经引发无数人的梦想，但终归于破灭；无病无灾始终是人们的共同愿景，但注定不可得逞。是物质俗体，我们就要接受客观的命运。

同时，生理欲求和物质欲望成为人类的基本存在形式。饥饿思饱暖，情来有性欲，这是自然之人性，也是全部人类文化的第一基石。

---

① 《诸子百家》，天津古籍出版社 2001 年版，第 47 页。
② 李泽厚著：《中国古代思想史论》，人民出版社 1986 年版，第 146~147 页。

人类对自身物质属性的认识贯穿于潜意识和社会自觉，表现于几千年绵绵不绝的文化之中。在茹毛饮血的时代，人类也像一般动物那般为基本生存而挣扎，为基本欲求而战斗。即使到今天，生存权仍然是最基本的人权。这些都是人类基于对自身的物质属性的认识而自觉或不自觉地做出的选择，反映了人的自然属性。

长期以来，不仅"鬼魂说"混淆视听，让人们对精神的独立存在产生迷惘，梦境的感觉也让人们对灵魂的独立存在坚信不疑。但是，人类除了在艺术和文学中能够"神游物外"之外，在现实中并不能让精神独立去活动。而死后上天堂或下地狱之说则明显是纯粹的信仰安慰，从来没有任何一个从天堂或者地狱返回的灵魂给我们做过现场报告。事实告诉我们，物质体的死亡也意味着精神的离去和死亡。

人类精神在本质上是一种物质运动，是脑组织对生物电波的反应。所以，物质体是否健全会不同程度的影响精神表现。因为精神系统的发育不健全，有的人虽然已经成年，但他还是一个未成年孩子的智商；因为精神世界结构的差异，不同的人表现出先天性悟性差异（我们名之曰天赋）；大脑的受伤直接影响精神反应，如大脑受撞击变成植物人、中风后的痴呆等。

正因为人是物质的，所以本能反应是人的基本反应形式。这种本能反应表现为三大形态，即存在本能、性本能、审美本能。存在本能是人对安全与威胁的本能关切，每个人都会本能地趋吉避凶。生命危险通常会激发最大的反抗和自卫潜能，因为这种威胁是对存在本能的最大刺激。性本能也是基本的生理反应，表现为性欲和物种繁衍本能。审美本能系指一种下意识的形象审美感觉和能力，不同的人会表现出不同的审美要求。人类物质本能与一般动物本能并没有本质的区别。

其次，人类物质体也离不开精神。

精神对物质体的意义表现在其反作用力方面——精神的过度压抑和劳顿会不同程度地导致生理疾病，抑郁症、自闭症以及"伍子胥过昭关一夜白头"等现象都是证明；认知的差异还会产生对物质体的不同利用和保护，进而影响物质体的存在，如乐观的精神可以抵消一些疾病因素、强大的意志可以提升生命力等；突然的恐惧甚至还可能导致生命的终结，如人被吓死这种情况。

精神对物质体的本质意义表现在：人无法离开精神而存在。精神这种看似空虚的存在实际上是人宇宙的中心，它直接驱动肉体的运行。人都有本能反应，但没有一个人是按照本能来生活的。人的活动超越于存在本能、性本能和审美本能之上，是精神指引下的活动。动物有存在本能，但动物绝不会像人类这般将存在定义为"天赋人权"；动物也有"两情相悦"，但动物绝不会像人类这样定义爱情和要求爱的权力；动物也会有审美，但动物绝不会像人类这般赋予审美更高的文化内涵。人类精神甚至能够完全超越物质体，如人能够为信仰而舍生取义，这显然与物质本能没有任何关系。

人类活动表现为有思想的活动，这是一种高级的精神自创造活动。我们对外界的反应不是照相机的机械运动，也不是动物性条件反射，而是根据自己的知识和经验进行的创造性努力。人类自诞生以来，一直在通过不断完善文化自定义和社会治理结构以达到生命的和谐。我们名之曰思想，名之曰创新。无论是神话的角色追求，还是世俗的自由呐喊，都是人类作为特异精神动物存在的证明。

离开精神的物质体实际上已经不再具有人的属性。我们认定的生命特征显然也包含了正常的精神属性。尽管植物人还表现出一些生命体征，但因为其精神死亡（脑死亡），其生命实际上已经结束，所以我们有合理放弃植物人生命的权力而不会被认为是谋害性命。精神病人虽然身体机能都是完好的，但因为其精神变异而不被认为是正常人。在电影中，我们看到诸如《生化危机》之类的故事，其中有很多被病毒感染的人，他们显然已经不再被当作人类。精神健康是我们作为人类的标志性存在。

二、精神是小宇宙中的"太阳"

当我们把人本身当作一个小宇宙看待时，我们就能发现更有趣的内容。就像在太阳系中，系内星球都围绕太阳运转，但每个星球都是独立的存在。燃烧的太阳既是巨大的体系引力之所在，更是生命之光的神秘源泉。

那么，人宇宙的中心在哪里？是那颗勃勃跳动的心脏，还是存在于人脑中的精神世界？显然，心脏更像是我们居住于其中的地球，而精神才是在远处发射生命之光的太阳。人类精神是生命中的生命，有独特的自我运动规律。人的活动在本质上是精神指引的活动，这就是人类精神中心说。

西方心理学忽略了精神作为中心的存在，因而找不到意识与本能的统一，总是被本能困惑住。在《九型人格》① 一书中，作者认为：大脑作为思维的中心产生精神智慧；心脏作为感觉中心产生情感智慧；腹部作为身体中心产生本能智慧。这种分析方法显然是不懂意识和感觉的辩证关系，在本质上不过是优化的条件反应论。事实上，无论是情感识别还是身体感觉的识别，最后都会融会到精神中心，并经过相应的智能转换而形成相应的认识和指令。所谓精神智慧、情感智慧、本能智慧的对应部位说，是完完全全的机械反映论。

无论我们有多少本能和冲动，它事实上都统一于我们的精神大磁场之内，并自觉地接受精神的质询；无论你平庸也好、不凡也罢，你事实上都是按照自己的精神定义在生活。

人虽然有动物性食色本能，但不是物质俗体的奴隶。没有一种本能是不经过精神审查的，特异的精神自觉是人类区别于动物的本质属性，是形成人类文明的基础。除非精神变

---

① 海伦·帕尔默著：《九型人格》，徐杨译，华夏出版社 2006 年版。

异，人不可能成为行尸走肉的存在。

俗话说："怒向心头起，恶向胆边生。"犯罪的根源在于恶念，而不是出于条件反射。而为了更高的精神追求，人能够超越基本的食色本能。"不自由、毋宁死"，"饿死不当亡国奴"，"人不能从狗洞里爬出"等，这些都表达了精神超越一般物质存在之上的要求。正是按照更高的精神指引，人成其为人。

所以，精神定位对每个人来说具有决定性意义，正是这种精神定位形成我们的人格特征。不同的人有不同的道德认知、不同的情感意志、不同的思维逻辑，并因而有不同的现实选择。这并非因为组成物质体的元素有什么不同，而是因为精神反射模式的差异。具体地说，每个人都有他的精神自定义，每个人都被他的精神自定义驱使，一切所谓的个性都是这种精神自定义的结果。

长久以来，人们始终把精神当作物质体的刺激反应源，认为这不过是比一般动物条件反射更优化的一种反射形式，表现为比一般动物更高级的认识能力罢了。正是从这样一个简单的判断出发，哲学家们把判断力与知识、道德画起等号来。但是，这个判断显然经不起科学的推论。在人类历史上，大奸大恶之徒不胜枚举，他们并不缺乏智慧；作奸犯科的人很多，他们也不都是傻瓜，他们的智慧与道德显然并不成正比。当我们把人类精神当作被动的存在时，必然造成因果关系的颠倒。用客观为错误辩护，用环境为犯罪故意开脱，这是我们无法走向终极觉醒的根源。

是动物本能让我们成为一般生物性存在，是精神让我们成为高级智慧生物存在。用精神超越本能，这是文明不断升级发展的原动力。

颠倒物质体与精神的关系，这正是西方心理学家们走不出理论困惑的终极瓶颈，也成为人类学哲学的一道大坎。

认识到精神的相对独立本质意味着什么呢？意味着重新审视人的物质体与精神的关系，意味着重置关于人的定义。精神中心说使我们从根本上超越传统理论，我们不再纠结于一般动物性本能，而是把这种本能统一于高度的精神自觉。每个人都有自己的本能，但没有一种本能是不经过精神审查的，放纵的欲望都装在不同颜色的道德属性篮子里。无论是英雄主义的选择、还是犯罪冲动，在本质上都是不同精神自觉的反应。研究精神结构及其运动规律，是解密人的本质的必然路径。

值得一提的是，因为对精神作为独立存在的懵懂感知，中国古代就有"灵魂出窍"之说，中国神话中的神仙一般是可以神游物外的，即他们的精神可以离开躯体去行动。西方电影中也有这一类假想，就如《机械战警》一类的故事。在未来世界，技术的发展或许可以使人类精神系统实现与机器的嫁接，就像电影《机械战警》中的墨菲警官那样。而在一定技术的辅助下，那种"神游物外"并非不可能，我们的精神将不仅能进入类似《黑客帝国》的虚拟世界，甚至还可以实现在现实世界里的意念联络。

三、精神的建构

精神是人类生命中之生命，是宇宙的又一个细分的单元，也同样反应宇宙虚实相生、阴阳两面、两极引力等对立统一规律。精神来源于物质，然后超越于物质，最后又外化于物质，成为智慧生命体最具爆发力的核心小宇宙。

在人类文明较低的发展阶段，对于精神这种看不见摸不着的东西，人们无法科学认识，于是只好靠主观臆想来解释。无论是东方文化还是西方文化，都没有绕过灵魂说这一迷信课题。人们都相信，在我们的形体之外还有一个灵魂，它是相对独立于我们的躯体的存在，人活着时，灵魂就存在于我们的肉体，死后则到了另外一个世界。至于灵魂是如何形成、如何运动的，在东方文化中还有转世说一类的解释，认为人的灵魂是不死的，只是在阴阳两界之间轮回。许多古老的宗教也与灵魂认识大有关系，佛教的转世说、基督教的天堂说显然都是立足于灵魂的存在的。这些关于精神的原始认知肯定了精神的相对独立性和生命特征，却是对精神的运动方式和轨迹做出的完全错误的解读。

精神之本体系指精神世界的全部物质建构，就是人脑生物信息系统表现出的第二物质生命特征。精神本体的物质构建包括原信息码基因组和组织信息码的逻辑系统，以及一个巨大的虚空间。原信息码基因组包括围绕在逻辑系统旁的基本信息组和散落于虚空间的边缘信息组。

基本信息组和信息码逻辑系统的结合，构成人类的基本认知体系，能够自觉实现外来信息和潜意识信息的结合和转换。这个基本信息组的容量和逻辑系统的自我优化功能，决定了一个人的现实能力。

精神虚空间是一个巨大的信息库，是记忆的储存地，同时也包含着许多未知的信息码。对于人类精神来说，这个虚空间是类似宇宙暗物质一样的存在，有着非常大的能量，它是催生梦、恐惧等行为的暗力量。

精神本体运行于生命场中，本体潜在的物质引力和外来社会认知引力形成精神磁场的基本平衡，并通过社会知觉和自我角色意识两大轨道肯定精神的存在。

人们为什么感觉到有灵魂的存在？对灵魂的认识首先来自于梦的感觉。在睡眠状态，社会之窗暂时关闭，但精神本体的运行还在继续，某些被潜意识组织过的基本信息码会在生物电波的作用下无意识漫游，这时，它更容易感受到虚空间暗力量的引力。因为它是编组过的，所以让我们感觉到有形象，甚至很生动，这是明显的社会认知痕迹；又因为它是在暗力量作用下漫游的，所以显示出非理性的自由特征，似乎能够超越肉体而存在。也是基于对梦的经常感知，延伸出灵魂的存在说。因为你在梦中有时见到已经逝去的亲人与你交流，于是你觉得是亲人的灵魂回来了，并通过梦的方式告知你一些事情；因为你在梦中依稀见到凶神恶煞，于是你觉得有地狱阎王。实际上，梦、灵魂等概念不是精神超越物质存在的证明，而是精神的非自主表现形式。

　　无论多么强大的人，即使他明明知道没有鬼，却也会做恶梦或感到恐惧，这也是因为虚空间暗力量的作用。精神世界的暗物质甚至强大到能够影响那些意志力相对薄弱的人产生精神变异。所谓的失魂落魄以及在巨大刺激下引发的精神病，都是因为在特别的外力作用下，导致原信息码基因组被虚空间未知信息码覆盖和信息码逻辑体系的被扭曲，进而产生现象上的精神变异。治愈精神病的过程实际上就是一个找回原信息码和恢复逻辑系统的过程。催眠术在本质上也是对精神暗力量的运用，它通过诱发暗力量，用暗示信息覆盖已知信息，进而造成人的错觉。

　　精神的阴阳两面表现为潜意识冲动和社会自觉，潜意识代表着生物性自觉和原始自定义，社会自觉代表着对社会存在的认识和相应的角色定义。研究表明，在小孩身上已经明显地表现出这两种自觉意识——小孩都会用哭闹这一招向父母表达自我要求，同时，他们也会在使用这一招的过程中测试父母的反应，这就是为什么小孩越是娇惯就脾气越坏的原因；有些小孩在父母身边极为任性，但到了陌生环境或公开场合，则显得安静、本分。

　　一般来说，这两种角色越是统一，就意味着更大的精神愉悦和自由；两者矛盾甚至对立，就容易形成精神的压抑和扭曲。

　　每个精神本体的发达程度不同，这不仅决定了其本体内在引力和社会引力的平衡方式，也决定了其不同的精神运行轨迹。就像宇宙中的各个星球一样，这些星球的质量不同，与外引力的平衡方式也不同，所以也运行在不同的轨道上。

　　失去引力的精神将会如何呢？宇宙星球失去引力就会死亡，人类精神失去引力也意味着死亡。强烈的意志信息就像宇宙中的一颗颗星球，游走于精神世界的宇宙。如果你的意志力不够强大，当某种超强烈信息突然来袭时，就会产生像一颗星球撞击另一颗星球一样的威力。星球撞击会导致受撞击星球因失去内引力而死亡，同样，强烈的精神刺激也能导致精神分裂。如果内引力作用面被严重破坏，失去内引力，人就会成为疯子。精神病患者实际上就是丧失自我引力的结果，他们的精神世界里还漂浮着某种社会信息，却完全失去了自我认知，所以，他们可能把自己当作警察、局长甚至上帝，却完全没有了自我。而如果外引力作用面被严重破坏，失去外引力，人就会变得像一般动物那样。严重的老年痴呆就是这样，他们虽然还能言能语，但已经没有人的逻辑和情感识别。

　　当精神本体运行于生命场中时，在内外两种引力的作用下，相关信息被本体物质系统转化成逻辑化的信息符号，形成认知体系和体系化概念演绎，进而成为行为指令，这就是具体的精神运动过程。这种运行模式显然首先依赖于某种特定的智能结构。

　　通过对一直以来的精神分析理论的总结和研究，我们可以将精神的本体建构分为三大部分，即意向建构、逻辑建构、情感建构。

1. 原境界是什么

人宇宙的第一驱动力是精神，并表现为以精神为中心的存在。那么，精神的一号指令又来源于哪里呢？来源于原境界。原境界即是精神的意向建构。

原境界是精神的定位仪，标示着精神的运行轨道，指引着精神的方向，确定了不同精神类别的星座位置。在精神生命场中，存在着两极反向引力，就像物理的两极力量作用一样。一极是来自社会向之巅的外引力，另一极是来自自我向之巅的内引力，人才精神就是这两极引力作用下的平衡。

外引力一极代表着充分的社会肯定，是大于个体价值的，我们名之为"大我"；内引力一极代表着强烈的自我肯定，我们名之为"小我"。精神境界就是"大我"引力和"小我"引力两极作用于本体的结果。所谓自我意识，就是个体精神对这两种引力的感受、平衡的结果。人才对两极引力的感知和认同，决定了他们的精神取向，决定了他们的精神能见度。

原境界之两极引力是如何相互作用的？这要深入到精神本体的物质建构中去探索。如果说星球的质量和密度决定了它在星系中的位置和轨道的话，原境界的"质量和密度"也决定了个体在精神大磁场中的位置和轨道。原境界的"质量和密度"表现为本体物质系统外引力作用面与内引力作用面的发达程度的不同。外引力作用面更发达的人才，他们对社会肯定面信息（"大我"信息）的接受能力更强，更注重来自社会层面的肯定，表现为外倾型价值判断模式；内引力作用面更发达的人才，他们对自我肯定面信息（"小我"信息）有更强烈的感知能力，更在乎自我感觉和自我肯定，表现为内倾型价值判断模式。而且，这种内倾或者外倾表现出明显的层级性。

我们将原境界描绘成一个球体（见图1.1），这个球体的赤道圈是"本我"，由"本我"向"大我"和"小我"两极辐射。由"本我层"向"大我"极方向，依次可分为外感觉层、外直觉层，外内功利层、理想层；由"本我层"向"小我"极方向，依次可分为内感觉层、内直觉层、内功利层、虚荣层。

本我层处于中间地带，这是两极信息辐射最为平衡的地带，因而既不为社会企图心所困扰，也不为自我企图所束缚。它代表着自然的、逻辑的存在，表现为纯粹的人格和不为情欲所困扰的角色定位。"本我"与"自我"是不同的，它是更接近原生态的人性。

由"本我"向"大我"一极，人才精神感受到更强烈的社会肯定面信息辐射，形成不自觉的外倾型价值判断。由"本我"向"小我"一极，人才精神感受到更强烈的自我肯定面信息辐射，形成内倾型价值判断，潜意识突出自我观照意识。精神本体对内外引力的感知差异，就是产生人才认识分歧的生物学根源。

原境界还表达了精神的跨度，即精神感觉尺度，表现为俗称的企图心。一般来说，越

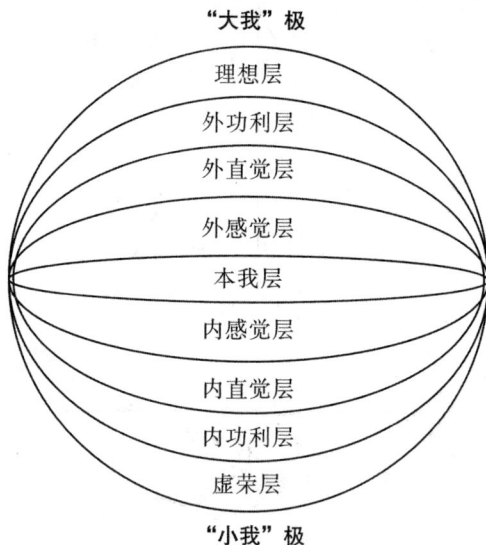

图 1.1

是往两极，精神跨度越大，表现为两极放大的企图心，或者是面向社会放大的企图心，或者是面向自我放大的企图心。感觉层的人才都更关注眼前的价值，不懂得长远设计和规划；直觉层人才相对感觉层人才来说，价值追求更大一些、长远规划能力更强一些；功利层人才相对直觉层人才来说，价值追求更大一些、长远规划能力也更强一些；理想层和虚荣层人才则比功利层人才的价值追求更大、规划能力更强。在外倾方向，外感觉层人才企图心小于外直觉层人才企图心小于外功利层人才企图心小于理想层人才企图心。在内倾方向，内感觉层人才企图心小于内直觉层人才企图心小于内功利层人才企图心小于虚荣层人才企图心。

从某种意义上来说，原境界也是精神的度量衡。

2. 思维是什么

思维是精神的逻辑建构，是把原境界的意向指令与环境因素联系起来进行判断和推理的结构要素。思维表现为看问题的维度与张力的统一。

思维反应在认识活动中，首先表现为看问题的维度差异。一般来说，看问题有四个基本维度（见图 1.2）。

直接情感逻辑是一维（A），代表着直接的情感识别，表达直接情感冲突和自我要求。如对直接表达爱恶的言语或动作的感性识别；一般事理逻辑是一维（B），代表着对事物作为客观存在的一般逻辑和规则的认识。如对一个项目的技术规则和原理的识别，对军事

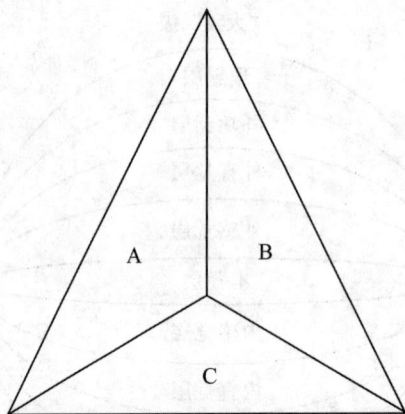

注：背面为 D

图 1.2

对抗中的客观实力对比的识别等；社会化逻辑是一维（C），代表着将人情和事理纳入多样化社会关系中进行的变化考量，也可以称之为非理性逻辑。如利用人为因素去实现按照一般逻辑和规则所不能实现的目的，最典型的是政治手段在实际生活中的运用；抽象逻辑是一维（D），代表着从事物的内在联系及一般规律性透视事物。

因为精神本体物质基础的差异性，不同人才看问题的习惯维度是不一样的。有的人习惯于一维看事物，有的人习惯于二维看事物，还有些人则能够用三维模式看事物，少数人还能够四维地看事物。

思维张力是由人文能力和数理能力融汇而成的特殊智能形式。人的智能之所以区别于机器智能，关键就在于他拥有人文逻辑系统和数理逻辑系统这双重逻辑建构。人文逻辑系统主要处理情绪、情感、想象、意志等类别的信息，数理逻辑系统则处理公式、假设、判断等计算类信息。人文逻辑系统所表达出的对人性、人情的敏感和把握能力，就是人文逻辑能力（简称人文能力）。数理逻辑系统所表达出的计算、推理能力能力，就是数理逻辑能力（简称数理能力）。这两大系统是一个主干上分出的两个小枝干，既相区别，又实际上联为一体。

人类区别于一般动物，主要在于其人文逻辑系统的高度发达，特别表现在想象和意志两方面，这正是创造力的源泉所在。

当两大逻辑系统与识别维度统一后，就形成了属于人的特殊思维模式。

思维在一定程度上是可以练习的。对同一种思维来说，经过更多实践练习的人才，其思维能力自然相对更强，所谓实践出真知就是这个道理。当我们把思维维度概念化以后，就可以通过学习和尝试运用多维度透视方法，进而适当提高我们分析问题的能力。当然，也不能因为思维的可练习性而忽略不同思维类型的质的区别。

思维在很大程度上受到原境界的影响，它在潜意识中被命令要配合完成原境界的定位性指令。人类精神对外来信息的接收并非无选择性，特别是在对信息的重新组织和优先排序上，境界导向起到了决定性作用。

对同一件事物，人们往往认识不同；面对同一样的境遇，不同人才的应对方式也不同。所谓高瞻远瞩必然依靠大智大慧，所谓眼光短浅必然伴随着执迷不悟，人的判断力既受境界的影响，也受思维的制约。

3. 气质是什么

这里之所谓气质，不是通常意义上所指的文化修养，而是指一种特定的精神特质。气质是精神世界的情感建构，是贯穿于潜意识和社会实践的精神审美，表现为对一定精神境界追求的个性化情感坚持，表现为个性化的情感意志。

气质把境界和思维建构的认知模型与实践统一起来，实现人才精神的具象化、人格化，使之变成有血肉的存在。这种结合确定了人才的精神感知尺度和幸福感反应模式，深深地影响了人才的决策冲动。

不同气质经过实践的打磨，表现出更加鲜明的个性色彩。有英雄化气质的人不可能蝇营狗苟，为物质小利而献身，但却会为英雄梦而献身。对唯利是图的人谈理想则无异于对牛弹琴。对狂人说道无异于与虎谋皮。

此外，气质还有两大感性特征，即敏感性和冲动性。有时，同一类人才之气质也有差异，主要反映在敏感性和冲动性上。有的人才更敏感、更冲动，有的人才则相对内敛沉稳、不冲动。对同一类型的人才来说，因为这种气质感性差异的影响，他们也会表现出鲜明的个性差异和不同的实践能力。

特殊的精神气质与我们一生的决策冲动相伴而行，并在影响命运的关键处表现出它的独特意义。

4. 智能特征

原境界、思维、气质三大要素搭建起人的智能结构。当这种智能结构被现实激活时，就形成了人的智能特征。这种智能特征既有别于机械的智能模式，也有别于动物性条件反射，表现为鲜明的独立存在。

恩斯特·卡西尔关于人类是"符号的动物"，以及辩证唯物主义关于意识的能动作用等，这些都是对人类智能特征之强大功能的肯定，却不是将人类精神作为独立存在的肯定。这些理论在本质上没有超越一般反应论，即把人类精神当做一般物质反应系统，把精神运动当做客观运动和反应。事实上，当一定智能特征被现实激活时，他已经成为一个自主的存在。每一种人才实践，都是具体人才将主观作用于客观的结果，主观是变化的根据，客观是变化的条件。人生既不是物理反应，也不是化学反应，而是我们的人格自觉与具体环境的互动，这就是所谓"性格决定命运"定理的内在原因。概而言之，人的智能特征是道德属性与智能属性的统一。

道德属性是被一定智能特征现实转化后的境界反应，代表了人才的精神倾向和精神识别的高度。如果说原境界奠定了人类精神区别于动物精神的物质基础的话，道德属性就是人类精神的现实倾向表现。当一种智能特征变成现实的存在时，它已经形成一个相对封闭的自我体系，所有事物都要经过这个体系的过滤，然后被肯定或否定。道德属性明确内容：如何肯定物质与精神的关系，是建立内倾型价值判断体系还是建立外倾型价值判断体系，以及在多大程度上的内倾或外倾。

道德属性是潜意识自我角色要求和社会自觉的对立统一。所谓潜意识自我角色要求，就是本体的原始自我关照要求，表现为潜意识冲动和本能的角色追求。所谓社会自觉，是人才基于对社会关系的感知而确立的社会认知体系，是对社会角色要求的肯定。

外倾型人才以包容、肯定他人价值为道德，把对他人价值的伤害视为不道德。其潜意识自我角色定位主动向社会自觉倾斜，表现为用社会肯定来建立自我肯定的模式。在这种外向肯定模式中，人才自觉或不自觉地通过"克己"来建立外向支持的价值观，客观上把自我价值实现与他人价值和社会价值实现统一起来。他们把"别人会怎么看、有多少社会面肯定"当做主要价值评判标准，更容易往积极面看事物，更关照他人利益关切。越是趋于更高度的外倾，越是追求更广阔的社会认同，表现为越大的社会价值追求。社会认同只能在统一、平衡中获得，所以，他们自然地倾向于和谐的哲学观、统一的价值观，倾向于公平正义。他们被潜意识规定了要在道德上保持与社会价值的一致性，自我要求在第一出发点已经被忽略。越是趋于高度的外倾，人才越是注重来自社会面的肯定，成就更大社会价值的欲望成为他们的强大内驱力，把惠及更多的人和得到更多人的尊敬当做更大的理想和成功。在理想层，人才习惯性把自我融入充分放大的社会角色追求中，对打造高大的人格形象有强烈的渴望。

内倾型人才以自我价值肯定为道德，把对自我价值的伤害视为不道德。他们更强调自我欲求的满足，而相对忽视社会自觉。他们习惯于从自我价值面看待事物，其追求价值的第一判断是：我能得到多少、有几分自我满足感。越是往"小我"一极发展，人才越来越重视自我感觉和功利要求，而相对更忽视他人价值和社会价值，表现为更加自我任性和更大的自我满足要求。他们从自我角度看问题，用自我逻辑解释问题，表现出更加浓厚的主观色彩。他们在潜意识中排斥和谐的哲学观、统一的价值观，排斥公平正义。他们对现实功利更为敏感，更敢于追求自我功利，但在社会担当精神方面较为缺乏。在虚荣层，人才的自我意识甚至强化到高度偏执的地步，表现出较明显的叛逆倾向。

　　这种道德属性从孩提时代就开始表现出来。外倾型人才对事物有明显的"我的"、"他人的"概念区别，把触碰"别人的"视为潜意识"禁区"，不认为占有"他人的"是应该的。内倾型人才则没有明显的"我的"与"他人的"权属概念区别，他们常常是抱着"我要"或"我不要"的概念，所以，他们不认为占有"他人的"是不应该的。随着成长和社会化，人才精神越是趋于"大我"方向，就越是尊重"他人的"价值与存在；而越是趋于"小我"方向，就表现出越强的社会占有心。外倾型人才更讲"道理"，内倾型人才更讲"利益"。

　　每一种道德属性都代表了具体人才的个性品质，是精神作为独立存在的证明，不能简单地用某种文化标准去衡量。在现实中，我们看不透人才道德属性的差异性，总是把自我道德强加于他人的道德之上，结果导致许多意外的矛盾。从根本而言，人类分歧之关键不在于物质世界的不平衡，而在于我们用差异性道德属性放大了这种不平衡。

　　要指出的是，道德属性并不等同于道德。道德属性表达的是价值判断的倾向性和价值追求高度，道德则表现为个体与社会的利害关系。理想化人格及其道德属性如果不经过实践转化成对社会价值的成就，就不是大仁之道德；尽管自我、偏执人格容易形成与社会的对立，但自我、偏执本身并不是道德，也不一定意味着必然的对外伤害。所以，作为客观存在，没有哪一种道德属性是应该被批评的。反之，作为现实关系，没有哪一种道德是不能批评的，因为，完美的道德是不存在的。

　　智能属性是智能特征所表达的认知事物和解决问题的方法论体系，是全部智能要素融汇、转化成的现实功能表现。具体地说，智能属性是融汇了倾向性和思维特征的人性化智能反应模式。

　　每一种思维经过主观的放大和转化，分化成内外两种识别模型。一维透视模式和相应思维张力与外感觉层道德属性的结合，就形成以外向型感觉判断为主要特征的智能属性；一维透视模式和相应思维张力与内感觉层道德属性的结合，就形成以内向型感觉判断为主要特征的智能属性。二维透视模式和相应思维张力与外直觉层道德属性的结合，就形成以外向型直觉判断为主要特征的智能属性；二维透视模式和相应思维张力与内直觉层道德属性的结合，就形成以内向型直觉判断为主要特征的智能属性。同样，三维透视模式和相应思维张力与外功利层道德属性的结合，形成以外向型功利判断为主要特征的智能属性；三维透视模式和相应思维张力与内功利层道德属性的结合，就形成以内向型功利判断为主要特征的智能属性。四维透视模式和相应思维张力与理想层道德属性的结合，则形成高度外倾、面向创新的智能属性。三维透视模式和相应思维张力与虚荣层道德属性的结合，则形成高度内倾、习惯于逆向设计和逆向争取的智能属性。单相思维模式与本我层道德属性的结合，则形成面向理性自觉的智能属性。

　　当气质作为一种精神元素融入智能反应体系中时，其已经成为智能属性的一部分。每一个自觉的主体，都用相应气质建立起对智能属性的自信，并通过行为方式的固化而成为智能属性的一部分。

智能特征是一种很难逾越的精神长城。一个人可以学习到广博的知识，但这并不意味着精神境界的同时提升。从道德属性来看，我们可以让一个人接受某种价值观、世界观，但不可能让一个人改变其智能特征，所谓"江山易改本性难移"就是这个道理。另一方面，智能属性也是很难改变的，一个人可以练习出非常快的思维反应模式和积累很多的战术套路，但并不意味着其智能属性发生了质的改变。小智慧与大智慧之区别不是记忆力和计算力强几分、弱几分的那种区别，而是一种本质性区别。那些有大智慧的人更善于归纳抽象和把握事物本质，更善于运用规律，能够因势利导实现革命性变化；而那些小智慧人才则总是囿于现象和技术手段，看不见规律和必然性。这就是历史中那些大英雄的地位无法取代的原因，也是那些政客无法超越腐败陷阱的原因，还有些人甚至在同一个地方几次摔倒也不知醒悟。

第三节　精神运动的规律

故事新编

> 每个人都自定义是宇宙的精华，每个人都认为他的智慧应该配享更大的权力。上帝终于发现，他创造了一种自己也难以掌控的"怪物"。

莎士比亚感叹说："人啊，宇宙的精华，万物的灵长。"

人类是宇宙的浓缩版，也是宇宙的一个变异体。宇宙处于一个自然的状态，而人类则在主动寻求变化。人类精神表现出强烈的存在要求，其通过自我放大模式，展示出属于自己的巨大精神力量，表现出非凡的创造性特质。如果说宇宙和人类物质体都是上帝的原造的话，人类精神则表现为二次创造。

人类智能特征从来不是照相机，而是一种具有高度能动性的自主存在，表现出强大的精神自定义特征。你清醒也好，懵懂也罢，事实上，都是在按照自我定义的形象努力打造。这种自定义不是返璞归真的努力，而是张扬人性的现实要求，既包含了放开原始欲望之闸门的内在冲动，也包含了你的文明认知和个性化的精神自觉。

你与他人一样吗？你一定认为自己与他人不一样。

你满足吗？当你检索自己的灵魂深处时，你就会知道自己并没有满足。

童年有童年梦，少年有少年壮志，盛年有盛年的宏愿。还有一些人类精英，他们到暮年仍然壮心不已，所以有"向天再借五百年"的文学表述。

基于精神的二次创造特征，人类精神表现出智慧放大器特征。这使人类充分发挥想象和意志等创造性潜质，并因而能够创造性推动实践的进步。诸多发明创造与我们的梦想紧密相连，语言、神话、宗教、文化等也都是我们的自定义的结晶。人类历史无处不充满人类自定义的痕迹。

同时，自定义属性也使人类迷信自我，放大源于自然属性的某些劣根性。

一、自定义本质

作为生命中的生命，精神以"自我"的命名见证了独立的本质。

人类智能特征不是一个机械的逻辑反应系统，而是一个具有自我识别和再创造功能的有机系统。每一种智能特征都代表着独立的精神逻辑和个性化的内在欲求，也表达了对外的倾向性识别和选择。每个人都有他的道理，因为人是自定义动物。

自定义本质就是：你定位了自己的道德属性，并结合相应的智能属性，建构了你的人格逻辑，并按照这个逻辑去追逐自己的人生。人无法超越自我而存在，自定义是人作为智慧生物的本质。

人类智能特征首先表现为潜意识自定义，这是生物性本能和原始社会自觉的统一，反应为原始的人格框架。在潜意识中，我们自定义为聪明的，认为自己的要求是应该的。即使是小孩，他们也会表现出性格差异，有的温驯、腼腆，有的"调皮捣蛋"，有的少年老成，有的性格乖张等，这种表面性格差异实际上是一定智能特征的反射，其中蕴含着原始的道德属性和智能属性。当然，小孩的性格不能从社会化高度来衡量，因为小孩不具备成熟的社会自觉的能力。

潜意识自定义与我们的一生相伴而行，成长并不意味着自我的消亡，而是自我的社会化；道德提升不表现为对原始人格的否定，而是一定境界层次内的提高。无论举办多少培训班，你可以让人才接受某种意识形态，但却很难改造他们的道德属性。现实表现为我们用自己的道德属性去判断事物，而不是由事物决定我们的道德属性。

同时，人是社会化的动物，社会自觉是人的本能之一。高度社会性是人类存在的基本形态，没有人能活在纯粹的自我肯定中，潜意识自定义必然要与社会要求结合。人的主观性有一定的盲目性，但又不是完全盲目的，每一种自定义都会感觉到他与环境的矛盾，他知道必须通过二次调整来在现实中找到自己的位置，每个人的社会定位都是这种二次定义的结果。人的道德属性表现为社会肯定与自我肯定的平衡，完全没有自我的道德不存在，完全没有社会自觉的道德也不存在。当你定位更高的社会自觉时，你就会相应地淡化自我与任性；而当你定位更高的自我满足要求时，你就会相应地看轻他人价值和社会责任。所以，当道德作为一种精神倾向而存在时，不能定性为善或者恶。而当道德作为一种品质表现于具体实践中时，则必然表现出"善"或者"恶"的属性，具体表现为与他人价值的关系。人才之精神高度是其通过二次定义实现的在一定境界层次上的精神放大。正是立足于二次定义的基础上，人才成为有道德的人。

在自定义过程中，潜意识自定义极为关键，是人才转化的内因，二次定义则表现为一定程度的修正和美容。无论人才精神燃烧是否充足、火焰是否高涨，其光辉必然含有潜意识自定义的色泽。所谓"道不同不相为谋"，其根本还是在于价值倾向的差异性影响。虽然说没有天生的坏人，但也绝不意味着所有的人都天生一样的向善。盲目相信文化记忆和环境对人才的改造力，这是对人才自定义本质的无视，往往会在实践中碰壁。

每个人都能通过学习提升文化素质和技能，但没有人能超越其智能特征的顶层局限。越是强调尊重人才的个性，人才自定义的影响就会越是明显。自定义的影子无处不在。

每个人都表现为自我的存在。不管你是否有清醒的自我认知，你事实上都是按照自我的道德判断和智能模式在行动，按照"他我"行动的人是不存在的。即使是所谓的洗脑，这并非机械式的记忆灌输，而是一种精神"武装"。如果离开了被洗脑的人的配合，这项工作是无法完成的。

每个人都认为自己是聪明的。人们总是认为自己的道德天经地义，认为自己的智慧超出一般。研究证明，绝大多数人认为被骗的人是因为不够聪明，并认为自己是聪明的，不会被类似的伎俩所骗。但事实是，不少上当受骗的人当初正是那么认为的。

每个人都会为自我的选择辩护。当你确定一个目标时，你就会努力收集有利于这个目标的种种证据，而有些不利证据却会被下意识地忽略。那些伟人从自己的人格逻辑出发，并在实践中不断强化这种逻辑，并因而形成统一多数价值的英雄梦，他们会用自己所认定"真理"来为这种英雄梦辩护。那些接受犯罪冲动的人则会认为这种选择或者是"不得已"，或者是"应该这样"，当他们不断地用犯罪经验对犯罪逻辑进行再肯定时，就必然在犯罪道路上越滑越远，他们还会在心里这样说："已经这样了，就这样吧！"

每个人都有一定的环境关照意识。尽管不同人才的社会认知能力不一样，但他们都有相应的社会关照意识，即通过融入环境或利用环境来实现自我在一定环境中的存在与自由。人们通常都会有一种从众心态，因为他们认为追随多数对自己是有利的。文化对自定义的影响就是通过这种环境关照意识实现的，英雄的大旗能够指引许多小英雄勇往直前，而魔鬼的大旗也能让一些敢死队员无所畏惧。当然，也有一些人拥有更强的环境认知能力，并因而表现出对环境的一定的支配力和统治力。

自定义本质使人类社会成为差异性存在。

自定义表现在一般生活中，就是自我的盲目与放纵。无论什么文明制度都表现为多样化的存在，有守法公民、也有罪犯，有社会精英、也有浑浑噩噩的少数。这并非因为不同人才对环境作用力的感知差异，而是因为不同人才有不同的自我认知与社会认知。即使让周永康和徐才厚这类"大老虎"回到毛泽东时代，他们也绝对不会诚心诚意去做人民的公仆，不可能华丽转身为焦裕禄、雷锋，因为他们在潜意识自定义中把自我满足视为道德。反过来，即使让焦裕禄、雷锋进入周永康、徐才厚的角色和环境，他们也不会成为"大老虎"，因为他们有更高的社会自觉和社会肯定要求。他们的精神自定义从起点上就不一样，二次定义也不一样。所以，人类的文明进步必须通过制度建设和文化规范才能实现，奢谈自觉的乌托邦和放纵自我的无政府主义都是幼稚的。

人类文明充满了政治自定义色彩。历史上，人们总结出许许多多的主义，它们在本质上都是人才自定义的结晶。在奴隶社会，我们定义了奴隶主对奴隶的特权，于是有了奴隶制度和保障奴隶主特权的规范。在封建社会，我们定义了封建领主对佃农的特权，于是有了保护贵族和地主阶级权力的制度。这些历史上曾经被坚信的定义，现在显然已经不再被认为是真理。一如既往，我们至今仍然在盲目地坚持政治的自定义——有人坚守正义和和平理念，因而推出和平主义的顶层设计；有人坚持霸权主义逻辑和自信，因而推出霸权主义战略；还有人坚持唯我独尊的自定义，因而奉行极端主义思想和选择。社会发展是一个不断用新定义否定旧定义的过程，在滚滚向前的历史洪流面前，没有一种永远不需要修改的定义。若干年后，权力将被自愿服务和责任感取代，资本将被信用和需要取代。那时回过头来就会发现，我们今天作为权力精英和财富精英的自负，其实是一种多么可笑的事情。

人类文明充满了文化自定义的痕迹。首先，作为人类最古老的文化记忆的图腾崇拜是不同民族的自定义。中国人以龙为图腾，古突厥人、古回鹘人以狼为图腾，印加人以太阳为图腾，古罗马以鹰为图腾，俄罗斯以熊为图腾，等等。这些原始的图腾信仰既不是源自于本能，也不是外力的强加，而是一种自定义。这种图腾并不是绝对如此的，有的民族在发展过程中变更过图腾，印加人则在信仰太阳之外，还曾信仰月亮、土地等。其次，神话也是自定义的。不同的神话标示了不同的权力结构和等级秩序，这实际上是人类借神话来定义社会存在与秩序。无论是西方的宙斯还是东方的玉皇大帝，他们首先代表了权力和秩序，同时，他们身上也显示出很多的人性人情色彩。显然，从神界秩序到诸神的人格化，都是人类精神的反照，是我们定义了诸神的存在和方式。再次，文学、音乐等艺术也是自定义的。所谓艺术来源于生活又高于生活，这其中的"高于生活"就是一种自创造。即使是那些现实主义文学大师，他们的文学作品也不是对现实的完全真实的记录，他们会自觉或不自觉地在作品中加入自我的审美和道德判断。完美的音乐似乎是纯粹的天籁，理查德·克莱德曼的钢琴声总是能把我们带入如痴如醉的梦幻仙境，但它显然渗入了作者的审美情趣和独特的旋律把握。阳春白雪，下里巴人，任何创造都包含了作者的审美自定义。而从接受者角度来说，欣赏过程也是一种自定义过程。同一个文学作品，不同的人读出不同的思想；同一个乐曲，不同的人感受到不同的意境。因为自定义本质，我们不由自主地将个人倾向性带入艺术审美，并进行了审美过程的二次创造。这就是所谓的"形象大于思维"定理。如果有人说他从《命运交响曲》中完全品味出了贝多芬创作时的心情和要表达的意味，这显然是门外汉的自以为是。从某种程度上来说，接受美学的诞生也是人类对自定义本质认识的一个进步。

因为自定义本质，人类表现为自主的存在；因为自定义本质，人类表现为差异性存在；因为自定义本质，人类表现为不断进化的存在。

我们是自定义的存在，个性由它，追求由它，苦乐由它。

因为没有把握自定义本质，人类学哲学始终走不出现象的困惑。对人类而言，哲学之所谓纯粹理性从来就不属于人，人的理性精神不过是自我的表达，而不是自我本身。恩斯特·卡西尔之所谓"符号"在本质上不过是人类智慧的表现形式。你不能把一个人表达了什么当成他就是什么。

二、角色与存在

人才是自定义的存在，那么，人才将自我定义成什么形式的存在？无论是透视个体追求，还是透视集体文化，我们都会发现：人才以角色形式而存在。

宗教和神话是人类最早的文化形式，前者打造神秘和敬畏，代表着精神稳定的需要；后者打造角色形象，代表着生活和秩序。显然，人类在最早的文化中已经表达了自定义本质及其存在方式，即人是以角色形式而存在的。我们在赋予上帝、诸神、妖怪等形象以人性的同时，实际上已经蕴含了"人以角色形式而存在"的全部内涵。上帝、诸神、妖怪等不仅外形与我们自身形象大有关联，他们还充分表现出一些人格和精神特征。无论是东方神话还是西方神话，诸神们都表现出类似于人类的喜怒哀乐，甚至还会下凡与人类偷欢，他们不过是多了几分神力夸张的人而已。而在其后的文明史中，圣人、贤人、君子、小人、英雄、奸贼等概念的不断涌现，并形成文化定义，这是我们以角色形式存在的进一步证明。

人格一词的本质意义就在于：它定义了人的角色存在形式。我们肯定一个人时，会说这个人"人品贵重"；我们否定一个人时，会说这个人的人格有问题。而事实上，人格扭曲、人格分裂也确实是最重大的精神疾病之一。贯穿于潜意识和社会自觉全过程的，就是人格特征以及表达这种人格特征的角色要求。

如果说神话体系是角色定义的理论版的话，现实角逐就是不同人才的角色实践。

每个人都想找到其在社会中的位置和存在感，这一特性不因地位差别而有本质的不同。从普通的衣锦还乡的虚荣，到造福人类的英雄梦，这是想放大角色的光辉；从普通的物质贪婪，到宁可我负天下人的成魔偏执，还是想放大一种角色。名与实，这是自古以来被津津乐道的一对矛盾。名与实是角色的两个面，每个角色都是名与实的统一。我们常常批评他人图虚名、贪功利，而自己却还在奋斗，想成名成家，甚至想名垂青史。人才之本质区别不在于是否追求名利，区别在于要什么样的名、求什么样的利。

在梦中，你有放纵欲望的表现，也会有道德的自我遮掩，因为角色概念是从灵魂中而来；在逆境，你会调整应对的策略，但无法放弃角色肯定的欲望；即使不能亲自上场踢球，你也会在球迷堆中找到自己的角色；即使做不了明星，你也会选择一个偶像并做他的粉丝。

即使是豪华和人道的监狱，你愿意入住吗？肯定不会，因为那里没有自我角色和自由；即使胸无点墨，你愿意当总统吗？你当然愿意，因为那是一个大角色。

所谓"士为知己者死，女为悦己者容"，这是因为追求角色肯定。所谓英雄豪杰留取丹心照汗青，也是因为追求角色肯定。

我们有一般动物没有的虚荣，因为我们喜欢打造自我的角色。我们的追求永无止境，因为我们总是想神化自己的角色。

角色，它是人类精神的肯定方式，是自定义的载体。

角色意识从潜意识自定义起点而来。人才潜意识自定义表现为差异化的道德属性与智能属性的统一，形成原始的人才个性，表现为潜意识角色追求。我们不仅从潜意识自定义角色的道德属性起步，而且很难超越境界高度的制约；我们不仅围绕自我的道德定位制定行为模式，而且习惯性为自我的道德辩护。我们之所谓性格，不过是潜意识自定义角色的人格化表现。潜意识自定义角色表现为不自觉的存在，就像没有照镜子之前的你一样，并不知道自己是什么模样，只有一种朦胧的自我意识，但包含了基本的人才个性。潜意识自定义角色是精神的第一出发点，散发着原始角色的冲动力，其中所蕴含的主动性能量远非动物的条件反射所能比拟。潜意识自定义角色深刻地影响着人的行为和选择，以至于"本性难移"成为一种宿命。

社会存在规范我们的角色存在。虽然为生存而斗争是人类的第一要务，但人类从来就不只是为生存的奋斗，"自由"这个概念充分表达了人类的特殊精神要求，实质上也就是反映了人的独立社会角色之要求。社会角色是一个将潜意识自定义角色要求与社会要求结合的过程，反映了人才的社会自觉的高度。没有一个不追求社会角色存在的人。在家里，你希望得到夫妻间、父子间的角色认可；在社会，你希望得到一个令社会尊重的角色位置并体现自己的价值。从一无所有开始，你的地位和财富与日俱增，但你却还在不断追求和奋斗，不是因为你需要那么多的财富来养活，而是因为你想成就更大的角色。当然，人才的社会自觉并非都是清一色的，不同的潜意识自定义角色要求必然反映为社会自觉的差异性，表现为不同的价值观和不同的奋斗目标，表现为不同的思维方式和行为方式，表现为不同的悟性和实践能力。有人更高尚、更伟大，那是因为他们追求高尚、伟大的角色；有人更贪婪、更残忍，那是因为他们追求贪婪、残忍的角色。出世的释迦牟尼，他不仅传经授道；而且有信徒，所谓空又如何得空，其不过是追求另一种角色存在罢了。

人才最大的幸福感在于角色的实现。人无法满足于物质，一方面，不同的人对待物质的态度不一样，有人以物质获得为快乐，还有一些人以超越物质为自由；另一方面，即使那些以物质获得为快乐的人，其建立在直接物质收获上的快感也如同吸毒一样，只是一种短暂的亢奋，不可能有持久的满足感。自古以来，沉迷于腐朽生活方式的达官显贵们之所以无法自拔，就因为他们已经习惯于通过不断加量的物质刺激来填补精神的失落。角色满足的快感则完全不一样，不仅那些境界高远的人们能够超越物质诱惑而成就伟人的人格定义，即使是那些普通的人们，当他们对自己的角色完全认同时，其所焕发出来的精神力量也是非常强大的。这从两个相反的方面都可以得到证明，一种是在英雄时代，伟大人物用公平正义的政治使社会正能量成为时代的主流，激发人们的正义角色认同，从而形成一种以奉献精神为核心的朝气蓬勃的气象；另一种是极端主义和一些邪教也能蛊惑人心，甚至通过洗脑，把一些人导入歧途，那些宗教化的人肉炸弹就是最极端的证明。贫穷不会让人选择死亡，而角色压抑却足以让人选择自杀。你可以拒绝权力的诱惑，你可以安于清贫的生活，但你不能失去角色存在感和角色位置。当你检视灵魂的深处时，你就会发现，角色满足感就是最大的幸福源泉。

角色意识从你清晨的对镜装扮开始，到你上班的每一个神情和决策，到你的夜晚约会与销魂，无处不在。因为，它是你存在的方式和证明。

人才还具有角色转换的能力。每一个人都是他自己的演员，可以自然实现在其道德属性与智能属性范围内的角色转换。在文学中，有数不尽的角色形象，这并不意味着有如此多的人格类型。在《水浒传》一百单八将中，诸如像鲁智深、李逵等在人格上没有什么不同，不同的是外在形象和环境经历的不同，他们是同一人格的角色转换。在实际生活中，我们白天是一位稳重的职员，夜晚则成为某个俱乐部的狂热球迷，这也是角色转换，并不意味着本质的不同。此外，人还能根据环境需要表现为不同的角色，这并非因为其人格是多面的，而是一种角色伪装，是为了通过角色转换达到最有利于自我的目的。在角色造假方面，没有哪种动物能赛过人类，所谓人有多面性，这并非本质的多面，而是角色的多面。

人才分歧来源于角色追求的差异。人类的对立源于盲目的用自我角色追求否定他人的角色追求，而人类的自私和贪得无厌则因为角色放大没有边际。神化自我角色，这是文明的动力，也成为一切人为悲剧的内因。

当然，人类自定义本质还表现于角色修正能力。在文明进程中的文化作用力证明了这种角色修正能力，诸多人才的角色转换实践也证明了这种角色修正能力。特别是那些外倾型人才，他们更善于角色修正，诸如中国儒家学派的那些杰出代表人物，他们把"修身、齐家、治国平天下"当做提升精神高度的修炼大法，并成就其杰出人物之人格，他们的故事就是代表性案例。如果说我们因为自定义本质而超越一般动物的话，那么，我们更因为角色修正而成为大写的"人"。当然，人的改造不意味着本质的换血。每个人都会认为自己是被环境改造而成的，但事实上，他们不过是被迫改变了习惯和行为模式而已，其道德属性与智能属性并没有本质性改变。

当前流行两个概念，即"任性"与"互信"。"任性"从何而来？从自定义的道德属性中来，从对自定义角色的盲目坚持中来。"定义我自己，怎能不任性！"所以，要消解"任性"，只有解剖自定义。"互信"到哪里去找？靠利益协商来建立互信吗，这就像动物分享食物一样，不可能有信任可言。要实现互信，还是只有解剖我们的自定义。只有正视人的差异性本质，不再盲目地为自我道德辩护，懂得在统一中定位自己的角色，这样才能建立真正的"互信"。

三、精神识别与角色认知

人类精神活动首先是一种认识活动，表现为社会知觉与角色定位的统一。

人类认识活动完全不同于动物性条件反射。动物只有生理本能和存在本能，没有自定义能力，所以，它们不知道自我为何物，没有自觉的角色要求。人类因为自定义本质而成为一种创造性存在，并用角色存在方式证明了其独特的本质。这种强烈的角色要求，正是人类形成如此复杂的社会结构的先天性因素。

不同的角色自定义形成不同的精神反射模式，无论是对自我的认知还是对社会的认知，都包含着丰富的主观元素，表现为自我角色意识和社会自觉的矛盾统一。事实上，人要做得像自然一样原始、纯真是不可能的，绝对的主观和绝对的客观都是不存在的。精神活动总是从境界自定义的起点开始，到现实目标选择、方法设计以及意志追求，一路都带着主观色彩。你无法超越境界给你规定的方向，更无法超越你的智能属性，你越是自信，就越是证明了自定义对你的影响力。因为自定义的引力，人的认识活动形成对现实的曲线反应，这就像一个哈哈镜一样，换一个角度，你就变了一个样子。从精神的哈哈镜中，我们的自我角色定位和社会自觉实际上都有不同程度的扭曲。人才智能特征首先反映了精神的主观趋向——是面向客观社会去识别相关信息，还是面向自我去识别相关信息；同时也反映了精神的能见度——对现象的逻辑关系能看到几层，对事物本质能领悟几分。我们生活于一个客观世界，因为有太多外在于我们意志的事物存在，但是，我们的主观意志存在于一切的实践活动，绝对的理性从来都不存在。每个人在进行价值判断时，都会不自觉地优先选择那些与主观意愿契合的证据，以支持自己的决策。境界高度的差异表现为在多大程度上统一感性和理性，以及是否更接近真理，而不是表现为是否掌握绝对真理。同样，道德属性所表达的品质也是相对的差异，而不是绝对化的善恶。尽心大仁必有小不仁，大恶之德未必无小情，这就是历史伟人常常被误读的原因，也是形形色色的机会主义者自慰的借口。

人才的智能特征定型于人才的社会化过程，这是一个生物性自觉与社会自觉统一的过程。人才潜意识自定义和社会要求的结合，形成人才智能特征的差异性反应。这个过程融合了潜意识自我角色要求，也关照着社会要求这个主题，既反映主客观的矛盾，也反映主客观的统一。总的说来，这个自定义过程表现为自定义的修正，不是自定义改造，目的是更好地实现角色肯定。人才认知在本质上都是自选答案。人类历史的曲折和反复不是因为人类对自然世界的无能为力，也不是因为缺乏智慧和创造力，而是因为智能特征的差异性。有人喜欢公平正义，有人喜欢突出差异；有人致力于创造，有人醉心于掠夺。在远古神话中，人类已经表达了这种差异性；在当代文学、电影中，也无处不显露这种差异性。公平正义与自私贪婪的斗争贯穿于文明史，光明正大与阴谋诡计交织于一切重大的历史事件，我们从历史中读到的常常是自我精神偏好的那一面。历史告诉了我们所需要的东西，而不是它的本质；现象给予我们所想要的东西，而不是真理。这就是人类精神识别之一般规律。

斯宾诺莎认为："许多人为同样的感情牢固地控制着。他的一切感觉受制于一个对象的强烈影响，以致他坚信有这种东西，即使这种东西压根儿就不存在。如果这个人神志清醒还是如此，人们就会把他看成是神经错乱……但是，如果贪婪的人只想钱财和占有，有野心的人只想名位，就不会有人认为他们是神经错乱，而只是讨厌他们，往往蔑视他们。实际上，贪欲和野心等也是不同类型的精神错乱，尽管人们通常不把它们视为'病症'。"埃利希·弗洛姆认为："这段写在几百年前的话，今天仍然适用，只是这些缺陷已经被文化铸造到这样的程度，人们不再讨厌和蔑视这些东西。"①

智能特征对社会信息的识别，表现为社会认知和角色认知的统一。围绕社会认知和角色认知两大轴线，不同的智能特征既在接受客观信息，也在主观定位这些信息。所以，不仅人才的自我角色定位带有强烈的主观色彩，人才的社会认知也包含着明显的倾向性，这两者是统一的。从社会客观要求的角度，我们能看到历史的规律和统一的价值；而从自我、自私的角度，我们只能看到自我的现实功利要求。真理从来不选择人才，只有人才选择真理，因为真理离不开我们的认同。

人类的认知活动是围绕社会认知和角色认知这两根轴线进行的。

社会认知轴线的一端是历史和文化，另一端是社会实践，表现为是正面吸取历史的经验和智慧，还是反向看待历史的曲折并得出一些机会主义概念。角色认知轴线的一端是自我认知，另一端是社会角色认知，表现为是用社会角色要求统一自我角色，还是把自我意

---

① ［美］埃利希·弗洛姆著：《健全的社会》，欧阳谦译，中国文联出版公司1988年版，第15页。

志凌驾于社会角色要求之上。显然，不同人才因为其智能特征的不同，在认知和选择上也会不同。你有什么样的智能特征，就会从历史中读出什么样的味道，就会定位什么样的自我角色。那些表现为外倾型价值判断模式的人才，他们的认知面向客观存在，更容易识别那些突出社会关照意识的信息。而那些表现为内倾型价值判断模式的人才，他们的认知面向主观自我，更容易识别出与自我关照意识相关的信息。

在社会认知轴线上，外倾型人才从历史和文化中更善于正向学习和继承，更容易接受统一的价值观、给予的品质；内倾型人才则容易从历史和文化中看到分歧以及功利主义影踪。外倾型人才在社会实践中自觉选择合乎社会潮流的模式，认同普世价值观；内倾型人才按照自我现实功利目标选择道路，不认同普世价值观。

在角色认知轴线上，外倾型人才注重社会面对自我的认同，所以相对更注重通过人格修炼以完善自我。内倾型人才则更在乎自我认同，所以放纵自我、展示任性甚至叛逆品质。外倾型人才把自我角色意识统一于社会角色之中，内倾型人才则把自我角色意识凌驾于社会角色之上；外倾型人才重视社会责任和义务，内倾型人才则更看重社会权力与自我利益的关系。

编纂《史记》的司马迁可谓见识广博，却看不透世态人情。他的《史记》增添了更多文学性夸张，而少了些历史的厚重，许多人物都被脸谱化，诸如"荆轲刺秦王"一类的故事近乎荒诞不经。而在现实中，司马迁既看不透封建国家的专制本质，也不懂得从政治层面看待汉武帝严厉打击投降主义的实践需要。他以普通人性考量政治人性，善良地为因身陷绝境而投降匈奴的李陵进行无罪辩护，结果身受宫刑之辱。

编纂《资治通鉴》的司马光可谓智深谋沉，但他的内倾型精神反射特征却无处不现。他在《资治通鉴》中暴露出纯粹的功利主义历史观。而当司马光用他的道德属性来衡量现实时，个人利害关系成为唯一的价值尺度。因为王安石变法损害了司马光及其利益集团的利益蛋糕，司马光于是颠倒黑白、混淆是非，全面攻击王安石改革。他嘲笑王安石是"力战天下之人，与之一决胜负。"在宋神宗去世后，司马光开始对王安石变法的彻底清算，成了"凡是新法就要罢除"的"凡是派"。在王安石去世后，司马光还不忘抨击王安石，说他"性不晓事"，颠倒忠奸，后果严重。①

"你认识你自己吗？"你越是自我和任性，就越是证明你并不认识自己。

要指出的是，人才智能结构虽然有先天性差异，但不能简单地与人性善恶概念等同起来。小孩都有智能结构的先天性差异，但由于其精神世界尚未完全张开，其智能特征实际上并未定型为一种能够自由转换的判断、决策模式，没有将相关信息上升到社会化的能力，有的只是盲目的情感坚持。所以，对儿童的宽容是永恒的真理。当然，这也不意味着

————————————————

① 徐文明著：《十一世纪的王安石》，当代中国出版社 2007 年版。

我们应该忽视不同人的先天的差异性，不能放任一些个性缺陷。对自我的盲目放纵，只会让精神更容易误入歧途。而从教育来说，不能结合人才的智能特征"因人施教"，就不能充分地发掘人才潜力，帮助人才成长。

四、精神放大器

人才二次定义之目的本来是为了平衡自我与现实，实际上却往往变成自我的放大，这就是所谓精神放大器特征。事实上，我们都生活在一个自我放大的世界里。

从前，有两个农夫比邻而居。有一天，农夫甲砍柴的斧子不见了。他出门时，看到邻居乙，觉得邻居乙鬼鬼祟祟的，认为乙一定是偷了他的斧子，所以才鬼鬼祟祟的。外出回来时，甲又遇见邻居乙，越看越觉得邻居乙就是小偷。但是，甲进家里后，偶然发现：原来自己把斧子遗忘在院子里的一个角落里了。第二天，农夫甲出门时，又与邻居乙碰面。他觉得邻居乙越看越不像小偷的模样。这是精神放大最浅显的表现。

深入一个层次来看：你爱得死去活来，不是因为这份爱真的如此重要，而是因为你主观这般定义；你恨得咬牙切齿，不是因为这份恨真的如此深沉，而是因为你将它定义得这般深沉；你明明在演戏，有时却觉得戏中的那个人就是你；你误入了邪教，于是恍惚觉得自己拥有了魔力；你决定追求崇高，于是感觉到了英雄的意志。如果你总是成功，你就会对自己的才能产生自负，即使这些成功确实是偶然的；如果你拥有了巨大的权力，你就可能迷信自己的尊贵和与众不同，等等。

还有更深的层次：人才精神有时甚至放大到危及其本身安全和存在的程度。在短暂的自然历程中，没有哪一种信仰比生命更值得尊重，因为离开了生命也就失去了存在。然而，为了放大的角色追求，许多人都在浪费生命。为维护角色虚荣决斗而死的有之，因失去角色位置而自杀的有之，被洗脑而充当人肉炸弹的也有之。当然，还有更多为成就社会理想而献身的"烈士"。

类似的精神反射模式表现在生活的方方面面，主观放大成为人类精神的本质特征之一。

精神放大器特征首先源于自定义的能动性，其次源于自定义的角色存在形式。这两者的结合，一则形成个性化精神识别模式，二则形成不断增长的自我角色肯定要求。人类精神将存在本能放大成权欲，变成对财富的贪婪，变成统治他人的野心；人类精神将性本能放大成爱欲，变成极高的情感渴望，甚至沉迷成痴；人类精神将审美本能放大成文化意识，变成多种审美解读，成就了灿烂的思想和文化。

人才精神的放大并非无迹可寻，而是自有规律。

首先，人才精神是通过一些媒介来放大的（图1.3）。

每个人都是从自己的潜意识自定义角色出发，在自我道德属性与实践要素的互动中寻

图1.3

求角色的二次定义。在这个过程中，禀赋和能力建构基本的认知体系，提供方法论支持，放大能力自信；权力（公权力、财富权力）释放现象诱惑，放大自我任性；文化、制度等因素通过潜移默化的影响，放大文化作用力。

李白是"有才就是任性"的代表，商纣王是"有权就是任性"的代表，文天祥、史可法等则是文化自信的代表。当然，在实际生活中，这三者是联系在一起的，每个现实角色都是能力自信、权力任性、文化养成等三大因素综合放大的结果，表现为高层德行和人格特征，表现为不同的顶层设计，表现为不同的实践模式选择。

在平凡普通的生活中，我们往往并不觉得人与人之间有很大的人格差异，似乎人与人之间并没有什么不同，这主要就是因为媒介差异性很小。所谓"高贵者最愚蠢，卑贱者最聪明"，正是反映了人的精神容易被权力盲目放大的特征。贫穷三兄弟可以一个馒头三份分，面对皇位的三兄弟则打破头了还拼命，这是历史上屡见不鲜的案例。为什么人们那么喜欢权力？因为权力是放大角色的最便捷的工具。

其次，按照境界航标灯指引的方向和高度，人才精神表现出两极放大的特征（见图1.4）。

越是往两极延伸，人才的自尊心越强烈，精神要求越高，角色追求越大。正是在这种两极放大过程中，形成人的高层德行，即代表其最高人格自觉的道德定位。每一种角色追求都是这种道德定位的现实化表现。

在面向"大我"一极的方向，人才精神表现为外向肯定模式，形成面向社会的精神放大。他们重视社会认同，把更充分的社会肯定当作自我价值的主要肯定方式，潜意识中保留着对自我的批意识，把自私视为"不道德"。即使是处于感性层的人才，他们虽然不能理性地认知人性和人生，但仍然会表现出善的品质和乐于奉献的精神。越是接近"大我"一极，人才的社会企图心越大，表现出越来越高的社会肯定要求和对统一多数价值的社会理想的肯定。到最高境界，人才将自己化为"天意的工具"（或者辩证的必然性），自觉地承担起社会赋予的历史使命，其社会正能量也因而达到最大限度。在社会理想之巅，他们能够牺牲自我以成全天下；他们大仁不仁，却实为性情中人。

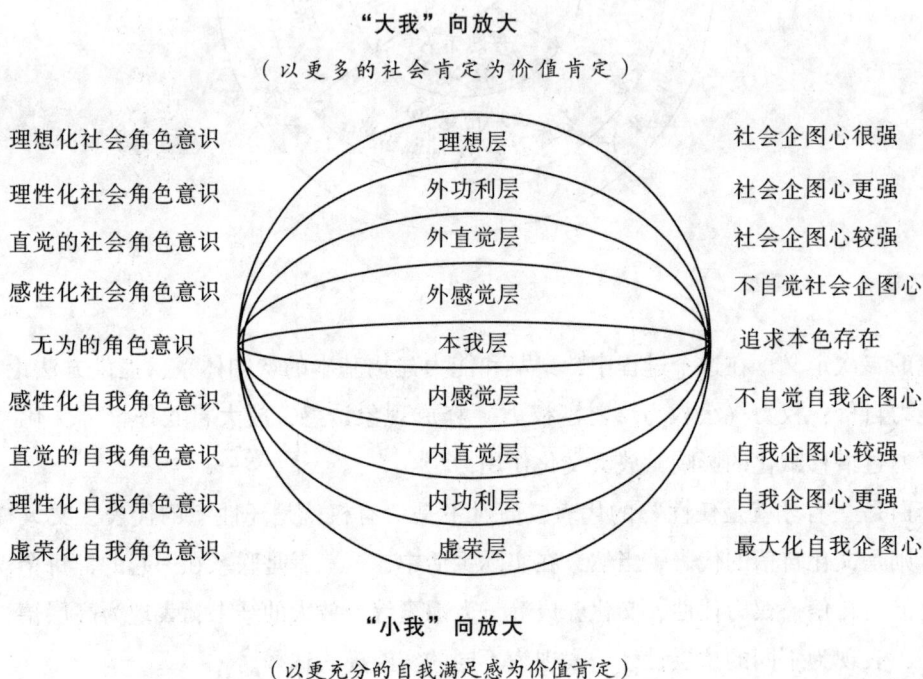

"大我"向放大

（以更多的社会肯定为价值肯定）

理想化社会角色意识	理想层	社会企图心很强
理性化社会角色意识	外功利层	社会企图心更强
直觉的社会角色意识	外直觉层	社会企图心较强
感性化社会角色意识	外感觉层	不自觉社会企图心
无为的角色意识	本我层	追求本色存在
感性化自我角色意识	内感觉层	不自觉自我企图心
直觉的自我角色意识	内直觉层	自我企图心较强
理性化自我角色意识	内功利层	自我企图心更强
虚荣化自我角色意识	虚荣层	最大化自我企图心

"小我"向放大

（以更充分的自我满足感为价值肯定）

图 1.4

　　在向"小我"一极的方向，人才精神表现为内向肯定模式，形成面向自我的精神放大。他们突出自我关照意识，忽视社会自觉，把自我要求凌驾于社会要求之上，潜意识抵触非我的模式。即使是处于感性层的人才，他们已经开始表现出不关心他人价值和只关注个人眼前功利的特点。越是接近"小我"一极，人才的自我企图心越强，表现为越来越大的私欲，表现为更加自我中心，对他人价值更不在乎。到自我顶端，人才往往无视他人和环境，容易变成一种思维极端、具有排他性气质的狂人。

　　对于处于本我层的人才来说，精神放大其自觉性，表现出超然的气质，既不为社会企图心所诱惑，也不为自我私欲所困扰。他们更喜欢沉浸于逻辑编织的规律世界里。

　　除了价值倾向和企图心的两极放大之外，不同人才在情感意志上也表现出两种方向的放大特征。本我层人才超然，无执；从外感觉层到理想层，一层比一层更显执著，意志力更强，情感要求更强烈，领导欲也更强；从内感觉层到虚荣层，一层比一层更显任性，意志力更强，情感要求更强烈，支配欲也更强。

忽略精神的两极放大特征是西方心理学一直没有走出的桎梏。海伦·帕尔默在《九型人格》一书中将偏执人格当作完美主义者的主要特质之一。显然，作者因为不懂得人类精神两极放大的特性，只看见了表象中的执著特征，却忽略了立足于统一价值观的理想化人格与立足于排他性的自我偏执人格的区别。

"自我"是什么？就是对道德属性和智能属性的自信和坚持。无论你想扮演一个什么样的角色，"自我"的尾巴总是会不经意地暴露出来。每一次反省只意味着对自我的再确认；每一次成功都会迎来一次自我的再放大。人才之道德就是一定道德属性在实践中放大的产物。

精神放大器特征表现于集体形态中，形成文化创造力，也表现为矛盾的社会关系。

——精神放大器让人类表现出积极的文化自定义能力。

我们没有看到上帝，但我们建立了自己的信仰；我们看不见直观的真理，但我们能定义什么是真理；我们定义什么是自由和权力，我们定义什么是民主和博爱；我们用音乐陶冶性情，我们用文学锤炼人性；我们用哲学为心灵导航，我们用法律为正义护航。这种自定义能力表现了极高的精神自觉，是人类文明前进的第一动力。法国思想家帕斯卡尔说：人类的全部尊严就在于思想。

人类精神还表现出发明创造的智慧。作为集体存在，依靠特殊的精神力量，人类不仅能够根据环境变化改变身体的适应力，还能改进工具，提高生存能力，还能不断创新技术、创新生活方式。我们幻想着光明，于是拥有了电力和电灯；我们幻想着像鸟一样飞翔，于是发明出飞机，等等。

社会制度日趋文明，科学技术日新月异，这种进步的内驱力就是能够自我放大的人类精神。

——精神放大器也放大自私、贪婪等属性。

自定义本质使人类成为宇宙中最善于诡辩的动物。我们一方面自诩为"宇宙之精华、万物之灵长"，另一方面又用"物竞天择，适者生存"的一般动物法则为自私贪婪辩护。还有比人类更刚愎自用、自以为是的动物吗？没有。放大的物欲，虽金山银山不能满足其贪婪；放大的自我，虽上帝之位不能满足其奢求。

有时，一个小小的分歧也会被人类放大到不可调和的地步，进而走向野蛮的争斗。人类的第一次世界大战就是源于小小的"萨拉热窝事件"。有学者认为，这个事件原本不应该发展为世界大战。实际上，盲目性正是人类精神放大器的本质特征之一。乌克兰危机也是不应该发生的，但它也发生了。难道搞乱了乌克兰就真的意味着美国的成功吗？难道做和平的桥梁不是对乌克兰最为有利吗？难道乌克兰东西方真的没有妥协余地吗？显然都不是，只是我们主观认为应该是这样。事实可能正好与我们的认识相反，历史的悲剧就是这么来的。

世界的一面是正义与博爱，另一面是犯罪和恐怖主义。前者是对动物性的正面超越，成就了许多辉煌和文明。后者是对动物性的反向超越，记录着无与伦比的野蛮与残忍。放大爱的情感，有人将之变成"充吾爱助天下人爱其所爱"的大爱，也有人要求赤裸裸的控制、占有甚至性虐待；放大制度的规范作用，有人用正义和秩序保障和谐，也有人将之变成利益集团争权夺利的工具；放大的文化，一面表现为善良的人性，另一面表现为自我的放纵；被放大的自私和贪婪更是社会顽疾，它使人类的消极因素及其破坏力远远超越一般动物，使欲望变成贪婪，使争斗变成疯狂与残忍。当我们为林肯、金大中、曼德拉式的理想主义精神点赞时，我们更应该反思这些伟大人物为何会遭遇那样的不幸。而诸如"麦卡锡主义"一类的集体恐怖主义、希特勒的犹太人灭绝模式以及日本军国主义制造的南京大屠杀等，则是任何动物都做不出来反面极端。当精神面向自我极端放大时，我们已经不再是宇宙之精华，而是宇宙之病毒。极端的自我只会破坏现实的平衡，导致冲突和毁灭。

从差异性来说，精神放大器表现为智能属性对道德属性的"盲从"。正是因为这种盲从性，使得"现象扭曲"在生活中无所不在，使得权术家们的瞒天过海成为可能。

人类智慧有时会在巨大的物质作用力之下变得如一般动物那样低下，这其中的主要原因就在于对自定义之道德的盲从。权力、财富本身并没有力量，但当我们将它看得神圣的时候，它就会显示出诱惑的魔力。每个人都是他自定义的产物。所以，投其所好成为人类屡试不爽的宝典，而厚黑术更是投机家的武功秘笈。

就像印度古老寓言中的盲人摸象故事那样，我们从自己的智能维度出发，只看到大象的局部，或肚皮，或大腿，或尾巴，或鼻子等，但我们坚持认为自己所看到的那个局部就是大象。因为自以为是，我们常常把认知的不足放大成矛盾，直接造成了现实的分歧甚至对立。所幸的是，那些大智慧的人才能够从一个更广大的视角俯瞰实践这头大象，并高瞻远瞩地指引了阶段性历史的前进。

五、智慧相对论

什么是智慧？在传统名词解释中，智慧就是辨析判断、发明创造的能力。道德属性和智能属性统一于实践，就形成我们俗称的智慧。

1. 智慧概念

人们很早就意识到人文逻辑和数理逻辑的差异性，所以有智商和情商的区别之说。一直以来，人们把用知识解决问题的能力称为智商，把情绪、情感、意志的控制力称为情商。有人还据此搞出所谓的高智商俱乐部，以证明那些记忆力和计算力有相对长处的人是所谓的高智商人群。但是，这种认识无疑是偏颇的。如果我们让从小被誉为神童的晏殊和李昌镐一起学下棋，可能晏殊多用五倍的精力也达不到李昌镐的水平；反过来，李昌镐多花一倍精力来学习诗词，也可能达不到晏殊的水准。如果让聂卫平与爱因斯坦一起学物理，聂卫平很难追上爱因斯坦的脚步；反过来，让爱因斯坦与聂卫平比赛围棋，爱因斯坦则可能不如聂卫平。那么，晏殊和李昌镐、聂卫平和爱因斯坦，谁的智商更高呢？这显然无法回答。所谓"情商"概念也一样遭受到现实挑战。有的人精明过人，处处算计，最后却是"聪明反被聪明误"；还有些人虽然善于交际和协调，似乎情商很高，但既不知人也不善任。毛泽东在交际能力方面显然不如周恩来，但在知人善任上比周恩来更优秀，他们的情商究竟谁更高呢？为什么会有这样看似悖论的情况？因为，人的逻辑系统事实上是一个整体，是不可分割的，每一种精神活动都是主客观的统一。正是源于这种情与智的融合，形成了人类特有的思维张力，形成了人类的创造性。

每个人都有潜意识顶层设计，表现为围绕一定道德倾向性和高度的智能建构。精神追求的第一动力都来源于这个顶层设计，最活跃的也在这个顶层设计范围内。超越这个范围，道德难以被理性认知，思维张力也会大打折扣。大智慧也会有小盲点，"聪明人"有时也会犯低级"错误"，这并不是他们在那时候变傻了，而是因为那个"错误"不在其道德属性的敏感范围之内。而小智慧有时也能解决大问题，就像陈平献"诈游云梦"之计擒拿韩信、献"美女图"之计解白登山之围等那样。刘邦是战略大家，却没有陈平的这种小智慧。

人类智慧不是单纯的智力表现，而是道德属性与智能属性的统一。如果我们用线型来表达智慧的话，人类智慧是曲线型，表现为被道德属性扭曲的判断力。道德属性与智能属性有时表现为相互放大的统一，有时表现为反向制衡的统一，这就是智慧相对论。

道德属性与智能属性是不可分割的。情与智的交融形成人类智慧的特殊性和复杂性，表现于潜意识主观意愿之中，表现于丰富的想象之中，表现于被情感左右的判断之中。有研究表明，处于热恋之中的人们，他们的"智商"往往表现得有所下降。"执迷不悟"是生活中经常发生的故事。

我们通常把大智与大仁连在一起，那些达到大仁境界的人，肯定是有大智慧的人；真正有大智慧的人，也一定能超越世俗的胸襟，心不为物役。这是智能属性与道德属性的一致性的表现。但它们也有不一致的，对于一般智慧的人才来说，其智能属性不一定与道德属性一致。如果境界不同，相近智慧之人才的道德属性也不同。历史上，那些大奸大恶之徒显然不缺少小聪明，这是他们走上高位的基础，但他们的智慧结出的却是恶果。

传统认知方法因为把道德属性与智能属性割裂开来看待，所以无法认识到智慧的差异性本质。正是因为这种认识错误，使诸多不同类型的人才都对自己的"方法论"盲目自信，却忽略了道德属性的重大制约和影响。把智能属性凌驾于道德属性之上，或者无视道德属性的影响，这正是形成道德偏见和盲目自负的深层次原因。

围绕不同的智能建构，不同人才之智慧都会通过具体的项目参数反映出来，如学习力、行政执行力、技术创新力、战术创新力、战略管理能力等。

我们无法丈量每一种智慧的深度，但我们可以设计出基本的能力素质公式：

能力素质＝（记忆力＋思维张力）×敏感系数
思维张力＝人文能力×数理能力

显然，人文能力和数理能力既相互区别，又融为一体，甚至互为倍数关系。譬如，在下棋中，你不仅要有计算力，还要斗智斗勇。在军事对垒中也是这样，既要考虑物质实力的对比，也要考虑人的因素。大战略的制定和实施更要考虑人的能动因素。中国的解放战争是最具代表性的案例，谁能想到一支"小米加步枪"的弱小部队能够在三年之间彻底打垮拥有美式先进装备的数百万国民党正规军呢？毛泽东的战略智慧在其中所起到的关键性作用是毋庸置疑的。

记忆力虽然有先天因素的影响，但也可以通过后天的训练而提高，如果方法得当，可以增强记忆效果。如兴趣记忆、情景记忆、逻辑记忆等，都是可以借鉴的方法。具体选用哪种方法要根据个人的特点，想象丰富的人可以选用情景记忆，数理能力强的人可以选用逻辑记忆，有特别专业天赋的人可以结合其专业所长来练习记忆力。少年时期的系统化训练非常重要，经常性的强化记忆会自动优化大脑记忆区的功能。

数理能力首先是受思维形式的影响。一般来说，习惯于形象思维运用的人比之于习惯于逻辑思维运用的人，前者计算力相对更差。当然，计算力虽然受思维形式的先天性影响，但后天训练也很重要。

人文能力一方面依靠对人性的敏感，同时也依赖于对人格逻辑的规律性把握。所以，那种知人善任的能力往往只有少数人才具备。

因为气质作用，人才表现出不同的敏感性。人才的敏感系数表现为人才对具体事件的即时反应速度。这种敏感系数虽然是细微的差异，但对实践的影响却极为明显。有些人并没有什么大智慧，但有较强的抓机遇的能力，除了经验之外，敏感性是一个很重要的因素。当然，这种敏感性与精神高度是紧密相连的。

这个能力素质公式既说明了人才的先天潜质的重要性，也说明了后天训练的重要性。

每个人的大脑都是一个金矿，虽然含矿量多少有差异，但能够开发多少出来也是非常重要的。这种智力开发，一方面要靠合理的教育和培训，另一方面就是靠发展人才学，使人才学步入科学的轨道。只有懂得了人才智能特征的差异性，才知道如何因人施教，这直接关系到人才潜能的开发程度。

在实践中，现象直接冲击我们感觉的往往是那些个别因素，诸如记忆力、交际能力、计算能力、反应速度等。这使我们常常犯以偏概全的错误，误把某些具体的素质指标当成智慧本身，导致许多判断失误。如果我们总是把这些单个要素分开来看待，就永远找不到关于智慧的真谛。

2. 智慧的表现

如何让人们通俗地理解智慧这个概念？那就是要把智能属性与智慧表现结合起来，向智能属性找根据，看智慧表现明差异。

智慧表现主要是四大方面，即联系、比较、取舍、创新。

所谓联系智慧，即把事物所涉及的诸多因素联系起来进行考量的智慧。包括主观与主观、客观与客观、主观与客观等多重因素的联系，这就是哲学之所谓用联系的观点看事物。能够把关联因素考虑进去，考虑越是全面，自然越容易找到正确的答案。反之，片面看事物，孤立地看事物，则自然容易失之于谬误。事实如果不是相互联系地看待，就可能从事实中得出错误的判断。一方面，一切事物都有其个别和偶然，这种个别和偶然并不足以代表普遍性。另一方面，人类的自定义特征使社会增加了更多的伪装，"真相"可能隐藏在事实的背后。司马迁才华横溢，却何以全然不懂政治人性，以至于身受宫刑之辱？李煜词传千古，却何以误国误家不善终？原因在于，他们虽然有专业才能，却不善于多维度透视和联系考量。懂得联系地看事物是智慧的第一基础。

所谓比较智慧，就是对事物进行对比与权衡的智慧。要懂得纵向比较，即懂得用历史的观点看事物，把握事物的规律性，进而把事物的昨天、今天和明天统一起来。所谓读史使人明智，因为历史中有经验、也有规律，这种经验和规律是指引现实的航标灯。同时，也要善于作横向比较，即把握现实关系的平衡，抓住主要矛盾和矛盾的主要方面，该抓的抓、该放的放。现实的比较和权衡，是让智慧落地的能力表现，不知孰重孰轻、不知轻重缓急，就把握不好现实。把这两方面统一起来，就能形成科学发展观。

所谓取舍智慧，就是在一定道德属性制约下形成的价值取舍态度。最高的取舍智慧表现为辩证的得失观。在物质与精神之间有取舍，在公与私之间也有取舍。平衡好取与舍的关系，就能增益智慧；平衡不好取与舍的关系，则必然有损于智慧。过于小私则必失大德，尽心大仁则必有小不仁。很多时候，我们因为看重角色肯定而作出相应的取舍，到头来却发现事与愿违。和珅是愚钝的人吗？何以积累超过国库的财富而不能善终？身陷囹圄的"大老虎"们不精明吗？何以以身试法，导致高位跌落、命运逆转？答案是，取舍智慧不足也！

所谓创新智慧，是通过革新和改造实现发展和增值的智慧。因为智能属性的差异性影响，不同人才的创新素质是不一样的。一般来说，越是懂得用联系的观点、发展的观点和辩证的观点看事物，则对事物的规律性的把握能力就越强，创新能力也越强。反之，孤立地看事物、静止地看事物、找不到事物的规律性，则必然不善于创新。

结合智能属性和智慧表现，我们大致可以把人才智慧分为九类。

第一类智慧是外向感觉型智慧。表现为外倾型价值判断模式，习惯于从 A 维度面或者 B 维度面看问题，不善于从 C、D 两个逻辑面透视事物。联系智慧：不善于运用联系的观点看事物，容易孤立地看问题，眼光停留于事物的表象层面。比较智慧：不善于用历史的观点和发展的观点看事物，习惯于感性判断模式，综合比较和权衡的能力相对较弱。取舍智慧：外倾型价值肯定模式，对外肯定、信任，看重精神激励，但没有非常强烈的情感意志。他们虽然少了些变通能力，但用朴实和本色赢得社会的角色承认。简单也是一种生活智慧，这种简单智慧是属于他们的。

第二类智慧是内向感觉型智慧。在联系智慧方面与第一类智慧基本一致。比较智慧：不善于纵向的比较、权衡，敏感于现实的利益关系和横向比较。取舍智慧：内倾型价值判断模式，习惯于从自我出发，不在乎社会肯定要求，更注重直接的物质肯定。这类智慧往往成就急功近利、望风使舵的角色形象。

第三类智慧是外向直觉型智慧。联系智慧：他们能够把 A 维度面和 B 维度面统一起来看问题，相信直觉的价值肯定。因为不善于从 C、D 两个逻辑面的联系考量，他们不善于对多样化关系下的非理性因素的考量，也不善于规律性透视。比较智慧：习惯于直觉判断，不善于多样化关系下的对比、权衡，对直接利害关系有敏锐的洞察力，全局考量和权变能力则又显不足。取舍智慧：外倾型价值判断模式，并有用更大成就肯定自我角色的内在欲求，但由于没有超越一般功利肯定模式，容易受到一般功利心的羁绊。创新智慧：主要表现在战术创新方面，他们有良好的战术素养，战略创新能力则相对不足。表现在实践中，他们对自我的直接要求和目标很清楚，对间接关系则不够敏感，缺乏对社会非理性关系的透视和掌控能力。他们勇于任事，干脆果决，不瞻前顾后、拖泥带水，在执行层面表现出很强的能力。这类智慧往往成就中正进取、积极而为的角色形象。

第四类智慧是内向直觉型智慧。他们在联系智慧、创新智慧等方面，与第三类人才基本一致。比较智慧：不善于纵向比较，不喜欢从过去到现在到未来的深度考量；对现实利益关系有直接的敏锐，能迅速作出有利于自我的价值判断。取舍智慧：内倾型价值判断模式，有较高的物质肯定和自我满足要求，相对看淡社会肯定，往往形成"成王败寇"的得失观。表现在实践中，这类人才对自我的要求和目标很清楚，缺乏对社会非理性关系的透视和掌控能力；勇于任事，干脆果决，不瞻前顾后、拖泥带水，在执行层面表现出很强的能力；习惯于从自我出发，关注直接的个人功利要求，不在乎社会肯定。他们往往成就喜欢挑战、善于博弈的角色形象。

第五类智慧是外向实用型智慧。联系智慧：能够统一Ａ、Ｂ、Ｃ三个维度面看事物，不仅能够从一般关系层面统一人情和事理，还懂得将这种关系放到多样化社会关系中去考量。比之于直觉类智慧，这类智慧的联系面更宽，因而看问题相对更全面。比较智慧：懂得用发展的眼光看问题（但未达到科学发展观高度），更善于现实关系的对比、权衡，显得很理性。取舍智慧：懂得把个人价值放到统一的社会价值中去考量，形成统一的价值观，甚至能够适当的通过自我舍弃来达到成就社会之"大我"。创新智慧：主要表现在管理方面，善于人际关系的利用和社会资源的借用，并因而增加了成功的机会。表现在实践中，这类智慧习惯于从社会整体层面权衡、考量利益得失，懂得妥协，表现出较强的社会活动能力和务实精神。但是，因为弱于规律性透视，他们敏于现象面权衡，却不善于深度的逻辑考量，这大大制约了其顶层设计能力的发挥。这类智慧往往成就个性中庸、积善成德的角色形象。

第六类智慧是内向实用型智慧。其在联系智慧、创新智慧等方面，与第五类智慧相近。比较智慧：不喜欢历史的考量，敏感于现实的权衡、考量，形成自我中心的思维定式，和精于权变的个性特征。取舍智慧：内倾型价值判断模式，有较强的物质功利心，大大制约了其精神追求的高度。这类智慧往往成就自我中心、独断、权变的角色形象。

第七类智慧是创新型智慧。联系智慧：能够把Ａ、Ｂ、Ｃ、Ｄ四个维度联系起来，看问题不仅全面，而且能够达到抽象高度。世间万物都有自己的运动规律，找到了事物的规律就能创新模式和引导事物的发展，而不是被现象左右。社会运动虽然充满非理性因素，但也有自己的运动规律，把握人性与环境的关系，就能创造性推动实践。善于运用全面的观点、联系的观点看事物。比较智慧：既善于纵向比较、也善于横向比较，能够用发展的眼光看事物，懂得辩证地看待事物。取舍智慧：能够超越一般的功利观，能够舍小仁而取大仁，舍"小我"而成就"大我"。创新智慧：善于抓住关键，总是能够找到创新点，并通过创新来解决问题和促进发展。表现在实践中，他们往往是大智若愚、大巧若拙，不喜欢耍小聪明，最后却能成大事。他们对实践具有更强大的操控能力，并能够达到大智大仁之高度。这类智慧往往成就革新家的角色形象。

第八类智慧是纯理性智慧。联系智慧：习惯于分别从Ａ、Ｂ、Ｄ三个维度面看事物，昧于多样化社会关系的考量。这是一种单相思维模式，三个联系面是被孤立看待的，而且失之于非理性因素的考量，所以不能达到第七类智慧那样的全面联系高度。比较智慧：习惯于纵向比较，而不善于横向比较，所以善于发现事物的一般规律，却不善于现实利益的权衡、分配。取舍智慧：超越一般的利益得失心，追随心中的纯粹理性，把主观倾向对事物的影响视为一种错误。创新智慧：因为善于一般抽象，在总结事物的一般规律方面显示出强大的创造性。这类智慧在纯逻辑世界里表现出巨大的创造性，但在解决社会现实问题上却容易失之于空想化。这类人才往往把理性当作本质，却忽略了非理性更是社会生活的常态。所以，他们在科学发明或哲学研究上表现出极强的创造力，在社会活动能力方面却不够强大。

第九类智慧是逆取型智慧。联系智慧：立足于三维透视（A、B、C）模式，能够联系主观、客观以及多样化关系等多方面考量事物，不善于现象面与一般规律面的联系考量。所以，他们看到了更多的偶然，却发现不了必然。比较智慧：昧于纵向比较，不懂得用发展的眼光看事物；敏于横向比较，善于现实利益的权衡和计算，表现得颇为精明，甚至失之于机心过多。取舍智慧：受制于严重内倾的道德属性，过于看重个人得失，以至于形成严重的外向抗拒心理，制约了其精神追求高度。创新智慧：对非对称性很敏感，有较强的形象设计和创新能力；弱于抽象和思辨。总的说来，这是一种逆向考量、逆向设计的逆取型智慧。表现在实践中，这类智慧对自我感觉非常敏锐，却很漠视外界的反应和要求；喜欢批评和对抗，力图在外向否定中建立自我肯定；表现高调，善于造势；排他、叛逆。他们往往成就叛逆性的另类形象。

当我们把智慧要素细化之后，就能很清楚地发现其与机器智能和其它智能的差异性，即人的智慧不是对客观的一般性反应，而是带有鲜明主观色彩的反应。

六、两种判断形式

在传统思维研究中，人们把思维分为形象思维和抽象思维两种。形象思维能力就是通过表象、想象、直感等形式，对事物进行判断的能力。抽象思维能力就是运用概念、判断、推理等形式，对事物进行概括、定性的判断能力。

形象思维和抽象思维是两种不同的判断形式。一般来说，文学家、艺术家主要运用形象思维，而哲学家、科学家等则善于运用抽象思维。如果文学家、艺术家拘泥于抽象，就没法创作了。如果哲学家、科学家只联想而不抽象，就找不到规律的路径。

但是，形象思维和抽象思维并不是对立的，有的人形象思维能力和抽象思维能力都很强，就像毛泽东一类的人才，既有浪漫主义诗人的想象力，又有哲学家的思辨能力。另外，即使是在哲学、科学研究中，有时也会运用形象思维。

在生活中，并不是所有事物都遵循自然逻辑的，存在着诸多非理性因素。有些政客并不是善于抽象思维运用的人，却在政坛上呼风唤雨、名噪一时，因为他们抓住了社会非理性的一面。所以，不能简单地认定抽象思维能力是比形象思维能力更高的智慧表现。

当然，从掌握和运用规律而言，仅仅依靠形象思维能力是不够的。抽象思维能力更强的人，其透过现象看本质的能力和创新能力都更强。

第四节 智慧人才模型

上帝想安排一个神界高官来管理人类，诸神纷纷躲避。上帝不解，问："难道人类比神界还难管？"诸神回答说："天道自然，神都是一个精神模子。而人道通情，张扬九大精神类型。难管！"上帝最终没有找到一个愿意主管人类的神。

懂得了人类精神的基本运动规律，搞清楚了智能特征与实践的关系，我们也就能够超越历史的感性判断并对人才进行科学的归类了。

根据人才的智能特征及其在实践中的不同反应模式，我们将人才归为九个大类别，即开创型人才、经验型人才、敏行型人才、专业型人才、自觉型人才、急利型人才、博弈型人才、权变型人才、偏执型人才。

在境界图谱中，开创型人才位于理想层，经验型人才位于外内功利层，敏行型人才位于外直觉层，专业型人才位于外感觉层，自觉型人才位于本我层，急利型人才位于内感觉层，博弈型人才位于内直觉层，权变型人才位于内功利层，偏执型人才位于虚荣层（见图1.5）。

处于本我层的自觉型人才因为内外两种较为均衡，他们最接近本色的存在。

从本我层往"大我"方向一直到理想层，人才精神之顶层设计是面向社会的。围绕这种设计而进行的社会实践，表现为自觉或不自觉的统一个体价值和社会价值的努力，表现为以社会肯定为肯定的价值观和客观、兼容的品质。所以，专业型人才、敏行型人才、经验型人才、开创型人才等属于外向型精神放大模式。

从内感觉层往"小我"方向一直到虚荣层，人才精神之顶层设计是面向自我。围绕这种设计进行的社会实践，表现为非统一价值观，有时甚至是分裂自我价值与社会价值的。他们喜欢放任自我意志，而不在意他人感受。所以，急利型人才、博弈型人才、权变型人才、偏执型人才等属于内向型精神放大模式。

九种智能特征与实践的契合形成九大类型人才个性。如果说潜意识自定义是其灵魂之"来时的路"的话，他们在实践中对自我的坚持与修正则成就了他们的社会形象。

一、开创型人才

开创型人才之精神活跃于理想层轨迹上。意向建构：外倾型价值判断模式+趋势定

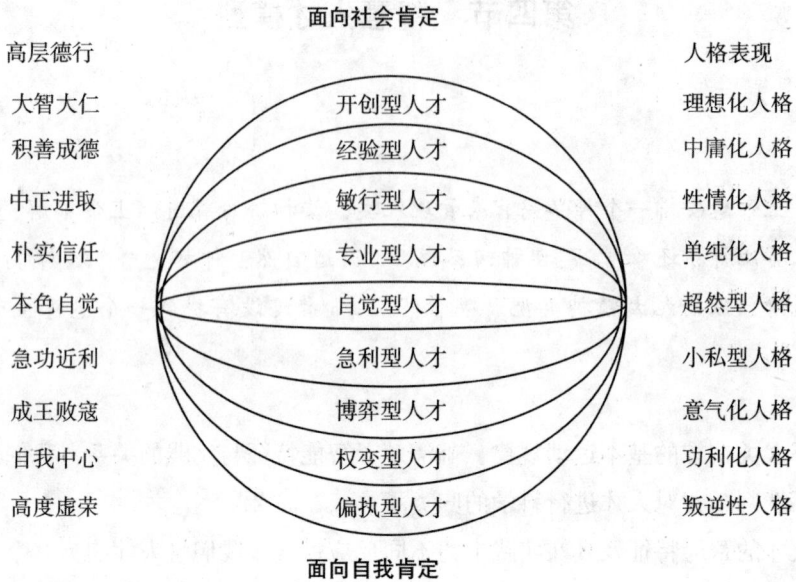

面向社会肯定

高层德行		人格表现
大智大仁	开创型人才	理想化人格
积善成德	经验型人才	中庸化人格
中正进取	敏行型人才	性情化人格
朴实信任	专业型人才	单纯化人格
本色自觉	自觉型人才	超然型人格
急功近利	急利型人才	小私型人格
成王败寇	博弈型人才	意气化人格
自我中心	权变型人才	功利化人格
高度虚荣	偏执型人才	叛逆性人格

面向自我肯定

图 1.5

位，定位于社会理想高点，感受到强烈的"大我"信息辐射，表现出很高的社会肯定要求。逻辑建构：四维透视模式，善于从 A、B、C、D 四个逻辑面看事物；人文能力卓异、数理能力中上，合成强大的思维张力。这种思维契合其境界要求，表现为系统化思维特征，考量问题系统、全面，善于归纳提炼，形成自上而下俯瞰实践的态势。情感建构：英雄化气质，大尺度、大襟怀，表现为对大仁境界和理想道德的坚持，表现为雄毅果决的情感意志。

理想层境界、系统型思维和英雄化气质的三位一体，形成开创型人才的智能建构和原型人格框架，他们在潜意识中自定义为领导者角色。他们面向社会理想高点定位自己的道德属性，并形成围绕高远价值目标追求的方法论体系。这种潜意识自定义与社会实践的结合，使他们在二次定义中形成面向高度社会肯定的角色追求，完型其作为开创型人才的精神运行模式，他们成为满怀创造激情的革新者。他们习惯于创新型智慧模式的运用，善于用联系的观点看事物，用发展的观点看价值，用辩证的观点看得失，向革新要统一价值。其主要个性品质：自尊、刚毅、向上、总结、创新、保障。自尊——非常强的荣誉心，不能容忍人格被侵犯。刚毅——斗志旺盛，原则性强，拒绝屈服。向上——积极的人生观，进步的价值观。总结——习惯于全面分析和评价事物，找出事物的规律。创新——向创造性要发展。保障——自觉地保护集体价值，有担当精神。

当他们面向社会理想高度放大精神时，他们自觉地将自我与社会统一起来，努力在社会价值最大化中实现自我价值的最大化。他们下意识地把观察事物趋势、了解和把握团队、定位共同价值目标等当作习惯性考量模式。

他们自觉或不自觉地思考：

"现实是什么样的，与理想有多大的距离？"

"如何实现从现实到理想的跨越？"

"如何实现价值最大化？"

他们形成一种理想化人格逻辑：充分的社会理想意味着充分的价值统一，而社会是多元的，所以要建立最具包容性和社会价值最大化的信念；要努力找寻实现共同理想的途径；要把自我价值融入社会价值的实现之中。那么，必须在千差万别的社会需求中找寻规律，并创造性运用规律杠杆，以实现从无序到有序、从不理想到理想。而其智慧能够支持其认知和理想，并为之提供了系列创造性方案，使其懂得如何自上而下、高屋建瓴的引领实践。这种道德属性与智能属性的统一，使其养成极高的精神自觉。

他们的精神表现出强大的外向张力。他们善于学习，善于归纳、总结规律，也善于运用规律。在社会这个轴线上，他们面向历史总结经验、寻找规律，而在面向实践时，则力图抓住事物的因果链条设计解决方案。在角色这根轴线上，他们偏重社会角色认同，自觉充当"天意的工具"，进而走向大仁境界；他们从辩证高度反省自我，通过人格净化来弱化私欲的影响。他们在社会理想中完成了自己的角色定义和价值目标的统一。表现在具体实践中，他们习惯于找寻事物的逻辑关系，能够多维度看问题，喜欢用联系的观点、统一的观点看待事物。他们懂得约束自我以适应角色的道德要求；他们倾向于统一的价值观，倾向于对公平正义的维护，倾向于对多数的保护；他们善于从历史中总结出规律，并能在实践中利用规律。因为习惯于逻辑和规律的判断，他们对事物发展趋势非常敏感，有前瞻眼光，同时也显示出较强的忧患意识。这使他们擅长根据事物的发展趋势进行决策，他们总是走在事物变化的前面。实践的锤炼，形成其大智大仁的高层德行和理想化人格，他们表现出雄毅果决个性和特别担当精神。他们表现出战略家擅长顶层设计的良好天赋，也表现出实践家纵横捭阖的能力。对他们而言，知识和经验越多，意味着对规律的把握能力越强，意味着愈加高远的理想主义。由于能够较大程度上超越自我的束缚，他们常常能够辩证地看待物质和精神的关系，客观看待社会运行。他们能很大限度地接近精神自由，对物质的要求较为朴素。

总之，开创型人才的潜意识自定义与社会理想的结合，创造能力、英雄气质与现实需要的结合，成就了他们的改革者、创新者品质，成就了其最佳战略担当角色。他们最终成为舍小我成大我、舍小义成大义的"大人物"、"大形象"。

开创型人才外倾型精神放大模式图（见图1.6）：

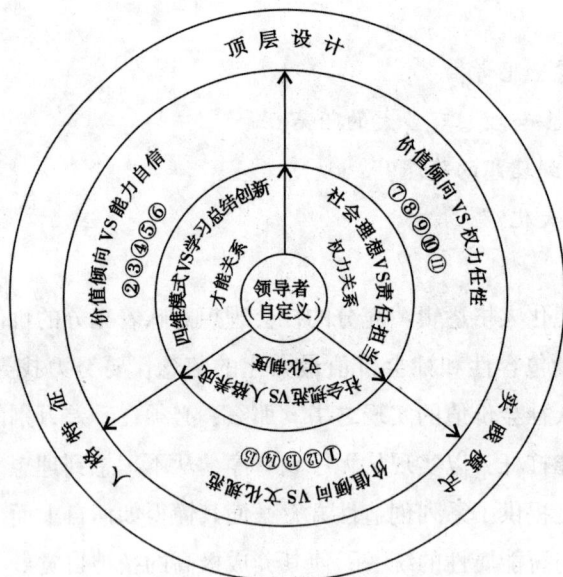

图 1.6

领导者（潜意识自定义）——**革新者**（二次定义）

人格特征：大智大仁　正义为本　理想为灯　雄毅果决　润物无声

顶层设计：在理想层建立最高道德定位，将最大价值目标定位于社会理想高点；尊重规律、正义、秩序等，遵循统一的价值观，用创新推动持续发展；在成就社会理想中实现自我价值、放大人格光辉。

实践模式：立足多数　趋势决策　系统化运作　战略制胜

细化品质（与图1.6中序号对应）：

①全面的观点和辩证的思想；

②统一的价值观，追求共同理想；

③有天才的悟性，善于学习和总结；

④对事物发展趋势异常敏感；

⑤对人性有敏锐的洞察力；

⑥善于规律性总结；

⑦重视权力与社会责任的统一；

⑧民主与集中的统一；

⑨当仁不让，特别的担当精神；

⑩改革者、创新者；

⑪天才的战略家和顶层设计大师；

⑫很强的自尊心，刚毅，向上；

⑬满怀创造激情；

⑭完美主义者；

⑮甘于舍弃小我，成为有大德的人。

☞ **现实人物代表：不畏人言之普京**

自2000年首次出任总统以来，普京用铁腕重建俄罗斯的秩序，把俄罗斯从崩溃的边缘拉回，极大地改善了人民的福祉。他认为，居住、教育、医疗等就像阳光、空气和水一样，是属于人民的基本权利，必须予以保障。而他领导的政府也按照这种理念在落实。从2012年强势回归到现在，普京努力拓展外交空间，联合中国改善国际环境，使俄罗斯成为世界的重要战略平衡力量。这位俄罗斯强人并不缺少争议，但公平地说，普京之梦是英雄梦，是与俄罗斯人民之进步要求同步的理想。他是抱负远大的政治家、战略家，是开创型人才的又一个代表性人物。在乌克兰危机中，普京的战略敏感性、忧患意识、雄毅果决，以及对俄罗斯国家民族命运的担当精神，都表现得非常突出。尽管从西方和乌克兰角度不能接受普京的战略，但找一个高度、换一个视角，或许就能得到另一种认识。"偶然中有必然"，中国从辩证法高度对乌克兰危机作出了客观的评价。对世界来说，这场危机绝对不应该停留于机会主义的考量，而应该引起我们对传统战略思维的反思。

二、经验型人才

经验型人才之精神活跃于外功利层轨迹上。意向建构：外倾型价值判断模式+理性识别，倾向于自我价值与社会价值的统一，并表现出较高的社会自觉和较大的价值追求。逻辑建构：三维思维模式，能从A、B、C三个逻辑面透视事物，不善于抽象考量，思维张力表现为中上人文能力和中上数理能力的结合。这种思维契合其境界要求，习惯于自下而上、由局部到整体的考量方式，思维方向不是检视指令或创新指令，而是如何有效完成指令，更重视目标细分和程序化处理，表现为描述型思维特征。情感建构：中庸型气质，注重平衡和妥协，追求理性、务实的角色。

外功利层境界、描述型思维和中庸气质的三位一体，形成经验型人才的智能建构和原型人格框架，他们在潜意识中自定义为协调者角色。他们下意识地把了解环境、协调环境、实现共同的增值等当作习惯性考量模式。这种潜意识自定义与社会实践的结合，使他们形成面向较高社会肯定的二次定义，表现为中庸化人格特征，完善其作为经验型人才的精神运行模式。他们习惯于外向实用型智慧模式的运用，善于现实层面的联系考量，敏感于现实利益的权衡、比较，能够把自我价值定位于统一的社会价值之中。他们积极而不狂热，表现出独特的稳重和务实风格。主要个性品质：积极、责任、服务，务实、平衡、妥协。积极——肯定统一价值观，较强的参与意识。责任——重视社会角色认同，有担当。服务——以向社会提供实用价值为宗旨。务实——重视现实性，努力把握当下。平衡——重视和谐，在平衡中求稳定。妥协——通过协商和相互退让达成目的。

他们努力从实用层面认识自我与社会的关系，在现实理性中建构自己的人格逻辑：

"理论并不重要，重要的是要解决现实的问题。"

"理想看不见边界，重要的是一步步向前迈进。"

"协调好各方面的价值，就能保障成功。"

他们追求理性能够把握的价值，高度重视对现实社会关系的把握。实践理性精神成为其自然的选择，其在平衡、妥协的实践模式中找到实现自我价值的路径——大义在前、兼顾小我的中庸之道。

他们表现出较强的成就社会价值的愿望，注重学习外来经验，喜欢现实主义看待各种问题。在社会轴线上，历史经验强化他们中庸意识，现实矛盾激活他们的平衡思想，他们注重积累解决现实问题的经验和能力。在角色这根轴线上，他们注重从历史人物角色成就中找到学习的榜样，努力修炼自我以达到人格的文化认同；同时，他们表现出较高的社会自觉，重视社会角色的责任，成为务实的实干家。他们表现出较强的社会企图心和积极正能量，秉持现实主义精神和平衡原则，努力追求共同价值的实现，形成积小善而成德的智能属性和道德属性。他们愿意外向奉献，理性、务实，表现出积极入世的精神，以及中庸、平衡的哲学态度。他们习惯于支持性考量，不习惯逆向性思考；宁愿去促成，而不愿去破坏；不喜欢考量是否应该，而更多的考量有没有可能，更想踏实地解决现实面临的一个个具体问题；希望在平衡、妥协中找到自己的位置，实现自己的价值。有时，他们表现出经验主义的特征，但不教条、不保守。如果说，弱于抽象判断和顶层设计与其思维局限有较大关系的话，中庸气质特征也使他们习惯于配角地位。

总之，经验型人才的智能特征决定了他们的精神反射模式。他们的潜意识自定义与社会目标的结合，他们的操作能力、中庸气质与社会现实要求的结合，形成其现实主义者的二次定义。

经验型人才外倾型精神放大模式图（见图 1.7）：

协调者（潜意识自定义）——**现实主义者**（二次定义）

人格特征：中庸平衡　不偏不倚　修身克己　用行舍藏　积善成德

顶层设计：在外功利层建立角色道德定位，将最大价值目标定位于社会事业服务与成长；立足于统一价值观，抓住社会事业发展点，把握促进共同增长机会；不求完美，满足

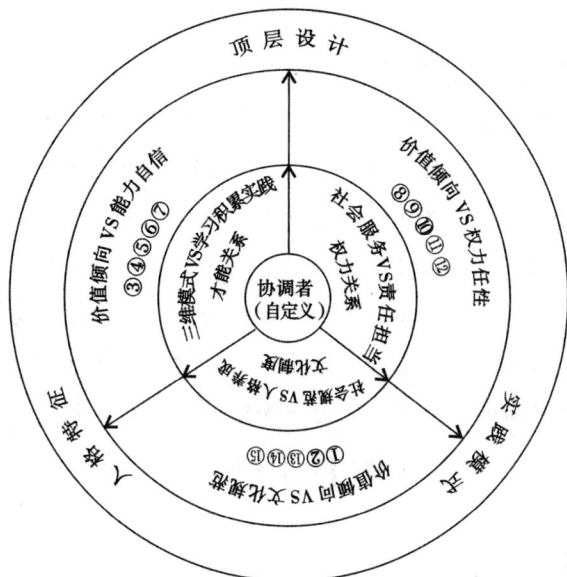

图 1.7

于 70 分的角色；积土成山，积善成德。

实践模式：经验至上　功在实用　面向明天　持续发展

细化品质（与图中序号对应）：

① 现实主义人生观；

② 注重自我价值、他人价值和社会价值的统一；

③ 勤于学习，博闻强记；

④ 善于积累知识和经验；

⑤ 不善于抽象；

⑥ 长于交际，善于人际资源运用；

⑦ 宽容，但缺乏识人之睿智；

⑧ 注重权力与责任的统一；

⑨ 有较强的担当精神；

⑩ 风格细腻，稳重、务实；

⑪ 善于协调，很强的行政执行力；

⑫ 习惯于集腋成裘、滚动发展的模式；

⑬ 积极进取，表现为稳定的正能量；

⑭ 中庸、平衡的理念；

⑮现实主义者。

☞ 现实人物案例：现实主义之默克尔

默克尔显然是一个现实主义政治家，她不像奥巴马那样奢谈理想，不像普京那样敏感和坚决，也不像权术家那么喜欢耍手腕。外向型精神倾向使她在灵魂深处有基本正义的准则，功利的境界使她清楚自己的价值观阵营，描述型思维则为她的境界和气质提供了最好的方法论支持，中庸气质使她习惯于平衡的外交策略。所以，她虽然不是战略大家，却一步一个脚印走上德国执政者宝座，并成为稳定欧盟的基础性力量。为结束乌克兰危机，默克尔在普京与奥巴马两人之间往来穿梭，尽显协调者本色。默克尔认为，普京不可捉摸。其实原因很简单：普京是战略家，思维是自上而下的，敏感于趋势，果敢而坚决；而默克尔是实干家，思维是自下而上的，专注于具体事情，善于妥协。

三、敏行型人才

敏行型人才之精神活跃于外直觉层轨迹上。意向建构：外倾型价值判断模式+直觉肯定，追求自我价值实现，但尊重他人价值和社会价值，精神追求高度表现为直觉肯定的价值目标。逻辑建构：二维思维模式，敏锐于 A 面和 B 面的一般性考量，弱于社会非理性考量和规律性透视；其数理能力中偏上，人文能力中偏上，在直接计算力方面表现更为突出。这种二维视角和其思维张力契合其境界要求，形成一种平行型思维模式，思考问题为"大路方向"，顺应主流，较为直接。情感建构：赤诚型气质，表现为对直觉信念的坚持和对直觉判断的自信。

外直觉层境界、平行型思维和赤诚气质的三位一体，形成敏行型人才的智能建构和原型的人格框架，他们在潜意识中自定义为行动者角色。他们下意识地把接受主流信息、正向进入渠道、展示支持能力当作习惯性考量。这种潜意识自定义与社会实践的结合，使他们形成性情化人格特征，完型其作为敏行型人才的精神运行模式。他们习惯于外向直觉型智慧模式的运用，敏感于直接的人情和事理的联系考量，敏于现实利益的比较权衡，不善于用发展眼光看问题，习惯于一般功利肯定模式。他们至诚至性，中正进取，积极而为、敏于行动。基本人才个性：忠诚、原则、果敢、支持、行动。忠诚——把忠义当作核心价值观。原则——做事方正，不圆滑，不妥协。果敢——雷厉风行，不拖泥带水。支持——正向思维，护法使者。行动——在积极而为中证明价值。

他们围绕主流价值信念建构价值体系，围绕行动者自定义道德要求建构人格逻辑，面向社会主流价值去追求自我价值的实现。他们不喜欢抽象的东西，也不喜欢考虑太多复杂的关系。

"你有理，但有什么用呢！"

"事情要做了才知道好不好、行不行。"

"道德虽是规范，行动才有价值。"

忠信为本成为其道德底线，积极作为成为其生活的基本方针。他们表现出较强的社会存在感，急切地想找到自我与社会的价值契合点。他们勤于学习，善于正向吸取经验和智慧，表现为积极的社会正能量。在社会轴线上，他们虽然不能从历史经验中总结出最高的规律，但这种经验对他们意味着更多的、正向的方法论；现实规则为他们提供道路选择的坐标，他们认定社会主流价值观，不逾越雷池，选择向前的直道与周遭人赛跑。在角色这根轴线上，传统文化记忆修炼其人格，现实角色要求就是其动力，他们不会八面玲珑，却能获得多方面的认同。他们没有哲学，不喜欢纠结于"主义"，更想积极行动，用做成某件事证明自己。

敏行型人才的角色自定义与社会目标的结合，其智能属性、赤诚气质与社会要求的结合，形成其中正进取、积极上进的人格形象，显示出极强的执行力。不足是，战略设计和管控能力有所不足。

敏行型人才外倾型精神放大模式图（见图1.8）。

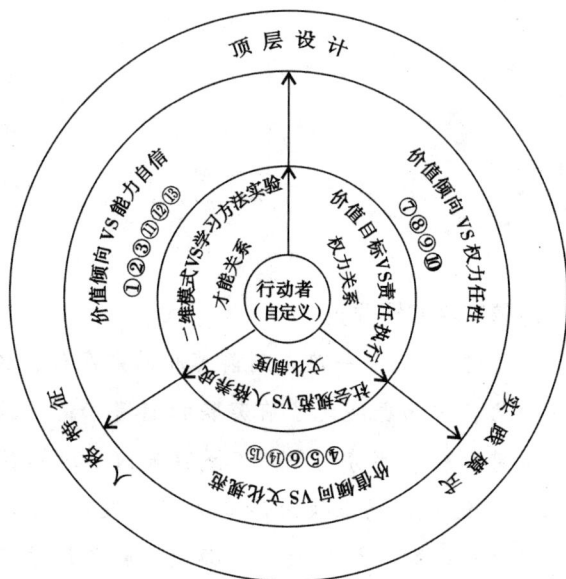

图1.8

行动者（潜意识自定义）——**行动者**（二次定义）

人格特征：坚守信念 真率为本 不求大全 有所作为

顶层设计：在外直觉层建立道德定位，将个人价值最大化与社会主流价值统一起来；在正向支持中建立自我角色肯定，在追随潮流中实现自我价值；用忠诚、积极的人生定位，实现角色的放大。

实践方式：心有所定 大路方向 道义为本 自敏于行

细化品质（与图中序号对应）：

①不喜欢理论和抽象；

②自觉性强，勤于学习；

③喜欢思考，注重方法论；

④注重社会肯定，统一的价值观；

⑤守信念，赤诚，中正；

⑥习惯于按潮流模式决策；

⑦从社会责任面看待权力；

⑧在人才结构中表现为支持性力量；

⑨积极，果敢，很强的执行力；

⑩勇于担责；

⑪战术能力见长；

⑫对人性不够敏感，昧于权谋；

⑬战略敏感性不足，弱于顶层设计能力；

⑭注重社会角色肯定；

⑮情操化的文化记忆。

☞ 现实人物案例：失败落幕之戈尔巴乔夫

戈尔巴乔夫是一个"行者"，而且一路走到前苏联的最高位，但是，其智能特征决定了他在最高位的无能为力，进而也决定了前苏联的崩溃命运。面对前苏联的重病缠身，戈尔巴乔夫不懂得审时度势、因势利导，不懂得如何通过抓住主要矛盾来解决问题，而是幻想通过一剂"西化"猛药来快速治愈国家的沉疴，其失败自是不可避免。当戈尔巴乔夫高唱改革、出台"新思维"时，这颗政治新星似乎散发出不可仰瞻的魅力，西方对他极尽赞美之能事；而当叶利钦将他赶下台并终结前苏联时，昔日明星"沦落风尘"，西方对他极尽冷落。西方用他们的方式否定了戈尔巴乔夫作为政治家的品质。积极而为，结果却事与愿违，戈尔巴乔夫式改革的失败，实际上反映了敏行型人才的战略高度和管控能力的不足。

四、专业型人才

专业型人才之精神活跃于外感觉层轨迹上。意向建构：外倾型价值判断模式+感性识别，尊重他人价值和社会价值，并不自觉地让自我价值统一于其中；简单朴实，没有过高的精神追求和目标。逻辑建构：一维思维模式，习惯于从 A 面或 B 面看问题。他们看到主观面联想不到客观面，看到客观面联系不到主观面，更不善于从 C 面或 D 面看事物。其思维张力表现为中等数理能力和中偏下人文能力的合力。这种思维契合其境界要求，表现为直线型考量模式，喜欢平面地、单一地看事物，不善于转换角度和联系地看事物。情感建构：接受型气质，表现为从众心态，表现为单纯、浅显的情感识别，表现为较小的价值肯定尺度。

外感觉层境界、直线型思维和接受型气质的三位一体，形成专业型人才的智能建构和原型人格框架，他们在潜意识中自定义为接受者角色。他们很容易接受环境规定角色，信任环境关系，接受现实秩序。因为精神偏于感性，他们的二次定义没有对潜意识自定义进行大的修正，仍然表现为接受者角色。他们习惯于外向感觉型智慧的运用，不善于用联系的观点看事物，也不善于用发展的眼光看价值，追求感觉的价值肯定。基本人才个性：单纯、信任、奉献、顺从、肯定。单纯——拒绝算计，保持本色。信任——容易相信他人，也渴望他人的信任。奉献——在对外给予中肯定自我价值。顺从——容易认同主流，不善于批判吸收。肯定——正向看待现存秩序，接受角色要求。

他们感性地看待事物，容易把事物概念化，常常是非此即彼的理解方式。他们以感觉化社会肯定为道德，以善良人性为信念，相信外向给予将换来价值肯定和回报。

他们常常会征求别人的意见：

"我想……你觉得好不好？"
"这个事情现在是这样的……你觉得该怎么办？"

他们很在乎别人的评价：

"我喜欢这个，你觉得好不好？"
"我的这件事情做得漂亮吗？我的能力还可以吧？"

在社会轴线上，他们不善于对历史知识和经验的消化吸收，但能正向而取，建立与主流一致的价值观；在现实中，他们尊重现实的秩序，即使看到一些问题，但总是努力正向理解。在角色这根轴线上，他们不坚持自我但在意自己的感觉，不狭隘功利但却把现实需要当做角色要求。他们的自我角色意识和社会角色意识统一于朴素的人性，没有强烈的自我功利要求、也没有理性的社会自觉，努力在顺从中找寻自己的位置。他们重视社会认同，愿意外向奉献；天性善良、朴实，习惯于率真处世。他们不善于交际，不善于充分利用人际关系。

他们的精神感觉尺度较小，所见者近，企图心并不强烈。他们不善于联系地看事物，不懂得批判性接受，容易受现象的诱导。他们勤劳肯干，任劳任怨，有老黄牛精神。因为情思专一，他们能够沉浸于专业并做出成绩，但很难成为一名优秀的管理者。

专业型人才外倾型精神放大模式图（见图1.9）：

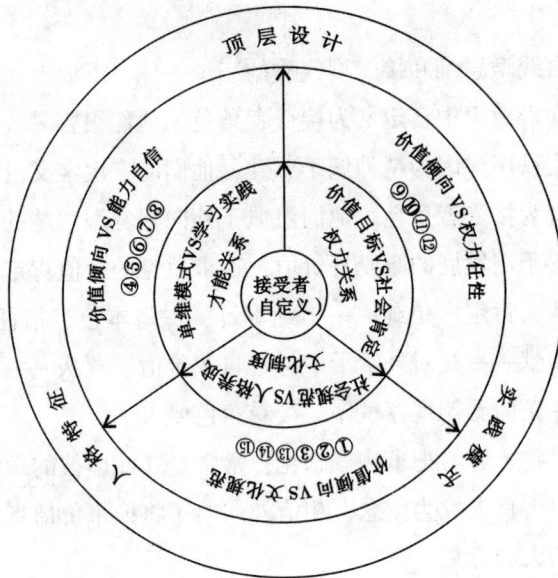

图1.9

接受者（潜意识自定义）——**接受者**（二次定义）

人格特征：感其所感 知其所知 乐于给予 简单朴实

顶层设计：在外感觉层建立道德定位，在外向给予中建立自我角色肯定；以现实规定的角色要求为自我角色标准，用完成每一件具体事功来肯定自我价值；用诚实、信任的品质和顺应模式，找到现实的定位和角色肯定。

实践方式：接受环境 顺应变化 专业模式 专业服务

细化品质（与图中序号对应）：

①感性判断，缺乏全局观和远见；

②统一价值观，尊重他人价值；

③注重社会评价和肯定，愿意外向奉献；

④有学习的自觉性，能够很好地展示专业天赋；

⑤容易沉迷于兴趣之中；

⑥容易概念化，不善于变通；

⑦对人性缺乏敏锐的洞察力；

⑧不善于用联系、全面的观点看事物；

⑨尊重权力，但企图心不大；

⑩有责任感，但不是很有担当的人；

⑪遵守规矩，有执行力；

⑫战略规划和管控大局的能力较弱；

⑬从积极面看待事物，积极向上；

⑭诚实，信任；

⑮精神尺度小，纠结于细节。

☞ 现实人物案例：失意政坛之学者李敖

李敖阅历丰富，知识广博，是知名学者。同时，他个性直率，仗义敢言，也是名副其实的名嘴。李敖曾对蒋介石大加鞭挞，揭露、批评蒋的虚伪、奸诈；也极力抨击李登辉、陈水扁这些政客的失政失德。但是，李敖不能上升到类的高度来把握权术政客的本质，无法从理论高度阐释权术政客的本质及其对公平正义的破坏性，这就降低了他的批评的力度。李敖还曾经参加2008年台湾领导人竞选，最后以较大的民意悬殊落败。这也反映了李敖在引导舆论民情和政治运作方面的不足。

五、自觉型人才

自觉型人才之精神活跃于本我层轨迹上。意向建构：接受"大我"、"小我"两极信息辐射较为均衡，所以社会功利心和自我功利心都不强烈。他们是最接近本我自觉的人，表现为超一般功利的价值判断模式。这种境界定位使他们的道德属性充满了纯理想性，既不盲目面向"大我"方向放大，也不盲目面向"小我"方向放大。逻辑建构：单相思维模式，能够从 A、B、D 等三个逻辑面看事物，但表现为分别看待而不是统一看待，不善于从 C 逻辑面透视事物。其思维张力是特异数理能力与中等人文能力的统一。这种单相思维与其境界的结合，形成一种纯逻辑型思维模式，习惯于纯粹的逻辑演绎。情感建构：超然型气质，不自觉地排斥功利判断，崇尚理性和自觉，追求人与人、人与自然的和谐，表现为一种没有尺度的大尺度。

本我层境界、纯逻辑思维和超然气质的三位一体，形成自觉型人才的智能建构和原型人格框架，他们在潜意识中自定义为观察者角色。他们下意识地拉开与现实的距离，理性地审视现实，俨然是一个超然的旁观者。其表现出更多的纯粹理性的批判精神，而不是现实主义的参与精神。其潜意识自定义与社会实践的结合，形成其自为者二次定义，完型其作为自觉型人才的精神运行模式。他们习惯于纯理性智慧模式的运用，喜欢单一面事物的纵向联系和比较，却不善于多种因素的横向联系和比较，超越一般的功利得失心，在理性世界里表现出强大的创造力。基本人才个性：理想、超然、理性、实证。理想——相信人性，相信未来。超然——排斥现实争斗，面向宁静自在。理性——崇尚理性，以理性为事物之本质。实证——喜欢沉浸于对逻辑世界的探索。

他们喜欢从纯逻辑层面定位自我与社会的关系。在他们的人格逻辑中，肯定自然之性被奉为最高道德，他们把纯粹理性当作人的最高精神自觉，把非理性视为错误之源。他们把追随逻辑的脚步、找寻理想国的影踪当作最高的精神追求。因为自我主观与纯粹理性不相容，他们往往选择理性而摒弃自我。超越自我和世俗功利成为其人格中最本质的特征。这种人格特征使他们形成与社会现实的天然距离。

他们的精神活跃在本我层，接近自然的原生状态，表现出对纯粹理性的偏好。在社会轴线上，他们从历史经验中看到的是社会运动现象的轨迹，在现实中则希望遵循理论的逻辑直达幸福的彼岸，他们是理论型存在，散发出理想之光。在角色这根轴线上，他们淡化自我意识，也淡化社会角色意识，表现出纯粹的道德和良知。因为理性和超越私欲，他们表现出高远的智慧。他们顺应自然之逻辑，更容易发现规律；他们顺乎自然之性情，超越世俗欲望之困惑，更容易接近真我。他们表现出非凡的创造力，或成为思想巨匠，或成为科学奇才。但是，在社会治理方面，他们看到了现实的问题，却找不到解决问题的现实统一点，往往是向纯粹理性寻求答案，最终失之于乌托邦空想。

自觉型人才本色型精神模式图（图1.10）。

观察者（潜意识自定义）**——自为者**（二次定义）

人格特征：思在高远　求在真知　超越自我　纯粹良知

顶层设计：在本我层建立最高道德定位，在超现实中寻找角色最大化之肯定；坚信理性本质，寻找自由之乌托邦；崇尚自然之规律，迷信科学之精神；把探求真理定义为人生的最高意义。在对世俗功利的超越中，践行自为者角色信念。

实践方式：一心问道　穷究物理　创新工具　乐在自由

细化品质（与图中序号对应）：

①朴素的道德观、人生观；

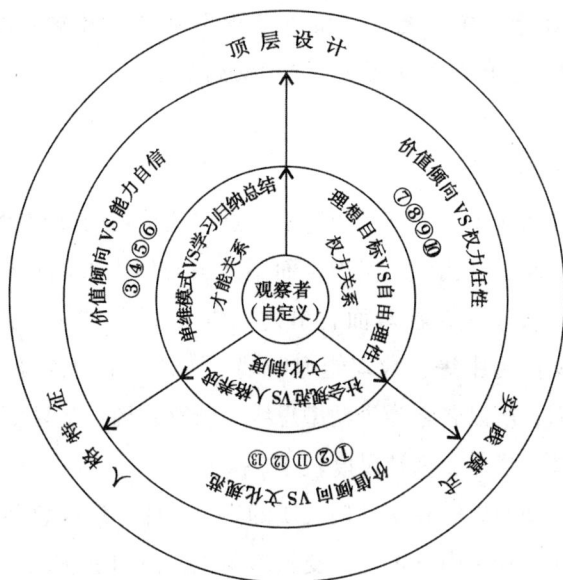

图 1.10

②特别的宽容、博爱；

③勤于学习和思考；

④热衷于探究事物的本质和规律；

⑤卓异的抽象思维能力，善于一般规律的总结；

⑥缺乏对人性的敏锐和洞察力；

⑦淡薄的权力意识；

⑧不善于权力管控；

⑨乌托邦式治理模式；

⑩超越自我，不为物役；

⑪理性和实证精神；

⑫思想家，发明家；

⑬自为者，超然型人格。

☞ 当代人物案例：不动巨人之史蒂芬·霍金

　　史蒂芬·霍金是世界公认的引力物理科学巨人。在 40 多年与"卢伽雷病"斗争的过程中，他用匪夷所思的意志力，完成了黑洞蒸发理论和量子宇宙论。他的理论不仅震动了自然科学界，并且对哲学和宗教也产生深远的影响。霍金的一生，是人类意志力的吉尼斯纪录，也是科学领域里的传奇。当然，霍金的时光穿越理论也反映出其逻辑教条，他从物理逻辑中得出人类可以搭载时光穿梭机回到过去的判断，这明显是一个误判。哲学智慧告诉我们，物质只能存在于当下。无论宇宙有多少个平行的时空，它们都会统一于"现在"，所以，没有任何一个时光穿梭机能让我们回到前生。

六、急利型人才

急利型人才之精神活跃于内感觉层轨迹上。意向建构：内倾型价值判断模式+感性识别，他们近乎本能地倾向于自我价值保护，而不太关心他人价值和社会价值。逻辑建构：一维思维模式，习惯于从 A 面或者 B 面看事物，往往忽视对多样化关系的考量，更不善于规律性考量；其人文能力中等，数理能力中偏下。他们的思维缺乏逻辑性，但反应快捷，表现出机巧的一面，所以名之为灵动型思维。情感建构：交易型气质，表现出较强的利益敏感性，情感简单、浅显，精神尺度较小。

内感觉层境界、灵动型思维和交易型气质的三位一体，形成急利型人才的智能建构和原型人格框架，他们在潜意识中自定义为**交换者**角色。他们下意识地把自我与眼前利益结合起来，习惯于直接的物质肯定。在二次定义中，他们对自己的交换者角色赋予了更直接的物质肯定色彩，形成急利型人才的精神运行模式。他们习惯于内向感觉型智慧的运用，不善于用联系的观点和发展的观点看事物，往往敏于眼前的利益得失、却昧于全局和长远的利害考量。基本人才个性：怀疑、转移、交换、急功近利。怀疑——对外在世界有本能的不信任。转移——缺乏定性，容易变化，望风使舵。交换——有利益敏感性，敢于追逐利益。急功近利——注重眼前利益，不从长远考量。

急利型人才的智能特征决定了他们的感性生活模式，他们不善于自我的角色定位，不自觉地形成以物质肯定为角色肯定的方式；他们对于看得见的利益非常敏感，对没有直接收获的事情毫无兴趣。他们从历史经验中看到的是个人主义，看不见社会理想；从现实中看到的是个人眼前利益，而不是集体利益和长远利益。他们只在意自我的感觉，往往以自我感觉代替社会角色要求，缺乏社会自觉的概念。

他们有本能的交换心理：

"每当看到喜欢的东西，就不由自主地想得到它。"

"用什么样的交换，才能获得我喜欢的那个东西呢？"

"没有什么东西不能拿来交换，只要交换的价值让自己满意就行。"

"对自己没有现实好处的事情，我总是没有丝毫兴趣。"

他们很在意自我感觉，不喜欢概念化的东西。而对于感觉来说，直接的物质收获是最容易肯定的现实利益，他们总是把利益与自我价值肯定等同起来。他们跟着自我感觉走，只看见眼前的利益而看不见长远利益，更想获取而舍不得给予。于是，他们成为最容易被眼前利益打动的人，急功近利、唯利是图。

急利型人才内倾型精神放大模式图（见图1.11）：

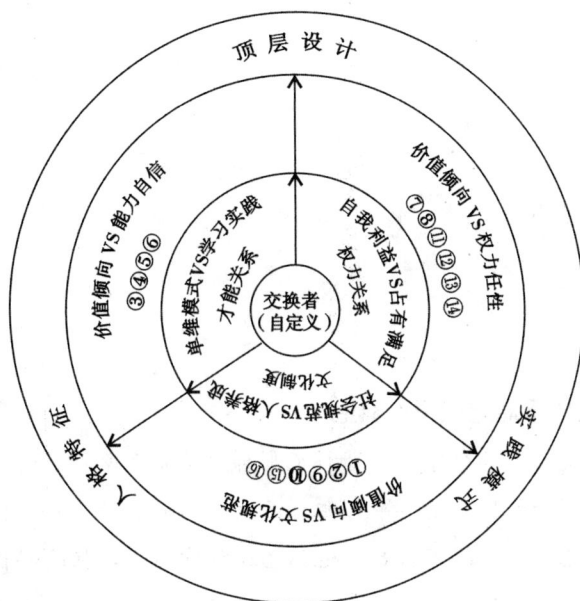

图 1.11

交换者（潜意识自定义）——**交换者**（二次定义）

人格特征：个人主义者 小商意识 小私情调 如水随形 物质肯定

顶层设计：在内感觉层建立最高道德定位，用直接的物质肯定建立自我角色之肯定；不信任，不拒绝，坚守利益至上法则；用不断的收获利益肯定自我价值，用更多的物质占有肯定自我角色。

实践方式：望风使舵 善于交易 急功近利 个人至上

细化品质（与图中序号对应）：

①感性判断，缺乏全局观，不考虑长远；

②很注重自我利益，不在意他人利益关切；

③能较快地掌握基础知识；

④思维直接，反应较快；

⑤不善于归纳和总结；

⑥有谋略，多为逆向设计；

⑦没有纯粹的权力野心，不是玩弄权柄的人；

⑧把权力与物质占有联系在一起；

⑨对现实利益点很敏感；

⑩习惯于直接的物质肯定；

⑪个人主义，缺乏集体观念；

⑫没有自我坚持，也没有原则概念；

⑬多变，望风使舵，能屈能伸；

⑭习惯于交易性人际关系；

⑮精神尺度小，见小暗大；

⑯没有很深的爱恨情感；

⑰功利化人格。

☞ 现实人物案例：庸俗不堪之贝卢斯科尼

可以说，世界上没有第二个像贝卢斯科尼那样放荡而无所顾忌的政治领导人。这位前意大利总理的种种丑闻和荒唐举动——开狂野派对、招妓、结交声名狼藉的生意伙伴，全世界都耳熟能详。在他因为丑闻下台时，他面临九件官司，包括收买证人、与未成年人发生性交易在内等多项指控。但是，不容否认的是，贝卢斯科尼是非常精明的生意人，他在商业上的成功足以比肩其前辈——古罗马贵族克拉苏。只有了解急利型人才，才能破解贝卢斯科尼的基因密码，才能理解他的"烂"而漫长的总理路。

七、博弈型人才

博弈型人才之精神活跃于内直觉层轨迹上。意向建构：表现为内倾型判断模式+直觉识别，有强烈的自我肯定冲动和直接功利要求，太不关心他人价值和社会价值。逻辑建构：属于二维思维模式，能统一 A、B 两个逻辑面看事物，对直接利益很敏感，但弱于 C 面和 D 面的透视。其思维张力是由中偏上数理能力和中偏上人文能力融合形成的合力。这种思维与其境界要求的契合，形成敏感于战术性考量的计术型思维模式。情感建构：博弈型气质，意气化特征明显，有较强的冒险意识，敢于挑战，表现出很强的爆发力和冲击力，有时显得缺乏理性的厚度和韧劲。

内直觉层境界、计术型思维和博弈型气质的三位一体，形成博弈型人才的智能建构和原型人格框架，他们在潜意识中自定义为挑战者角色。他们习惯于在直接关系中定位自我，在直接的碰撞中肯定自我。这种潜意识自定义与社会实践的结合，形成意气化人格特征。他们习惯于内向直觉型智慧的运用，敏于一般人情和事理的联系考量，不善于多样化关系的考量和抽象考量；敏于现实价值的对比、权衡，却弱于用发展眼光考量事物；较重的得失心有时形成对智慧的反向抑制。基本人才个性：任性、意气化、果敢、挑战、战术家。任性——个性倔强，不容易妥协。意气化——情绪化，精神起伏较大。果敢——勇于行动，雷厉风行。挑战——喜欢冒风险，用战胜困难证明价值，不相信权威。战术家——目的意识强，战术套路意识强、反应快。相信自己的直觉，敢于"毕其功于一役"。

他们将敏锐感觉和自我意识紧紧联系在一起，能够很迅速地建立起相应的价值判断；而对直觉之外的事情不想关心，也不喜欢抽象的考量。于是，努力拼搏和直接事功成为他们的自然选择，成王败寇成为他们的坚定信念。

"不挑战一下，就不能让环境正视自己的存在。"
"通过挑战，感觉到自己的强大，更加自信。"
"只有挑战，才能让人服从。"
"战胜他人，这是最有力的角色证明。"

他们表现出极强的自我存在感。从学习到实践，他们都有很明确的自我意识和目标追求。在社会轴线上，历史经验让他们获得更多的方法论（战术思想）支持，而现实矛盾则让他们发现了广阔的搏击舞台。在角色这根轴线上，文化不改变其自我的本色，他们不在乎抽象的道德认定，更在乎如何让自我存在感更真实、更强烈，更在乎如何用战胜他人的能量证明自我。他们自我但不狭隘，自私但不贪婪，存在感很强但野心不大；更喜欢放任自我，不喜欢规则约束；喜欢挑战、敢于挑战，而且有一股狠劲，颇具有行动力。他们有战术家天赋，但战略高度和战略敏感性。

博弈型人才内倾型精神放大模式图（见图1.12）。

挑战者（潜意识自定义）——**挑战者**（二次定义）

人格特征：功利在前　敢于博弈　意气用事　成王败寇

顶层设计：在内直觉层建立最高道德定位，将最大价值目标定位于直接功利的成长性；用攻克一个个"项目"、收获一份份成果来建立自我的价值肯定；不在乎逾越规则、甚至"红线"，不在意通过挑战其他价值来实现自我的成长。用成王败寇的勇气，实现角色的现实升级。

实践方式：目标直接　权责明确　力量集中　战术制胜

细化品质（与图中序号对应）：

①不喜欢理论和抽象；

②专注于自我价值，不关心之外的价值；

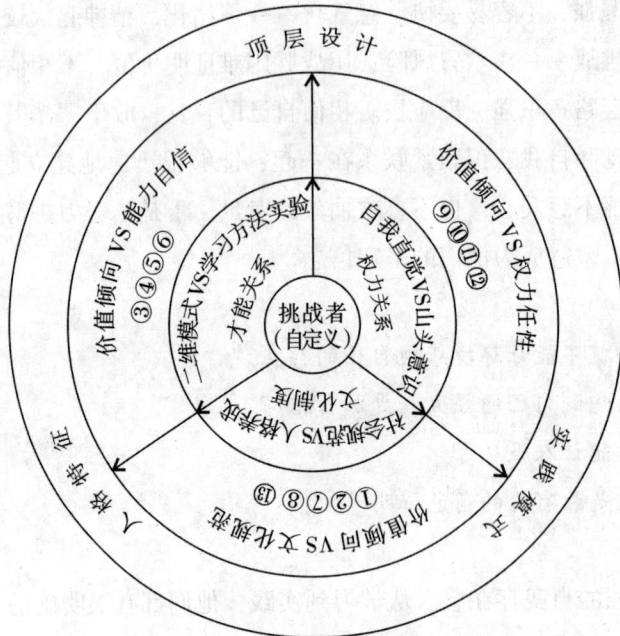

顶层设计

价值倾向 VS 能力自信

价值倾向 VS 权力任性

③④⑤⑥

⑨⑩⑪⑫

二维模式 VS 学习方法实验

才能关系

自我直觉 VS 山头意识

权力网系

挑战者
（自定义）

社会网络 VS 人格系统

文化制度

人类特征

价值趋向 VS 文化融洽

①②⑦⑧⑬

⑭

实用技术

图 1.12

③思维敏捷，反应很快；

④敏于技巧，突出的方法论意识；

⑤不喜欢战略考量，弱于顶层设计；

⑥有较强的战术创新能力；

⑦喜欢挑战，敢于冒风险；

⑧直接功利，成王败寇；

⑨把权力当作自我任性的势力范围；

⑩有决断力；

⑪敢于任事，较强的执行力；

⑫不喜欢承担自我价值之外的责任；

⑬好出风头，意气用事；

⑭得失心很重；

☞ **现实人物案例：流动作战之乔治·索罗斯**

乔治·索罗斯是出色的金融家，创造了金融史上的一些经典案例，他对金融杠杆的利用，显示出了良好的金融业务素养和卓越的战术能力。但其为直接的金钱目的而行动，从来不顾政治和社会后果的行为方式使他广受批评。特别是搅动东南亚金融危机，更被人指责为"刽子手"。索罗斯团队就像流寇，在金融世界里攻城略地。而每一次破坏，对索罗斯则意味着财富的增长。这一切，就因为索罗斯是敢于博弈、善于博弈的博弈型人才。

八、权变型人才

权变型人才之精神活跃于内功利层。意向建构：内倾型价值判断模式+理性识别，突出自我中心的关照意识，有较高的自我价值追求。逻辑建构：三维（A、B、C）透视模式，不仅能看清一般人情和事理，还能从社会化逻辑面看待具体的事物，但不善于规律性透视。其思维张力表现为中偏上数理能力和中上人文能力融合形成的合力，不善于数理逻辑的抽象，但敏感于人际关系考量。这种思维素质与其境界的契合，形成对立型思维，习惯于用非此即彼的"两分法"对待事物。情感建构：专断型气质，表现为对自我中心意识的强烈坚持，表现为对对立面的强烈排斥意愿。

内功利层境界、对立型思维和独断气质的三位一体，形成权变型人才的智能建构和原型人格框架，他们在潜意识中自定义为批评者角色。他们表现出很强的自我保护意识，并形成自我中心的道德判断模式。这种潜意识自定义与社会实践的结合，使他们在二次定义过程中表现出鲜明的实用主义人格特征，形成权变型人才的行为模式和决策模式。他们习惯于内向实用型智慧的运用，善于现实层面的联系考量，敏感于现实利益的权衡、比较，把自我得失凌驾于统一价值之上。基本人才个性：自我、功利，权变、对立、专断。自我——以我为主，自我中心意识强。功利——重视现实利益，计较个人回报。权变——因势利导，灵活变通，转变形势。对立——非统一价值判断，重视"我的"、排斥"非我的"，双重标准。独断——喜欢任性地使用权力。

他们在实用层面定位自我与社会的关系，围绕内倾型价值判断模式建立目标设计。他们把不合于自我价值实现需要的事物视为不道德，但是，理性精神帮助他们能够正视环境，知道必须对外做出一定的让步，以更好地满足自我功利的要求。他们把自我精神放大与直接的物质功利紧紧联系在一起，形成自我中心、利益至上的价值观，以自我为中心的利益分配成为其最高的道德准则和行为准则。

他们有这样的逻辑：

"社会是现实的，自我中心难道有什么不对吗？"

"权力是现实的，任性使用难道不是自然的事情吗？"

"利益是现实的，抓住就是好的，空谈真理难道不是虚伪的吗？"

他们表现出强烈的自我中心色彩，喜欢按照自我的喜好来剪裁，带有强烈的自我印记。在社会轴线上，历史经验强化他们的权变意识，现实矛盾则激活他们的对立思维，他们善于用"两分法"来定位，善于利用矛盾来实现自我功利。在角色这根轴线上，他们喜欢放任自我角色，却淡化社会自觉，忽略责任担当。

他们的潜意识自定义与角色放大要求的结合，他们的权变能力、专断气质与社会要求的结合，形成其实用主义价值观和机会主义本能。他们习惯对立思考，善于外向否定，甚至为反对而反对；懂得利用利益杠杆，表现出较强的权变能力；自我地看待角色，重视任性度、满足感，却不在意社会评价。他们用自我诡辩解决人格逻辑的矛盾，用权术解决自我功利要求与社会客观要求的矛盾。在不自觉中，机会主义行为模式成为他们的习惯性选择。他们善于定位价值目标，善于构建自我中心的利益共同体，善于利益杠杆的运用。由于不懂得从规律面透视，他们往往忽视事物的逻辑发展和长远利益，在投机性增长中，容易埋下很多的安全隐患。

权变型人才内倾型精神放大模式图（见图1.13）：

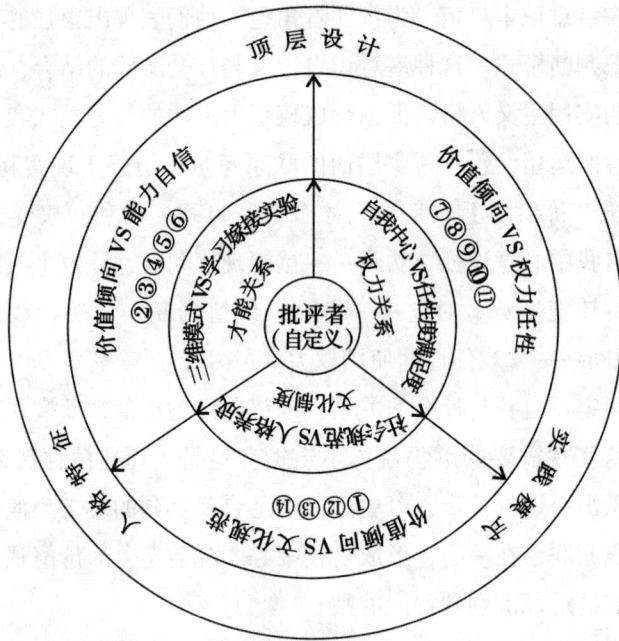

图1.13

批评者（潜意识自定义）——**实用主义者**（二次定义）

人格特征：实用主义倾向 自我中心 利益两分 敢于作为 独断任性

顶层设计：在内功利层建立最高道德定位，将最大价值目标定位于个人功利目标的成长性；以利益获取为价值肯定，以自我满足感为角色肯定；把握机会，把每一次进步变成自我角色的功利化肯定；重视权力，因为权力意味着更大的自由、任性和功利。

实践模式：外向可借力 透支求发展 市场任自由 权力是杠杆

细化品质（与图中序号对应）：

①拒绝抽象和原则，理性务实；

②良好的语言天赋；

③不喜欢逻辑推理；

④喜欢投机取巧；

⑤有谋略，善于资源整合；

⑥不善于规律性透视，弱于战略和顶层设计；

⑦自我中心，对取得支配权有强烈意愿；

⑧权力私我化，任性，专断；

⑨善于否定和破坏平衡；

⑩承认权威，懂得妥协；

⑪注重自我满足，不在意他人利益关切；

⑫社会责任意识不强，缺乏担当精神；

⑬功利主义价值观；

⑭实用主义人格。

☞ 现实人物案例：搅浑南海之阿基诺三世

凭借其母亲阿基诺夫人的政治声望和人脉，阿基诺三世于2010年5月10日成为菲律宾第15任总统。因为权变型人才智能特征的局限，他在革新政治方面无能为力，在搬弄是非、进行政治投机等方面却手段多多。他想借美国亚太再平衡战略压制中国，图谋在南海掠夺中国更多的岛礁和资源。这种对中国核心利益的挑战自然引起中方的强烈反击，在黄岩岛、仁爱礁等地，阿基诺三世一再遭受挫折。他为自己的主动挑衅进行诡辩："争议有时能为巩固和加强双方关系提供契机。"他为自己的投机客本质进行注释："问题总是伴生机遇。"当阿基诺三世在北京APEC峰会上感受到中国实实在在的影响力时，他开始心生退意了。有人说，从北京回去后，阿基诺三世低调了很多。客观地说，阿基诺三世并非在内心深处把中国视为敌人，他不过是想通过政治投机获取更多利益而已。

九、偏执型人才

偏执型人才之精神活跃于虚荣层。意向建构：高度内倾特征+逆向考量，形成潜意识唯我独尊意识，外化为对社会的批判和叛逆意识，漠视外在于自我的价值，甚至不惜用破坏性来达成自我实现之目的。逻辑建构：三维思维模式，能够从 A、B、C 三个逻辑面统一地看事物，对 C 面表现出更强的敏感性，但不喜欢从内在逻辑面透视事物之规律。其思维张力表现为中偏上数理能力和中上人文能力是结合。情感建构：排他性气质，表现为盲目的自我坚持，表现为虚荣心和大尺度的结合。他们表现出过于敏感的自尊心，对外在于自我的事物表现出强烈的抵触情绪，放任自我意志。

虚荣层境界、偏执型思维和排他性气质的三位一体，形成偏执型人才的智能建构和原型人格框架，他们在潜意识中自定义为至尊者角色。这种潜意识自定义与社会实践的结合，容易形成较大的精神落差，因为客观存在并不会关注个体过于强烈的自尊和要求。于是，他们形成偏执型人格，在二次定义中成为叛逆者。他们习惯于逆取型智慧的运用，敏感于多种现象因素与偶然性的联系，敏于现实利害关系的权衡、比较，善于对反向力量的释放和运用。他们秉持的显然不是全面的联系观点，也不是在用发展的观点看事物，而喜欢用非理性逻辑看事物。基本人才个性：自大、冷漠、叛逆，激进、敢为、造势。自大——自视很高，唯我独尊。冷漠——不尊重他人价值。叛逆——习惯于逆向思维、逆向设计。激进——不喜欢循规蹈矩，狂热躁进，不是极左就是极右。敢为——敢于为目标付出，不畏天地人言。造势——善于利用社会的非理性，善于制造舆论。

在实践中，偏执型人才的智能特征使他们表现出鲜明的另类色彩。

敏锐的自我感觉，充分的自我表达，结合善于模仿的特点，使他们在形式审美和创造上表现出特异的天赋。他们在绘画、音乐、建筑设计等方面都有极佳的潜质，能成为艺术家和相关技术人才。他们之中，有些人走上了这样的道路，并因而获得了成功和荣耀。

他们之中，还有一些人选择了面向权力的冲刺，因为权力更容易成就"至尊者"形象。然而，高度内倾的精神特质制约了他们的精神高度，智能属性的局限又使他们暴露出政治原创力的不足。自大的个性却让他们拒绝正视这一现实。于是，他们用排他性和叛逆性来抗拒，用逆取型智慧来运筹。他们从历史中看到的是无序、偶然，人为因素。他们在实践中不是努力厘清因果，标本兼治，而是放大矛盾，以创造偶然。

"我是聪明的，因而也是高贵的。"
"现实是非理性的，重要的是坚定改变它的意志。"
"被他人无视是痛苦的，甚至是让人愤怒的。"
"对我的批评和否定是愚蠢的，也是不可接受的。"

当他们的精神面向自我充分放大时，就容易形成一种偏执人格。他们用盲目的排斥和否定建立起对自我偏执的肯定保护——排斥规律和真理，坚信自我，便无不可为、无不敢为；排斥他人和社会，用叛逆性来建立自我之肯定，则唯我是大、唯我独尊。他们在基层表现出锐势和干练的一面，展示出很强的执行力，同时也表现出漠视规律、狂热躁进的一面。而如果他们走向高位，其顶层智慧瓶颈更容易暴露出来，尽管其方法较多，但因偏离规律和大道而不可持续。

偏执型人才内倾型精神放大模式图（图1.14）：

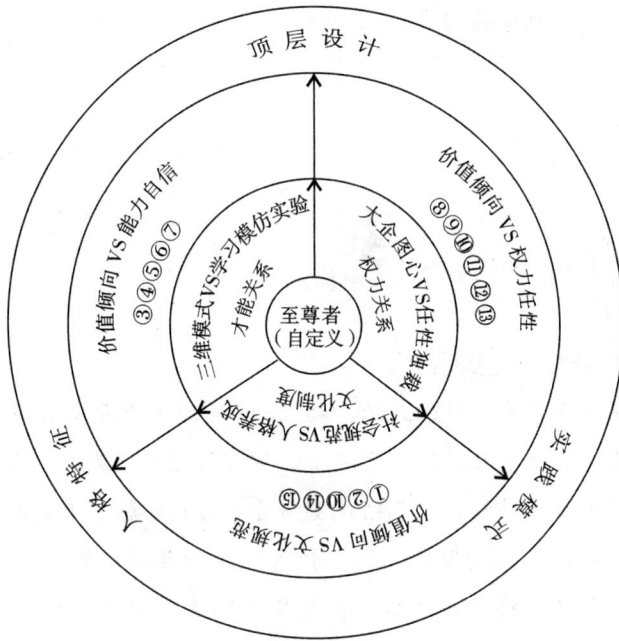

图 1.14

至尊者（潜意识自定义）——**叛逆者**（二次定义）

人格特征：虚无主义　叛逆、偏执　高度虚荣

顶层设计：在虚荣层建立道德定位，把自我角色的最充分放大当作最大的价值目标；高调造势，打造新概念，不走寻常路；放大矛盾，斗争中找捷径，在外向否定中建立自我之肯定。坚信自我意志能扭曲现象、改变趋势。

实践模式：找准靶子　强力造势　狂热躁进

细化品质（与图中序号对应）：

①单一面考量，唯意志论；

②唯我是尊，不尊重他人价值；

③思维敏捷，学习效率较高；

④模仿能力强；

⑤良好的直觉能力和形式审美能力；

⑥不善于规律性透视；

⑦敏锐的投机意识；

⑧把权力视为自我不可侵犯的象征；

⑨混淆自我企图心与社会理想；

⑩不尊重规律，迷信现象扭曲理论

⑪喜欢剑走偏锋；

⑫善于概念炒作和造势；

⑬狂热，激进，敢为；

⑭自大，独裁；

⑮怀疑，冷漠，排斥。

☞ 现实人物案例：歧路狂奔之安倍晋三

安倍晋三无疑是当前最有争议的政治人物之一。他上台后的一系列举措，极大地恶化了日本与邻国的关系，甚至也让美国坐立不安。但安倍晋三仍然一意孤行。显然，偏执型人才的智能特征与巨大权力的结合，已经使安倍晋三自我膨胀、走火入魔。他拒绝正视历史大趋势，也不在意邻国人民的坚决反对，执著地推行其历史修正主义。他高唱对抗中国，既是掩盖其政治创造力缺失的所需，也是其排他性气质的爱好；他的"正常国家"、"积极和平主义"都是明摆着的政客式诡辩，实质上恰恰是不正常和不和平；面对七层国民的反对声浪，他还是固执地强推安保法案的通过。机心过多而使其近乎虚伪，大智慧不足而使其迷途不返。安倍晋三是一个造势能手，但治国需要的是战略家的大智慧。社会还要关注的是，安倍晋三的智能特征中所携带的叛逆性因子，极容易发展为冒险主义，其复活日本军国主义并不只是政客式"表面工作"，更是他无法抑制的冲动和野心。总之，安倍晋三的人才个性决定了他的价值判断方式和实践中的倾向性选择。

第二章 | 分类研究前的说明

故事新编

> 人类的张扬还感染了神界。普罗米修斯把火种偷出来给予人类，让见到光明的人类更加自信。上帝一怒之下将普罗米修斯锁在神山上，让神鹰每天啄食。

在精神世界的宇宙中，每个人的"星座"位置的不同，决定了他的精神感知力的不同，决定了他的自定义的不同。

特殊的精神放大模式使人类精神如同自燃的恒星一样，展示出因为自燃而喷射出的巨大光芒，生命不息，光芒不止。

九型人才因为其不同的精神空间定位和引力结构，产生不同的能量和色彩，但它们都是恒星群中闪闪发光的一颗。生命不能被机械化而存在，每一个角色都以展示出对外的影响力而证明自我的价值。不同精神之区别不在于我们是否燃烧自己，而在于以什么样的形式燃烧。

你找到自己的星座位置了吗？

你分辨清楚自己的智慧之光谱了吗？

没关系，人才分类研究将帮助你实现更好的定位。

当我们以大量的事实为依据对人才进行分类解析时，不同人才的智慧色泽就显得格外清晰，格外耀眼。

第一节　智能特征差异性比较

　　　　孙悟空要求上帝封他为"齐天大圣"。这分明就是要求与上帝平等权力，自然不会被神界接受。孙悟空于是在天宫寻衅滋事，打得天宫一片断垣残壁。好在诸神齐心协力把孙悟空给镇了。

　　智慧人才分析模型是对传统心理分析方法的超越，是一种简约、易懂、且方便操作的方法论。

　　人才都是一定道德属性与智能属性的统一。道德属性定位了我们的精神倾向，以及在这个方向上的精神放大高度。智能属性围绕自我要求建构起相应的方法论体系和运作体系。于是，我们有了差异化的角色追求，有了差异化的实践表现。

　　从智能特征的差异性中，我们找到了人才差异性的源头，也找到了其发生作用之规律的路径。

一、道德属性的影响

　　人的精神建构都是围绕道德定位来进行的。从来没有来自于天国的纯粹理性，也没有超越自我道德属性的判断力，只有被自定义支配的判断力。

　　自定义本质首先表现为对自我道德属性的坚持，正是这一种坚持，使人成为角色的存在，成为差异性的存在。在人类生活中，因为道德偏见而坐视危机来临的事件屡见不鲜。

　　每一种智能特征都意味着相应的道德属性，每一种角色定义都意味着相应的道德选择。每个人都从潜意识自定义的人格原型起步，反应为潜意识自定义角色要求。社会化人格作为追求社会化角色的表现，是个体基于对社会客观要求的感知，对人格原型进行的一定修正和美容。这种修正不是对潜意识自定义之道德属性的否定，而更像是其自我保护。特别是内倾型人才，他们在社会化过程中，会形成自然的道德修饰。所以，人才对社会道德规范的接受表现为辩证的否定，其对自我之道德属性永远持有保留。

　　为自我的道德属性辩护是人的本能。一个人的世界观、价值观并不完全决定于后天的教育和培养，其道德属性的影响也是很关键的。外倾型人才更容易接受和谐的世界观、统一的价值观，而内倾型人才则容易认同对立的世界观、利己的价值观。

　　希特勒并非魔鬼转世，但当他拒绝正视自己的道德属性，并把唯我独尊的潜意识自定义放大成一种社会要求时，就形成他的纳粹思想和纳粹实践。魏忠贤、刘瑾、"大老虎"

等也不是天生就是坏人，但当他们的自我中心意识与日益增长的权力结合起来时，滥用权力和横行不法就不难想象了。

对自我道德属性的坚持还表现在内倾型人才与外倾型人才的互不信任之中。赫鲁晓夫不能理解斯大林的境界和追求，司马光不能理解王安石的境界和追求，在他们的眼中，公正无私就是伪善。当然，斯大林也不会认同赫鲁晓夫的道德准则，王安石也不会认同司马光的道德准则。

正是因为道德属性差异，不同人才在价值肯定方式和实践模式选择上表现出很大的差异性。

开创型人才和偏执型人才都有很强的自尊心，都属于精神追求很高的人才，很难满足于平庸的生活，但因为道德属性的差异性，他们表现出截然不同的角色追求。前者面向最高社会价值建构自己的自定义，境界高远并满怀创造精神和创新才能，其企图心建立在和谐的哲学观、统一的价值观基础之上。他们致力于在创新中实现各类价值的统一增值，想用正义、秩序和规律去实现社会的最高理想，最大限度惠及更广大的群体。后者面向自我的最大化建构自定义角色，形成自我、偏执和对立、排斥的人才个性，其企图心表现为放大的个人野心，往往不在乎他人价值和社会价值。所以，前者宽容、博爱，后者偏执、冷漠；前者批判现实是为了实现统一的社会价值，后者批判现实则首先是为了彰显自我。在历史上，开创型人才在最高位成就的是用阳光雨露滋润更广大群体的英雄时代，而偏执型人才则容易在权力的高峰"走火入魔"、变成巨大的破坏性力量。这种反差主要是由道德属性的差异性影响所导致的。

经验型人才与权变型人才思维张力相近，都属于三维思维透视模式，不仅能直接感悟一般人情和事理，而且懂得从社会现实角度考量人情和事理，现实、理性是他们的主要特征。但是，由于境界和气质相距甚远，他们在实践中表现出截然不同的个性风格。经验型人才面向社会开放、放大精神，表现出更高的社会自觉；而权变型人才则面向自我放大精神，表现出更强烈的自我中心意识和主观色彩。结果是，他们都有"务实"精神，却导致完全不同的实践模式选择。更高的社会自觉使经验型人才客观看待社会及其多样化价值追求，心有公平正义，注重权力与社会责任的统一，以开放的心胸包容多样化追求，并愿意对外奉献价值。他们把个人价值与他人价值、社会价值统一起来，往往成为踏实、奋公的劳模型人物。权变型人才则是自我中心价值观，他们的正义概念是模糊的，往往是根据自己身处的阵营来定义的。如果自己立身多数，他们就会呼吁保障多数的正义；如果他们立身少数，他们就会要求特权保护，并视之为正义。他们更看重政治权力与自我利益的联系，却容易忽视政治权力对其他多数人的责任。他们在历史上成就了许多官僚政客形象。

敏行型人才和博弈型人才的思维张力也相近，都属于二维透视模式，都敏感于直接的人情和事功。他们都有良好的直觉判断，有较强的战术能力，个性风格也很相近，不喜欢空谈，直接而敢于行动。但是，由于道德属性差异，他们表现出明显的价值取向差异。前者心怀仁义，更重视社会认同，显得敦实厚道；后者更重视自我感觉和直接的功利要求，不在乎社会认同，往往刚愎自用；前者"勇"，而后者"狠"；前者容易用忠义激发其献身精神，后者更容易用功利驱动其搏击勇气。

专业型人才和急利型人才思维张力相近，都属于一维透视模式。他们都比较感性，缺乏明确的角色自定义能力，容易受大环境影响，所谓"染于苍则苍、染于黄则黄"。但是，由于道德属性之差异，他们的精神肯定方式截然不同。前者单纯、朴实、信任，重视社会角色认同，把社会肯定当作主要的价值肯定方式，所以，他们更愿意对外奉献，能够自觉接受社会赋予的角色要求。后者自我、怀疑、急功近利，把自我肯定与直接的物质占有结合起来，把占有更多物质视为更大满足。他们不在意社会角色认同，更想获得而不是外向给予，常常心为物役。

一般来说，在原境界上相近的人，其在价值追求上也往往更为接近。譬如，开创型人才与经验型人才相对更容易理解和沟通。开创型人才能够认同经验型人才的务实，经验型人才相对更能理解开创型人才的事业追求，这是历史上经验型人才往往成为英雄时代之良弼的原因。秦始皇与李斯、刘邦与萧何、刘备与诸葛亮、毛泽东与周恩来等，都是开创型人才与经验型人才合作的典范。又譬如，偏执型人才与权变型人才也能在事业上结成组合。前者有较强的目标设计和运作能力，后者则更善于资源整合，有较强的行政执行力。更重要的是，他们在价值倾向性上比较相近。

人才原境界间隔越远，理解和接受相对更不容易。这不仅反映在价值观的差异上，也反映在相互的信任上。

二、智能属性与判断力

有哲学家认为："判断力在人的各种能力中占据中心地位，是真理和道德的共同来源。"无论是论辩场的雄辩滔滔，还是生活中的观点碰撞，都见证了人才对自我智慧的自信。而事实上，许多的自信都带着主观的偏见。

人类智慧表现出多元的特征，所谓思维差异、所谓智商高低，都不过是这种多元特征的表现形式。每一种智慧都是一定道德属性与智能属性的统一。特别是在对社会事务的判断上，没有绝对纯粹的判断力，每一种判断都包含着主观的倾向性。

李白文才横溢，自认为是天降大才，汲汲功名，但在政治上找不到自己的角色位置，最后还差一点因为站错队而丢掉性命。希特勒虽然精明过人，但由于不善于规律性透视，不懂得物极必反的基本定律，最后用一场世界浩劫从根本上否定了自己。戈尔巴乔夫有心拯救前苏联，也非常努力，但举止失措，最后导致了前苏联的解体。非不为也，是不能也。从内因来说，其智能特征对判断力的制约是关键所在。

我们不妨以从中国视角看反腐败问题为例，来说明智能属性与判断力的关系：

对于习惯于一维（A 或 B）看世界的人才来说，他们往往从感觉层面看待腐败问题，不会从多层面联系看待这个问题。专业型人才不会从腐败性质出发看问题，容易停留于道德批判，甚至可能因为看了那些大贪官的巨腐而弱化对小贪的有罪认知；而急利型人才则容易把腐败视为人性之自然，认为被抓的不过是枪打出头鸟，或者是个人走霉运。

对于习惯于二维（AB）看世界的人才来说，他们能够超越一般道德认知，上升到法律制度层面看问题。敏行型人才不仅能从道德层面看待反腐败，还能从法纪规范及影响角度看待腐败问题，并积极支持现实的反腐败斗争。博弈型人才能够认识到严重的腐败是不可持续的，但他们往往难以走出自身利益限制。如果不涉及自身利益，他们就会支持。而如果触碰了自己的利益，他们就会反对。

对善于同时从 A、B、C 等三维看问题的人才来说，他们则能将反腐败上升到政治层面来看待。经验型人才能够敏锐地意识到腐败对现存政治生态和经济环境等方面的破坏性影响，并能从改良社会治理环境的角度认同反腐败斗争。权变型人才也能看到腐败与整个政治生态和环境的关系，但是，是否支持反腐败则要根据其自身的地位和发展要求来定。如果在下层，他们往往会利用反腐败来打击政敌。而如果自身是腐败的利益集团之一员，他们就会把反腐败当作一场你死我活的政治斗争。

对于习惯于四维看问题的人才来说，他们会看到腐败与政治生态恶化、社会停止倒退之间的必然联系，因而表现出巨大的忧患意识。开创型人才的反腐败绝对不是出于打击政敌，他们深谙反腐败与完善社会治理、保障持续发展之间的内在关系，往往从政治高度、战略高度看待反腐败问题，因而态度最为坚决。

社会规律与自然规律的区别在于：前者包含了更多的主观因素，是主观能动性与事物规律性的统一；后者是事物内在要求驱动的客观发展，表现为物理逻辑的必然演变。社会必然性只是一个相对概念，你把控局势、正确引导趋势，就能把事物导向好的结局；你把控不住趋势、错误地放任矛盾，就会让一般的"粉瘤"变成恶性"肿瘤"。当今社会有多种形式的论坛，议论场上唇枪舌剑，似乎每个人都握有真理。而事实上，不少人不过是盲人摸象罢了，他们坚信自己从习惯性透视维度中看到的就是真理。

那些伟大人物往往大仁不仁，因为他们知道必须舍弃某些小仁才能成就大仁。而有些判断力较差的人则容易拘泥于小仁小义。袁绍、窦建德都是"仁义君子"，然而，他们究竟见识浅显了一点。正如郭嘉比较曹操与袁绍时所说的那样：袁绍看见眼前人的不幸，怜悯之情就会在脸上表露出来，但他对看不见的更大悲剧，则会无动无感；曹操可能不在意小事小节，但有大慈悲心，对全局安全和多数人的利益、福祉考虑更多、更周全。更重要的是，只有更英明睿智，才能制定正确的路线和策略，并进而实现大仁。由此可见，道德与判断力确实有很大的关系。对政治家来说，庸俗道德观不仅是无益的，而且是有害的。必须学会用四维透视方法看事物，学会辩证地看待多元的社会关系，这样才能提高我们的战略判断和顶层设计能力。

再拿生活中的普通情感事例来说明智能属性的差异性影响。当一个并不非常熟悉的异性向你表达热烈的情感时，你的第一反应如何：

一维思维的人属于现象判断型。主要是根据对方现场表达的恳切度来判断其感情的真伪，很容易把对方的"表演"当作真情流露，很快认定对方是友好的。

二维思维的人属于立场判断型。他们会带着自己的立场和原则看待对方，如果对方来自对立的阵营，即使表达再恳切，也会被视为不真实。而如果是没有任何背景关系的人，他们就会根据自己的直觉和个性喜好来决定取舍。

三维思维的人属于功利判断型。既会考虑对方的阵营，有一定的利害警觉性，但又不会像二维思维的人那样简单地肯定或否定。他们不会太多受对方"热烈"情绪的感染，往往会加入更多的现实利害关系的考量，即考量怎么安全利用这个机会。

四维思维的人属于品质判断型。他们会把对方的热情当作一种交际方式，不会马上作出情感性质的判定，不会轻易相信情感表象。他们首先会下意识想到：这是一个什么样的人，值不值得信赖。

总的说来，对自定义之道德属性的坚持决定了个体的境界高度，而对自定义之智能属性的自负则决定了我们的现实选择。对于外倾型人才来说，真理、仁义能打开他们的心灵大门；而对于内倾型人才来说，他们更信奉功利为灵丹妙药。外倾型人才的思维往往是正向出发、正向发挥，虽然也有算计，总的说来属于"阳谋"；内倾型人才则擅长逆向思考，喜欢利用人性弱点，较为偏爱"阴谋"。

人才本质不表现为空洞的人性，而表现为一定智能特征对实践的不同作用方式和作用力。

三、气质的细化

九大人才类型的气质划分主要是根据气质的内在属性来划定的。这种内在气质是与人才境界和思维一脉相承的情感意志，表达了人才的人格逻辑和角色本质。

内在气质几乎是不能修改的，那是自我的一部分。譬如，对于开创型人才来说，英雄化气质是与其高大人格追求相一致的坚忍不拔的个性品质，很难想象离开了这种品质开创型人才还能成其为开创型人才；对于经验型人才来说，中庸气质也已经成为其人格的一部分，如果失去了中庸、平衡的态度，经验型人才也就不再是经验型人才；对于权变型人才来说，其专断气质也是与其自我中心的道德属性及对立思维一致的情感意志，这种气质也是其人格的一部分；对于偏执型人才来说，改变其排他性气质就是一场自我的革命。同样，对敏行型人才、博弈型人才、专业型人才、急利型人才、自觉型人才等来说，当他们的人才个性形成时，内在气质也已经融汇成人格的一部分。

但是，除了内在气质属性外，人才还表现出气质感性特征的差异性。在人们的相互交往中，首先作用于对方的感觉的就是这种感性特征。这种气质感性差异不仅影响人才的个性风格，有时还直接影响到他们在具体环境下的决策。

实际上，西方关于人格的研究主要就是对这种气质感性特征的研究，他们显然是把人才的感性特征表现当成了本质。例如，在《九型人格》一书中，作者将福尔摩斯、希特勒、哈姆雷特等归为一类人。很显然，除了在表象的"偏执"外，他们三人在学习能力、思维方式、决策方式、精神境界等方面都相去甚远。这种气质感性特征对丰富的人类精神来说只是冰山一角，更多脸谱化意味，而不是真正的本质所在。西方学者们想从气质感性特征去概括出人才的本质，注定找不到真理。

气质感性特征的每一种量的变化，都会让人感觉到角色差异。这种感性差异主要表现为外在形象的差异性，具体地说，不同的文化背景、不同的成长环境、甚至不同的身体条件等，都会对这种外在形象产生影响。金大中、甘地、曼德拉外在形象显然差异很大，即使进行电影加工，也很难统一这种外在形象，但显然，他们的精神高度和角色追求在本质上是一致的。文学中之人物形象的千差万别，多数是建立在这种感性差异上的，它通过把人物感性气质的量的变化固态化，形成更多的脸谱化形象。宋江式的"及时雨"、李逵式的"黑旋风"、小龙女式的超凡脱俗、段誉式的多情等，都是气质感性特征的夸张和固化，缺乏人格真实性。虽然文学允许这种艺术的夸张，但是我们不能将这种艺术的虚构当作生活的真实，否则就会在识人、用人上误入歧途，并影响自己的生活。

对同一类型人才而言，气质感性特征差异性无损于其道德属性和智能属性的一致性。

韩信与项羽同属于博弈型人才，但个性风格迥异。这种个性差异主要表现为气质的感性特征差异，前者内敛、精于算计，而后者外向、刚猛果决。实际上，他们的道德属性与智能属性并无本质的差别。其人格特征是一致的，目标明确、直接功利、敢于博弈、成王败寇。可以肯定地说，如果把韩信换到项羽的位置，他也一定会像项羽那样搞分封制，分封诸王，自己做一个王中王——霸王。而如果把项羽换到韩信的位置，他也一样不会甘于做一个安乐侯，结局也可能与韩信一样。

列宁与斯大林都属于开创型人才，他们的大仁境界、系统化思维和英雄主义气质都是一致的，都具有至高的政治理想、杰出的创新能力、坚忍不拔的意志，表现出极高的人格定位和社会角色追求。但是，他们的个性、风格不一样。列宁雄毅而内敛，更能忍耐和宽容，更能从思想上循循善诱。斯大林雄毅而果决，更为敏感和直接，表现出很强的实干精神。列宁曾经批评斯大林"作风粗暴，缺乏耐心"，但列宁从来没有怀疑斯大林的人格和才能。

气质的感性特征在具体实践中的影响是很明显的，有时甚至影响到一件事情的成败。特别是对感觉层人才，影响极为明显。譬如，对急利型人才来说，外向冲动类急利型人才任性、暴躁，不善于与人沟通和交换，这种气质使他们容易错失机会。而内敛型急利型人才冷静、务实，善于与他人进行利益交换，因而能把握更多成功的机会。从整个人生的长河来看，气质内在属性还是最后的决定因素，一个人不可能总是犯感性、冲动的错误，而深深融入人格特征的内在气质则无处不在。

基于气质内在属性与感性差异对人才影响方式的不同，我们在划分人才类型时，主要是根据气质内在属性来确定，并划分为九大类型。但同时，我们也考虑到气质感性差异的影响，因而在每一类人才的气质细分上作了进一步的区别说明。

四、亲近关系

智能特征对一般人际关系的影响也是非常明显的，反应为亲近关系。亲近关系主要表现为近邻关系和对称关系。

一般来说，境界相邻的人才，其沟通和互动相对更好，是相对理想的结合。这首先是因为他们的价值倾向更为接近，容易获得理念的认同，在目标定位上容易取得一致。其次，其智慧模式既有差异性表现，又有一定的互补性。

从对称关系来看，经验型人才与权变型人才、敏行型人才与博弈型人才、专业型人才与急利型人才等也能结合。他们在行为习惯上表现出某种相似性，或者是理性的，或者是直觉的，或者是感觉的。同样的透视维度和相近的思维张力帮助他们在判断方式上找到某种结合点，他们之间容易达成妥协。但因为价值判断差异，很难形成相互间的欣赏。

相同类型人才的结合又会如何呢？他们容易沟通，能成为知音，是很好的事业伙伴，但不一定是合适的生活伴侣。在文学中，知音或许是美好婚姻的样板，但在现实中则远非如此。正所谓距离产生美感，同类人才或许因为距离太近，也不容易形成相互间的欣赏。他们很容易看到对方身上的缺点，却不容易从对方身上找到互补的优点。人与人之间是需要距离的，夫妻之间也是如此。

为了方便阅读，这里进行一个简单的编号。一号：开创型人才；二号：经验型人才；三号：敏行型人才；四号：专业型人才；五号：自觉型人才；六号：急利型人才；七号：博弈型人才；八号：权变型人才；九号：偏执型人才。

一号婚姻关系及最佳模式：一号 VS 二号、三号

最佳伴侣为二号。因为原境界相邻、智能互补、气质相济，他们能够形成良好的互动。一号喜欢二号的细腻和周到，二号欣赏一号的大气、理想、创新能力。这种结合成就了许多历史佳话。朱元璋与马皇后、李世民与长孙皇后、杨坚与独孤皇后等案例，是一号和二号结合的典范，既是伴侣也像朋友，还是强有力的事业支持者。

一号与三号也能形成较好的组合。他们同为外倾型价值判断模式，精神追求上容易相通；一号深思熟虑、善于战略，三号积极努力、干脆果断，能形成智慧上的互补。三号欣赏一号的高度和创造性，一号欣赏三号的忠诚和干练。但他们之间的沟通不如一号与二号。

一号与四号不属于理想的结合。初遇时，一号喜欢四号的单纯、信任的品质，契合潜意识中的唯美欲求；四号喜欢一号的勇气和梦想，契合其寻找依靠的内在追求。但是，结合后的他们就会感受到精神高度的差异和较大的沟通难度。一号审美要求高、逻辑缜密，而四号极为感性，常常感到对不上点。久而久之，相互间觉得差距越来越大，备感压力。

一号与五号的结合也不是理想的结合。他们是很好的事业伙伴，但却是糟糕的生活伴侣。两人都喜欢钻研深远的东西，却疏忽于安排好普通的生活，家里往往会像艺术家的家里一样"凌乱不堪"。而且，一号的雄心、勇气和意志，常常让性情超脱的五号备感压力，五号容易因此滋生逃离生活的想法。

二号婚姻关系及最佳模式：二号 VS 一号、三号

对二号来说，除了一号之外，三号是相对容易沟通和互动的类别。因为其价值倾向相近，智能特征上也有一定的互补性，两人容易沟通。这两类人才组织的家庭往往很稳定，也很进取。对二号而言，比较与一号的结合，这种婚姻少了些激情、浪漫和创造性，但更实在，更容易掌控。

二号与四号的结合不是理想的结合。二号心思细腻，喜欢交流，对对方的理解寄予厚望。当他感受到与四号的沟通难度时，很容易把四号的不合拍误解为冷漠。

二号与五号的结合不是最理想的，但温馨、实在。二号的细腻和务实，会让五号感受到踏实；五号的专注和研究，也能被二号理解和支持。差异在于，二号不喜欢五号的超然，他更期盼着心灵的沟通。而五号则恰恰喜欢保留心灵的距离，不希望那种宁静被任何东西打破。日久，这种性情差异也会成为一种矛盾。

二号与六号的结合不理想。理性思维与感性思维的差异、价值倾向的差异等，使他们很难找到和谐点。六号的某些逆向考量更容易与二号形成观念的碰撞，并被二号视为危险性倾向。

三号婚姻关系及最佳模式：三号 VS 二号、四号、一号

三号是一种直率、忠诚的人，具有较高的婚姻匹配度。

除了与一号、二号的婚姻关系之外，三号能与四号建立良好的婚姻关系。他们能够相互信任，并都满足于现实给予的地位和职责。比较与一号、二号的婚姻，与四号的婚姻能让他获得更多的自主感。他们在价值倾向上的一致性，以及直觉判断模式与感觉判断模式的"近似"关系，让他们形成更容易的沟通。这种组合少了一份进取，但多了一份安逸，也是三号喜欢的选择。

三号与五号不是理想的结合。三号对抽象的事物不感兴趣，不能理解五号的所思所想。五号对三号不经理性判断的直觉模式则会感到不安。三号喜欢世俗的"烟火"（与朋友们热热闹闹），五号则喜欢神圣的宁静，两个人很难搭调。

三号与六号不是好组合。主要表现在价值倾向上的不一致，三号重视自我人格表现，六号却只在乎眼前小利而不在乎其它。这导致三号容易下意识对六号的人格予以否定。六号显然不能接受这种"不公正"的定性，矛盾因此难免。

三号与七号是一种特色组合。他们同属于直觉判断模式，形成行事风格上的某种一致性，目标直接，不转弯抹角。他们能够在家庭价值观上达成一致，但彼此间并不相互欣赏。从智能模式来说，这种组合互补性不强，其家庭规划不是最佳的。

三号与八号的结合不属于理想类。在这种家庭中，三号不仅处于被支配地位，而且常常感受到因价值倾向差异性而导致的精神压力。三号在内心深处有很强的人格独立追求，这与八号的自我中心意识和强势风格也难以兼容。三号会觉得八号偏执、独裁，觉得颇受压抑。许多在细节上爆发的风暴，实际上都源于此。

四号婚姻关系与最佳模式：四号 VS 三号、五号

除了与三号的关系，四号能够与五号形成较好的结合。

四号与六号的结合是一种糟糕的婚姻。这种婚姻缺乏规划和把控能力，抵抗不了任何外来的诱惑。六号并不是一个安于平凡和平静的人，没有规范和制约的六号很容易误入歧途。四号却没有这种管控能力。这种婚姻因为规划能力太差，最后往往是互相埋怨，很难有美满的结局。

四号与七号、八号、九号的婚姻也不是理想的结合。七号、八号、九号都不会给予四号应有的家庭地位和尊重。

五号婚姻关系及最佳模式：五号 VS 四号

五号似乎与所有人才类别都能形成组合。他们没有太多的自我因素影响，所以能够广泛接纳。但其实，他们不适宜那些个性很强的人才类别。他们喜欢保留独立的精神空间，如果有人想强行进入这个空间，会让他们产生畏惧，甚至产生逃避的念头。

五号与四号的结合是合适的。双方都没有很强的功利心，所以彼此不会给对方太多的现实压力，能够顺应自由自在的内在精神欲求。而且，四号能够欣赏五号的创造精神，这也让五号很是满足。

六号婚姻关系及最佳模式：六号 VS 七号

六号与一号的结合不理想。他们除了类似于与四号结合的智慧差异之外，又增添了道德属性上的不认同感。这种结合更容易形成精神上的分离倾向，一号逐步厌弃，六号则日渐成为一个十足的"怨妇"。

六号与七号在价值判断倾向上更相近，因而能够形成良好的沟通。而且，他们的智慧也有一定的互补性。前者对眼前利益敏感，但少了些果敢和大局观；后者少了些现实敏感性，但多了些果敢和相对的大局观。七号能够有效的管控大局，但又不会过于限制六号的自由，这是双方都能接受的契约。

六号与八号的婚姻并不像这两类人才在事业上那么"融洽"。六号不能从八号那里获得尊重，因而会产生更多的压抑感。

六号与九号的婚姻更不会让他们获得尊重。

七号婚姻关系及最佳模式：七号 VS 八号、九号

一号与七号也不是好结合。一号的理想执著与七号的直接功利相去甚远，而七号的"不安分"和喜欢"踩红线"更是让一号视为缺乏稳定性的大毛病。

七号与二号的结合也不理想。除了价值倾向上的差异性之外，性格差异也反差很大。二号追求平衡和稳定，七号则不喜欢平衡和稳定，更喜欢新鲜和刺激。

七号与九号也能形成结合，既源于价值倾向上的相近，也源于智慧的互补性。而且，因为两人个性都很强势，反而容易形成相互间的妥协。这种结合往往对外表现得非常强势，是一种很任性的家庭。

八号婚姻关系及最佳模式：八号 VS 七号、二号

一号与八号能形成结合。但这种结合更像一种政治婚姻，必须以一定的事业基础为纽带。当一号为理想而挣扎时，八号不会是一个贤内助，更像一个批评家。而一号也很难欣赏八号的任性和功利心。

八号与二号能形成较好的结合。他们都属于三维透视模式，比较理性、务实，这使他们相互之间比较容易沟通。他们能建立共同的家庭价值观，并立足这个基点外向展开积极的活动。但因为八号有较高的生活追求，在底层生活中，这种婚姻也容易暴露出矛盾。

八号与七号能形成较好的结合，他们都有任性的一面，但在价值倾向上能够认同，智慧上也有互补，所以，他们能够形成良好的互动，这种家庭也比较任性。

九号婚姻关系及最佳模式：九号 VS 八号

九号与一号的结合是糟糕的结合。双方都有很强的自尊心，都有理想，但因为价值倾向的差异性，实际上是南辕北辙。他们之间很容易形成相互的批评和否定。一旦双方矛盾激化，彼此间都不懂得退让，最后会导致信任的完全丧失，导致生活的彻底破裂。

九号与二号不是合适的组合。二号属于精神外向肯定模式，追求稳定、踏实的生活。九号却高度自我、偏执，而且好高骛远、剑走偏锋。二号宁可通过妥协以保障与社会的稳定关系，九号则喜欢用激烈方式赢得社会的重视和认可。这种婚姻会让二号承受超级心理压力，并导致最后的分手。

九号与三号也很难合拍。他们的价值倾向相去甚远，个性风格也不相容。对三号来说，九号不仅过于好高骛远，而且偏执、独断，无法沟通。九号则认为三号不是一个很好的倾听者，不是一个懂梦想的人。他们之间，容易导致"话不投机半句多"的情况。

九号与八号能够形成结合。尽管八号并不喜欢极端，但他们理性、务实，对于有梦的婚姻关系充满了憧憬。九号则善于造梦，共同的价值目标能够将他们较好地结合在一起。八号的理性建议还能对九号提供智慧支持。但是，八号不喜欢九号的好高骛远，很难容忍长期的"画饼充饥"，他们显然不是共患难的好夫妻。

六号是比较适合九号的选择，因为他们有价值倾向的认同。同时，六号习惯于直接的物质肯定，并能满足于这种简单的物质肯定的生活方式。但是，因为判断力差异，九号不会尊重六号，当六号不能满足九号的现实要求时，会被九号毫不犹豫地舍弃。

第二节　人才分类研究导读

故事新编

> 在五指山下，孙悟空代表叛逆的诸神向裁判官佛主抗诉："我们是宇宙精华，并非凡夫俗体，奈何不得自由？"佛主说："既是宇宙精华，就当遵守定律，何来绝对自由？反省五百年吧！"

在本章节中，我们对不同人才之个性特征进行了简单的对比，为的是方便读者预先形成一个大约的形象概念。在后面的章节中，我们将对每种类型的人才进行展开分析。

——导读说明

人才精神反应模型首先是以原境界、思维、气质等要素为基础来建构的，其次是通过不同的能力指标和行为模式来表现的。所以，我们在每一类型人才分类研究的开篇之前，都归纳、列举了原境界、思维、气质，思维张力、学习能力、交际能力、战略管理能力、战术创新能力、行政执行力、技术创新力，以及习惯模式等。

随后，我们要表述的就是人才智能特征与实践结合后的一般反应模式，主要就如下一些项目进行了分类阐述：

- 人物代表
- 性格形成

- 人格特征
- 情感模式
- 角色担当
- 个性局限
- 智慧补充
- 培养意见

　　因为人才精神的两极放大特征，在与最大权力的结合中，人才个性的优点或者弱点也会被充分放大，所以，我们单独把人才面对最高行政权力和巨大财富权力时的表现，分别列为两个部分来解析。一则，经过权力的放大镜，各类人才更容易发现自我精神的顶级困惑。二则，权力是维持人类社会运行的主要杠杆，透视不同类型人才的权力观，对实践有非常现实的指导意义。

- 被政治权力放大的人才特征
- 被财富权力放大的人才特征

　　特别要说明的是，本书的人才分类是按照智慧人才体系来分类的，即以人才智能特征的差异性为划分标准。具体来说，就是根据人才的道德属性（精神内倾或外倾以及内倾或外倾的程度）和智能属性（思维模式、张力大小以及气质属性）来划分的。从人才学角度来说，人才智能特征是普遍性，而人才的社会角色是特殊性，普遍性寓于特殊性之中，特殊性离不开普遍性。所以，在每一类人才中都包含了多种角色，如政治家、思想家、军事家、企业家、专业技术人员、运动员等。

　　这种分类出乎我们的习惯角色认定心理，但却是更科学的智慧识别方式。因为不同的时代背景以及个体的不同环境和际遇，即使是同一种智能特征的人才，他们也可能选择不同的职业和人生道路。譬如，同样是开创型人才，有人走上了职业政治家的道路，成就了卓越政治家的角色形象；有人主要活动于军事领域，成就了军事家的角色形象；还有的人选择了职业运动员道路，成就了伟大运动员的角色形象。孙武是杰出的战略家，本来可以成为伟大的政治家和军事家，但历史只给了他成就军事家角色的机遇，他的政治才能也就很难展示出来，以至于后人更多是把他作为杰出的军事家来看待。对于其他各类人才也是如此。类似情况并不难理解，因为智能特征是天赋属性，而角色选择则与后天的环境、际遇有很大的关系。所以，我们一定不能把人才类型分类与社会角色分类搞混淆。

　　另外，虽然每一类人才都会有其心理倾向性，但并不意味着某些人才一定是走左边道路的，而另几类人才一定是选择右边道路的。对于绝大多数人来说，选择什么路与他们的自身条件和特殊环境有极大的关联。问题的关键不在于走在什么路上，而在于以什么样的方式去走，在于其表达出的个人与社会的关系。

本书力图从不同类型人才的成功或失败的经验中，找到其智能特征与实践反应的内在联系，以建立一种科学的参照系，方便我们从中获得更多的启迪和借鉴。

本书最后两个章节的内容属于人才管理范畴。

在第十二章中，主要阐述了人才观念的变革问题，对历史沿袭下来的一些模糊的，甚至是错误的人才观念进行了剖析，丰富了人本主义的实践内涵。还根据人的自定义本质特征和角色存在方式，提出了解决当今世界的"角色困惑"的思考，这是一个既具有很强的现实意义、也具有深远历史意义的文化课题。

在第十三章中，我们从实战角度，探讨了智慧的管理与练习，提出了创新人才管理的具体思路。

如何进行智慧的自我识别？

如何进行智慧的自我练习？

智慧的实战。

什么人才是当今这个战略时代的最佳 CEO？

什么样的人才组合是最佳的创业团队？

什么样的人才结构才是合理的？

如何建立开放的人才系统？

本章节对这些很有现实指导意义的课题进行了深入的探讨。

——测试实验

在我们进入分类研究之前，尝试进行一下自我智能特征测试，然后将自我测试结果对照人才分类去解读。这是一个很有意思的尝试，将方便我们对各类人才的认识。

这种测试不是单个某一题就能确定人才类别的。有时，面对同一个问题，几种人都会选择相同的答案。还有的时候，人们是顺应社会观念去选择，并不完全是顺着心灵去筛选的。所以，我们不能把所有的选择绝对化。在把全部选择筛选完后，那个相对多数就代表你的人才属性，其他选择不代表你还是其他类别的人才。

第一部分 常识题（每一项选题后面的数字代表相应的人才类别）：

1. 宁愿选择创新却有风险的项目，而不愿选择回报稳定却缺乏成长性的项目。

（　）1

2. 对与自己无关的事情提不起兴趣，希望付出就有现实的回报。　（　）3、4、6

3. 听到自己熟悉的某人获得成功时，便感到自己像是一个失败者。 （ ）8

4. 你觉得很多人做慈善不过是作秀罢了。 （ ）3、8

5. 你很在意社会评价，会为失败行为而深为懊恼。 （ ）1

6. 你坚信自己，不在意他人的评价。 （ ）3、4、8

7. 对那些出人意料的友好表示，你常心存戒备。 （ ）3

8. 你喜欢转换角度看问题，善于通过协商和妥协达成事情。 （ ）2

9. 如果爆发战乱，你宁可选择宁静处去思考而不是拿枪上战场。 （ ）9

10. 你觉得如果自己有钱有势，也会任性一些。 （ ）4、8

11. 你觉得对工作和同伴尽责是最重要的。 （ ）2、5

12. 无论多大的利益也不能用牺牲人格和尊严去换取。 （ ）1、4

13. 当事情弄糟时，你会不自觉地责怪他人。 （ ）3

14. 你喜欢把保证职业生活长期稳定当着择业的第一选项。 （ ）7

15. 你很难同情那种总是优柔寡断、疑虑不定的人。 （ ）4

16. 不管对谁都恨不起来，即使是伤害过你的人。 （ ）7

17. 你从未为爱情肥皂剧流过泪，但常为深沉的悲剧而心酸。 （ ）1

18. 你不是一个善于拒绝的人，有时为帮助别人把自己搞得很累。 （ ）7

19. 你小时候有过用极端方式表达自己的"抗议"的行为。 （ ）8

20. 你是完美主义者，很容易看到事物的不足之处。 （ ）1

21. 你没有很大的企图心，有工作和保障就能满足。 （ ）7

22. 你小时候自我保护意识很强，不喜欢对抗激烈的运动。 （ ）3

23. 你对研究宏观事物更感兴趣，对事物发展趋势很敏感 （ ）1

24. 你有成为事物中心的强烈愿望，不能容忍没有自己的角色位置。 （ ）8

25. 更在乎细节，觉得是细节决定成败。 （ ）2

26. 你的心很大，做事业规划时总是喜欢往最大范围设计。 （ ）1

27. 你有较强的物质欲望，但角色企图心更大。 （ ）8

28. 不管是多好的事业，个人的发展机会不好，你宁愿离开。 （ ）3、4

29. 你觉得对立是没法消除的，只能往自己多倾斜一些。 （ ）3

30. 你对看不见直接利益的事情没有兴趣。 （ ）2、5

31. 你有时显得过于敏感，下意识把一件事情与可能的情况联系起来。 （ ）1

32. 你小时候很叛逆，喜欢打打杀杀的。 （ ）4

33. 你很信任他人，无论是身边人还是不熟悉的人。 （ ）7

34. 你小时候就懂得表现乖巧以换取"物质奖励"。 （ ）6

35. 你从小重视自己对伙伴们许下的"诺言"，觉得不兑现会很没面子。 （ ）4

36. 你一旦认定正确方向，就会锲而不舍地去追求。　　　　　　　　（　　）1

37. 长远的东西很难规划，适时调整才是最重要的。　　　　　　　　（　　）2

38. 你觉得及时转舵很重要，盲目义气只会让自己吃亏。　　　　　　（　　）6

39. 明显打不赢的仗和越来越近的死亡威胁，你宁愿逃跑或者投降。　（　　）6

40. 你认为道德不是讲良心，而是看它德惠多少人。　　　　　　　　（　　）1

41. 你认为道德就是良心，任何违背良心的东西必然是不道德的东西。（　　）7、9

42. 你不是一个有强烈爱憎感的人，能认同每个人的生活方式。　　（　　）9、7

43. 你做事情总是喜欢探根究源、寻找规律，有时搞得自己很累。　（　　）1

44. 别人觉得你个性张扬，你觉得自己不过是更本色而已。　　　　（　　）4

45. 你不喜欢追溯根源，更喜欢直接的行动。　　　　　　　　　　（　　）5

46. 你善于建立自己的伙伴关系，自认为交际能力不错。　　　　　（　　）4

47. 你喜欢批判现实，不盲目追逐流行。　　　　　　　　　　　　（　　）1

48. 喜欢跟着主流走，认同主流价值观、并喜欢享受流行的快乐。　（　　）5

49. 你觉得自己不是工作狂，但能够将团队安排得满负荷运转。　　（　　）3

50. 你在内心深处是非常平易的人，但生活中却被认为有些傲气。　（　　）1

51. 喜欢与人争斗，并善于在争斗中表达自己。　　　　　　　　　（　　）4

52. 每个人都应该学会妥协，没有什么不能退让一步的。　　　　　（　　）2

53. 你对背离道德和准则的事情很反感，甚至不愿与这样的人交往。（　　）5

54. 你不相信一夜暴富的神话，一砖一瓦的积累比什么都重要。　　（　　）2

55. 能够与形形色色的人做朋友，并善于把朋友关系变成价值。　　（　　）2、3

56. 你很善于定位价值目标，觉得自己是资源整合的高手。　　　　（　　）3

57. 你习惯于自上而下的思考方式，习惯于从战略层面着手掌控事物。（　　）1

58. 你希望自己离开人世后，能留给社会一些精神财富。　　　　　（　　）1

59. 你喜欢"表现"自己，并很注重自己的衣着形象。　　　　　　（　　）4、8

60. 你更在意去争取一些现实利益，不在于表面形象。　　　　　　（　　）3、6

61. 即使是面对很重要的问题，你对他人也很难拉下面子。　　　　（　　）7

62. 打倒了权威，自己就能成为权威。　　　　　　　　　　　　　（　　）4、8

63. 你容易信任他人，事后证明有些人并不值得你这样信任。　　　（　　）7

64. 只要有好的利益，你不在乎为谁做事。　　　　　　　　　　　（　　）6

65. 你觉得诚信是人格的表达，失信就是没人格、没品位。　　　　（　　）5

66. 你有一帮自己的伙伴，不时地会吆喝了聚一聚。　　　　　　　（　　）4

67. 你觉得自己身体协调能力很好，反应非常敏捷。　　　　　　　（　　）4、5

68. 你不是一个喜欢吆五喝六的人，有时宁愿独自享受　　　　　　（　　）6

69. 对于没有原则和品行的人，你甚至都懒得去理他。　　（　）5

70. 你很重视自己的权力，会直接表达对领导越权的不满。　　（　）4

71. 你对失败感到痛苦不是因为物质损失，而是因为不能获得角色肯定。（　）1

72. 你通常是顺着领导的意思行事，不在意他人怎么看。　　（　）6

73. 你因为意气用事，为朋友两肋插刀，吃过一些亏。　　（　）4

74. 你觉得自己与领导的关系不错，与同事的关系则相对较差。　　（　）6

75. 你不会意气用事，但因为冲动而犯错的事也不少。　　（　）6

76. 你不喜欢参与任何人事纠纷，内心恐惧这种矛盾。　　（　）7

77. 你有较广的朋友圈，朋友们乐意让你当"组织部长"。　　（　）2

78. 你觉得，这个社会谁掌握了发言权，谁就是真理。　　（　）3

79. 你觉得自己很细心，考虑问题比较周全。　　（　）2

80. 你觉得现实是非理性的，所以造势很重要。　　（　）8

81. 你最想要的是温馨的家庭生活，不是浪漫、也不是甜美。　　（　）2

82. 你习惯于逆向思维，并从中获得一些智慧和经验。　　（　）8

83. 你承认现实，即使它有很多问题，也只能一步一步地改良。　　（　）2

84. 你不喜欢空谈大道理，更喜欢去做能产生实际价值的事情。　　（　）3

85. 一项工作做久了，你往往会想换一换新的尝试。　　（　）7

86. 你相信保持神秘感对形成领导力是必须的。　　（　）8

87. 你觉得人都应该理性地生活，并厌烦竞争与无序。　　（　）9

88. 你善于交际，并善于结交和把握那些对自己前途有利的人物。　　（　）3

89. 你喜欢尝试各种实验，对看到的事物都想找到它的规律。　　（　）9

90. 你有时简直无法容忍一帮庸人在台上指手画脚。　　（　）8

91. 看到许多现实的尔虞我诈后，你心中闪过出世的念头。　　（　）9

92. 你不喜欢谈理论谈战略，更喜欢操作层面的考量。　　（　）4

93. 面对一个项目时，你首先考量的是如何赚钱而不是项目的真实价值。（　）4

94. 你不喜欢灯红酒绿和喧嚣，会下意识地逃避喧嚣和杂乱。　　（　）9

95. 你眼前的直接利益很敏感，总是想先抓住它再说。　　（　）6

96. 你认为离开了正确的战略，就必然遭受失败的惩罚。　　（　）1

97. 只要是集体通过的决定，尽管你有不同意见，也会去执行。　　（　）2

98. 你常常会因为坚持自己的意见得罪上司，但你并不想改变什么。　（　）4

99. 有好几次，你把别人得罪了，而自己还不知道。　　（　）7

100. 你不在乎服从谁的命令，只要有现实的利益。　　（　）6

101. 你不是善于表现自己的人，不太懂得按场合去表达。　　（　）7

102. 如果要牺牲个人乐趣和利益的话，你不愿去帮助别人。（　）6

103. 你觉得自己不是那种反应敏捷的人，但考虑问题全面而深刻。（　）1

104. 你有较强的阵营概念，把维护阵营利益视为天经地义。（　）4

105. 如果让你在权力和利益之间取舍，你宁愿选择利益。（　）6

106. 你觉得自己没有心机、不会算计，甚至不会防止他人算计自己。（　）7

107. 你很善于模仿，如果用心模仿一件事物，能做到惟妙惟肖。（　）8

108. 你认为政治斗争都是只有手段，没有什么原则。（　）3、8

109. 你习惯按规矩办事，无论是在游戏中、还是在人情往来中都是这样。（　）5

110. 你认同"拿人钱财替人消灾"，不介意因此帮助他人营私舞弊。（　）6

111. 喜欢拿自己的东西与人分享，内心是希望因此获得他人的肯定评价。（　）7

112. 你善于概念运作，能够做成空手套白狼的生意。（　）8

113. 觉得自己不仅学习速度快，而且计算力很不错。（　）5

114. 如果你成为领导，一定会把招商引资当作第一要务。（　）3

115. 你觉得自己善于资源嫁接，有较强的领导能力。（　）7

116. 你喜欢猛药去病的激进手段，不喜欢"温水煮青蛙"方式。（　）8

117. 你通常喜欢做计划，觉得自己比他人更善于宏观规划。（　）1

118. 你不习惯做规划，更多的是按照别人规划好的路线来行动。（　）5、7

119. 你不在意他人的反对意见，有时这反而让你更加固执己见。（　）8

120. 你不喜欢规划远景，更喜欢、更善于做细节规划。（　）2

121. 对那些背叛自己的人，较长时间难以释怀。（　）3、8

122. 你对原则决不让步，但并不介意明着让利于他人。（　）1

123. 你喜欢冒险，喜欢做一些有挑战性的事情。（　）4

124. 你宁愿自己吃亏，也不希望与身边的人发生争吵。（　）7

125. 你不是一个爱运动的人，绝对不会选择拳击类运动。（　）3

126. 你觉得自己很宽容，甚至对很坏的人也产生不了仇恨心理。（　）9

127. 管理团队最重要的是定规矩、讲规矩，不是讲道理。（　）4

128. 你喜欢逻辑推理，认为万事万物都存在于逻辑之中。（　）9

129. 唯有利益才是真理，要让员工懂得办好事才有钱拿。（　）6

130. 你坚守情感和信仰，宁可放弃荣华富贵，也不放弃做人原则。（　）5

131. 好的推销员应该善于神话自己的产品，不能拘泥于真实效果。（　）4

132. 你厌倦利益之争，希望社会有更多的理性。（　）9

133. 你对利益点很敏感，只要看中，就会想尽办法去获得。（　）6

134. 如果没有出人头地的机遇，你宁可踩红线放手一搏。（　）4

135. 你乐于助人，但有时因此把自已搞得很累。　　　　　　　　　（　）7

136. 如果两选一，你宁可放弃权力，不愿放弃物质利益。　　　　　（　）6

137. 你觉得自己的人格被怀疑甚至被否定是无法接受的。　　　　　（　）5

138. 你喜欢冲锋陷阵，敢于走在前头，不怕枪打出头鸟。　　　　　（　）4

139. 你喜欢平稳，从来没想过采用过激的方式处理问题。　　　　　（　）2

140. 有时候，你有一种强烈的冲动，想去干某种令人吃惊的事情。　（　）8

141. 你认同，君子求大仁则必有小不仁。　　　　　　　　　　　　（　）1

142. 你觉得每个人的立场都是根据环境和自身地位而变化的。　　　（　）3

143. 你喜欢思考变革与创新，并把创新当作最大价值的源泉。　　　（　）1

144. 现实世界是非理性的，决定个人命运的唯有意志和能力。　　　（　）8

145. 只要踏踏实实地做人做事，日积月累，就能成功。　　　　　　（　）2

146. 你不喜欢冲锋陷阵在前，更喜欢出谋划策于后。　　　　　（　）3、6

147. 你喜欢按照自己的良心和直觉行动。　　　　　　　　　　　　（　）5

148. 你对不属于自己阵营的人，往往下意识有排斥心。　　　　　　（　）4

149. 如果现实中找不到被看重的角色位置，你会感到深深的痛苦。　（　）8

150. 只要本职工作能得到肯定，你就会很满足。　　　　　　　　　（　）7

第二部分　情景测试题（只能选择其中之一种答案）

1. 面对爱情来敲门，你选择：

　　A. 选择知音型爱情，同时希望这份感情是自己容易把控的。　（　）1

　　B. 选择性格相投型，能玩到一起，像哥们一样。　　　　　（　）4、5

　　C. 选择乖巧服从型，热烈追求你，并愿意为你做任何事。　（　）3

　　D. 现实利益关系至上，同时希望对方服从自己。　　　　　（　）8

　　E. 随感觉和随缘的　　　　　　　　　　　　　　　　　　（　）6、7

2. 如果你的项目被人为地卡在某个部门，你的第一念头：

　　A. 马上找该负责人沟通，强调项目不能耽搁的理由。　　　（　）8

　　B. 马上动用相关人际关系资源来疏通。　　　　　　　　　（　）2

　　C. 投其所好，把该官员搞定。　　　　　　　　　　　　　（　）6

　　D. 找上一级官员来压他。　　　　　　　　　　　　　　　（　）3

　　E. 咨询旁人，让别人帮助出主意。　　　　　　　　　　　（　）7

　　F. 寻找问题症结所在，对症下药制定上中下对策。　　　　（　）1

3. 如果你是李世民，如何避免玄武门之悲剧：

　　A. 不会放弃皇位之争，主动出击，宁可血流成河。　　　（　）3、8

　　B. 努力化解兄弟间的嫌隙，宁可放弃兵权，去管理地方。　（　）2

C. 先考虑社稷前途，非到生死关头，不会实施玄武门计划。 （　）1

D. 应该搞分封制，兄弟各管理一方。 （　）4、5

E. 可自求一块封地，选择去做安乐侯。 （　）6

F. 不好说，或者听天由命。 （　）7

4. 如果你面临地方选举的投票：

　　A. 把票投给那个上门说情的人，其他人上台也不一定做得更好。 （　）7

　　B. 把票投给自己的亲戚，这是最能代表自己利益需要的。 （　）6

　　C. 把票投给最能代表自我利益阵营、最方便将来获得相应权力的人。 （　）3、8

　　D. 把票投给自己的哥们。 （　）4、5

　　E. 投给为人正派且拿得出好方案的有为者。 （　）1、2

5. 如果你是超级富豪，怎么安排你的庞大遗产：

　　A. 全部捐赠，做慈善基金 （　）1、9

　　B. 捐献一点，多数留给子女 （　）3、4

　　C. 安排好子女们的生活、发展所需，多余的捐献社会 （　）2、5

　　D. 看子女们的意思再说 （　）7

　　E. 自己辛苦奋斗得来的财产，不捐赠。 （　）6

（人才类别排序见第十二章）

第三章 ｜ 开创型人才

故事新编

　　在围绕权力的斗争中，大英雄恺撒被杀死了。他委屈地向上帝申述："我革新政治，强盛国家，心怀正义，博爱人民。可那些人居然谋害我！"上帝叹息道："你想成神，但他们都是凡人啊。"

原境界：理想层——高层德行：大智大仁

思　　维：四维透视——系统型模式

气　　质：英雄化

主要素质指标：

思维张力：数理能力中上　人文能力卓异

敏感系数：钝于小节　敏于趋势

学习能力：悟性很高　学而致用　触类旁通　　　　☆☆☆☆☆

交际能力：不善于一般交际　是事业凝聚型　　　　☆☆

战略管理能力：善于顶层设计和战略创新　　　　　☆☆☆☆

战术创新能力：很强　　　　　　　　　　　　　　☆☆☆☆

行政执行力：很强　　　　　　　　　　　　　　　☆☆☆☆

技术创新力：较强　　　　　　　　　　　　　　　☆☆☆

综合评级：　　　　　　　　　　　　　　　　　　☆☆☆☆

习惯模式：立足多数　趋势决策　系统化运作　战略制胜

人们常常艳羡成功者身上的光环，却忽视其背后的品质。事实上，那些伟大人物都是因为有伟大的品质才成就伟大的事业，而不是因为成功了才有了伟大的品质。做开创型人才的粉丝，应该从敬仰其至高的精神境界开始。

历史上那些作为开创型人才的伟大英雄，是由至高境界、系统化思维和英雄化气质这些个性特征，契合他们的历史际遇而成就的不朽传奇。

开创型人才的智能特征决定了其精神的高度和运行模式。这是运行于理想层境界，面向社会充分放大精神的模式。他们自我定位很高，能将潜意识中的自我角色要求与社会自觉高度统一起来，形成一种理想化人格。他们将人生理想融入社会的现实需要，以实现社会理想和造福社会为最大价值追求，希望在社会价值的最大化中实现自我价值的最大化。系统化思维模式为其较高的追求提供了思维张力的支持。他们能够四维看事物，展示出强大的思维张力，因而能看到事物多层面的关系。他们能够高屋建瓴俯瞰实践，视角广而所见远，能够联系地、辩证地看问题。他们能够透过现象看本质，善于总结事物的发展规律，并创造性地运用规律。其英雄化气质表现为高追求、大尺度和强意志的结合，表现为对理想和信念的执着，他们的幸福感往往不在于直接的物质功利，而在于成就更高的社会角色和社会理想。当其面向社会理想高点的意向建构、系统化逻辑建构和英雄化情感建构结合成统一的人格特征时，形成其潜意识领导者自定义，形成其实践中面向"大我"充分放大的社会角色追求。

当他们面向社会肯定要求和社会理想目标建构自己的价值观时，当他们把自己的创新型智慧运用于实践时，形成其满怀创造精神的角色追求。他们把创新当作最高的价值体现，也把创新当作发展的第一动力。他们不仅能辩证地看待物质与精神、舍与得等关系，还能在实践中科学把握人与物的关系，通过战略统筹，实现和谐发展。他们在潜意识中是完美主义者，在实践中又有现实主义精神。舍"小我"成"大我"的内在意愿契合社会理想，使他们在二次定义中表现出高度的社会自觉，并因而成为时代的精英。他们显示出非凡的前瞻性和创造性，是天才的战略家；他们大智大仁，表现出杰出人才的品质。在政治之巅，他们能成为社会的阳光雨露；在市场的海洋，他们能成为创新模式、造福时代的弄潮儿。

人物代表：

秦始皇、汉武帝、刘备、曹操、唐太宗、宋太祖、成吉思汗、武则天、萧燕燕、康熙帝、雍正皇帝、莫·卡·甘地、纳尔逊·曼德拉、金大中、列宁、斯大林、华盛顿、林肯、富兰克林·罗斯福、拿破仑·波拿巴、彼得大帝、叶卡捷琳娜二世、伊丽莎白一世、维多利亚女王、亚历山大大帝、恺撒等领袖人物，以及汉尼拔、管仲、范仲淹、王安石、张居正、戚继光、孙武等政治家。还有维尔纳·冯·西门子、约翰·洛克菲勒、亚蒙·哈默、卡洛斯·戈恩、比尔·盖茨、埃隆·马斯克、乔布斯、孙正义、吴仁宝、张瑞敏、牛根生等商界精英。现实中的代表性政治家如普京等。

性格形成：

从少年时代开始，开创型人才就会表现出理想主义特征，他们讴歌纯美的事物，敬仰伟大的人物，对成为社会认同的大角色有强烈的渴望。

他们不自觉地建立起很高的价值定位和人格定位。他们表现出强烈参与实践的意识，对许多活动都有兴趣，特别是对新事物充满热情。他们很善于发现现实的不足，对变革充满渴望。

随着经验和知识的增长，开创型人才淡化少年理想的空想特色，逐渐成长为具有强大创造力的人才。他们有天才的悟性，善于学习，触类旁通，能够把所学的知识灵活运用于实践。理想层境界使他们对事物发展的趋势表现出特别的敏感性。

他们不安于平庸的生活，似乎天生为创新模式、引领潮流而存在。他们立足现实、面向未来，建立高远的目标定位。他们勇于探索、敢于创造，成为积极的开拓者。

当然，他们是立足在一定的时代背景和具体生存环境的基础上的。因为际遇的不同，他们可能成为政治家，或者军事家，或者企业家，或者思想家、学者，甚至运动员等。但无论是何种角色，他们会把自我理想与社会理想统一起来，把自我价值与社会价值统一起来。他们的最高理想就是将相应角色打造成"伟大"的人物形象。

面向社会理想高位的目标定位和特异智慧的结合，使他们总是站得更高、看得更远。即使是经历一些挫折或者磨难，他们也努力从正面去理解事物，并因而形成辩证的思想，通达哲学高度。

他们表现出很高的人格尊重要求。他们尊重他人，不分老幼，不分贵贱，不分信仰。他们也希望他人尊重自己，尊重自己的理想，尊重自己的价值，对伤害自己的人格和尊严的事情绝对无法容忍。这使他们对知音充满渴求。

他们表现出战略大师的天赋，对引领时代充满渴望。他们无法安于平庸的生活，努力要成为不平凡的人。这种目标定位使他们自觉地进行人格修炼，努力使自己成为与社会角色要求相符的"人物"。杰出的创新能力则为他们的理想插上了飞翔的翅膀。

他们的智能特征经过实践的打磨日趋光亮，形成以"自尊、刚毅、向上、总结、创新、保障"等为主要特征的人才个性，他们努力要成为一个不平凡的人。

人格特征：

他们是潜意识领导者与现实革新者的统一。他们表现出深厚的道德承载力，拥有的物质能量越大，其精神正向放大的光芒也越强大。理想化人格：英雄主义情操，正义为本，理想为灯，雄毅果决，润物有声。他们不仅表现出自尊自信、自立自强的独立人格，还面向社会放大这种人格力量。放大雄心壮志，他们要努力实现社会共同理想以成就自己的英雄梦；放大情操爱心，他们要"充吾爱助天下人爱其所爱"。他们通过对小私的大舍，而获得角色的大得。

情感模式：

真挚、深沉的情感模式。唯真是讲，唯善是求，唯美是爱，至情至性。有非常强烈的自尊心，有很高的人格追求；不盲目追求流行，能坚持自己的理想；乐观开朗，兴趣广泛；勇于探索，兴趣所至容易着迷；独立性强，不喜欢被限制；有智者孤独的感觉，表现出对知音的渴求；很享受与朋友谈天说地；喜欢适度的娱乐和放松；为人正直，内心阳光，胸怀宽广；尊重他人，在意他人的感受；感情丰富，能投入真挚、深沉的爱的情境，为之感动；对责任和负担独自承担；不太善于面对面的情感表达。在爱情方面，喜欢唯美、浪漫，有对纯真爱情的向往，更向往知己体贴，但也能理性地接受现实。

气质细分：

从气质感性特征细分，开创型人才大致可分为沉稳内敛型和敏感冲动型两类。

沉稳内敛型开创型人才智慧深沉，作风稳重、厚重，更为宽厚仁慈，更喜欢探究事物的规律，兼有哲学家、思想家风范。他们心胸开放，做事深思熟虑，很少有冲动色彩，但行动起来坚韧不拔，天赋成就大事业的品质，能成为圣雄一般的人物。如康熙、唐太宗、列宁、华盛顿、甘地等。

敏感冲动型开创型人才则异常敏感，个性直率，相对更少耐心，容易冲动。他们对自己认定的原则性更不容易放弃。他们行动果决，敢于担当，表现出豪杰品质。他们往往很容易下定决心，有时失之于急切，如曹操、雍正、汉尼拔、斯大林等。

康熙并非不知道朝廷吏治日趋腐败的问题，但他一直隐忍不发，先集中精力处理国家安全和发展经济两大主要矛盾。直到雍正上台之后，才开始更大规模的反腐败。而雍正因为急切，夙兴夜寐，废寝忘食，最后把自己的身体也迅速地拖垮了。

汉尼拔不仅有非凡的军事才能，还有卓越的政治才能。他想通过一场大规模的改革，使迦太基再趋强盛，并进而摆脱罗马帝国的控制。但是，汉尼拔显然忽略了迦太基权贵精英们的自私和愚蠢。这些权贵们为了向罗马帝国献媚和企图以此保全自己的富贵，出卖了汉尼拔。而随后，罗马帝国彻底灭亡了迦太基王国。

要指出的是，这种气质感性差异丝毫无损于两种开创型人才在大智大仁之本质上的一致性。他们都具有相近的创新能力，都满怀创造热情，并把成就最高社会理想当作人生的最高意义，这些才是他们共同的本质属性。

角色担当：

战略家——政治家——思想家——军事家——企业家——优秀运动员

当开创型人才的智能特征与实践结合时，形成属于他们的角色追求模式。

他们有杰出战略家的天赋，是一流的规划师和最优秀的顶层设计大师，其杰出才能表现在诸多领域。

在政界，他们能成为优秀的政治家。他们不仅有献身社会理想、成为"天意的工具"的主观意愿，而且有强大的政治创新能力。他们是改革家，也是革命家。长久以来，治理大乱非开创型人才莫属，开创英雄时代非开创型人才莫属。

在商界，他们能成为优秀的企业家。他们展示出强大的创新能力，建立起持续发展的事业体系。

因为思维张力的强大，其能力覆盖范围很广。他们还能成为思想家、军事家、发明家，以及其他专业人才。他们之中的少数人还能同时在多个领域建立起非凡的角色形象。如毛泽东集政治家、军事家、思想家、哲学家、诗人等角色于一身。

由于命运的安排，有些开创型人才并不像历史上的那些杰出政治家那么耀眼。如孙武、戚继光等，历史没有让他们充分展示出其卓异的政治智慧，但他们仍然通过自己从事的相关工作把杰出的创造才能变成思想的光辉，照耀文明的大道。

他们还能成为出色的教练，因为他们有知人之睿智，同时又有很强的项目分析能力和战术创新能力。并不是所有的冠军都有这种能力的，也不是教练经验丰富了就能达到这种水准。中国建立起强大的乒乓球军团，这与刘国梁对乒乓球运动的理解和战术能力分不开，更仰赖于刘国梁对团队建设的重视和识别人才的能力。

当然，他们也能成为优秀的猎头，没有人比他们更"知人善任"了。

政治家角色：

因为智能特征的影响，他们习惯于正向考量，能够辩证地看世界，认同统一的价值观。当时代给开创型人才提供切入政治舞台的机遇时，他们往往成为优秀的政治家。

表现在实践中，他们以公平正义为最高行为准则，把权力与社会责任统一起来。他们对事物常有独到的见解，对现实有深刻的批判意识和强烈的变革欲望。他们表现出极强的实践理性精神和杰出的政治创新才能。

他们的政治家禀赋在中基层就开始显现。

在新中国建设大潮中，河北正定县涌现出一位劳动模范，名叫吴玉兰。在当时弥漫全国的运动中，她遭到了错误批斗。但是，吴玉兰始终信仰不改。更难得的是，她积极奉献社会的精神也没有改变。一个经典的镜头：吴玉兰在批斗会上被轮番炮轰，持续批斗了整个晚上。末了，已经叫嚷得口干舌燥的干部们宣布散会。不料，整个晚上都在默默接受批评的吴玉兰发话了："请等一下，还有一件事情，我们明天的生产工作要安排下去！"这是真正的高风亮节、公仆风范。

随着政治经验的丰富和政治地位的上升，他们的政治家境界和政治创造才能也得到大大的提升，逐渐走向堪称伟大的政治家之列。

他们表现出极高的政治觉悟和战略敏感性，知道如何把原则性与灵活性统一起来；他们胸怀宽广、气魄宏伟、意志坚定、作风顽强，表现出高瞻远瞩的智慧和杰出的创造能力；他们常常能够天才地预测到事物的发展方向；他们总是在引导实践，而不是跟随其后，或随波逐流。他们善于破旧立新，突破旧方法，创造新技术，破坏旧秩序，建立新秩序。于是，他们成为伟大的改革家，就像王安石、范仲淹、张居正等那样；或者成为推翻旧世界、建立新世界的领袖，就像唐宗宋祖、毛泽东等那样。

当他们投入事业中时，其价值定位首先是服务多数和代表潮流趋势，这使他们在战略上已经立于不败之地。而在经营事业的时候，对事物本质的把握和统筹全局、发挥集体合力的能力又使他们在竞争中立于更高的层次，所以，他们领导的集团常常能够稳步向前发展。他们善于趋势决策——在事物正向发展时，则因势利导、实现跨越式发展；在逆流汹涌时，则战略遏制、阻止不利趋势的发展。他们行动起来雄毅果决——他们奉行积极防御战略，珍惜和平，不挑事，但反击挑衅则是雷霆万钧。

在实践操作方面，开创型人才把事业作为一个有机的系统，能够统筹全局与局部、眼前利益与长远利益等方面的关系，确立好发展的优先顺序，并创造性推动系统各环节协调发展。他们既能高屋建瓴，又能深入浅出，善于自上而下地引导实践。他们能统一好战略家和实干家这两种角色。

开创型人才具有超强的管理创新能力，善于把精神手段和物质手段综合运用，充分激发团队的合力和创造力。其领导下的集团往往生气勃勃，这与他们高超的管理艺术是分不开的。而在治理乱世、革新政治方面，开创型人才表现出特别的担当精神和更卓越的能力，放射出更加璀璨的英雄主义光芒。

因为他们有长远的战略眼光，而且注重事业基础建设，其领导的事业表现出强劲的可持续发展力。

拿破仑说："天才的人们是流星，注定要燃烧自己，以照亮他们的世纪。"这是开创型人才的道德自定义，也是其人生轨迹的形象素描。依靠强大的创造能力，他们总是在引领时代。秦皇汉武、唐宗宋祖开创英雄时代，离不开其作为开创型人才的创造天才和伟人品质；列宁、毛泽东的共产主义理想与他们的英雄化气质更是根本相连。

　　开创型人才将自我价值定位于较高的社会理想，超越世俗胸襟去看事物。他们并非轻视权力，却能淡然放弃权力，因为他们更在乎公平和正义。远如乔治·华盛顿，近如纳尔逊·曼德拉，这是用至高境界建立起的政治标杆。

　　因为大智大慧和至高的社会自觉，开创型人才成为人类文明的杰出代表。

　　当他们成为政治家时，他们表现出特别的睿智、卓越的创造力和大仁的品质：境界高远，胸怀天下；勤于探索，思想先行；立足多数，代表人民；理想至上、大爱无声；变通无穷，才能卓著；见微知著，知人善任；钢铁意志，仁者胸怀。

　　开创型人才懂得规律、秩序、正义的重要性，并在实践中坚决地用规律、秩序、正义统一自由、利益、爱欲。他们坚持民主集中制原则，保障政治凝聚力和政令通畅。为成就社会理想，他们努力抑制自我欲念，敢于牺牲，从而把自己变成"天意的工具"或者"辩证必然性的工具"①，变成推动社会向更高文明之巅迈进的动力；为成就社会理想，他们大仁不仁，无惧非议，表现出特别的社会担当精神。

　　开创型人才的个性决定了他们在现实中必然遭遇的命运曲折。

　　庸俗时代拒绝清醒，他们在纸醉金迷中并不受欢迎。

　　危难时节需要伟力，他们往往在历史的关键节点脱颖而出。

　　他们信奉公平正义，而现实却常常是功利的。所以，恺撒、林肯等杰出的政治家会被暗杀。英雄化气质使他们对信念坚定不移，但追求理想的道路是漫长的。所以，金大中、曼德拉等为坚守信念付出了一生的黄金光阴和巨大的代价。

　　在复杂的利益交织的世界里，开创型人才常常会受到利益集团的挑战。他们与少数利益集团总是对立的，因为他们代表着多数，代表着公平、正义和秩序。而少数上层利益集团则更喜欢与腐败共舞，更喜欢把特权凌驾于公平正义之上。

军事家角色：

　　当开创型人才将卓异的创造力运用于军事领域里时，他们就会成为杰出的军事家。

　　因为不同的历史际遇，他们之中，有的人是集政治家和军事家于一身的，也有的人是只在军事领域展示了才华。

　　历史上，诸如孙武、汉尼拔、戚继光等，历史只给了他们展示军事才能的机会。他们把开创型人才的战略制胜意识和创造性运用于实践，成就了他们的用兵神话，也留下了光辉的军事思想。

　　作为中国春秋时代的杰出人才，孙武首先是一位战略家，《孙子兵法》开篇就说："兵者，国之大事，死生之地，存亡之道，不可不察也。"随后，又阐述了"五事"（道、

---

　　①　悉尼·胡克：《历史中的英雄》，王清彬译，上海人民出版社 1964 年版，第 122 页。

天、地、将、法）与用兵的关系。其思维的系统性和自上而下的模式，都是典型的开创型智能特征。而在具体的用兵谋略上，其"知己知彼，百战不殆"的思想，更是概括了用兵谋略之精要，实际上远超过三十六计的意义。后来人往往只看见孙武的三十六计，却不懂孙武的战略制胜思想，实在是让人慨叹。

汉尼拔是古迦太基王国的军事统帅，被西方称为伟大的军事战略家。汉尼拔不仅善于用兵，屡次打败强大的罗马军团，留下"坎尼战役"式的经典战例。他的战略家天赋也是卓异的。他有极强的战略敏感性，看到了迦太基与罗马这两个已经在地缘上碰头的帝国之间的必然战争，并制定了将战争引入敌国的"高边疆战略"；他注重分化瓦解罗马的同盟，并与地中海沿岸邻国结成反罗马联盟。遗憾的是，迦太基的那些"政治精英"们不仅不给汉尼拔相应的支持，反而常常拖汉尼拔的后腿，使汉尼拔最后成了一位悲剧英雄。

戚继光是中国明朝的杰出军事家，他的抗倭故事在中国广为流传。戚继光从选兵练兵，到布阵对敌等方面，都显示出了极高的创造性，在对敌斗争中不仅百战百胜，而且代价极低，写下世界军事史上的传奇。戚继光还写下了十八卷本《纪效新书》和十四卷本《练兵实纪》等著名兵书，这些理论也显示了他对军事规律的深刻理解。

在把政治家、军事家两种角色统一起来的伟大人物中，毛泽东堪称最杰出的代表。毛泽东把运动战发挥到了极致，从井冈山的山地运动战，到战略转移中的调敌运动战，到抗日战争中的敌后运动战，到解放战争中的围城打援式运动战，这是世界军事史上最丰富，也是最经典的运动战史话。当然，毛泽东在运动战这一不变的指导方针下，也蕴含了万千的战术变化，如井冈山反围剿中的诱敌深入、"十六字方针"，长征中的声东击西、打草惊蛇、引蛇出洞、暗度陈仓等，抗日战争中的以逸待劳、平原游击战、山地游击战、麻雀战等，以及解放战争中的挺进中原、穿插分割、围城打援、蘑菇战等。

作为军事家，开创型人才与博弈型人才表现出鲜明的个性差异。开创型人才是军事战略家，而博弈型人才是军事战术家。开创型人才的军事思想首先立于战略的高度，一是对军事规律的科学把握，是在系统思想指导下的理性用兵；二是他们能够综合考虑、合理利用政治、军事、人文等多种因素，充分发掘自身潜力；三是他们的战术针对性更强、更明确，用兵更是变化万端。

企业家角色：

在致力于经济建设时，开创型人才能成为出色的企业家。

他们善于从宏观上把握经济运行，抓住潮流、趋势立业。同时，他们注重用创造力引导市场，而不是追赶市场或随波逐流。无论是约翰·D. 洛克菲勒的石油帝国传奇，还是比尔·盖茨的微软帝国新篇，或者是乔布斯和他的苹果手机的故事，都表现出了非凡的市场前瞻能力，和创新市场、引领市场的能力。他们也正是凭借这种特殊的能力，成为行业翘楚，成就一代传奇。

他们不是投机商，从来不会这山望着那山高。企业责任感使他们始终把发展和壮大主业当作最高准则。精明的约翰·洛克菲勒只专注于他的石油帝国的发展，比尔·盖茨专注于他的微软事业的发展，没有任何单纯的利润冲动会改变他们的事业走向。同时，他们也善于深挖主业、拓展产业链以发展事业。

创新精神和强大的创造力是他们区别于一般企业家的又一突出特点，他们总是在不断地推进技术创新和产品创新。乔布斯也不会为积累财富而存在，创新生活才是他存在的意义。华特·迪士尼一生都在创作如米老鼠、狮子王等一类的经典形象和产品。他的创造力几乎等同了迪士尼的生命力，在他去世后的一个较长时期，迪士尼几乎陷入"产品荒"，迟迟拿不出吸引世人的好产品。

人本主义精神与开创型人才的价值观是完全一致的。他们注重系统建设，努力建设高效的事业体系，善于运用集体智慧，用合力成就事业。他们秉承人本主义理念，把完善队伍建设、提高员工福利作为发展事业的重要部分。比尔·盖茨把优秀员工视为其核心资产和重要价值，认为他们是企业发展的核心动力。张瑞敏的海尔文化、牛根生的蒙牛文化等，也都表现出强烈的人文关怀。

他们有超越世俗的得失定义，超越一般的义利观，注重回馈社会。无论是比尔·盖茨的慈善事业，还是牛根生式的"裸捐"，都不是在作秀，而是他们的更高取舍智慧的证明，是回馈社会的大爱精神。

运动员角色：

如果身体天赋和具体环境为开创型人才规划了一条运动员的人生轨迹，他们也会成为一名杰出的运动员。

他们能全方位把握某项运动，如理解、掌握运动项目规律，懂得自身条件与运动项目的关系，懂得技术创新，知道如何扬长避短，善于根据具体环境和对手的具体情况适时调整战术等。

如果有良好的身体天赋加以训练，他们就会具有强大的竞争力。其风格往往是攻守平衡，没有明显弱点；懂得根据对手具体情况调整战术；能结合自我特点进行技术创新；决战决胜的意志则为他们的成功更增一分力量。

他们能做到"知己知彼"，因而成为最难战胜的对手。他们不仅对技战术、节奏有很好的把握，更可畏的是，他们懂得根据对手的临场表现适时地调整技战术，在制约对手的能力上无出其右。如网坛的费德勒、德约科维奇，羽坛的林丹等，他们都表现出了开创型人才的智能特征。在他们的运动周期内，他们显示出了强大的统治力。

因为价值定位很高，他们有成就"伟大运动员"的强烈渴望，这种渴望甚至超过他们的物质占有心。

要指出的是，体育运动是一种与身体条件联系极为紧密的项目，最伟大的运动员也逃不出运动周期的局限性。所以，年龄大了，他们有时难免心有余而力不足。

个性局限：

他们专注于大的构想，有时会忽略细节问题。

他们容易为美好的理想所激励，有时却忽略了现实的困难。

因为习惯于长远地、逻辑地考虑问题，因为有极强的责任担当，他们表现出强烈的忧患意识。这种忧患意识能帮助他们未雨绸缪，但有时也显得过于敏感。同时，这种忧患意识容易给自己增添更大的压力。

他们属于事业凝聚型，不善于应付庸俗性人际关系，有时给人以距离感。

他们总是喜欢思考和谈论那些宏观的大问题，在世俗生活中往往显得"曲高和寡"。

在大多数时候，他们过于重视原则，有时让人觉得不善于妥协。

他们不是一见钟情型，而是愈久弥香型。

智慧补充：

开创型人才热衷于战略研究，对细节没有太大热情，是大勤小懒型，勤于宏观建构，怠于琐碎事务，不善于世俗性人际关系。他们需要风格细腻的经验型人才协助处理事务层面的工作，以及对外联络和协调工作，需要专业智慧的合力补充。

培养意见：

他们有很强的成才欲望，有理想和抱负，同时也有强大的智能属性的支持，这使他们天生具有成功的禀赋。但是，他们兴趣广泛，而且在多方面都能表现优秀，这一则容易分散他们的注意力和精力，二则容易模糊他们的发展定位。

意见一： 要结合其身体条件与具体环境、行业前景等因素综合考量，帮助其尽早完成专业化定位，不要浪费光阴和精力。那么，他们能够像莎拉波娃那样少年成名（17 岁夺得温网冠军）。

意见二： 注重角色教育，因为其理想化人格与一定角色的结合，能增强他们的现实动力。

意见三： 鼓励其自由发挥，不要用太多的教条约束他们，以免影响其创造性和潜力发掘。

意见四： 注重往复合型人才方向培养，应加强历史、哲学等文科类学习，发掘其战略管理家之潜质。他们能够胜任大的社会角色，成就大的社会功业。

意见五：加强新技术、新趋势教育，引导其把革新精神与实践结合起来，充分发掘其创新能力。

意见六：开放基金应该注重发掘这类人才，从早期开始参与培养。他们的创造天赋将带来"一本万利"的回报。

第一节　卓越政治家的代表

开创型人才具有成为优秀政治家的天赋。理想层精神定位确定了其面向社会理想的价值定位和超越一般功利心的精神特质。创新型智慧为他们提供了创新实践，引领实践的核心动力。他们不仅有奉献社会的意愿，有极高的社会自觉，同时也有杰出的政治创新能力，因而更容易成就伟大政治家的角色形象。

拿破仑·波拿巴（1804—1815）
法兰西帝国缔造者，卓越的政治家、军事家

彼得大帝（1672—1725）
沙俄帝国皇帝，政治家、军事家、改革家

乔治·华盛顿（1732—1799）
美国首任总统，杰出的政治家、军事家

当开创型人才定位政治家角色时，其精神放大为大智大仁的高层德行，并融入高瞻远瞩的顶层设计，最后转化成领导实践的强大动力：

- 高度的社会自觉使他们更有理想，更有责任和担当；
- 热衷于探索社会规律，并善于总结事物的发展规律，能高屋建瓴地引导实践；
- 把握事物的辩证关系，合理运用物质力量与精神力量；
- 具有较强的顶层设计能力，能把握好事物的优先顺序，以人因素为纲以物因素为网，以顶层战略为核心拉动全局；

- 敢于实践，善于实践，能把政治的原则性与方法的灵活性统一起来；
- 深入浅出，善于把实践生硬的理论通俗化；善于用规律、正义、秩序统一自由、功利、爱欲；
- 在人文能力方面优长突出，知人善任，能充分发挥集体合力；
- 英雄化气质使他们坚忍不拔、雄毅果决；
- 哲学化思考使他们辩证看待得失关系，不断接近"大我"真谛。

悉尼·胡克在《历史中的英雄》一书中，曾这样描述开创型人才——他"虽然也一样在历史路线上找到了一个交叉点，但他还可以说帮助创造了这个交叉点。他不但具备种种非常的天才，而且在实现他所选择的历史路线上，发挥了他特异的天才，增加了成功的机会"。他进一步论述道："像恺撒、克伦威尔和拿破仑等人物，至少也能从他们的政敌手中打开一条生路，而在这样做时，发挥了他们特异的领袖天才。正是那作为事变创造人物看待的英雄，把他们个性积极的烙印加盖在历史上面——一直到他们从历史舞台上消逝以后，这个烙印还依然明显可见。"①

作为战略大家，他们面向先进文明建立目标定位，用对立统一思想建立方法论，以和平发展、全面发展为总方针，以积极防御为战术支持，用创新力推动事业持续发展。他们比其他人才更重视夯实事业基础，更善于创新，更善于统筹事业全面发展。

他们奉行积极防御战略，往往是后发制人。

开创型人才挥洒英雄雨露，开创出属于他们的英雄时代。尽管他们把自己看成是"天意的工具，或者辩证必然性的工具"，但谁也不能说，换上当时的另外某一人物会产生同样的实践后果。他们在追求目标的过程中所表现出非凡的洞察力和创造天才，是一般人才无法企及的。他们用思想的光辉照亮火热的时代，用智慧的元素滋润国家和民族。

在人类历史长河中，开创型人才对政治生态文明的促进是最具有革命性意义的，这是其至高的自定义与实践需要契合的结果。

当然，由于时代背景的不同，同样作为开创型人才，不同的政治家所走的道路也不相同，治理社会的理念和方式也不一样，这是由客观历史规律所决定的。用今天的文明标准去要求古人，那是毫无道理的。不过，这也不妨碍我们对那些历史英雄作客观的评价。譬如，同为开创型政治家，毛泽东在精神追求的高度上要超过历史上的秦皇汉武、唐宗宋祖，他将对共产主义理想的追求变成实实在在的社会实践，他确立了执政党为人民服务的宗旨，并始终不渝地践行信仰和宗旨，这些都是前所未有。而在理论与实践的统一方面，

---

① 悉尼·胡克：《历史中的英雄》，王清彬译，上海人民出版社 1964 年版，第 112 页。

毛泽东不仅超过华盛顿、林肯、罗斯福等西方政治家，也超过许多历经社会主义革命洗礼的政治家，他一直在用系统的理论指导实践，而且达到了哲学的高度。而毛泽东在推进这场前无古人的政治实践中所表现出的非凡创造性，也使他在诸多历史英雄中更见伟大。他在政治上、军事上的创造力世所罕见，他在发展经济上的能力也无可置疑。这是毛泽东获得普遍认同和敬仰的原因，也是毛泽东著作总是成为那些睿智政治家们的必读书目的原因。若论把伟大的战略家、政治家、思想家、哲学家、军事家、诗人等这些角色集于一身，毛泽东不仅是空前的，或许也是绝后的吧。

让我们简单梳理一下开创型政治家们的主要个性特征：

——以天下为己任是其伟大之胸怀

因为有高度的社会自觉，开创型人才往往立志高远，心忧天下。而其理想化人格中所蕴藏的英雄主义精神，则使他们在追求理想的道路上勇往直前，虽九死而不悔。

正是因为有平天下之志，所以秦始皇①"奋六世之余烈，振长策而御宇内，吞二周而亡诸侯。"② 正是为了治理好天下，秦始皇废井田、开阡陌，统一文字和度量衡，并从法家思想中取其"法制"思想，力图建立秩序井然、持续发展的千秋大业。正是基于对自己建立的旷古事业的自信，他自称始皇帝——千秋伟业自我而始也。

"天马来兮从西极，经万里兮归有德。承灵威兮降外国，涉流沙兮四夷服。"③ 这是汉武帝④建立强盛帝国、一扫积弱之耻的壮志之写照。为了实现远大抱负，汉武帝铁腕推进政治治理。在意识形态上，罢黜百家、独尊儒术，强化中央权威；在经济上，改革管理模式，强化税收；严刑峻法，打击抗衡中央的利益集团；大力选拔和培养人才，不拘一格，唯才是用，开创人才济济之盛世。在打稳根基之后，汉武帝挥军北驱匈奴，一扫百年安全大患，终成强盛帝国。

在近现代伟人中，毛泽东是一个典型代表。在学校读书期间，毛泽东就是一个标准的热血青年。他关心国家和民族的前途命运，积极参与学生运动。同学们赞誉他是"身无半文，心忧天下"。在新文化运动的影响下，毛泽东领导创办了新民学会，汇聚少年精英，探讨救国救民之真理。而在接触到马克思主义后，毛泽东的心中就燃起了拯救中国的希望之火。"问苍茫大地，谁主沉浮？"⑤ 这是内心深处使命感的流露。斯诺回忆他初见毛泽东的感受："不可否认，你觉得他身上有一种天命的力量。这并不是什么昙花一现的

---

① 秦始皇（前259—前210），名嬴政，大秦帝国创始人，杰出的政治家、军事家。
② 班固：《汉书·贾谊传》·《过秦论》，中华书局2007年版。
③ 黎东方：《细说秦汉》，上海人民出版社2013年版，第197页。
④ 汉武帝（前156—前87），名刘彻，号汉武大帝，西汉杰出的战略家、政治家、军事家。
⑤ 毛泽东：《沁园春·长沙》1925年。

东西，而是一种实实在在的根本活力。你觉得这个人身上不论什么异乎寻常的地方，都是产生于他对中国人民大众，特别是农民——这些占中国人口绝大多数的贫穷饥饿、受剥削、不识字，但又宽厚大度、勇敢无畏、如今还敢于造反的人们——的迫切要求作了综合和表达，达到了不可思议的程度。"[1]

1917年，列宁领导的苏联社会主义革命取得胜利。爱因斯坦热情地赞扬这场伟大的革命，称它是对全世界有决定性意义的社会实验，他说："我尊敬列宁，因为他是一位有完全自我牺牲精神，全心全意为实现社会正义而献身的人。我并不认为他的方法是切合实际的，但有一点可以肯定：像他这种类型的人，是人类良心的维护者和再造者。"

甘地[2]为印度的独立和和平献出生命而不悔，金大中[3]宁愿选择死亡也不放弃反独裁斗争，曼德拉[4]宁可把牢底坐穿也要终结南非的种族隔离制度……当他们把角色追求与历史使命统一起来时，就注定要成为真正的历史英雄。

——勤于探索、思想先行，指引实践是灯塔

离开理论的实践是盲目的实践，是危险的实践。开创型人才注重理论研究，注重从哲学高度俯瞰实践，用系统化的理论指导实践。这是他们能够领导群众的一个主要因素，也是他们区别于其他各类人才的一个主要特征。只有在他们那里，理论与实践才如此相生相成地紧密联系，理论之光辉也因而得到最大的发挥。

在毛泽东的一生中，理论是他的思想结晶，也是他领导实践的工具。1927年，"大革命"失败后，中国共产党领导的革命运动被悲观气氛所笼罩。在一片白色恐怖下，毛泽东写下《星星之火可以燎原》、《中国的红色政权为什么能够存在》、《井冈山的斗争》等一系列光辉著作，告诉人们：在中国的特殊环境下，中国的红色政权不仅能够存在下去，只要采取正确的斗争策略，革命当前的星星之火，最终必将以燎原之势席卷全国。1941年，抗日战争全面爆发以后，有些人盲目乐观，认为中国将速胜，有些人悲观地认为中国会亡国。毛泽东写下《论持久战》，科学断言：中国既不会速胜，也不会亡国，抗日战争是持久的，最后的胜利一定属于中国。1943年，抗日战争尚未结束，毛泽东又用巨人的深邃目光为中国革命轨迹作出战略注解——他写下《新民主主义论》这一光辉文献，把中国共产党领导的革命运动在各个历史阶段的形势、目标、任务阐释得清清楚楚。建国以

---

① 曾昭铎：《解密斯诺笔下的毛泽东：精明　博学　能吃苦》，2012年8月28日，dangshi. people. com. cn/n/2012/8028/C85037-18849773-1. html。

② 莫罕达斯·卡拉姆昌德·甘地（1869—1948，印度民族解放运动的领导人和印度国家大会党领袖，被尊为现代印度的国父。

③ 金大中（1924—2009），韩国政治家、社会活动家，曾任韩国总统，韩国民主斗士的象征。

④ 纳尔逊·罗利赫拉赫拉·曼德拉（1918—2013），前南非总统，被尊为南非国父。

后，毛泽东写下《论十大关系》、《正确处理人民内部矛盾》等一系列光辉著作，建立起指引新中国建设实践的灯塔。毛泽东还写成《矛盾论》、《实践论》，这是对哲学发展的重大贡献。①

列宁、斯大林等人也非常注重理论研究②。在建党过程中，列宁与包括民粹派、孟什维克、无政府主义等在内的形形色色机会主义进行了坚决的斗争，从理论上解析了各种机会主义的本质，并进而把布尔什维克党统一到社会主义革命的旗帜下。斯大林在领导苏联革命期间，先后发表《论列宁主义基础》、《十月革命和俄国共产党人的策略》、《论列宁主义的几个问题》、《苏联社会主义经济问题》等著作。他对辩证法也有过深入的研究和阐述。

三国时期的政治家曹操③在戎马倥偬的岁月里仍然不忘从哲学高度思考人生。他在《龟虽寿》中说：“神龟虽寿，犹有竟时。腾蛇乘雾，终为土灰。老骥伏枥，志在千里。烈士暮年，壮心不已。”《短歌行》说：“对酒当歌，人生几何？譬如朝露，去日苦多……山不厌高，海不厌深。周公吐哺，天下归心。”珍惜短暂的人生，创造不朽的事业，这正是开创型人才从哲学的高度才能悟透的人生观、价值观。

所谓“治在道，不在圣”。开创型人才孜孜不倦进行理论研究，探求的就是这个“道”——社会运动的内在规律和建设理想社会的科学方法。从哲学的高度俯瞰实践，开创型人才不仅超越功利主义的自我束缚，而且对理想路线图更加了然于胸。

——立足多数、代表人民，是其力量之源泉

人民就是代表历史潮流和进步趋势的正义要求的大多数群众。一旦用正义和真理的旗帜把他们召唤起来，他们就能变成无坚不摧的洪流。历史英雄们之所以能创造出生气勃勃的时代，就是因为他们立足于人民、代表人民，得民心而得天下。

秦皇汉武、唐宗宋祖等人成其伟大，不在于他们的开疆拓土，而在于他们建立了相对更具有革命性的政治，完成了历史赋予的使命，也因而保障了多数人民的根本利益。

毛泽东在与蒙哥马利的谈话中说：“一个领袖应该是绝大多数人民的代言人”，“这就是原则，他应该代表人民的愿望”，“他必须是为了人民的利益”。④

毛泽东认为：“人民，只有人民，才是创造世界历史的动力。”⑤ 他告诫中共党员们，如果说共产党是巨人安泰，那么人民就是大地母亲。在传说中，安泰是一个力量无穷的巨

---

① 《毛泽东选集》，人民出版社 1991 年版。

② 《四大革命导师传——列宁、斯大林》，红旗出版社 1997 年版。

③ 曹操（155—220），东汉末年的政治家、军事家、文学家。

④ 《毛泽东评点国际人物》，安徽人民出版社 1998 年版，第 1020 页。

⑤ 《毛泽东选集》第三卷，人民出版社 1996 年版，第 1031 页。

人，当他站在大地上时，任何人都不是他的对手。但是，有一天，他离开了大地，于是被别人打倒了。离开大地，安泰就不再有力量，离开人民，共产党也就不再有力量。所以，历史上的开创型人才都把团结占大多数的人民和代表人民的根本利益作为政策出发点。

列宁说："在人民群众中，我们到底是沧海一粟，只有当我们正确地表现人民所意识到的东西时，我们才能管理。否则，共产党就不能引导无产阶级，而无产阶级就不能引导群众，整个机器就要毁坏。"① 斯大林说："'干'革命的不仅是先进集团，不仅是党，不仅是个别的即使是'高级的''人物'，而首先和主要的是千百万人民群众。"② 一天，斯大林漫步在南部城市奥廖尔的大街上，一位妇女发现了他，惊喜地跑过来拥抱斯大林，并哭着说："亲爱的斯大林同志，您怎么能在我们的街道上步行呢？"斯大林微笑着回答："难道不允许我在你们城市的街道上行走吗？""如果不是您斯大林同志，我们就不能战胜万恶的敌人，所以要感谢您。"这位妇女继续哭着说。斯大林激动地说："要感谢你们，战胜敌人的是人民，不是我。"

开创型人才心系人民，他们的政策的出发点、落脚点都在于人民。是否立足于多数和服务于人民，这是鉴别开创型人才的试金石。无论是恺撒、拿破仑、华盛顿、林肯，还是列宁、斯大林、毛泽东等，他们都把建立理想社会秩序以保障人民的利益作为最高准则。如果说恺撒、拿破仑等人的人民观还有一定时代局限性的话，毛泽东的"为人民服务"、做人民的公仆等要求就代表了一个充分的高度。早在1944年，毛泽东就在纪念张思德烈士的一次讲话中阐明："我们的共产党和共产党所领导的八路军、新四军，是革命的队伍。我们的这个队伍完全是为着解放人民的，是彻底地为人民的利益工作的。"③

美国第32届总统富兰克林·罗斯福④上台时，国家正面临空前的经济危机。罗斯福大刀阔斧地进行了一系列的改革，史称"罗斯福新政"。新政包括复兴、救济、改革三大内容。作为西方政治家，罗斯福从一开始就把改善人民福祉作为改革的核心内容，而不是单纯地为了拯救经济，这是难能可贵的。罗斯福出台了《紧急银行法》、《农业调整法》和《全国工业复兴法》等法律和政策，规范经济秩序，重振经济。同时，他更是高度关注民生问题。1937年5月24日，罗斯福向国会提交关于最低工资、最高工时立法的咨文。咨文承认"我国人口的三分之一，其中绝大多数从事农业或工业，吃不好，穿不好，住不好"，"我们必须铭记我们的目标是要改善而不是降低那些现在营养不良、穿得不好、住得很糟的那些人的生活水平。我们知道，当我们工人的一大部分还没有就业的时候，超时工作和低水平的工资是不能提高国民收入的"。一些上层利益集团代表不想通过该法

---

① 《马克思恩格斯列宁斯大林论研究历史》，人民出版社1975年版，第55页。
② 《马克思恩格斯列宁斯大林论研究历史》，人民出版社1975年版，第47-48页。
③ 《毛泽东选集》第三卷，人民出版社1991年版，第1004页。
④ 章正余编著：《罗斯福》，京华出版社2005年版。

案。罗斯福则一再坚持，反复提出该法案。最终，该法案于 1938 年 6 月 14 日获得通过，这就是《公平劳动标准法》（又称《工资工时法》），它的主要条款包括每周 40 小时工时，每小时 40 分最低工资；禁止使用 16 岁以下童工，在危险性工业中禁止使用 18 岁以下工人。有人评价说，罗斯福在美国推行了民主社会主义模式。罗斯福称不上社会主义者，但他努力使美国走上公平正义的轨道，这反映了一位伟大政治家的襟怀。

——强大的创造力是其成功之能力基础

开创型人才是伟大的战略家，有杰出的顶层设计能力。同时，他们又是战术大师，匠心独运，善于战术创新。这使他们表现出强大的实践能力。

他们高瞻远瞩，更善于把握事物的本质并破立结合，用变通无穷的战略战术指导实践；他们总是能够具体问题具体分析，根据特定环境和要求做出正确的决策，创造性地开展工作；他们善于抓主要矛盾，从大处着眼，细处入手，深入浅出；他们善于立足长远、夯实基础、保障持续发展；他们善于全面统筹、纲举目张、实现社会和谐。政治和管理在他们那里表现出出神入化的艺术性。

他们有极强的战略创新能力。表现在根据潮流趋势结合现实需要制定变革的路线图。秦始皇因势利导、削平六国、一统天下；汉武帝结束休息政策、强军建魂、北击匈奴、解除百年巨患；列宁、毛泽东把马克思主义与具体国家的革命实践结合起来，完成了长远的、深刻影响世界的社会主义革命。即使是伟大的征服者亚历山大大帝，他的征服足迹也是建立在政治开明、开放和民族融合的大战略基础上的。他们都是战略制胜的典范。

毛泽东说："我们不但善于破坏一个旧世界，我们还将善于建设一个新世界。"[1] 曾经在毛泽东、周恩来身边工作过的雷英夫评价说："毛泽东高瞻远瞩，洞察力、魄力、决断力都是超人的，谁也替代不了。"[2] 毛泽东对蒋介石的胜利，首先是战略上的胜利，表现为对代表绝大多数水深火热的中国下层人民的公平正义要求的积极回应，表现为对已经腐败不堪的蒋介石王朝的积极斗争。新中国成立之后，面对美国压制、包围、粉碎社会主义的企图，他洞穿美国这只"纸老虎"的本质，毅然决定出兵援朝，最后粉碎美国从朝鲜半岛威逼中国、压制社会主义的企图。国际上有人评论说："朝鲜战场是世界上几个最大的战略家、军事家进行的一场大较量。结果斯大林犯了大错：对美国出兵估计错误，以为能轻易统一朝鲜。杜鲁门也犯了大错：对中国出兵估计不足，以为能一举统一朝鲜。只有毛泽东最高明，一切都估计到了，实现在'三八'线上停火协议。"[3] 20 世纪 60 年代，

---

[1] 《毛泽东选集》第四卷，人民出版社 1996 年版，第 1439 页。
[2] 权延赤编著：《红朝传奇》，内蒙古人民出版社 2001 年版，第 282 页。
[3] 权延赤编著：《红朝传奇》，内蒙古人民出版社 2001 年版，第 271 页。

美国发动侵略越南的战争。中国派遣军事顾问援助越南，又使美国在越南陷入军事泥沼和政治困境。此外，中共还进行了中印边境自卫反击战，稳定了藏南地区安全形势。这些战争为中国社会主义的存在、发展奠定了安全基础。没有这个基础，中国无法安心进行经济建设；没有这个基础，就没有社会主义对资本主义的战略影响。毛泽东领导中国在经济建设上取得的成就也是巨大的。在战后的废墟上，在一穷二白的家底上，通过大量兴修水利，奠定了农业丰收的基础。中国还通过几个五年计划，初步建立起独立自主的工业体系。

毛泽东善于思想政治工作方法的创新。毛泽东总结出"三大法宝"，即统一战线、武装斗争、党的建设，这是中国共产党克敌制胜的"秘密武器"。毛泽东对民主集中制原则的完善与坚持，充分调动了团队的积极性，促进了集体智慧的发挥和运用。毛泽东的群众路线、批判与自我批评等方法，也是保障共产党密切联系实际和不断自我完善的重要方法论。毛泽东坚持走群众路线，每当与有关负责人及专家们讨论过重大问题后，他喜欢就同一问题去征求普通工人、农民和士兵的意见。

苏俄"十月革命"的胜利，离不开列宁的正确顶层设计。列宁发展了马克思主义，一方面是发展了马克思主义的唯物论和辩证法，另一方面是发展了马克思主义的阶级斗争学说。列宁制定了合乎俄国革命实际需要的路线图，这是革命获得成功的基础。列宁有坚定的原则性，同时又有高度灵活的策略。为了打破帝国主义的联合进攻，列宁力主与德国签订了《布加勒斯特合约》，以暂时放弃部分利益，换取争取最后胜利的机会；在卫国战争岁月，苏联制定了因应战争形势需要的"战时共产主义政策"，而在战争结束后，苏联立即进行经济调整，实行"新经济政策"，以改善民生。

斯大林的创造力连他的敌人也不得不佩服。在政治上，斯大林发挥他的组织天才，把布尔什维克第一次建立到军队、地方的各基层组织，形成了党组织的堡垒作用。这是斯大林的创造和功绩。斯大林还根据实际情况，确立了优先发展重工业的工业化战略，使前苏联取得超常规的发展速度。在策略上，在保持原则的前提下，斯大林也表现出高度的灵活性。在面对希特勒德国的威胁时，他最初努力与英、法建立统一战线。但英、法政府醉心于推行绥靖政策，力图养肥希特勒，让希特勒去消灭苏联。在这种努力失败以后，他转而与德国签订《苏德互不侵犯条约》，粉碎了英、法的阴谋，赢得了更多的战争准备时间。在军事上，斯大林战功卓著。前苏联建国初期，英、法、美武装干涉这个新生的社会主义国家。1919 年，西方列强支持邓尼金武装成立"俄国北方政府"，发动对苏联的军事进攻。斯大林受命领导红军反击。到 1920 年初，红军基本摧毁邓尼金的有生力量。之后，斯大林又领导平定了高尔察克的武装叛乱。在建国初期的急剧动荡不安中，哪里有危机，哪里就有斯大林的影子。"二战"时期，斯大林的军事天才也得到充分的发挥。斯大林不仅组织起空军、装甲部队、陆军的协同作战，还组建起炮兵师、炮兵军，在历史上第一次充分发挥炮兵的集团进攻威力。从1941年6月希特勒发动对苏联的闪电战，到1945年5月苏军攻克柏林，四年时间可谓天翻地覆。如果没有斯大林的杰出军事才能，即使人类不回到"中世纪的黑暗"之中，世界反法西斯战争至少也要经历加倍的曲折，付出更多的牺牲。

斯大林领导下的前苏联在经济建设方面的成就也是巨大的。斯大林时代前苏联工业化成就显著。在短短二十余年里，前苏联从一个落后的农业国家变成世界上第二号工业强国，在航天领域里还取得世界领先水平。没有卓越的领导能力，这是不可能实现的。当然，实施"先重后轻"的工业发展战略，使前苏联人民在短期内生活水平没有得到迅速提高，这是着眼于长远利益而不得不作出的战略选择。

华盛顿[1]也是伟大的战略家和顶层设计大师。华盛顿有卓越的政治才能和军事才能，在美国独立战争中，他将北美民兵在短时间内训练成一支能征善战的军队，并打垮了久经欧洲战火洗礼的英国军队，赢得了美利坚合众国的独立。华盛顿的政治才能更称卓异，他一手缔造的美国民主体制不仅是那个时代的文明楷模，并在此后较长的时间内被历史证明其一定的优越性。

——见微知著、知人善任，是其特有之睿智

开创型人才对人才的把握能力远超常人。他们不仅有知人之睿智，也善用人才之所长。

三国时期的曹操是知人善任的政治家。初见郭嘉即引为知己，初见许诸即知其忠义并用为侍卫长官，青梅煮酒而赞刘备为英雄等，足见其无愧于"知人之哲"的美誉。正是因为曹操的知人善任，许多人才都竞相投奔他。其帐下人才之多，以至于王夫之说："魏足智谋之士，昏主用之而不危。"

刘备[2]以一介布衣出身，桃园结义而有关羽、张飞，三顾茅庐而有诸葛亮，义服常山赵子龙，又收服黄忠、马超等名将，可谓文臣武将群星璀璨。不仅如此，刘备还是用人高手。正是在他的战略管控下，诸葛亮的管理才能得到充分的发挥，成为千古名臣。刘备还让虽然有才却桀骜不驯的魏延镇守关中，既用其长，又便于管控；对饱读兵书却不能善于消化运用的马谡则只用为参谋。

清朝康熙皇帝洞若观火，对众皇子秉性了如指掌。八阿哥胤禩是非常活跃的人物，他内结兄弟党，外拉众朝臣，赢得"贤名"。在争夺太子位的斗争中，许多大臣为胤禩唱赞歌。但是，康熙把胤禩和二阿哥胤礽作比较说："二阿哥悖逆，屡失人心，胤禩则屡结人

---

① 乔治·华盛顿（1732—1799），美国联邦党政治家，美国首任总统，被美国称为"国父"。
② 刘备（161—223），蜀国创始人，杰出的政治家。

心"，"此人之险，实百倍于二阿哥也"。他最后选择了四皇子胤禛作为继承人，遗诏由"人品贵重，深宵朕躬"的胤禛继承皇位，这就是后来坚决反腐、励精图治的雍正皇帝。

知己知彼还是开创型人才对敌斗争的取胜法宝。斯大林对希特勒的本质是很清楚的，深知希特勒的无边狂妄。起初，他力图说服英国和法国政府，联合起来抑制德国法西斯势力的增长。当这种努力失败后，他意识到一场艰巨的大战已经不可避免。斯大林开始在国内积极进行战争的准备——建立高度集中的领导体制；实行战时工业经济；积极进行军事斗争准备等。没有坚实的准备工作，苏联要在希特勒的闪电战中坚持下来，并在很短的时间内逆转战争局势，这是不可能的。

毛泽东对蒋介石的人才个性也非常清楚。所以，在中国共产党与国民党的斗争中，无论在政治上，还是在军事上，毛泽东都显得游刃有余。

开创型人才还具有改造人才的能力，这也是他们区别于其他人才的独到之处。在毛泽东的旗帜下，在平凡中诞生了许多伟大的因素，"大庆精神"、"大寨精神"、"雷锋精神"、"焦裕禄精神"等就是代表。他用朴素和正义塑造了整整一代人。

——理想至上、大爱无声，见其至高之品德

开创型人才将至高的境界与至纯的品质结合起来，形成理想化人格，变成理想主义的化身。

恺撒①不想让罗马在贵族们纸醉金迷的腐朽生活中死去，他要革新政治，打破利益集团的束缚，建立代表更多罗马公民意志的新帝国。罗马贵族们当然不愿放弃其腐朽的生活方式，他们共同谋杀了恺撒。但恺撒奠定了罗马帝国的基础，并选择好了事业的继承人——屋大维，他的这个干儿子完成了他未竟的事业。

拿破仑②在欧洲大陆的封建黑幕下点燃资本主义的火炬。对拿破仑的历史功罪，历来众说纷纭。但是，拿破仑捍卫了法国大革命的主要成果，这是资产主义对封建主义的胜利，这个功绩是其政治生涯的主流。19世纪初，由于法国大革命以及拿破仑战争的影响，欧洲大陆的封建制度受到致命地冲击，革命运动此起彼伏。拿破仑虽然失败了，但他推动了历史进步的车轮。

列宁、斯大林、毛泽东等人高举理想主义大旗，力图在人间建立共产主义社会。在帝国主义统治薄弱的俄罗斯，列宁、斯大林发起"十月革命"，建立起面向多数下层人民的苏维埃政权。在中国这个落后的农业国家，毛泽东领导中国共产党和人民建立起独立自主

---

① 盖乌斯·尤里乌斯·恺撒（公元前100—公元前44），罗马共和国末期杰出的军事统帅、政治家，也称恺撒大帝。

② 拿破仑·波拿巴（1769—1821），杰出的军事家、政治家、法兰西第一帝国的缔造者。

的社会主义国家，真正使人民当了家、做了主。中国结束了近代以来的屈辱历史，重新以巨人之姿屹立在世界东方。毛泽东还用公平正义唤起人民建设社会主义中国的巨大热情，以战天斗地的精神迅速改变战争后一穷二白的面貌。

开创型人才的理想高度与他们的纯粹品质相映成辉。把博爱的精神融入人民，开创型人才因此而不朽。

唐太宗李世民是一个境界至高而又纯粹的人。作为一位封建时代的皇帝，他心系民间疾苦，坚持简朴生活，禁止铺张浪费，可谓难能可贵。贞观元年，李世民将三千宫女放回民间，既充实社会基层的需要，又减少百姓供奉朝廷的负担。贞观二年，关中地区发生严重蝗灾。一天，李世民在御苑发现几只蝗虫，抓了起来置于手上，叹息道："稻谷是老百姓的命根子，你吃稻谷，不如吃我的肺肠。"说完，他举起手来将蝗虫往嘴里送。左右大臣急忙劝阻说："这些个脏东西，吃了会得病啊。"李世民还是将这几只蝗虫吞吃了。李世民也是性情中人，在一次祭奠辽东战役阵亡将士的活动中，李世民亲自作祭文悼念，情到深处，他忍不住嚎啕大哭，三军将士无不感动。而对身边的亲人，李世民自然也爱得真切而深沉。长孙皇后去世后葬于昭陵，李世民思念亡妻时，就会从皇宫里的一个小亭子遥望昭陵。远远望见昭陵，睹物思人，这位历经无数征战的男子汉也会痛哭失声。

毛泽东一生生活简朴，从延安的红米饭南瓜汤到北京的两菜一汤，与普通市民生活没什么区别。三年自然灾害期间，毛泽东甚至不沾荤。他的子女们也从来没有享受任何特殊的生活。在中国博物馆内，一直珍藏着这位国家领导人的补丁加补丁内衣。谁能相信，一个主宰神州大国的领导人，在他庄重外衣的包裹下居然是补丁衣服呢。毛泽东的心始终与人民联系在一起。当卫士探亲后带回农民吃的干硬窝窝头时，毛泽东不由得泪水盈眶，一夜不眠。当听说唐山大地震造成 24 万人死亡时，已经不能清楚说话的毛泽东嚎啕大哭，身边的医护人员也随之痛哭失声。①

无情未必真豪杰，只因大爱无私出。他们也有儿女私情，甚至爱之更深、意之更切。但是，他们总是把这种私情置于公平正义阳光的照耀下，化小爱为大爱，表现出万民如子、天下一家的情怀。在卫国战争中，斯大林让儿子雅科夫与千万苏联儿女一起奔赴抗击法西斯军队的第一线。当雅科夫受伤被俘后，希特勒要求用他来交换几名德国高级将领。斯大林毅然拒绝，他说：如果交换，就交换回同样数量的苏联高级将领。毛泽东也鼓励和支持儿子毛岸英奔赴朝鲜战场，抗美援朝、保家卫国。毛岸英不幸血洒疆场，这位伟人的儿子甚至身后也没有丝毫的特殊，按照毛泽东的意见，毛岸英的英魂与其他援朝志愿军烈士一起，长眠在异国他乡。后来，人们在清理毛泽东的遗物时，发现他身边一直藏着一个小木盒。据说，毛泽东在中南海曾经五次搬家，警卫员居然没有发现这个秘密。原来，这

① 《走下神坛的毛泽东》，内蒙古人民出版社 2001 年版。

个伴随其余生二十多年的小木盒内，珍藏着儿子毛岸英的贴身衣物。情深如此，摧人肝肠。

——钢铁意志、仁者胸怀，见其伟人之个性

开创型人才是精神最为强大的人，具有钢铁般的意志。他们认准真理、百折不回，他们坚持原则、绝不妥协，他们果敢坚决、雷霆万钧。

他们有很强的原则性。无论是党外斗争还是党内斗争，列宁都表现出毫不妥协的精神，正是在打垮形形色色的机会主义者和无政府主义者的基础上，列宁团结了多数，建立起布尔什维克党。毛泽东在原则问题上也总是旗帜鲜明，毫不含糊。在井冈山时期，因为陈毅在有些问题上含含糊糊，不直接表达立场观点，他就说要打倒和稀泥的"陈毅主义"。放弃信念就有高官，坚持信念就是死亡，这是全斗焕给金大中的选择。而金大中表示，他宁可接受死亡，因为至高的政治原则不容放弃。

他们表现出革命英雄主义精神——矢志不渝追求理想道路。以革命乐观主义对待前进中的曲折，有或轻于鸿毛或重于泰山的生死观。"唯有牺牲多壮志，敢教日月换新天。"[1] 毛泽东的诗形象地解读了这种精神。

列宁、斯大林早年都为了革命理想经受多次的监狱折磨和流放之苦。斯大林原名为约瑟夫·维萨里昂诺维奇，斯大林这个名字是同志们根据约瑟夫·维萨里昂诺维奇在革命斗争中的表现送给他的绰号，意思就是"钢铁的人"。表现了他革命意志坚强，百折不挠，敢于斗争，不怕牺牲，有战胜一切艰难险阻的魄力，同时又有克敌制胜的谋略。

毛泽东在早期革命活动中，在党内几次经受排挤、打击。特别是王明路线，使毛泽东完全失去了对红军的领导权。红军也在"左倾"路线的错误指导下，在"反围剿"中遭受重大损失。但是，毛泽东从来没有动摇过他的信念。这只要与王明、张国焘等人的行为略作比较，就会发现他的信仰之坚、人品之高。

曼德拉一生的大部分时间是在监狱中度过的，但他从未放弃推翻种族隔离制度的信念。最后，曼德拉终于把牢底坐穿了，他赢得世界爱好正义的人民的声援，赢得了对南非种族主义的胜利。

金大中则将自己的一生奉献给韩国的民主化运动，他先后遭到5次暗杀，被监禁6年、软禁10余年，遭受40余年政治迫害，但他仍然坚持自己的政治信念，锲而不舍，最后以73岁高龄成为韩国首位在野党胜选的总统。当选总统后，他宽恕了曾经迫害他的政敌，因为他知道，健康的政治不可能在政治报复中实现。如果说宽恕敌人难得的话，金大中做到了更为难得的，那就是：他宽恕的敌人本身确实是罪犯。

---

[1]　《毛泽东诗词选》之《七律·到韶山》。

开创型人才具有仁者胸怀。

首先，他们是和平的爱好者，奉行积极防御战略。毛泽东的"人不犯我，我不犯人；人若犯我，我必犯人"原则，就是这种积极防御战略的通俗阐释。

虽然亚历山大大帝、恺撒、成吉思汗等这些开创型人才都是征服者，都有军事扩张的事实，但他们都属于封闭文明形态下的人物，那是一个没有刀剑就难以传播文明的时代。即使到了拿破仑时代，他仍然被迫用三尺利剑来为资本主义的传播开辟道路。

毛泽东爱好和平，但他知道，为了和平，必须斗争。为了国内和平，毛泽东可以不顾个人安危，到重庆与蒋介石谈判，换得国共双方签订"双十协定"。但蒋介石还是选择了战争，而毛泽东和中国人民解放军赢得了最后的胜利。为了战略平衡和边境安全，毛泽东在敌我力量异常悬殊的情况下，毅然决然出兵援朝，将战线稳定住"三八线"附近，使美国武力统一朝鲜半岛、威逼中国东北的企图完全落空。为了边界和平，面对印度不断侵占中国土地，毛泽东发动中印边境自卫反击战，使印军遭受沉重的打击。但中国边防部队并没有乘胜进军印度腹地，而是主动撤回到1959年11月7日存在于中印之间的实际控制线北侧。中方还将缴获的武器、物资归还印度，并释放了全部战俘。此后，中印边境维持了持久的和平。

金大中一生致力于南北民族和解的"阳光政策"，在推动朝鲜半岛和平进程方面作出了不朽的贡献，他还因此获得诺贝尔和平奖。

曼德拉、金大中都宽恕了曾经的敌人。曼德拉说："当我走出囚室迈向通往自由的监狱大门时，我知道，倘若自己无法抛下痛苦与怨恨，那么我其实仍在狱中。"金大中说："要仇恨的不是某个人，而是罪恶本身。"在当选总统后，金大中宽恕了过去的敌人，这其中包括曾经要判他死刑的全斗焕。①

——大仁不仁、千秋功过，重在理性评说

历史上，那些作为开创型人才的伟大政治家，他们成就了历史的辉煌，让人敬仰，却也不缺少争议。

斯大林一直是饱受非议的人物之一。不仅在俄罗斯内部有一股极力否定斯大林的势力，西方舆论界更是普遍地把斯大林描绘成暴君、刽子手。我们不妨罗列两则局外人的评价。1959年10月21日，丘吉尔在斯大林诞辰80周年那天在下议院发表讲话说："在经受严峻考验的年代里，是不屈不挠的天才统帅斯大林领导了自己的国家，这是俄国的大幸。斯大林是一位最杰出的人物，他在风云多变、严酷无情的时代度过了自己的一生，并给我们这个时代留下了令人敬仰的印象……斯大林的力量如此伟大，显示出他是历代各国

---

① http://www.cn21.com.cn/news/pager.php? id=16893。

和各国人民的领袖中最难得的人才。斯大林给我们留下了极为深刻的印象，他具有处乱不惊和富于逻辑思维的深邃睿智。他是一位能在艰难时刻从绝境中化险为夷的常胜匠师。"①美国著名记者安娜·路易丝·斯特朗评价斯大林："我们至少知道，他从 1928 年起在一个国家，在一个为敌人的世界所包围的落后的农民国家里，开始建设社会主义。当他开始的时候，俄国是一个农业的和文盲的国家；当他结束的时候，俄国已成为世界上第二个工业强国。"② 当然，斯大林对世界反法西斯战争的贡献更是毋庸置疑的。

不少历史学家对秦始皇的历史功绩作出了肯定的评价。中国近代历史学家吕思勉、翦伯赞等都对秦始皇作出了肯定的评价。鲁迅也曾为秦始皇的有关政策辩护：不错，秦始皇烧过书，但烧书是为了统一思想，他没有烧掉农书和医书；他收罗许多别国的"客卿"，并不专重"秦的思想"，倒是博采各种的思想的。西方评论家们也对秦始皇给予很高的评价，在他们推出的各种世界杰出帝王排行榜上，秦始皇几乎都被排在最高或接近最高的位置上。然而，历来批判秦始皇，甚至极力否定秦始皇的人也不在少数，他们指责秦始皇大建工程、不恤民力、"焚书坑儒"、缺乏人道。据此，他们对秦始皇作出"暴君"的定性。司马迁说："秦王怀贪鄙之心，行自奋之智，不信功臣，不亲士民，废王道，立私权，禁文书而酷刑法，先诈力而后仁义，以暴虐为天下始。"梁启超也批判秦始皇奢侈、专制、忌刻。今天，还有中国学者认为秦始皇生来就是一个"暴君的脑袋"。我们的疑问是，一个"暴君的脑袋"能够完成扫灭六国、一统天下的伟业吗？一个"暴君的脑袋"能够规划出此后延续两千余年的封建帝制吗？

对于政治家，我们要把他们的具体抉择纳入全部的历史联系中去考量，不要停留于单一现象层面的考量，否则就容易像盲人摸象那样失之于片面。政治是一种取舍，区别在于是面向大多数的肯定，还是面向少数的肯定。没有利益取舍的政治不成其为政治，没有谋略运用的政治则是失败的政治。伟大与否在于是否捍卫了公平正义，是否保障了大多数的权益，是造福后代还是遗祸后代。政治也有辩证法，懂得了这种辩证法，才能知道什么是君子之仁、什么是匹夫之仁。如果以小义而害大义、以小仁而害大仁，就不是伟大的政治家。

当我们将开创型人才的一生联系地看待时，我们才会明白他们选择了什么、又代表了什么。当我们将他们的全部实践统一起来看待时，我们才会明白他们破坏了什么、又成就了什么。

---

① 《莫洛托夫访谈录》，吉林人民出版社 1992 年版，第 73 页。

② 安娜·路易斯·斯特朗著：《斯大林时代》，世界知识出版社 1979 年版，第 176 页。

第二节　引领市场的弄潮人

因为面向社会理想的价值定位和满怀创造的激情，开创型人才总是把技术创新当作市场价值的核心，并表现出强大的创造力和竞争力。他们是伟大的梦想家，注定要引领市场，而不是被市场领导。

约翰·D·洛克菲勒（1839—1937）
美国实业家、美孚石油公司创办人

史蒂夫·乔布斯（1955—2011）
美国企业家、苹果公司联合创办人

作为商界领袖的开创型人才具有如下优秀品质：

- 善于从宏观上把握经济运行，抓住潮流、趋势立业；
- 善于深挖主业、拓展产业链以发展事业；
- 注重用创造力引导市场，而不是追赶市场或随波逐流；
- 注重系统建设，建设高效的事业体系；
- 善假于物，善于运用集体智慧，用合力成就事业；
- 奉行人本主义，把完善队伍建设、提高员工福利作为发展事业的重要部分；
- 关心经济秩序，对行业规范和建设予以高度重视；
- 回馈社会，超越世俗的得失定义。

当立业时，他们以立足多数、造福社会为宗旨；在展开事业时，他们通过完善企业管理、深挖技术创新、不断拓宽产业链，表现出强大的竞争力；当其成就辉煌后，他们用丰厚的利润回馈社会，关注苍生幸福。

埃隆·马斯克①是一个梦想家。马斯克对汽车行业视为傻子才会做的电动汽车研究痴心不改，又大胆计划在外太空打造一个第二代互联网，理想主义早已深深溶入他的血液。他说，自己没想过做企业家、有钱人，而是想做有用的事情。"如果你真的能够创造有用的东西钱自然会来了，这是恰当的经济运行的方式。"

比尔·盖茨②的梦想是"让每个人桌上有一台电脑"。而在实现自己梦想之后，他不是躺在成就上尽情享受巨额财富带来的快感，而是倾心慈善事业，用大笔慈善捐款回馈社会。

我们以两幅小快照来见证这一类人才的商界领袖特征：

——网络神话看盖茨③

比尔·盖茨曾经说过："做生意，要想赚大钱，关键在于把握趋势。"他的成功，首先来源于他对趋势的把握。

比尔·盖茨开始创业时，仅仅是因为他童年的伙伴艾伦在《大众电子》杂志上，看到"世界上第一部微型计算机、堪与商用型号相匹敌"的"牛郎星8800"已经研制成功的消息。盖茨和艾伦认定那些像PDP8型的小型机的末日快到了，预感到计算机将会成为每一张办公桌上很有价值的工具，而且最终会成为每个家庭有价值的工具。1975年，微软公司就在一念之间启动了。

立足多数，把握趋势，这样的事业已经具备一种先天的优势。

1981年，微软通过向IBM的新款个人电脑授权许可MS-DOS操作系统大赚了一笔。此后，它又向其他计算机制造商进行软件捆绑销售，开创了在PC行业施展身手的舞台并一直持续至今；1985年，微软推出了"Windows"操作系统——用一种"友好的、卓越的"图形用户界面来服务计算机用户；1990年推出Windows3.0，微软公司终于发展成为年利润额达250亿美元的大企业，赢得市场霸主地位……目前，微软在全球80多个国家有分支机构，员工多达数万名。

比尔·盖茨的成功还在于他充分发挥了集体的创造力，组建了一个高效的团队。他打造了一支学习型激情团队。微软最成功的不是做软件，而是建立团队。微软从创业之初就注重高效团队的打造。此后，尽管微软业绩每年都在惊人地成长，为了发挥最大潜力，微软仍然以小组为工作架构，其运作方式比照中小企业，即使这样需要花费大笔的行销和研发费用。每当微软膨胀得太大的时候，盖茨就马上把它拆分成小的团队，每一个团队的人数以200人为上限，这样的结果就是微软始终保持着高效和活力。Windows95操作系统则

---

① http：//baike. baidu. com/view/4882476. htm

② http：//baike. baidu. com/Bill Gates

③ 程帆：《比尔·盖茨传》，福建少年儿童出版社2010年版。

是数千名软件工程师历时三年开发完成。在应用软件领域，用户需要的不仅是一个软件产品，而是与之相关的整体解决方案及全方位服务。Windows 95 的诞生，是个人聪明才智与团队共同目标高度统一的结果。而在 Windows 95 的营销活动中，微软共雇佣了 120 多家公司为其出谋划策。一个由 60 人组成的公司营销团队专门从事整个活动的协调工作。几千人组成的团队参与了这场新产品推向世界的市场营销活动。微软努力让员工都能互相分享自己成功和失败的经验。团队建设的成就如滚雪球般地累积起微软帝国的庞大阵容和雄厚实力。

今天，当我们打开电脑，屏幕上 Windows 大旗飘飘，那是微软在事业巅峰上展现出的炫目舞姿。作为世界首富、IT 界的精英、商业界的英雄，我们在赞叹比尔·盖茨的巨大成就时，更感激他为我们带来工作方式的革命，以及生活方式的拓展。网络创新了资讯时代，而网络交流则成为我们生活的一个不可或缺的部分。

作为开创型人才，比尔·盖茨的伟大还表现在他对慈善的关注。从 1995 年开始，盖茨持续地捐助慈善项目，如捐赠给华盛顿大学 1000 万美元建立玛丽·盖茨奖学金；捐献 100 万美元给西雅图的福瑞德·哈金森癌症研究中心；向纽约捐款 5120 万美元，用以建立 67 所面向少数族裔和低收入阶层子弟的中学；向博茨瓦纳捐资 5000 万美元，帮助那里防治艾滋病……为了更好地经营慈善事业，盖茨还创建了"比尔及梅琳达·盖茨基金会"。2001—2005 年，基金会拿出约 60 亿美元帮助非洲等贫困国家对付疟疾。2004 年，基金会总资产将超过 300 亿美元，成为美国规模最大的慈善基金会。2006 年，巴菲特准备宣布将约 300 亿美元捐给盖茨建立的基金会，使该基金成为世界上最大的慈善基金之一。2008 年，盖茨接受英国 BBC 访问时表示，将把自己 580 亿美元财产全数捐给比尔及梅琳达盖茨基金会，一分一毫也不会留给自己子女。①

比尔·盖茨致力于研究创新资本主义——如何通过市场力量为穷人服务。他说，为了让穷人的生活能迅速改观，我们需要一个制度体系，这个制度体系需要比我们现在的更能够吸引创新者和企业参与。这个新制度有两个使命，一是赚钱赢利，二是让那些无法充分享受市场经济益处的人群的生活得到改善。

如果只知道赚钱，比尔·盖茨就不是开创型人才了。

——一骑绝尘张瑞敏

在中国海尔集团首席执行官张瑞敏②身上，也充分体现了开创型人才的个性特征。

---

① http：//dbase3. gslib. com. cn/tpi_40/sysasp/news/detail. asp？databasename＝%D0%C5%CF%A2%D7%DB%C0%BF&sysid＝1850。

② http：//baike. baidu. com/张瑞敏。

1984 年，张瑞敏出任青岛电冰箱总厂厂长。当时，这是一家资不抵债、濒临破产的企业。凭借出色的经营和管理才能，张瑞敏不仅迅速地将这个困难企业拯救过来，并迅速地发展成为产品畅销海内外的知名企业——海尔集团。①

张瑞敏何以成就如此奇功呢?

张瑞敏是一位管理大师。上任伊始，他就抓住企业的主要矛盾——质量。1985 年，一位用户反映：海尔生产的电冰箱有质量问题。张瑞敏突击检查仓库，发现仓库中还有缺陷冰箱 76 台。张瑞敏召开了一个全体员工参加的现场会，把 76 台冰箱当众全部砸掉，而且由生产这些冰箱的员工亲自来砸。这一砸，砸出了海尔人的质量意识。

其后，张瑞敏又接连推出一系列责任到人、量化考核的管理办法。

海尔实行"人人是人才，赛马不相马"的人事管理制度。企业只有三个基本原则：公平竞争，任人唯贤；职适其能，人尽其才；合理流动，动态管理。优秀员工、合格员工、试用员工"三工并存，动态转换"；每一位干部的职位也不是固定的，届满轮换。这是要让每个人都感到来自企业内部和市场的竞争压力，又能够将压力转换成竞争的动力。

海尔推出"日事日毕，日清日高"模式，强化现场管理，保持高效运营。推出 TVM (Total Value Management，全员增值管理)，鼓励创新，让每位员工通过创新产生增值。张瑞敏用斜坡球体论来比喻管理，强调抓管理必须持之以恒。他说：没有管理，没有止挡，企业就会下滑。

张瑞敏率先在家电业推行即需即供战略，建立社区店，配以建成的三专店体系，建立一条以企业为中心到以用户个性化需求为中心的道路。目标是要做到零库存下的及时供应，用户要就能马上提供，用户不要也不形成库存积压。

在营销体系上，海尔在第三战略阶段开始建专卖店。当别人还依靠大连锁时，张瑞敏又进了一步，建立社区店，建成三专店。这些体系直接面对用户，直接满足用户需求，形成一个快速高效的综合体系，实现从以企业为中心到以用户个性化需求为中心的转型。后又与互联网结合，进一步完善为"人单合一双赢"的商业模式，实现用户驱动，即需即供。

到 2014 年底，海尔已经从当初的一个衰败的小冰箱厂迅速发展成一家跨国经营的国际大企业。海尔在国外建立 24 家工厂、10 个技术研发中心，全球员工总数超过 6 万人，家电销售连续五年排名世界第一，集团全球年营业额 2007 亿元。

张瑞敏因为对管理模式的不断创新而受到国内外管理界的关注和赞誉。战略大师加里·哈默称张瑞敏为互联网时代 CEO 的代表。张瑞敏还连续当选第十六届、十七届、十八届中央委员会候补委员。

---

① 曹仰峰：《海尔转型——人人都是 CEO》，中信出版社 2014 年版。

张瑞敏用哲学思想指导实践。有记者问张瑞敏："一位企业家首先应懂哪些知识?"张瑞敏说:"首先要懂哲学吧。"他把《道德经》中"天下万物生于有,有生于无"的思想与企业实践联系起来。他说,企业管理有两点始终是我铭记在心的:第一点是无形的东西往往比有形的东西更重要。一个企业没有文化,就是没有灵魂。第二点是老子主张的为人做事要"以柔克刚"。张瑞敏说:"在过去人们把此话看成是消极的,实际上它主张的弱转强、小转大是个过程。要认识到:作为企业家,你永远是弱势;如果你真能认识到自己是弱势,你就会朝目标执著前进,也就会成功。"

可以说,创立个性化的企业文化,用先进的文化指导实践,这是张瑞敏成功的内因。有人总结说,海尔文化的核心是创新。它是在海尔二十年发展历程中产生和逐渐形成特色的文化体系。化有形于无形,把物质的手段融化于先进文化并进而演变成员工的习惯思维;化无形为有形,把海尔精神变成凝聚员工智慧、发掘创造才能的最大动力。

因为非凡的成功,张瑞敏曾经走上美国哈佛大学的讲坛。他把海尔的成功归结为海尔文化的胜利。他说:"海尔这个企业文化,从他的载体、从外部来看,表现出来的是一个品牌;但从内部来看,就是一种价值观。如果全体员工都来认同这个价值观,就会产生巨大的能量。"

海尔是海,面向世界张其主业,纳百川而成其大。

海尔的胜利,是张瑞敏作为开创型人才创新管理、引领市场的战略的胜利;海尔的胜利,是张瑞敏主唱的海尔文化的胜利。

第四章 | 经验型人才

> 李善长被杀了。儿子问他："您说人类是给他向善的道路他就会向善，给他向恶的道路就会向恶。那么，您是在向善的道路上被杀的呢，还是在向恶的道路上被杀的？"李善长苦笑着说："哎，中间道路也害死人！"

原境界：外功利层——高层德行：积善成德

思　维：三维透视——描述型思维

气质：中庸型

主要素质指标：

思维张力：人文能力中上　数理能力中上

敏感系数：敏于现实权衡　钝于宏观趋势

学习能力：广采博纳　善于联想　经验判断　　　　　☆☆☆☆

交际能力：善于交际　沟通力强　　　　　　　　　　☆☆☆☆

战略管理能力：集腋成裘见长　战略创新不足　　　　☆☆☆

战术创新能力：一般　　　　　　　　　　　　　　　☆☆

行政执行力：很强　　　　　　　　　　　　　　　　☆☆☆☆

技术创新力：一般　　　　　　　　　　　　　　　　☆☆

综合评级：　　　　　　　　　　　　　　　　　　　☆☆☆

习惯模式：经验至上　功在实用　面向明天　持续发展

经验型人才在历史上常常被模范化，就像罗贯中在《三国演义》中所做的那样。诸葛亮不仅是故事性虚构，而且是完完全全的神话。这固然为诸葛亮赢得很多粉丝，却无法解释刘备之后蜀国政局难开、江河日下的历史。从人才研究而言，罗贯中不是一位好老师。

经验型人才的智能特征决定了其精神的高度和运行模式，这是运行于外功利层境界、面向社会外向放大精神的模式。境界定位使他们自觉地把成就社会事功与实现自我价值统一起来，把事业增值当作直接的奋斗目标。以三维透视和较强思维张力为基础的描述型思维模式，为经验型人才的实践理性精神提供了相应的智能支持。他们能够理性地看待人情和事理，并善于用社会化逻辑看事物；善于对已知事物的再表达，善于条分缕析、细化项目，属于精细化式的二次创造；习惯于自下而上的思维模式，表现出极强的执行力，无论是来自顶层的信息还是来自基层的信息，他们都能通过自我描述，更好地下达或上传。其中庸型气质表现为平衡的现实主义态度，表现为细腻稳重、善于妥协的行事风格。当其统一社会需要和自我价值的意向建构、三维透视的逻辑建构、中庸化情感建构结合成统一的人格特征时，形成其潜意识协调者自定义，形成其实践中的现实主义角色追求。

当他们面向社会肯定要求定位自己的价值观时，当他们把外向实用型智慧运用于社会实践时，形成其独立的人格特征和个性化选择。他们注重对多样化社会关系的审视，习惯于联系现实的客观要求，进行理性的比较和权衡，以作出合乎实际的选择。他们尊重理想，向往社会正义，但不奢谈理想，更愿意做一些实事；重视利益，但不迷失于物质，能够平衡舍与得，对于一百分价值，他们宁可要那看得清楚的七八十分；能接受现实的步伐，表现为改良主义者意愿。他们习惯于肯定和接受，积极而不狂热，显示出独特的稳重和务实作风；在细节上要求严格，力求把事情做得稳妥；善于协调和行政工作，是最优秀的"官僚"一类。有时，他们让人觉得决断力不足，少了些气魄。

人物代表：

李斯、萧何、诸葛亮、曹丕、狄仁杰、赵顼、曹彬、李善长、李东阳、曾国藩、蒋经国、唐朝长孙皇后、明朝马皇后、奥康纳·戴·奥康纳、托马斯·杰斐逊、莫洛托夫、斯坦鲍利奇、贾瓦哈拉尔·尼赫鲁、诺罗敦·西哈努克、金泳三，以及商界的胡雪岩、李嘉诚、郑周永、康拉德·希尔顿、霍华德·舒尔茨等。当代政坛中的代表人物如安格拉·默克尔、亨利·基辛格等。

性格形成：

因为智能特征的影响，他们自幼表现出善良的天性，积极上进。

在教育阶段，他们的学习自觉性强，勤奋努力，往往成绩优良，是典型的三好学生。

即使是走向社会以后，他们也始终保持好学的精神。

诸葛亮不仅饱读诗书，天文术数也有涉猎，因为学识渊博，他获得"卧龙"的称号。

曾国藩诗云："长安挂眼无冠盖，独有文章未肯疏。"他一生勤学不辍，不仅知识广博，诗词文章都属于一流。

他们也善于在生活中学习，感悟朴素的存在哲学。

李善长的大儿子挑着一担鲜桃赶往集市，路过李家庄时忽然内急，只好把一担桃子放在树荫下，自己钻进茅厕里方便去了。他再出来时，发现村子里的一大群人正嘻嘻哈哈地围在树荫下吃他的桃子。大儿子向着人群嚷道："那是我的桃子！"听到喊声，村民们抓了些桃子一哄二散。回到家里，大儿子向李善长抱怨："李家庄的人太坏了。"李善长笑着说："不怪他们。"过了一阵子，李善长的二儿子外出卖粮归来，不小心摔伤了腿，倒在李家庄村口。一个大婶看见了，她喊来丈夫，把他抬回家中，又请来医生为他治疗。大婶还把家里珍藏的腌鹿肉拿来招待他。还有一些村民送来了鸡蛋、水果和野兔，慰问他。二儿子回到家里后，把经过告诉了父亲。李善长笑着对两个儿子说："大善大恶的人毕竟是少数，大多数人和这李家庄村民一样是普通人，既有小善，也有小恶。你给他一个扬善机会，他就表现善意；你给他一个显恶机会，他就可能表现不良。所以说，恶要原谅，善要引导。"

他们注重实践，希望在社会实践中展示自我价值和实现自我价值。他们积极地投入实践，主动精神很强。他们不喜欢空谈，注重实效，显现出实干家风采。他们思想稳重，作风细致，表现出突出敬业精神。

他们习惯于正向思考，善于从知识和经验中吸取正能量。如果说兼容的胸怀、客观的精神决定了经验型人才求真务实的风格的话，那么善于积累经验的能力，则使他们在处理具体事务时显得游刃有余。

他们严格自律，注重自我人格的修炼。"静以修身、俭以养德、淡泊明志、宁静致远"，诸葛亮的《诫子书》概括了他们的修身大法之精髓。曾国藩也非常注重修身养德，他早年以"立志、居敬、主静、谨言、有恒"五句箴言自励，后来又求师唐鉴和倭仁，以"日课十二条"，苦练内功，力求"内圣"。

他们在内心深处倾向于正义，也会在现实中支持正义。但他们也高度重视事物的现实性和可操作性。他们不自觉地形成中庸、平衡的处世哲学。他们自觉地按照社会角色的要求，努力在服务社会中实现自我之价值。他们理性看待现实，表现出现实主义精神。他们成为积极的社会活动者，成为尽忠职守的"劳模"。

诚信和善于交际则使他们不断积累人脉资源。

正向吸收的智慧，甘于服务的精神，让他们的人生道路越走越广阔。

他们的智能经过实践的锤炼，形成以"积极、责任、服务、务实、平衡、妥协"等为主的人才个性。

人格特征：

中庸化人格特征：现实主义精神，修身克己，用行舍藏，集腋成裘，积善成德。他们注重个人价值与社会价值、他人价值的和谐，肯定共同的社会理想，甚至不惜牺牲部分个人价值以成就社会理想。他们在潜意识中更愿意成就一些事情，而不愿当否定者，所以成为积极的正能量。他们用放大的现实主义精神表现其道德的承载力。

情感模式：

细腻、体贴的情感模式。希望得到别人的肯定；能接受既定事实，哪怕是有些委屈；为人诚实、信用，但内向、被动；有较强的防卫心理，有时表现得过于保守；重视理性，时常压抑自我不理性的一面，怨而不宣；情感细腻，知己体贴，但比较含蓄，不够直接；内心深处倾向于权威，但又不信任权威；在爱情上往往随遇而安，敢于追求但不够勇敢执着，也不够热烈浪漫，属于温馨型，也是"贤内助"型。

气质细分：

从气质的感性特征细分，经验型人才也可以区分为内向型和外向型两种。

外向型相对更为敏感，也多了一点点冲动性。他们更敢于走出去，更善于交际，更敢于表达自我，更具有进取心，因而也获得更多的机遇。

内向型则相对保守，更关注现实生活环境及其稳定性，显得更少进取心，更容易受环境支配。他们能把自己的小生活安排好，事业上的进取心则显得不足。

诸葛亮、尼赫鲁、金泳三、默克尔等显然属于外向型一类。诸葛亮敢于自我表达，在躬耕隆中时就"常自比管仲、乐毅"；尼赫鲁、金泳三、默克尔等也相对更敢为，他们在权力场的顺水推舟，帮助他们赢得了走向政坛最高位的机会。

内向型如亨利·基辛格、诺罗顿·西哈努克、曾国藩、李东阳等那样，中庸、平衡永远是他们的不二之选，尽管他们也积极进取，是政治活动家，但不喜欢破坏现实，表现得相对缺乏竞争力。

角色担当：

政治家——外交家——企业家——主持人

当经验型人才的智能特征与实践结合起来时，形成属于他们的角色追求模式。

他们积极而理性，风格细腻，善于协调，懂得妥协，因而能成为优秀的政治家、外交家。

他们善于交际，懂得分享，坚守诚信，因而能成为成功的企业家。

他们勤于学习、善于吸收，往往见识广博；中庸气质和细腻风格则使他们善于现场协调，所以，他们还特别适合做大型综合服务节目的主持人。

经验型人才在竞技运动中往往会显示出很强的韧劲。他们类似网球天才纳达尔，勤奋、坚持，一招"上旋球"拼到底，胜而不骄，输无遗憾。他们是充分体现职业精神的运动员。

他们还能够在相关专业岗位上做出积极成就。

政治家角色：

他们有自觉服务社会的意愿，有较强的社会责任感和角色担当。他们会顺应时代潮流，努力在服务社会中实现自我价值，始终坚持积极的人生观和价值观。这使他们表现出良好的政治家天赋。

从投奔异国的李斯，到"汉初三杰"之一萧何，到明朝重臣李善长，再到新中国的总理周恩来等，他们都是积极主动地投入到社会革命的洪流中，并因而成为具体时代的代表人物之一。

他们善于接受，善于细分，有很强的行政管理能力。在开创型人才主导的辉煌篇章中，经验型人才总是居于承上启下的重要环节，他们往往是总理政务的最佳人才。在正确的战略指导下，他们有非常强的执行力。

他们善于交际和协调，能很好地解决组织层面事宜，因而在人才结构中居重要地位。同时，这种能力还使他们在外交上显示出杰出的能力。

他们克己奉公，不党不群，表现出优秀政治家的独立人格。

经验型人才的奉公精神在历史上留下深深的印迹，他们将个性积极的烙印变成了一种人格楷模。在"人民公仆"周恩来的身上，这种奉公精神得到了充分的放大。

在现实政治生活中也活跃着经验型人才的身影，如安格拉·默克尔、亨利·基辛格等。

企业家角色：

他们也能成为优秀的企业家。

他们有兼容的胸怀，喜欢交际而且善于交际，这为他们积累了充分的人脉。

他们坚守诚实信用原则，这为他们建立起良好的个人信誉、形象。

他们作风细腻，在企业精细化管理上表现优秀。

他们注重企业的人文关怀，并因而获得充分的人力资源支持。

他们脚踏实地，既不好高骛远，也不狂热躁进，坚持自己擅长的集腋成裘、滚动发展模式，所以能够持续发展。他们是稳重的实业家。

他们在创新或有不足，不属于引领市场的那一类精英。

郑周永、李嘉诚在上述方面都表现出一致性，这是他们创立煌煌的商业帝国并保持健康发展的内在因素。

个性局限：

他们容易认同存在主义哲学，认同存在的合理性，除非是极端主义，或对公平正义的严重破坏，他们一般会中庸地看待。他们风格稳重，很少犯狂热的错误，但也少了些破旧立新的勇毅，往往不是"第一个吃螃蟹的人"。

他们不善于抽象考量，这使他们在总结规律方面不如开创型人才，因而在顶层战略设计和创造性方面都逊于开创型人才。他们的眼光更多地停留于事务层面，缺乏雄毅果决和战略创新能力；习惯于正向思维，所以不谙权术；习惯于经验判断，所以容易犯经验主义错误；他们的中庸之道有时被看成缺乏决策力。

在用人方面，他们能够团结人才、任贤任能，但缺乏识人之睿智。他们往往因为与权变型人才思维模式上的相近而忽略境界差异和价值追求上的差异性。

智慧补充：

经验型人才作风稳重，步子比较稳健，但在战略管理方面还需提高。

在管理上，要提高人才识别能力和用人能力。

如果要建立持续、快速发展的事业体，可以借助开创型人才的战略智慧补充。

培养意见：

他们天生是自觉、勤奋的典型，只要有明确的方向，不担心他们不往前迈进。

意见一：他们生性偏于求稳，而且是积累型，不适合较早选择对抗性强的成才模式。按部就班的早期教育对他们很有必要，不要急于求成。

意见二：在早期角色教育中，给予更多"管理"工作锻炼，发掘其善于交际的能力，培养协调能力、管理能力。

意见三：在竞技体育方面，天赋不是特别突出，主要靠拼搏和韧劲。这种模式让身体付出过大，不可长期持续。

意见四：拓展其社会接触面，因为他们容易被环境接受，也善于学习和运用人际资源。社会接触面越宽，意味着成功的机会越多。

意见五：作风细腻，善于政务，较适合从事行政管理一类的工作，可选择职业政治家的道路。

意见六：因为不善于抽象，比较务实，不建议走学术道路。

第一节　杰出的政治活动家

当经验型人才走上较高的政治地位时，其智能特征的影响又是什么样的呢？

外功利层精神定位使他们把自我价值肯定融入社会价值肯定之中，外向实用型智慧使他们中庸、平衡、务实。他们表现出良好的社会自觉，有较强的政务处理能力，作风务实，脚踏实地，这使他们能够成为优秀的政治家。

曾国藩（1811—1872）
中国近代政治家、理学家、
文学家

托马斯·杰斐逊（1743—1826）
美国第三任总统，杰出的资产
阶级政治家

莫洛托夫（1890—1986）
前苏联杰出的政治家、
外交家

作为政治家的经验型人才表现出如下主要优秀品质：

- 良好的社会自觉使他们有较强的社会责任感，有角色担当；
- 克己奉公，不党不群，有优秀政治家人格；
- 善于接受，善于细分，有非常强的执行力；
- 善于交际和协调，能很好地解决组织层面事宜；
- 突出的敬业精神；
- 表现为稳定的支持性力量。

作为政治家的不足之处：

- 缺乏顶层设计智慧和长远战略规划能力；
- 心细而不大胆，不够开放；
- 中庸气质使他们有时近乎"好好先生"；
- 交际广泛，尊才爱才，却不识才。

经验型人才开创一种事业的能力有限，但他们会选择进步的事业去追随。如果有人帮助他们处理好事业战略层面的问题，他们在每个管理环节都可以进行有效的推动，能够成为好总理。

历史上，那些作为经验型人才的政治家留下了积极的个性烙印：

——忠信处世、宁静致远，是其君子之风范

经验型人才自律严格，静以修身，俭以养德，淡泊明志，宁静致远，他们追求君子风范。在江湖则独善其身，处庙堂而忧国忧民，中庸但不失公德。

他们一旦选中一种事业，就会用全部的身心投入这种事业。

周恩来①忠诚于信仰，他为共产主义信念奋斗了一生。自从选择了共产主义和共产党，周恩来似乎就从来没有怀疑和动摇过。在长期的革命斗争中，无论道路如何曲折、坎坷，周恩来始终不易其志。周恩来胸怀宽广，君子风范。创业之初，周恩来在党内的地位一度高于毛泽东。但在经过实践检验后，周恩来逐渐认识到毛泽东的伟大和正确。1935年，在遵义会议上，周恩来在对前一时期军事失利进行自我检查后，用他在党内举足轻重的地位和威望，支持了毛泽东，从而重新确立了毛泽东在红军和党中央的领导地位。此后，无论什么风风雨雨，周恩来始终自觉地、心甘情愿地做毛泽东的助手，亲密共事四十余年。

1975年，丘耶夫谈到莫洛托夫②在苏联第15次党代会上的讲话："我党的政策现在和将来始终是争取社会主义在世界范围的彻底胜利。"莫洛托夫回答说："49年过去了，我至今仍不放弃这一信念，而且也的确没有放弃。"莫洛托夫在被赫鲁晓夫开除党籍后，仍然坚持原则，从不苟合。在这期间，他一直坚持要求恢复党籍。因为他始终坚持共产主义的信仰。到20世纪80年代，苏联政府终于给他平了反。

当经验型人才成为英雄时代历史中的角色的时候，他们的中庸已不再是圆滑，而是一

---

① 周恩来（1898—1976），中国无产阶级革命家、政治家、军事家、外交家，中国共产党和中华人民共和国的主要领导人。

② 丘耶夫：《莫洛托夫访谈录》，中国军事科学院外国军事研究部译，吉林出版社1992年版。本章节与莫洛托夫相关引述都出自本书。

种谦恭、谨慎的风格。这时，他们已成为真正的君子仁人。

经验型人才宽厚待人，理性客观。莫洛托夫认为斯大林犯过一些错误，甚至有大的错误。但同时，他非常肯定地说："斯大林是任何人也代替不了的。""列宁死后，不管哪个人，不论是我、加里宁、捷尔任斯基，连斯大林功劳的十分之一都不到。"他一直是斯大林最忠实的战友和同志。

有人说周恩来、莫洛托夫等都是圆滑之徒，似乎他们谁也不得罪，两边讨好，左右逢源。其实，这只是对他们中庸性格的一种误会。

他们不仅忠诚于自己的信仰和选择，而且会恪尽职守，死而后已。

苏东坡评价诸葛亮："言兵不若曹操之多，言地不若曹操之广，言战不若曹操之能，而有以一胜之者，区区之忠信也。"

曾国藩①尽管处于清王朝走向腐朽衰落的时期，但他在忧患之中仍然竭尽智慧，针对时弊多有建言。曾国藩还力推洋务运动，希望通过学习外国的长处，中兴国家，摆脱内忧外患，造福人民。

——善于政务、勇担重任，见其政治家之素质

经验型人才善于把复杂的事物条理化，并逐项组织好有效的行动方案，表现出杰出的政务能力。

西汉时期的萧何②是杰出的政治家。他有很强的政治治理能力，以至于汉高祖刘邦自叹不如。在刘邦出关中逐鹿中原时，留萧何治理关中。萧何将关中治理得井井有条，为刘邦提供了源源不断的物资和兵源，是刘邦政务上的最大帮手。萧何死后，曹参继其相位，曹参常饮酒为乐，无所事事，当惠帝责问他时，他说，萧何制定法律严整划一，一切都很明确，自己只需遵照实行，勿使遗失就够了。这是对萧何理政之能的反证。

诸葛亮③的政治才能也是毋庸置疑的。从走出隆中开始，刘备集团的战略布局谋划和政令的制定、施行，每一项工作都渗透了诸葛亮的心血。特别是在协助刘备治理蜀国的过程中，诸葛亮交通内外，承上启下，建章立制，督导运营，展示出杰出的管理能力。针对蜀地起初比较混乱的实际情况，诸葛亮严刑峻法，迅速打开安定的政治局面。蜀国的经济和军事都取得了非常快的发展，迅速成长为能与魏国争雄的政治军事集团。

依政施法，因势而治，经验型人才在这方面表现出很强的执行力。

一旦领袖确定的战略方向和相应的路线、方针，经验型人才就能迅速地组织贯彻落

---

① 曾国藩（1811—1872），中国近代政治家、理学家、文学家，湘军的创立者，洋务运动推动者之一。

② 萧何（前257—前193），中国西汉朝政治家，"汉初三杰"之一。

③ 诸葛亮（181—234），字孔明，三国时期蜀汉丞相，杰出的政治家、军事家。

实。毛泽东主席发出"向雷锋同志学习"的号召，周恩来很快就将这一指示细化："学习他爱憎分明的阶级立场，言行一致的革命精神，公而忘私的共产主义风格和奋不顾身的无产阶级斗志。"然后组织学习活动的全面展开。

旺盛的精力则为他们的执行力提供了物质保障。周恩来是一位高效的政治家，每天除了不停的接见、会见，还要看上百份电文，处理一大堆大事小事。但是，工作的繁重并不影响工作的质量。据说，周恩来总是对工作了如指掌，一些部长、副部长在向他汇报时都非常紧张，因为他们的马虎总是逃不过周恩来的犀利目光，哪怕是个别数字错误也会受到严厉的批评。雷英夫说："周恩来高尚、纯洁、正直，他思想敏锐、机智勇敢，善于处理各种复杂的矛盾又能任劳任怨，也是没有人可以替代的。"[1]

莫洛托夫是前苏联著名的政治家、国务活动家和外交家。15 岁开始投身革命运动，为喀山青年学生革命运动的领导人之一。他曾几次被捕、流放。革命成功后，成为斯大林的得力助手。曾任苏联外交部长、部长会议主席等职。在赫鲁晓夫上台后，被打为"反党集团"。丘吉尔在回忆录中称莫洛托夫是"十分精明的外交家"。"这位由斯大林安置在苏联对外讲坛上的人物，值得略加叙述，这是当时英、法两国政府所不熟知的。莫洛托夫是一个具有杰出才能的人，有着冷酷无情的性格，他的带有西伯利亚的寒气的微笑，他的经过审慎斟酌、而且往往说得十分高明的话，再加上他谦恭有礼的风度，使他成为在这个凶恶的世界上执行苏联政策的最理想的人物代表。"

经验型人才虽然有较强的处理具体事务的能力，但由于缺乏思辨的睿智，缺乏创造性和前瞻性，因而在顶层设计和创新方面略逊于开创型人才。他们往往遇明主而为明臣，遇庸主则成庸人。

刘备之用诸葛亮为相，是看中了诸葛亮的这种执行能力，并充分发挥了他的特长。在三国演义中，诸葛亮之所以被完全神话，就是因为刘备的决策都通过他来细化和进入实际操作。一代杰出的政治家刘备死后，诸葛亮六出祁山，无功而返，蜀国没有获得更大的发展。但诸葛亮处理国务废寝忘食，殚精竭虑，事必躬亲，确保了蜀国政权一个时期的稳定，这个功劳是不可抹杀的。

——中庸之道、平衡原则，成其外交家之风格

经验型人才信奉中庸、平衡的政治哲学。

经验型人才的个性使他们很适合外交工作，他们是外交大家。

周恩来一直是共产党的一号外交家。1936 年"西安事变"爆发后，毛泽东委托周恩来任中共全权代表去西安，团结张学良、杨虎城，同蒋介石进行谈判，最后使蒋介石接受

---

① 《红朝传奇》，内蒙古人民出版社 2001 年版，第 282 页。

　　停止内战、一致抗日的主张，和平解决了"西安事变"；抗日战争期间，周恩来任中共中央代表和南方局书记，长期驻在国民党政府所在地重庆进行统战工作；1950 年，毛泽东访问苏联时，坚持由周恩来出面谈判、签署有关条约；万隆会议上，也是周恩来代表中国发表声音，从此，中国和平共处五项原则传遍世界。

　　莫洛托夫也是出色的外交家。1939 年 5 月，莫洛托夫临危受命，就任外交人民委员。当时，斯大林在争取英法共同抑制德国纳粹势力的努力失败后，不得已反过来想同德国签订安全协议，以争取时间及空间应对未来战争。莫洛托夫与德国外长里宾特洛甫签署《苏德互不侵犯条约》，为苏联赢得了两年的发展、准备时间。为了摸清希特勒的战略意图，1940 年，莫洛托夫到柏林同希特勒进行会谈。希特勒试图说服苏联与德国合作共同对付英国。莫洛托夫则围绕芬兰、罗马尼亚等问题与希特勒纠缠。结果，两人各说各的，就是无法达成一致意见。对于这种目的只是为了揣测对方战略意图的谈判，莫洛托夫展示出了极高的外交艺术。莫洛托夫回国后向斯大林汇报时，斯大林不无赞许地说："希特勒竟会容忍你对他说的这一切！""二战"结束后，莫洛托夫常常去参加在纽约的联合国会议。在当时的环境下，跟随美国的西方国家连成一线，对苏联形成很大的压力。但莫洛托夫毫不畏惧，他对不认可的决议经常使用否决权，把"不"字连说很多遍，因此被称作"不不不先生"。1947 年 6 月，美国马歇尔计划出笼，计划对德国提供经济援助。为了防止东欧产生"离苏倾向"，莫洛托夫提出对东欧国家进行经济援助，发展东欧国家对苏联的贸易。苏联随后出台了一系列应对"马歇尔计划"的措施，西方称为"莫洛托夫计划"。它是苏联对美国遏制战略和冷战政策的反击，也为后来经互会的建立奠定了基础。莫洛托夫任外交部长历时十三年之久，他的外交家风度和杰出才能给西方国家留下了深刻的印象。

　　亨利·基辛格①也是杰出的外交家，他是中美建交的积极推动者。他摒弃冷战思维，力主与中国接触。他的努力促成了尼克松总统的访华和中美两个大国的世纪握手。这项积极成果不仅惠及两国人民，也惠及世界人民。当今天中国成为拉动世界经济的引擎时，世界应该记得基辛格的功劳。尽管他一生在帮助美国制定外交战略，但他从来没有制定一份霸权主义味道的战略。基辛格的战略思想是建立在"均势理论"基础上的，即势力均衡是维持和平的基础，打破这种均衡就意味着风险。这个理论是基辛格在早年的博士论文中成型的，却贯穿其一生。直到最近，基辛格在新书《世界新秩序》中，仍然是以均势理论为其战略思想的核心。他认为，欧洲二战后的数十年和平，是建立在英法与德国相互合

---

　　①　亨利·阿尔弗雷德·基辛格，美国著名外交家、国际问题专家，美国前国务卿 http：//baike. baidu. com/link？ url ＝ M7YNqs0DYsvgscbeG1anaZzf-D-UIaJy76tv8-3vXHkUGI9yGoM3BNXtaiJf ＿ fbbd8Ojs Q7M8Kvh0RxF1rPHq1BZ6RqLdqEVwomd5KIFWD_aXGRkDceRHbw3HBY9FSo4RM3mqBS3yjSxUiKLpeKMPK。

作与牵制而形成的均势基础上的。而亚洲大国中日印之间则缺乏互信与牵制，也很难保持战略平衡必需的均势，因而更具有风险性。针对现实矛盾，基辛格提出世界秩序三要素理论：力量、克制和合法性。他认为秩序永远需要克制、力量和合法性三者间的微妙平衡。

默克尔[1]也是一位个性鲜明的政治家，她的务实、平衡精神对欧盟的稳定产生了至关重要的影响。她高度重视与美国的联系，同时又注重欧盟的独立性。这在乌克兰危机中表现得尤为明显，她支持并参与美国主导的对俄制裁，但主张政治解决乌克兰危机，还联络法国积极参与解决乌克兰危机的谈判。她与普京和奥巴马都有紧密的联系。

——作风细腻、善于协调，见其个性之特长

经验型人才风格细腻，善于协调，因而在人才结构中处于中枢地位，能起到很好的平衡作用。

经验型人才处事公道，不党不群。因为不党不群，所以能够坚持公义；因为秉公而行，所以能够协调运营。这使他们既让最高领导放心使用，又能与集团所有力量都保持正常接触，因而在协调运营方面表现出强劲的优势。同时，他们善于气质中庸，做人的思想工作和协调工作是他们的强项。在开创型人才主导的集体中，经验型人才的组织协调能力往往能得到淋漓尽致的发挥。

刘邦从起兵反秦到定鼎天下，都离不开萧何这根贯穿全局的红线。虽然没有很多关于萧何与其他人才的故事，但一个"成也萧何败也萧何"的典故，足以见证萧何在人才团队中的重要作用。诸葛亮之所以被后来人神化成一个掌控蜀国命运的全能神，主要就是因为刘备的人事安排和大战略都通过诸葛亮来实施。在刘备帐下文武精英济济一堂时，诸葛亮很好地将他们团结在一起，保障了组织的严整和团队执行力的发挥。金大中在评价金泳三时，特别肯定了"他有宽广的胸怀，能够吸引众多的人集聚在他的周围"这一特长。

细致周到是经验型人才的又一个风格特征。周恩来的细腻有时简直到了匪夷所思的地步。有一次，周恩来陪毛泽东到广东考察，计划在广州南湖宾馆入住。周恩来亲自为毛泽东检查入住条件，客厅、起居室、卫生间，一间间检查。在卫生间，他将抽水马桶的坐垫竖起，松手时，坐垫倒了下来。他马上让工作人员安排检修。检查结束后，周恩来一行在宾馆进餐休息。因为该宾馆是新建的，物资准备不充足，买东西也不方便。进餐时，因为人多饭少，人还没吃饱，饭菜都没了。陪同一旁的广州军区司令员丁盛勃然变色道："哎，怎么不上饭了？"他暗示宾馆负责人陈良顺赶紧再炒几个菜。陈良顺失去了主

---

① 安格拉·多罗特娅·默克尔，德国女政治家，现任德国总理、基督教民主联盟主席 http：// baike. baidu. com/link？ url＝M7YNqs0DYsvgscbeG1anaZzf-D-UIaJy76tv8-3vXHkUGI9yGoM3BNXtaiJf ＿ fbbd 8OjsQ7M8Kvh0RxF1rPHq1BZ6RqLdqEVwomd5KIFWD ＿ aXGRkDceRHbw3HBY9FSo4RM3mqBS3yjSxUiKLpe-KMPK。

张——没东西了，怎么做？但他又不方便明说。周恩来似乎看出了他的难言之隐，呵呵一笑，自然又随便地说："不要炒什么菜了，饭不够，水果凑。把你们南湖的水果搬上来点行不行？"陈良顺还是愣愣的，因为水果也没有。周恩来摆摆手，笑道："别的水果我不要，我爱吃木瓜，你们就拿木瓜来。"这是因为宾馆院子里木瓜树上结着许多木瓜。陈良顺如释重负："是，总理，我这就给您摘去！"他拔腿就往外跑。后面传来周恩来关切的声音："哎，注意安全，小心别摔着！"每当回忆起这段故事，陈良顺都会感动得热泪盈眶。

——尽忠职守、奉公楷模，是其人品之写照

较高的境界使经验型人才表现出鲜明的奉公精神，他们尽忠职守，甚至鞠躬尽瘁，死而后已。

刘备之用诸葛亮，既是看中诸葛亮的理政能力，更是看中他的敬业和奉公精神。诸葛亮虽然没有将刘备的事业发扬光大，但他辅助刘禅兢兢业业，死而后已，这一点没有让刘备失望。

周恩来无疑也是一个勤政爱民、鞠躬尽瘁的好总理，所以很受当时人们的爱戴。据医护人员回忆：1972 年，周恩来出现便血的病症，但他仍然没日没夜地工作。每天睡眠多不过四个小时，少则一两个小时，甚至有几十个小时不合眼的情况。医生要求他做全面检查，他不干。他望着医生，坚定中透出淡淡的苍凉，他说："先让我忙过这一段！再说，查出癌症又有什么办法？我这么大岁数了，能多忙几天，多处理几件事就可以了。"接待尼克松访华时，他不间断忙了几十个小时，到卫生间刮胡子时，居然靠在墙上睡着了。十几年后，曾经在新六所负责接待的李维信回忆这段往事时，仍然忍不住泪花迷离，他说："总理是活活累死的啊，所有在总理身边工作的人都可以证明。总理逝世后，我们新六所哭成一片，哭坏了，都哭坏了！"

曾国藩处于清王朝没落衰败、内忧外患接踵而来的动荡年代，外有列强欺凌，内有农民革命，清王朝摇摇欲坠。作为经验型人才，曾国藩不认同清王朝统治集团的腐败，但他也不认同洪秀全式的革命。那么，他也就只有一条路可走——勉力而为，服务朝廷。作为务实的政治家，他不党不群，尽忠国事，因而有所作为。他为朝廷举荐了左宗棠等俊杰，使他们成为短暂的"同治中兴"的人才基础；他组建湘军对抗太平天国运动，成为消灭太平军、扶清王朝大厦之将倾的一号功臣。而在剿灭太平军后，面对朝廷的猜疑和不信任，曾国藩主动上表，请求裁撤湘军。曾国藩对清廷也可以说是竭忠尽智、鞠躬尽瘁了。

——谨小慎微、弱于创新，也见个性有所短

经验型人才才智过人而锐气不足，有君子风范而无王者气度，智能特征决定了他们不

会成为战略家。

在对时势的把握上，他们缺乏开创型人才那样的创造性。诸葛亮六出祁山攻伐魏国，无功而退，其根源即在于此。诸葛亮第一次挥师北伐时，大将魏延曾经根据当时长安空虚的形势，提出出奇兵经过子午谷攻打长安的奇策。但诸葛亮不愿冒险，没用此计，失去了一个难得的战略机会。战后，司马懿评价这次战争说："诸葛亮平生谨慎，未敢造次行事，若是吾用兵，先从子午谷径取长安，早得多时矣。"富有戏剧性的是：三十年后，魏将邓艾正是采用了与魏延主张相似的计策，从阴平小道冒险进攻，灭了蜀国。

还有一个很有说明意义的事件：刘备白帝城托孤时，特别叮嘱诸葛亮——马谡言过其实，不堪大用。因为他担心诸葛亮在他死后重用夸夸其谈的马谡。但是，诸葛亮最后居然还是在这个问题上犯了大错误。在一次出兵攻击魏国时，他重用马谡统领军队防守重要的战略要地——街亭。结果证明他用人失误，街亭被敌人轻易攻占。诸葛亮本人也几乎被俘，最后靠唱一出"空城计"而侥幸逃脱。其见识由此可见一斑。

对此，他们是有清醒的自我认识的。所以，他们在不自觉地"变成一种人格的楷模和善的寄托"的同时，也自觉地把自己安排在辅佐席上，他们是货真价实的"辅相"之材。周恩来、莫洛托夫等人都曾经在党内居于高位，都有成为最高领导人的机会，但他们都没有实现这一转变，主要原因不在于历史的机遇问题，而在于智能特征的影响。

——重才有心、识才不明，留下历史之缺憾

经验型人才善于交际，交结面广，能接触到很多人才。同时，外倾型境界使他们能够承认人才价值，用统一思维看待人才价值和社会价值的关系，所以，他们重视人才，并乐于举荐人才。

楚汉相争时期，韩信因为在项羽那里不受重用，转投刘邦。萧何在与韩信多次接触和交流后，了解到韩信的才华，也意识到这个人才对于成就共同事业的重要性。但是，刘邦对这个从项羽处投诚过来的人并不是很信任。韩信被授予一个小队长官职，他觉得还是没有得到重用。于是，在一个夜晚，韩信不辞而别，开溜了。萧何听说韩信离开，连夜策马追赶。他追上韩信后，好说歹说，硬是把韩信拽了回来。随后，萧何极力劝告刘邦：韩信是大才，汉王如果将来要争天下，就必须重用韩信。一语惊醒梦中人，刘邦随后开始重用韩信，并为他举行了隆重的大将军授衔仪式。后来，韩信不负所望，建立累累军功，成为汉初三杰之一。萧何月下追韩信的故事也成为历史美谈。

关于狄仁杰举贤荐能的故事也很多。武则天曾经问狄仁杰："朕希望能找到一位杰出的人才委以重任，您看谁能够称职呢？"狄仁杰说："如果您所要的是辞章含蓄风雅的人的话，那么苏味道、李峤就是好人选。不知道陛下想找一个担任什么职务的人才？"武则

天表示想找一个能出将入相的人才。狄仁杰于是说："那就只有荆州长史张柬之了，他的年纪虽然老了一些，却是一位宰相之才！"武则天于是提拔张柬之为洛州司马。过了几天之后，武则天又要求狄仁杰举荐人才，狄仁杰回答："我前几天推荐的张柬之，您还没有任用呢？"武则天说："我已经给他升了官了。"狄仁杰回答说："我所推荐的张柬之是可以做宰相的人才，不是用来做一个小小的司马的。"武则天于是任命张柬之为秋官侍郎，再升一级。又过了一段时间，张柬之终于官至宰相。此外，狄仁杰还先后向武则天推荐了夏官侍郎姚元崇、监察御史桓彦范、太州刺史敬晖等人才，这些人中不少成为唐代名臣。有人对狄仁杰说："治理天下的贤能之臣，都是出自您的举荐啊。"狄仁杰则回答说："举荐贤才是为国家着想，并不是为我个人打算。"

但是，经验型人才不善于识别人才。

齐桓公显然不知才。管仲在去世前叮嘱齐桓公："易牙、竖刁之流都是祸水，我在世时，就如一道堤防，使他们不能作乱。在我去世后，您一定要远离他们。"晚年，齐桓公忘记了管仲的话，起用易牙、竖刁等小人，结果是搞得国政日非，引起国家大乱。齐桓公最后落得一个被困死于深宫的可悲下场。

曹丕看不清司马懿的权变型人才本质，也没有从秦朝赵高的案例中吸取教训。他对司马懿的信任和重用，最后直接导致了司马氏对曹魏政权的颠覆。

诸葛亮显然不是知人善任之人。在刘备时代，蜀国武有关、张、赵、马、黄"五虎上将"，文有诸葛亮、法正、李严等名臣。但在诸葛亮主政时代，蜀国人才凋零，青黄不接，最后导致"蜀中无大将廖化做先锋"的局面。在失街亭这一案例上，诸葛亮不善于用人的短肋暴露无遗。马谡原为诸葛亮帐下的参军（官名），他在本质上只是一个专业型人才，坐而论道可以，临机应变不能。刘备知道马谡不是实用型人才，生前一直只让马谡做参谋。刘备临终前曾特别叮嘱诸葛亮："马谡言过其实，不堪大用。"但在后刘备时代，诸葛亮起用马谡为大将，并把重要战略要地——街亭交给马谡防守，结果导致第一次北伐战役的失败。之后，诸葛亮悔恨交加，在泪斩马谡的同时，自贬三等以谢罪。

狄仁杰推荐的张柬之不堪大用，他领导的所谓神龙革命不过是一场毫无进步意义的政变——一个武则天本来就要转让政权，一个昏庸无能的继承人。而后，朝政日非，宫廷几经血腥事变。张柬之自己也在动乱中被杀。

在历史上，经验型人才信任权变型人才的案例很多。或许，前者因为他们的思维相近而忽略了价值倾向上的巨大差异。

——不党不群、明哲保身，公耶私耶任评说

经验型人才的中庸气质使他们奉行独立的政治准则，表现为不党不群的政治性格和明

哲保身的中庸心态。

历史上有许多经验型人才居于政坛高位，但没有一个结党营私的。曾国藩是一个典型代表。在清廷激烈的权力斗争中，曾国藩始终不曾参与任何"党争"。清朝权臣穆彰阿是一个喜欢拉帮结派、结党营私的政客，"穆党"一度遍布朝野。曾国藩是穆彰阿的门生，曾经因为受穆彰阿赏识而"八年六迁"，可见穆彰阿对曾国藩的关照和拉拢。但在这种情况下，曾国藩始终保持了自身的独立，实在是难能可贵。后来，穆彰阿倒台，许多朝臣都受到牵连，而曾国藩却未受到任何牵连，因为朝廷并没有发现任何曾国藩阿附穆彰阿的证据。再后来，肃顺当权时，许多朝臣都阿附肃顺。慈禧掌政后彻查肃顺一党时，发现朝野官员多与肃顺有来往，独曾国藩没有与肃顺的来往信函。慈禧因此称赞曾国藩为"忠臣"。但是，曾国藩有许多君子之交的朋友，他与这些朋友也一直保持书信往来。这些朋友也是他后来创立湘军、成就"功业"的基础。

因为中庸气质，经验型人才形成了不偏不倚和谨小慎微的习性。李东阳是中国明代著名政治家和文学家。官至内阁大学士，与徐溥、刘健、谢迁共辅朝政。正德年间，明武宗极为昏聩，宦官刘瑾用权术控驭朝政，只手遮天，导致朝政紊乱，腐败盛行。刘健等一批正直官员被迫去职，大批清流官员受到排挤和打击。李东阳虽然以首辅之职辅政，但实权完全被刘瑾掌握。李东阳因循隐忍，委曲求全，他周旋于刘瑾与清流官员之间，左好右好，谁都不得罪。因为对刘瑾的退让，李东阳饱受清流的诟病，甚至他的学生也指责他。但是，也多亏了李东阳居间调停，保护了一批正直官员。

这种性格在政治斗争中往往左右都不逢源，两面都不讨好。当遇到"明君"时还好，他们的品质和才能能被理解和接受。在权变型人才主宰的政治生态中，经验型人才往往难逃被排挤、被边缘化的命运。赵光义上台，曹彬从此无所作为；赫鲁晓夫上台，杰出外交家莫洛托夫被打入反党集团。"遇明主而成名臣，遇庸主而成庸人。"这种遭际常常成为经验型人才的宿命。

有时，想明哲保身也未必能保得了身。李斯想明哲保身，用自己的不作为放任赵高实施伪造诏书和夺权的计划，最后帮助胡亥夺得皇位。李斯实际上是帮赵高做了嫁衣。胡亥上台后，赵高利用自己作为帝师和近臣的特别身份掌握大权，他专擅朝政，排斥异己。李斯虽然身为丞相，连皇帝的影子都见不着，想见皇帝，还得通过赵高这一关。最后，图谋彻底控制朝政的赵高设了一计，让李斯钻入陷阱——赵高总是安排李斯在皇帝玩得最上兴头的时候去汇报工作，搞得皇帝大为不快；赵高则趁机诬告李斯对皇帝不满，是故意扫皇帝的兴；赵高还诬告李斯父子与农民起义军有联系。最后，李斯被安上谋反的罪名，腰斩于市。

李善长也是一个想明哲保身而未能保身的人。当初，李善长将家产全部充公，举家投奔朱元璋，又勤勤恳恳，尽心政务，对明王朝建有大功。因为李善长的贡献，朱元璋一直对李善长特别施恩。李善长长期出任丞相一职，一人之下万人之上。1374 年，朱元璋推恩于李家，提升李善长的弟弟李存义为太仆寺丞，李存义的两个儿子也担任府州官员。1376 年，朱元璋又将自己的长女临安公主下嫁给李善长的儿子李祺，任命他为驸马都尉。李善长一族荣耀显赫至极，文武百官无不羡慕。但是，李善长聪明一世糊涂一时，他相信了一个最不该相信的人——胡惟庸。胡惟庸借淮西故旧关系取得李善长的信任，李善长先是将他提拔为太常寺少卿，后又升迁至中书参政。李善长在退位时还推荐胡惟庸接任丞相。然而，胡惟庸是一个权术家，野心勃勃、个性专断。当了丞相后，胡惟庸只手遮天，"贪贿弄权，无所畏忌"。对政治异己，他更是不择手段地打压。因为痛恨御史中丞刘基的监督和举报，胡惟庸还趁刘基生病之机，派人毒杀了刘基。胡惟庸在觉察到皇帝的不满后，决定铤而走险，计划谋反。他安排亲信劝说李善长与他合作。胡惟庸先是让李存义父子劝说李善长，后又亲自登门自劝说。李善长叹息说："我已经老了，你们好自为之吧。"胡惟庸谋反事败，一帮同谋都被处以死刑，株连九族。尽管当时有人检举李善长的责任，还指责李存义与胡惟庸结儿女亲家，违反朝规、有结党之嫌，但朱元璋还是保了李善长。十年后，李善长的一个亲信丁斌犯案，再次供出李存义和胡惟庸相互勾结、密谋造反的情节，并把胡惟庸勾结李善长的细节一一言明。而不明就里的李善长当时居然还在设法疏通关系、援救丁斌。朱元璋对此大为震怒，他斥责李善长："你身为有功之臣、皇亲国戚，居然知道有人谋反而不举报，还狐疑观望，左右摇摆，实在是大逆不道。"最后，朱元璋以"知谋逆而不举"的罪名诛杀了李善长一家，仅有嫁给李善长儿子的公主及其子女得以保全。

李斯、李善长缺乏对政治必然性的认识。以胡亥之短视，无建立清明政治之可能；以赵高之险恶，搞乱秦国自是必然。李斯因为自己不作为，也把自己置身于这种险恶的环境，实在是大大的不智。而对明王朝建立之初来说，剪除权臣和打击腐败是当务之急的政治任务。李善长先有荐举胡惟庸的失察之责，后有"知（胡惟庸）逆谋而不举"的大罪，怎么可能不遭致大祸呢。以李斯、李善长的智慧，居然因为功利心障碍，无法认知政治必然性，这不能不让人慨叹。

第二节　务实的企业家

在经济领域，经验型人才因为心思细腻、作风稳重、善于协调，是最合适的 CAO。而如果时运相济，他们也能集腋成裘式创立自己的商业帝国。

郑周永（1915—2001）韩国
现代的创始人、著名企业家

李嘉诚（1928— ）中国香港实业
家、慈善家、长江实业集团创始人

作为企业家，经验型人才表现出如下品质：

- 良好的社会自觉使他们坚守诚实信用原则；
- 兼容胸怀和交际能力，为他们积累充分的人脉；
- 细腻风格使他们在企业管理上表现优秀；
- 务实精神使他们脚踏实地，不好高骛远，坚持自己擅长的模式；
- 较高的境界使他们自觉地往企业注入人文关怀。

经验型人才善于建章立制，协调运营，是优秀的经营人才。如果在开创型人才领导的团队中，他们就是出色的 CAO。

如果独立经营企业，依靠实干精神和较强的管理能力，他们能使企业稳步发展，日积月累，也成大树。

郑周永①说："假如你总说向往登上高峰，你会很快疲惫。我总是着眼于脚下，因而我的步伐是坚实稳固的。"这正是经验型人才的典型风格。

他们天生是劳模型企业家，而不是创新型企业家，乔布斯不会选择李嘉诚的方式，同样，李嘉诚也做不来乔布斯。

如果大环境不好，他们也有可能向庸俗人性屈服，胡雪岩是这一方面的代表。胡雪岩靠人脉发迹于乱世，开钱庄、办药店、兴实业，成为辉煌一时的"红顶商人"。在这一过

---

① http：//baike. baidu. com/link？url＝hnhPCyoSpFdmu3Ay8yH8jP5KajMIRGDg_5Pcmsd7mXZGIwrTtLfX-n4dkkNGTOAH72iLzDnKQh9r4bt6U-oesq。

程中，胡雪岩也显露出了一些庸俗性，如贿赂官员、在军事贷款中浮报利率等。但总的说来，胡雪岩是正派之人，心存仁义，有责任担当。在破产清算之际，他除了积极清偿不敢得罪的大官僚的债务之外，把小民的血汗钱也纳入优先清偿范围。中庸、平衡意识深深融入胡雪岩之血液，成为其人格的基本要素。

尽管他们很务实，会按照一般商业原则去做事，但这并不影响他们对慈善事业的热衷。胡雪岩曾经向社会大量捐赠药品，救济苦难百姓。李嘉诚投资 150 亿港元无偿支持汕头大学的建设。

我们不妨拾取几幅经验型人才经营企业的快照：

——东方卧龙俞敏洪

俞敏洪①是新东方教育科技集团的董事长兼总裁。

1985 年，俞敏洪从北京大学西语系毕业，留校任职。对于许多人来说，这是一个梦寐以求的职业。然而，1991 年 9 月，俞敏洪从北大辞职，进入民办教育领域。他先后在北京市一些民办学校从事教学与管理工作。1993 年 11 月，俞敏洪创办北京市新东方学校，这个小幼苗就是日后的北京新东方教育科技（集团）有限公司的前身。在此后的二十余年时间里，俞敏洪将新东方发展成一家规模宏大的综合性教育集团，也是大型教育培训集团。公司业务包括外语培训、中小学基础教育、学前教育、在线教育、出国咨询、图书出版等各个领域。除新东方外，旗下还有优能中学教育、泡泡少儿教育、前途出国咨询、迅程在线教育、大愚文化出版、满天星亲子教育、同文高考复读等子品牌。2006 年，新东方又成功地在美国纽约证券交易所上市，这是中国大陆第一家在美国上市的教育机构。

新东方的成功，首先是因为中国改革开放所带来的历史机遇。但是，抓住这个机遇的人为什么是俞敏洪，而不是其他人。显然，俞敏洪的人才个性是成就新东方传奇的内因。

俞敏洪自幼深受父亲的影响，特别是父亲勤奋精神和善于积累。他回忆说："……父亲做的这件事给我带来的深刻影响。从一块砖头到一堆砖头，最后变成一间小房子，父亲向我阐释了做成一件事情的全部奥秘。""当时我家穷得几乎连吃饭都成问题，自然没有钱去买砖，但父亲没有放弃，日复一日捡砖头碎瓦，终于有一天有了足够的砖头来造心中的房子。"俞敏洪注重生活体验和经验积累，这是成功者必备的品质。

俞敏洪把经验变成生活的哲理，"一块砖没有什么用，一堆砖也没有什么用，如果你心中没有一个造房子的梦想，拥有天下所有的砖头也是一堆废物；但如果只有造房子的梦想，而没有砖头，梦想也没法实现"。"在我做事的时候，我一般会问自己两个问题：一是做这件事情的目标是什么，因为盲目做事情就像捡了一堆砖头而不知道干什么一样，会

---

① http://baike.baidu.com/view/4141.htm。

浪费自己的生命。第二个问题是需要多少努力才能够把这件事情做成，也就是需要捡多少砖头才能把房子造好。之后就要有足够的耐心，因为砖头不是一天就能捡够的。"

俞敏洪的所言所行都似乎很平凡，但正所谓细微之处见精神。新东方就是本着朴素的服务社会的理念，一砖一瓦地捡拾，一砖一瓦地堆砌，最后日积月累，终成大树。截至2014年5月，新东方已经在全国50座城市设立了56所学校、31家书店以及703家学习中心。自成立以来，新东方累计面授学员2000万人次。新东方品牌在世界品牌价值实验室（World Brand ValueLab）编制的2010年度《中国品牌500强》排行榜中排名第94位，品牌价值已达64.23亿元。

据说，在美国、加拿大的某些著名高校里，许多来自中国的留学生都是接受过新东方的教育培训的。俞敏洪经常到北美考察访问，每次当他到这些大学附近的中餐馆就餐时，就会有一些学生过来与"俞校长"打招呼。

俞敏洪为人处世，豁达大度。新东方的教师们对此都有普遍的共识。

俞敏洪不以君子自命，但把诚实信用视为做人的根本。在作为中国中央电视台《赢在中国》特邀嘉宾时，俞敏洪曾对一位选手的不坦诚予以严厉批评，毫不留情。

俞敏洪告诫创业者：人的生活方式有两种，第一种方式是像草一样活着，你尽管活着，每年还在成长，但是你毕竟是一棵草，你吸收雨露阳光，但是长不大。人们可以踩过你，但是人们不会因为你的痛苦而他也产生痛苦；人们不会因为你被踩了，而来怜悯你，因为人们本身就没有看到你。所以我们每一个人，都应该像树一样的成长，即使我们现在什么都不是，但是只要你有树的种子，即使你被踩到泥土中间，你依然能够吸收泥土的养分，自己成长起来。当你长成参天大树以后，遥远的地方，人们就能看到你；走近你，你能给人一片绿色。活着是美丽的风景，死了依然是栋梁之才，这就是我们做人的标准和成长的标准。

俞敏洪又说："不管你现在的生命是怎么样的，一定要有水的精神。像水一样不断地积蓄自己的力量，不断地冲破障碍。当你发现时机不到的时候，把自己的厚度给积累起来，当有一天时机来临的时候，你就能够奔腾入海，成就自己的生命。"

俞敏洪是理想的，同时又是现实的。

日积月累，集腋成裘，这就是俞敏洪的成功之道。

——最佳配角藤泽武夫[1]

藤泽武夫与本田宗一郎是最佳拍档。

---

[1]　罗启亮：《本田宗一郎传奇》，浙江人民出版社2012年版。

上乡利昭：《摩托之父本田宗一郎》，张春林，梁俐译，中国经济出版社1992年版。

1943 年，33 岁的藤泽武夫开设日本机工公司，向中岛飞机制作所供应零件。此时，本田宗一郎所在的东海精机，也是中岛飞机制作所的零件供应商。不过，两人虽然有所耳闻，从未谋面。

1949 年夏天，藤泽武夫在东京偶遇老友河岛。河岛告诉藤泽武夫，本田宗一郎有意到东京发展，正在寻觅投资合作伙伴，希望藤泽武夫帮忙找找看。藤泽武夫当即表示："不用找了，就我吧！"在河岛家中，藤泽武夫和本田宗一郎见了面。没想到，两人一见倾心。藤泽武夫回忆说，本田宗一郎向他保证："如果未来有朝一日我们必须分道扬镳时，我绝不会让你吃亏！"

合作就这样开始。本田宗一郎对第二号人物藤泽武夫极度信任、放手。他一般穿着工作服待在研究所里，对销售、财务、管理制度等，几乎不闻不问，也极少到本田总公司去。本田宗一郎甚至把公司章、社长印章都交给藤泽武夫保管，还常常开玩笑说："六本木（他对藤泽的称呼）才比较像是本田的社长，我只是挂个名罢了。"

合作开始后，本田公司发展迅速，到 1952 年开始在日本摩托车行业称雄。

但是，1954 年，本田公司遭遇危机，小企业成长过程中的各种问题：技术、生产调整、资金周转、工会问题等一并爆发出来。年末要支付的设备和零部件的资金累计达到1.5 亿日元，工会还强烈要求增加奖金。而当时的本田因为投资和扩张，账面基本上没有多少资金。本田宗一郎急着到部件厂家去解决技术问题。藤泽武夫则负责解决经营上的问题。最终，藤泽武夫争取到三菱银行的支持，达成延迟还款协议，还与工会达成妥协，成功解决了这场危机。

同时，在藤泽武夫的直接领导下，本田建立、完善组织体制，以及人事和工资制度。它的目标就是，即便藤泽和本田不在，企业依然正常运作。为了使技术人员增加成本意识，藤泽武夫还举行面向技术人员的经理教育培训班。经过组织改造，本田公司开始迈上规范化道路，为企业大发展奠定了组织和制度化基础。

他们开始合作时，本田只有资本金 200 万日元。但到 1971 年，本田的年销售额达到3329 亿日元。本田已经成为世界级汽车制造企业，1000cc 小型车的畅销世界，为本田成为世界级汽车制造企业打下了基础。

本田宗一郎与藤泽武夫个性差异较大。有人说，他们除了在"让本田不断茁壮，永续经营"这一理念认同之外，在兴趣爱好上几乎没有相同之处。本田宗一郎身材不高，性子急，爱较真；藤泽武夫身材魁梧，细腻稳重，较为中庸。本田宗一郎衣着很随意，一般不穿和服；藤泽武夫却相对讲究，爱穿和服。但是，个性的巨大差异并没有成为他们合作的障碍，他们两人的关系非常融洽。

藤泽武夫说："我发誓，我绝不当第一把手。……最重要的是不被主帅怀疑，即配角在人格方面不应该被怀疑。"

1973 年，两人相约同时宣布退休。退休之后，两人因为兴趣、爱好完全不同，私下极少联系。

1988 年，藤泽武夫病逝。平时素不造访的本田宗一郎痛不欲生，声泪俱下。

1989 年，本田宗一郎进入"美国汽车名人殿堂"，他专程来到藤泽武夫灵位前，合掌告诉他："喂！六本木，这项荣誉一半归你，请笑纳！"

两年后，本田宗一郎辞世。

索尼的井深大曾经评价说："藤泽武夫是一位使本田 100% 发挥才能的精明经营者，本田宗一郎则是 100% 信任藤泽才华的幸运天才技师。"

藤泽武夫发挥了杰出的管理才能，在建章立制、规范管理上卓有成效，很好地配合了本田宗一郎的战略构想和实施，使企业合力得到充分的发挥。如果说，本田宗一郎是本田核心发动机的话，藤泽武夫就是本田这列高速火车飞速奔驰的润滑剂。

第五章 | 权变型人才

　　叶利钦费尽周折，总算是抓住了俄罗斯总统大权，而国家却越来越混乱。更糟糕的是，寡头们正包围过来要分享他的权力。叶利钦于是说："剩下的不是我的事了！"他转身把权力棒交给了普京。

原境界：内功利层——高层德行：自我中心

思　维：三维透视——对立型思维

气　质：独断型

主要素质指标：

思维张力：数理能力中偏上　人文能力中上

敏感系数：敏于现实功利　钝于战略

学习能力：语言天赋更优　计算相对较弱　　　　　　☆☆☆

交际能力：喜欢交际 有较强的活动能力　　　　　　☆☆☆☆

战略管理能力：善于资源整合 体系创新不足　　　　☆☆☆

战术创新能力：一般　　　　　　　　　　　　　　　☆☆

行政执行力：较强　　　　　　　　　　　　　　　　☆☆☆☆

技术创新力：不足　　　　　　　　　　　　　　　　☆

综合评级：　　　　　　　　　　　　　　　　　　　☆☆☆

习惯模式：外向寻借力　透支也发展　市场任自由　权力是杠杆

历史上，权变型人才展示出出神入化的权术手腕，并因而占据了历史的重要篇章。他们的智能特征与一定历史际遇的契合，成就了属于他们的传奇。

权变型人才的智能特征决定了其精神的高度和运行模式。这是运行于内功利层境界、面向自我内向放大精神的模式，表现为内倾型价值判断方式。对立型思维模式表现为三维透视方式和"两分法"的结合。他们不仅敏于直接的情感识别和一般事理，还能从社会化角度进行理性考量，所以能够作出超越一般情绪化的判断和决策。专断气质表现为对自我中心意识的坚决支持，形成固执、任性而务实的情感特征。这种气质为其境界要求和思维模式建立起相配套的精神高速公路。当其面向自我中心的意向建构、三维透视的逻辑建构、专断型情感建构结合成统一的人格特征时，形成其潜意识批评者自定义，形成其实践中面向自我放大的社会角色追求。

他们的智能特征与实践结合后，形成一种内向展开的实用型智慧。他们是实用主义者，一切从自我的现实利益出发，自我存在就是真理，自我中心就是原则，自我满足就是理想。他们敏感于现实利益的权衡和分配，善于按照自我中心模式建构现实的利益分配格局，表现出较强的政治权变能力。但是，他们弱于战略和创新，不善于统筹全局和保障持续发展。他们在执行层面表现出很强的积极性和行动能力，在充分放大的权力面前则容易失之于自我任性。

人物代表：

赵高、王莽、董卓、杨广、李林甫、赵光义、赵构、胡惟庸、刘瑾、魏忠贤、朱翊钧、乾隆、穆彰阿、洪秀全、康有为、袁世凯、蒋介石、张国焘、王明、吕雉、慈禧、德川家康、俾斯麦、弗朗西斯科·弗朗哥、藤森、李承晚、墨索里尼、丘吉尔、杜勒斯、贝利亚、赫鲁晓夫等。现实中的政治人物如李登辉、陈水扁、阿基诺三世等。

性格形成：

权变型人才属于内倾型精神关照模式，自我保护意识强，对自我情感和要求很敏感。

少年时期，他们喜欢按照自己的爱好去做，喜欢享受随意的生活。他们不喜欢挑战，不喜欢对抗性强的运动项目。

他们不属于那种学习自觉性很强的人，有时显现出固执、任性的特点。但他们承认权威，如果有来自权威的压力，也会接受某些自己并不情愿的要求。所以，对他们的学习和成长来说，加强督导很重要。他们喜欢阅读，在语言文字方面有良好的天赋。

随着成长和进入社会，他们表现出较强的超越环境的意识，希望在社会中找到自己的角色位置。他们的自尊心很强，表现积极。而如果没有受尊重的角色位置，或者没有发展前景，他们会果断地放弃。

随着心智的成熟和知识、经验的丰富，他们的权变能力开始显露出来，并表现出一定的抱负心。他们不盲目顺从，但能理性地接受现实；自我保护意识很强，不轻易流露自己的情感；对讲理论和大道理很排斥，更关注具体的事情；表现出对机遇的敏感和积极作为的一面。现实的利益斗争帮助他们积累了生活经验和权变能力，明确的功利定位帮助他们获得了更多的机遇，在对现实利害关系的感知中，他们建立起对功利主义逻辑的自信。他们能够很现实地看待各种问题，并能敏感地意识到个人与环境的关系。

他们喜欢交际活动，善于利用现实的人际关系。他们言语亲近，能很快拉近与接触者的距离；他们善于用服务行为来表达亲近，让人产生舒适甚至"依赖"的感觉。特别是对那些很有利用价值的人际关系，他们很用心，也善于稳定这种关系。所以，在他们用心建立的交际圈内，他们是很"值得交往"、也好"打交道"的朋友。

而在工作中，他们表现积极，敢想敢做，作风干练，显示出较强的管理能力。他们尊重和顺从权力，并抓住一切机会接近权力。

他们喜欢从功利的角度看待事物和人情，有一套实用主义观点。基于对现实利益关系的把握，他们表现出较强的社会活动能力，并开始获得相应的社会角色和位置。

因为精神的内倾型放大模式的影响，其精神面向自我时绝对开放，而面向外在世界时则相对封闭，不自觉中形成一种双重标准判断模式。他们可以扮演或左或右等多种角色，不变的是自我中心意识和自我的现实功利要求。他们也要公平正义，但尺度是向自己倾斜的。他们的思维是从自我肯定面的判断——"我可不可以这样做"，而不是从社会肯定面的判断——"我应不应该这样做"。

一位法官对笔者说，每个人对法律都有自己的理解，不是所有的案子都能保障正义的，按照条文办案就行。他也不讳言自己有按照个人意志办案的经历，这个案子的最后判决并没有保障利益受害者的权益，只因为辩方也有他拒绝控方的"理由"。他认为自己可以那样理解法律条文，可以那样做。

其内倾、理性的智能特征经过生活经验的锤炼，形成以"自我、实用、权变、对立、专断"等为主要特征的人才个性。

人格特征：

实用主义人格特征：自我中心，双重标准，敢于作为，独断任性。敏感于自我价值实现需要，不太在意他人的感受和他人的价值实现需要；有较强的理性精神，认同现实，懂得转舵；敏于现实利益的权衡，善于捕捉机会，是精明的机会主义者。

情感模式：

自我感觉很好，自负，固执。内心深处缺乏信任和安全感。渴望信任和忠诚，却对外怀疑、不愿付出忠诚；不喜欢他人虚伪，自己却会言不由衷。对权威存在不信任感，但又希望得到权威的保护。有较强的自尊心，喜欢听到他人的赞赏。内心细腻敏感。在爱情上比较主动，敢于追求，甚至热烈追求，但往往忽视对方的意愿，不尊重对方的感受。有要求对方服从于自己的强烈意愿。

气质细分：

从气质的感性特征细分，权变型人才也可以分为内敛型和外向型两种。

内敛型敏感而不冲动，作风低调，谨慎能忍，他们更善于纵横捭阖、借力打力。

外向型则敏感而冲动，喜欢交际，敢于作为，更显得强悍和专断，他们在实践中更敢于抢抓机会，但受到的反作用力也往往更直接和更大。

李林甫、王莽、洪秀全、蒋介石、弗朗哥、德川家康等属于内敛型一类，他们不仅城府很深，而且更具隐忍之功，机敏而冷静。中国唐朝的李林甫是一个笑面虎，人前总是热心快肠、笑脸相迎，满口亲善，背后却是心机多多，所以赢得一个"口有蜜、腹有剑"的评语。他们考虑问题相对更为全面，因而更善于把握机会。

董卓、胡惟庸、刘瑾、魏忠贤、墨索里尼等则属于外向型，他们敏感而冲动，任性敢为，更显专断色彩。在掌握一定权力之后，他们往往成为暴力腐败型权臣，他们的管理往往导致"天怨人怒"。美国电影《拯救孩子》中的琼斯队长也属于这一类。

虽然同为权变型人才，内敛型在历史上的成功相对更多，这与他们的气质差异有很大的关系。

角色担当：

政治家——投机商——作家——艺术家

他们有政治才能，在历史上成就了许多政治家形象，有偏左的，也有偏右的。

他们是精明的投机商，能成为卡尔·伊坎式的"企业掠夺者"。

他们在语言和形象思维方面有一定的天赋，也意味着一定的文学、艺术潜质，能够成为作家、艺术家。

他们的自我保护意识太强，不适合从事直接对抗性强的事情。诸如军事斗争和高对抗性体育项目等往往不是他们的长项。

政治家角色：

权变型人才习惯于面向自我的价值取舍，但他们对社会环境有较强的识别能力，懂得与环境妥协。他们不喜欢空谈，不随便表达个人思想，注重实际和行动。这种特点使他们成为天生的政治动物。

他们对机会很敏感，而且敢于抓住机会。他们会根据现实环境需要和自身条件选择相应的运作方式，让环境觉得自己就是其中积极的一分子，并表现出为集体作贡献的积极性和能力。他们能够敏感捕捉政治信息，并根据环境调整自己的角色形象。如果最高政治"左倾"的话，他们就是激进主义者；如果右倾更方便达成自己的功利目的的话，他们就会转身为右倾路线的代言人。

他们表现强势，敢想敢做，显示出较强的组织能力，也表现出较高的效率。只要任务明确，不担心他们没有手段和实现不了目标，反而要担心他们失之于"左倾"。他们对那些更容易彰显政绩的项目特别上心，善于做"形象工程"。他们也善于利用资源，颇会"招商引资"。这些特点为他们建立起积极、能干的形象。事实上，他们在中基层的执行力也确实值得肯定。

赫鲁晓夫做事干练、积极敢为。1931年，赫鲁晓夫当选为莫斯科最大的红色普列斯尼亚区党委书记，他在工业领域首倡"斯大林接力赛"，鼓舞了广大工人的热情，提高了劳动生产率。赫鲁晓夫因为这项具有创造性的活动和在活动中显示出的组织才能，受到斯大林和党中央的特别关注。后来，在莫斯科市政建设上，赫鲁晓夫也显示了其干练的一面，对迅速改善莫斯科的市容市貌和交通条件，起到了重要的领导作用。甚至在肃反运动中，赫鲁晓夫也表现得比一般人要积极得多。他是乌克兰肃反三人小组主席。因为赫鲁晓夫上报处决人数众多，斯大林怀疑地问："难道有这么多敌人？"赫鲁晓夫回答："比这还多，斯大林同志，您不能想象到底有多少！"

在人际关系上，他们注重与上级权力之间的沟通，懂得适时的进行工作汇报，甚至投其所好地巩固这种权力关系。他们总是能给上级领导留下一个精明、强干的印象。

然而，因为内倾型精神特质的影响，他们很容易搞混公与私的概念，往往把公权力当作私权力，甚至任性地使用这种权力。他们容易把组织内正常的相互批评当作是对自我权力的挑战，不是善于接受批评的人。他们敢于用权，但作风失之于专断，群众关系往往比较紧张。

在利益关系上，他们肯定人们的现实利益需求，懂得利用物质手段争取支持。但他们更喜欢运用双重标准，自觉或不自觉地面向自我倾斜。他们习惯于"物质外交"，喜欢利用公帑和手中资源建立利益同盟。

对他们来说，健康而规范的社会环境很重要。在强大监督力量的保障下，他们能成为"廉吏"、"能臣"。而如果政治环境不好，他们就容易滑向官僚泥潭，独断专行，恣意妄为，甚至结党营私，贪腐不法。

如果权变型人才掌握了最高权力会如何呢？

他们在历史上留下的多数是独裁者形象。从中国封建社会的乾隆皇帝、隋炀帝，到近现代的蒋介石、弗朗哥、赫鲁晓夫等，因为时代背景和具体政治生态的不同，他们的统治方式也不同，但其政治的本质都属于官僚政治、利益集团政治。中国清朝乾隆皇帝明确规定，老百姓不允许状告官员，因为官员是父，百姓是子。从精神倾向分析，这是他的内向型精神特质在权力意识上的反应。从政治操作来说，因为官僚政治最方便独裁模式的运行。这种政治天生具有自我腐蚀的特征，其统治时间越长，政治生态被破坏得越严重。蒋介石还没有统一中国，其领导的国民党政府已经腐败不堪；陈水扁上台不过几年，民进党已经深陷腐败泥潭。这与他们的官僚政治、利益集团政治的本质是根本相连的。

权变型人才善于权术，有较强的政治操控能力。但是，他们善于破却不善于立，缺乏战略创新能力。所以，他们能形成对旧秩序的较大冲击力，却难以成为建设新秩序的合适领导人。这或许也是他们推行利益集团政治、机会主义政治的原因之一。

他们也缺少了点担当精神，似乎既不想对历史负责，也不在乎集团利益。有位法国皇帝说："我死后，哪怕洪水滔天也与我无关！"

总的说来，权变型人才在历史上成就的政治家角色是多元的，赞誉之声有之，批评之声更多。他们究竟心中少了些正义和担当，多了些自我和权术。

企业家角色：

在经济领域里，他们更愿意做投机家，而不是实业家。

他们在管理上容易失之于官僚化，在运营上则多了些主观色彩、少了些专业判断。

但是，他们对机会很敏感，甚至能成为卡尔·伊坎式"企业掠夺者"。他们善于利用资本的魔力，能通过一些手腕来实现自己的利润增长。

个性局限：

投机心过强，容易制约其智慧的正向发挥。

计较利害得失，不是很好的合作伙伴。

患得患失，比较保守，不善于独立开创新事业。

战略智慧不足制约了顶层设计能力的发挥。

过于强烈的物质心影响其取舍智慧的发挥。

智慧补充：

从操盘全局来说，他们需要开创型人才的战略智慧补充。

从市场运作来说，他们比较理性，有组织能力，但战术能力不强，不够果敢。他们需要博弈型人才提供战术层面的支持。

培养意见：

意见一：不宜让他们感受到自身条件的优渥，否则容易不自觉地滋生"权贵"意识。普通环境有助于培养他们的自我奋斗意识，锻炼其独立人格；

意见二：他们是理性类人才，心智成熟很重要，不宜强求和拔苗助长；

意见三：语言、绘画类是他们的长项，可加强这些方面的培养；

意见四：运动天赋往往不是很发达，不喜欢激烈对抗或冒险项目。如果"赶着鸭子上架"，可能事倍功半；

意见五：他们喜欢交际，有组织能力，敢于任事。可发掘这方面的潜质，培养其管理能力；

意见六：加强公益文化和社会角色意识教育，适当淡化自我，这对他们将来胜任更大的社会角色很重要。

第一节 长袖善舞的权术家

当权变型人才的精神被政治权力充分放大时，他们会有什么样的个性表现呢？内功利层的精神定位使他们不自觉地把自我关切放在首位，并因为权力放大而更加任性。内向实用型智慧使他们懂得权衡，表现出机会主义本能。

蒋介石（1887—1975）
中国近现代著名政治人物，曾长期把持国民党政权

温斯顿·丘吉尔（1874—1965）
英国政治家、历史学家、作家，反法西斯战争的英雄，"冷战"鼓动者

尼·谢·赫鲁晓夫（1894—1971）
前苏联最高领导人，政治投机家

他们的政治个性非常鲜明：

- 自我中心，个性独断；

- 缺乏信仰，现实利益至上；

- 善于资源利用，喜欢外向借力；

- 惯于权术，有较强的政治管控能力；

- 承认现实，转舵较快；

- 缺乏责任担当，对利益集团放纵，对社会放任；

- 机会主义者。

如果说权变型人才的内倾型价值判断模式决定了其权力认知和态度的话，他们的智能属性和实践经验的结合则练就了他们的政治手腕。他们不推崇公平正义，始终以自我利益需要为道德。他们喜欢对立地看世界，习惯于使用双重标准。

长久以来，人们习惯于对权术政客们作政治批斗，但这并不能获得普遍的认同。原因在于，当人们将焦点对准"利益"时，实际上焦点已经模糊。因为真正是利益群体之间的斗争，个人因素很容易被模糊。权术家们之所以能在政坛上长袖善舞，也正因为他们懂得"利益议题"的操弄。要解决这一问题，必须深入他们的人才个性与路线选择的内在联系中去，才能找到根本之所在。

显然，权变型人才的智能特征是决定其实践选择的内因。首先，在他们的潜意识自定义中，围绕自我中心的利益要求都被视为合理诉求，他们并不认为对外的排斥和否定是不对的。其次，顺着这种逻辑，手段对应的只有目的，没有什么正当或不正当的。其三，从内倾型精神特征出发，他们认为每个人都是自我的，所以，你可以坚持"你的"诉求，我要坚持"我的"意见。因应这种逻辑，他们习惯于双重标准也就不难理解了。看清这种精神逻辑，所有的权术政治也就一目了然了。当他们属于多数阶层一份子的时候，他们会与多数民众一起呐喊；当他们变身少数权贵的时候，他们就会为特权去站台。当他们没有权力的时候，他们会要求绝对的民主；当他们拥有权力的时候，他们更喜欢远超过集中制的独断。他们的颜色永远是根据环境需要来展示的。

今天，在某些民主大泛滥的地区，有些政客肆意操弄"民粹"，蛊惑民众，搞得风生水起的样子。其实，了解了历史上那些大政客们的经典案例，我们就会对政客手腕和目的一目了然，也能预见到他们的权力观和政治模式选择。历史上有"安全着陆"的权术政治，没有不腐败的权术政治；历史上屡见大言煌煌的权术政客，几个最后真正把"承诺"落到实处。在选举中就不择手段的人，又怎么能相信他的执政会光明正大。

让我们从历史中去找一找权变型政治家们的共同点吧：

——实用主义的政治理念

政治家需要信仰，因为信仰代表着对文明发展的认知，代表着对公平正义的理解，代表着对人民诉求的回应，也意味着相应实践模式的选择。所以，没有"主义"的政治家很难让人民信任。权变型人才虽然善于政治吃喝，但显然不是有坚定信仰的人。

太平天国运动是中国近代史上的一场轰轰烈烈的人民革命运动。这场运动的理想和宗旨原本是很高的，即反帝反清、建立人人平等的社会。但是，因为其领导人洪秀全①的个性局限，本来大有作为的革命运动最后还是失败了。洪秀全信仰上帝吗？据说，洪秀全起初曾专程到广州学习基督教教义，但因其"信仰不纯"而未能受洗。其后，洪秀全便自创拜上帝教，称自己是上帝次子，称耶稣为天兄，宣传上帝派他来拯救中国的老百姓，建立人间的太平天国。而实际上，洪秀全不过是想用拜宗教来实现个人的政治野心罢了。当他利用宗教形式积聚了足够的人力资源时，一场轰轰烈烈的社会革命运动也就拉开了序幕，这就是太平天国运动。因为当时的社会矛盾已经积聚到非常尖锐的地步，这场运动得到了下层劳动人民非常积极的回应，运动火焰迅速席卷大半个中国，沉重地打击了腐朽的清王朝和一些帝国主义势力。然而，"革命"尚未成功，洪秀全急切地要享受他的权力果实了。定都天京后，洪秀全忙着充实他的三宫六院，开始安享奢侈糜烂的生活。天京事变之后，洪秀全把自己的几个兄弟一并封王，全然一个新的洪氏封建王朝。这种体制和运作，显然与洪秀全所宣扬的太平天国理念相去甚远。

蒋介石②是有信仰的人吗？当孙中山因为"革命工作需要"安排蒋介石到陈炯明处工作时，蒋介石觉得这份工作不理想，拒绝就任这个职务。当蒋介石申请黄埔军校领导职务而不得时，他辞职到上海风花雪月去了。蒋介石言必称"先总理"、"三民主义"，其实，孙中山之"天下为公"的思想，在他那里却不过是一个欺骗的幌子。毛泽东在湖南考察农民运动时，有农民对他说：蒋介石充其量也只是"二民主义"，因为在他的路线中，没有民生主义的影子。至于孙中山的"联俄""联共""扶助农工"三大政策，蒋介石从掌权开始，就在竭力破坏。最后，蒋介石发动"四·一二"政变，用无数革命者和进步人士的鲜血将三大政策彻底终结。

丘吉尔③说："玩弄政治游戏是一种极好的把戏，一个高手在真正置身于其中之前，磨砺则是十分必要的。"可见，他对政治的认识是功利的、狭隘的。作家曼德尔逊说："如果问起丘吉尔，根据他的观点，世界应该发生些什么变化，哪些东西需要改造，他准会陷入窘境……简而言之，丘吉尔没有世界观。他虽然没有深谋远虑的观点，可他有自己

---

① http：//baike.baidu.com/subview/32739/9383862.htm。
② http：//www.baidu.com/s？ie＝utf-8&wd＝蒋介石&tn＝63058180_1_pg。
③ 蔡赓生编著：《丘吉尔传》，湖北辞书出版社1997年版，本章节相关引述都出于此书。

的想法。他虽然没有明确的和系统的哲学观点，可他有某些观念。"1919 年 4 月，丘吉尔在给首相的信中说，应当"把德国养起来，并迫使他同布尔什维克主义斗争。"很显然，这位高调反对张伯伦的政治家在推行绥靖政策上是一路人。但是，当张伯伦的绥靖政策破产时，他马上站出来抨击张伯伦的对德政策。丘吉尔在《我的早年生活》一书中写道："我们应当征服爱尔兰人，并且随后给他们自治；我们应当把德国人饿到待毙，然后再为他们提供粮食；并且我们在平息了英国大罢工之后，应当设法解决矿工们的困难。"这显然不是有纯正信仰的人应有的思想和做派。

赫鲁晓夫有坚定的共产主义信念吗？赫鲁晓夫上台后，不是忙着巩固社会主义阵营，而是忙着巩固个人权力。为此，他不惜抛出《秘密报告》，自乱社会主义阵营。赫鲁晓夫还胡乱地宣布"苏联已建成了社会主义"。莫洛托夫说："他（赫鲁晓夫）在理论上无所建树，这一点与托洛茨基可大不一样。""赫鲁晓夫无疑是个反面人物，他是混入共产党内的。他当然不相信共产主义。"①

他们往往不乏实用主义观点，却很少有系统的理论表述。这除了因为他们不善于哲学抽象之外，或许与他们的实用主义观念有很大的关系。而且，他们习惯性运用双重标准，这显然也无法用理论证明其合理性。

——敏锐、强烈的权力意识

权变型政治家表现出较强的支配欲，他们从来不掩饰自己对权力的强烈欲望。

首先，他们争取权力时往往不择手段，利益输送、拉帮结派的有之，自我粉饰、借力公议的有之，政变上台的也有之。

清朝康熙皇帝的第八子胤禩极善于利益输送、拉帮结派。这个人很有活动能力，也有一定的处理政务的能力。在康熙宣布胤礽为太子后，他拉拢一批人四处活动，散布谣言，中伤太子。太子被废以后，他又联络许多大臣推举他为太子。他还试探着问康熙："我今如何行走，情愿卧病不起。"康熙皇帝对他的非分之想和行为严加斥责："你不过是一贝勒，为什么要拿这种出格的话来试探我，这是大奸大邪行为！"康熙随后对胤禩的党羽进行了严厉打击。胤禩的奶公雅齐布夫妇被捕拿正法，手下太监冯进朝等被当众夹讯。1715 年，康熙又以胤禩与其门客何焯往来诡密，超逾常格，而将何焯之翰林院编修和进士、举人头衔一概革去。在康熙皇帝的打击下，胤禩的夺权活动由公开转入秘密，但他仍然结党弄权，并对外散布消息说自己的年庚与前代帝王相同，有君主福分。②

---

① 丘耶夫著：《莫洛托夫访谈录》，吉林出版社 1992 年版。中国军事科学院外国军事研究部译，本章节中莫洛托夫发表的有关言论都出于此书。
② 李涛、张焱编著：《康熙大传》，吉林人民出版社 2002 年版。

袁世凯①是一个权力寻租高手。他通过养父、叔父的帮助进入仕途，随后通过金钱贿赂，打通庆亲王奕劻、权臣荣禄等关节，获取重要权位。袁世凯甚至还贿赂慈禧的亲信太监李莲英，在李莲英母丧之际，他亲自封了40万两银票送给这位大总管。当然，袁世凯还懂得如何通过一些献媚、讨巧手段，迎合最高统治者慈禧。有一次，慈禧外出路过天津，袁世凯得到消息，立马将花费大量精力训练的西洋乐队拉出来迎接。慈禧感到十分新鲜，当即喜笑颜开，夸赞袁世凯精明能干。袁世凯还训练了一对印度鹦鹉，这对鹦鹉专说一些奉承慈禧的话。慈禧走进总督府时，那对鹦鹉一阵"老佛爷吉祥"地叫唤，逗得慈禧开怀大笑。慈禧离开天津时，袁世凯又跪呈一只装有沉香沫的恭桶。慈禧对这新鲜玩意也很喜欢，经常带在身边使用，每次使用都会念叨袁世凯。当时正值中国面临深重的民族危机，列强对中国瓜分豆剖、蚕食鲸吞，袁世凯对此视若无睹，只醉心于弄权。在"戊戌变法"中，袁世凯望风使舵，出卖维新人士，用维新志士的鲜血染红自己的顶戴花翎。辛亥革命后，他又大玩手腕，借革命军威胁清朝王室，借清军势力威胁革命军，逼迫双方向自己出让权力。最后，袁世凯成功窃取革命果实，成为中华民国大总统。

王莽则是善于自我形象打造、暗度陈仓的政治家典型。王莽出身于中国西汉王朝的氏族大家，年幼丧父，寄居叔父家中。他知道自己与堂兄弟们相比，没有大树好乘凉，只能靠自己好好表现。于是，他竭力在叔父面前扮忠臣孝子，使叔父非常欣赏。叔父在感动之余，不仅向朝廷举荐王莽，甚至还将自己的封地让了一部分给王莽。靠着"节操谦谨，生活俭约"公众形象，王莽成功地获取了重臣地位。随后，王莽开始慷国家之慨，广施恩惠，结党营私。他还对朝野许下诸多诺言，以显济世爱民之心，以致整个王朝上下无不对王莽感恩戴德，视为明主。但是，在王莽颠覆汉室江山后，他并没有沉下心来刷新政治，诸多承诺都成了空头支票。②

在蒋介石的命运中，张静江是一个大贵人。张静江出身于望族，家大业大，同时，他还是一个有进步思想的人，曾从经济上大力支持孙中山的革命运动，深得孙中山的信任。蒋介石经革命党人陈其美介绍，与张静江认识并结为兄弟。在张静江的大力推荐下，蒋介石逐步取得孙中山的信任。特别是在争取黄埔军校校长职位上，没有张静江，蒋介石是没有机会出任校长一职的。孙中山当初准备任命党内老资格的程潜为校长，蒋介石一气之下丢下手头的工作、辞职不干了，跑到上海找张静江诉苦。正是在张静江的大力斡旋下，孙中山最后改变了主意，委任蒋介石为黄埔军校校长。孙中山去世后，在国民党二届二中全会上，张静江当选中央执行委员会常务委员会主席，成为党内的"第一号人物"。在张静

---

① 丁中江：《北洋军阀史话》，中国友谊出版公司1996年版。
　侯宜杰：《袁世凯》，河北教育出版社、广东教育出版社联合出版2013年版。
② 班固：《汉书·王莽传》，中华书局2007年版。
　袁枢：《通鉴纪事本末》，中华书局1979年版。

江的信任和推荐下，蒋介石出任了北伐军总司令，获得最高军事指挥权。而随着北伐军的节节胜利，蒋介石的威望日渐高涨，野心也开始膨胀。这一时期，在张静江的帮助下，蒋介石成功地解除了与陈洁如的婚姻（本来陈洁如好歹不肯离婚），攀上宋美龄这个"高枝"，宋氏家族的强大实力和背景显然又为蒋介石增添了一些政治筹码。这时期的张静江是很相信蒋介石的，他以"足疾为由"辞去了国民党中常委主席职务，让蒋介石顺利当上党政军"一把手"，成为"最高领袖"。让张静江没有想到的是，蒋介石羽翼丰满了，登上权力顶峰了，他们的兄弟情义也到头了。此后，张静江不断受到排挤，先是当了一段时间的组织部长，后被"下放"到地方任职，最后被迫辞职归隐。直到晚年，张静江仍然耿耿于怀，认为蒋介石不值得信任。①

赫鲁晓夫很善于政治投机。他是在1918年革命胜利后才投身革命。"斯大林的追随者推行路线是很踏实的，而赫鲁晓夫则很巧妙地顺应了这条路线。"莫洛托夫说。早年在莫斯科工业学院学习时，赫鲁晓夫对斯大林夫人娜杰日达·谢尔盖耶夫娜极力逢迎，极力表现。他后来回忆说："娜佳的汇报有助于斯大林决定对我的态度。我把它叫做我的彩票。"在斯大林时代，赫鲁晓夫把自己打扮成坚定的斯大林信徒，政治口号喊得比谁都更响亮。为了获得权力，赫鲁晓夫公开称颂斯大林为"人民的慈父"、"生身的父亲"。后来，赫鲁晓夫又为了讨好斯大林，创造出"斯大林主义"。这引起斯大林的不安。斯大林通过《乌克兰共产党人》杂志严肃地指出："作为一种学说或社会制度，从来不存在什么'斯大林主义'。'斯大林主义'是帝国主义宣传机关所发明的，目的是用来反对马克思主义—列宁主义和国际共产主义运动，特别是用来修正无产阶级国际主义原则的。"在肃反运动中，赫鲁晓夫也是一马当先，他号召要坚定地、无情地粉碎工人阶级的敌人——托洛茨基分子、布哈林分子以及其他垃圾，其他坏蛋。他为了表现自己，甚至出卖对自己有恩的老领导——丘巴尔和西奥尔，指责他们在肃反问题上有"温情主义"，对敌人斗争不力，最后把他们也送进了恐怖的深渊。②

丘吉尔年轻时就开始狂热地追求权力，以至于人们送给他一个"伟大的急于求成的年轻人"的诨号。丘吉尔的传记作者曼德尔逊说："他是一个沽名钓誉和精力旺盛的人，也是一个好出风头的人，并且迫不及待地要成为核心人物。"早年，丘吉尔希望通过军事活动来赢得名誉和地位，但是，当他发现自己并没有军事才能时，他马上转移方向。他在给母亲的信中写道："我对士兵的生活观察得越多，就越是不喜欢这种生活，而且更加相信这不是我的天职。"随后，丘吉尔全心投入政治活动。起初，他加入了保守党，积极宣

① 北京卫视《档案》，2014年10月28日期。张建智：《蒋介石"军师"张静江传》，团结出版社2008年版。

② 刘杰诚编著：《毛泽东与斯大林》，中共中央党校出版社1993年版，第700~703页。

传保守党的主张。但当他觉得自己在保守党内难以升迁时，于是脱离了保守党加入了工党，他反戈相向，猛烈抨击保守党的政策。后来，工党开始失势，丘吉尔再度转身投入保守党。有人批评他"换一个政党就像换一个舞伴一样。"指责他是政治变色龙。然而，人们不得不佩服丘吉尔抓机会的能力。随着德国对波兰的进攻开始，宣告了张伯伦"绥靖政策"的破产。身为保守党重臣的丘吉尔于是登上了英国战时首相的位子。①

其次，在巩固权力的方式上，他们无所不用其极。

袁世凯把打造私党当作巩固权力的重要手段。在小站练兵时，袁世凯宣布用考试的办法选拔协统。段祺瑞想当协统，但又担心考试通过不了。不料，正在犹豫中的段祺瑞被袁世凯秘密召见。袁世凯将段夸赞一番，又递给段祺瑞一张纸。段祺瑞打开一看，惊喜不已，原来是试题和答案。段祺瑞自然顺利通过了考试，成为北洋军三个协统之一。段祺瑞对袁世凯感恩戴德，成为袁世凯最倚重的北洋一"虎"。袁世凯的机要文书阮忠枢爱上天津妓院的名妓小玉，恳请袁世凯允婚。袁世凯专门为阮忠枢筹备了这一场隆重而浪漫的婚礼，让阮忠枢感激涕零，从此死心塌地效力于袁世凯。袁世凯还善于用美女间谍。冯国璋坐上北洋军阀大将军职位后，有些嚣张跋扈，袁世凯对他有些不放心。恰逢冯国璋丧妻，袁世凯乘机将漂亮的家庭教师周道如嫁给他，让其监视冯国璋。冯国璋以为这是"袁大人的深情厚谊"，表示将来一定要加倍报答。为了不让冯国璋识破，袁世凯对周道如控制得十分严密。周道如将冯国璋的一举一动都不时报告给袁世凯，但冯国璋到死都不知道这位朝夕相伴的夫人是袁世凯安排的特务。袁世凯的部下王怀庆能打仗，有一次，王怀庆打了胜仗，袁世凯主动要给王怀庆报销军费。王怀庆上报了40万元。袁世凯笑着说："怎么这么少？一定是搞错了，再回去仔细核算核算。"王怀庆又拟了一张80万元的报销单。袁世凯直接说："还是太少。"王怀庆于是开了一张140万元的报销单。袁世凯笑着签下"准领"二字。王怀庆从此心甘情愿充当袁世凯的马前卒。

赫鲁晓夫为了建立个人权威，不惜全盘否定斯大林。他在苏共二十大上抛出所谓的"秘密报告"，指责斯大林"独裁"和肃反错误。对此，西方阵营欣喜若狂，称这一报告"空前合乎我们的目的"。美国宣传部门甚至宣称要利用这一报告彻底摧垮共产主义的威望。《纽约时报》等西方媒体趁机大肆抹黑斯大林和前苏联，把斯大林描绘成杀人狂，把前苏联描绘成"巨大的集中营"。这一自毁形象的报告引起共产主义阵营的空前混乱。格鲁吉亚的斯大林主义者对苏共的报告愤愤不平，他们上街游行，与军警发生冲突，造成数百人伤亡。而匈牙利和波兰的投机者则趁机掀起反斯大林浪潮，进而反对共产党政府，强烈要求"俄国佬滚回去"。赫鲁晓夫没有理会格鲁吉亚的骚乱，他向反对斯大林的波兰和匈牙利派出军队。中国共产党认为，这一系列动乱的背后都有敌对阵营的煽动，如果贸然

---

① 蔡赓生：《丘吉尔传》，湖北辞书出版社1996年版。

武装干涉人民运动，只会更加降低共产党的威信，从而加剧动荡。以毛泽东为首的中共中央极力规劝赫鲁晓夫不要使用武力。在中共和当事国社会主义政党的极力争取下，赫鲁晓夫最终撤出了军队，才没有让这个篓子捅得过大，立马溃堤。但东欧的动荡从这一时期开始，与日俱进，不断加剧。

蒋介石从来都是把自己的权力和利益放在第一位。为了垄断权力，革命尚未成功，他就对合作北伐的共产党人痛下杀手，造成一片白色恐怖。在日本入侵、民族危亡之关头，蒋介石总是嚷着"攘外必先安内"的论调，亡共产党之心不死。东北沦陷，蒋介石不发一言；北平沦陷，蒋介石匆匆签订《何梅协定》予以承认。但这期间，蒋介石倾尽全力围剿中共红军。1936 年爆发"西安事变"，张学良、杨虎城捉了蒋介石，逼迫他接受"停止内战、一致抗日"的主张。此后，国共合作抗日的局面总算得以形成。但是，在合作抗日期间，蒋介石还是几次掀起反共高潮。1941 年，在共产国际解散之际，蒋介石准备调集重兵、闪击延安。结果情报泄露，在内外压力下，被迫取消已经在悄然准备中的这一计划。同年，蒋介石策划"皖南事变"，屠杀七千余新四军精锐，这是日本人想做而难以做到的事。蒋介石绝不允许别人碰他的权杖。抗战结束后，为了获取苏联对国民党统治权力的认可，蒋介石不惜出卖外蒙古，让外蒙古通过所谓"公投独立"分裂出去，严重损害了国家主权。[1]

其三，任性地运用权力、享受权力。

面向自我去看待权力，权力就会成为满足自我需要的工具。所以，对他们来说，获得权力真是为了任性地使用权力和享受权力。

秦惠文王嬴驷为建立个人权威，对有大功于秦的商鞅处以极刑。明神宗朱翊钧不仅全盘否定张居正的改革事业，还对张居正的后人抄家、流放。这种对一般人来说很难想象的事情，用他们的智能特征来解释就很容易了。他们是把早年遭受的权力压抑，变成后来的权力任性和情绪发泄。当然，这其中也包含了确立个人绝对权威的现实考量。

他们不能容忍他人对其权力的挑战。

王莽[2]有四个儿子，除一人病逝外，其余三个儿子都在年届三十、政治上即将自立时，因罪被王莽逼迫自杀。如果说，他的二儿子王获因为杀死奴婢被王莽赐死是"以示公义"的话，他的另一个儿子王宇的被杀就是纯粹为了自己的权力。王莽担心外戚卫氏家族影响自己的权力，于是借封赏的名义，将卫氏一族封到远离京都的中山国，并禁止他们回到京师。事实上，卫氏家族一直对王莽颇为忌惮，从不敢有非分之想。王莽这种做法实在有点过分，以至于他的儿子王宇也看不过去。同时，王宇担心，将皇帝的外戚迁到远

———————————————

[1]　李敖著：《我来剥蒋介石的皮》，内蒙古文化出版社 1998 年版。

[2]　王莽（前 45—23）中国历史上新朝的建立者。

方，将来也可能招致皇帝的怨恨报复。在卫氏家族一再请求入京被王莽拒绝后，王宇的老师吴章提出用迷信方法来劝谏王莽。王宇让妻舅吕宽将血酒洒在王莽的大门上，想装扮成天降异相，让王莽有所敬畏。但他们的行动被门吏发觉，并告知王莽。王莽勃然大怒，立马把王宇抓进监狱、用药毒死，并顺势牵连、诛杀了卫民一族。甚至连王宇的儿子——王莽的亲孙子也被处决。曾对王莽表现出不满的敬武公主、梁王刘立等也无辜地受到牵连，被王莽逼迫自杀。受这一事件牵连被杀者总共有数百人，震动朝野。

1936 年，张学良、杨虎城发动"西安事变"，兵谏蒋介石，逼迫蒋介石停止内战、一致抗日。此事在中国共产党的调停下，最后形成合作抗日的共识，和平解决。但蒋介石没有放过张学良和杨虎城。张学良在西安事变和平解决后，亲自护送蒋介石回南京。然而，一到南京，张学良就被控制。此后，张学良一直被软禁，直到蒋介石去世后才获得自由。杨虎城一家人则都被蒋介石杀害于重庆。

慈禧①可谓爱权如命。1900 年，外国列强向慈禧发出照会，要求她归政于光绪帝。慈禧勃然大怒，决意对列强宣战。当时正值"灭洋仇教"的义和团运动兴起，慈禧原本是要打压义和团的，现在决定利用义和团对抗列强。她不顾张之洞等人的反对，以光绪皇帝的名义对列强宣战。结果是，八国联军很快就攻入北京。慈禧带着光绪帝仓皇逃出北京，留下李鸿章、奕劻等人在京城与列强谈判。慈禧将战争责任推给义和团，并答应列强的要求，对义和团"痛加剿除"。之后，列强没有再要求慈禧让位，慈禧则批准《议和大纲》并发布上谕，表示要"量中华之物力，结与国之欢心"。当然，慈禧更会享受她的权力。1894 年，慈禧迎来六十寿辰。在内忧外患、民族危机空前严重的情况下，慈禧要求大修颐和园，仿照康乾盛世惯例，来一个普天同庆。因为经费不足，政府将海军军费挪出来为慈禧修缮、装点颐和园。有正直大臣请求慈禧暂停颐和园工程。慈禧大发雷霆说："谁要让我不快，我就让他终身不快。"最后，在甲午战争的阴云中，慈禧如期享受了她的寿宴。

权变型政治家追责权利的强烈欲望和安享权力盛宴的泰然自若，这与他们的内倾型价值判断模式是一致的。"我的权力我做主！"这是他们的精神逻辑。

——积极、敢为的政治强人

权变型政治家敢想敢做，不怕非议，显示出较强的组织能力和执行力。

丘吉尔精力旺盛，敢想敢做。劳合·乔治回忆说"在他（丘吉尔）的行动可以受到监督的条件下，他那善于创新的头脑和充沛的精力是无价之宝。"在担任内政大臣期间，丘吉尔对狱政进行了一些改革。更让人感受到丘吉尔的强势作风的，是他对罢工运动的强

----

① 慈禧（1835—1908）即叶赫那拉氏，清朝同治帝的生母，晚清的实际掌权人。

力镇压。1910 年，威尔士煤矿工人为加薪举行罢工，丘吉尔派出千余军警进行了镇压。同年，300 名伦敦妇女为了支持妇女参政运动，在一家礼堂举行集会，准备随后走进议会大厦并将请愿书交给首相。不料，丘吉尔派出了上千名警察，对这些手无寸铁的妇女进行了暴力镇压。在担任海军大臣期间，丘吉尔一改之前裁减军费的主张，主张大力发展坦克和航空技术，还声言要增加军力维护英国在美索不达米亚的石油利益。当然，丘吉尔在二战中的表现更有可圈可点之处，他对反法西斯战争的贡献是不容否定的。

弗朗西斯科·弗朗哥也是一位政治强人。早年，弗朗哥在西班牙对摩洛哥的殖民战争中崭露头角。后来，佛朗哥担任了萨拉戈萨陆军学院院长，这给了他一个重要的机会。他在军校中大力宣传法西斯思想，开始着手培养自己的人才班底。在保守势力掌控西班牙后，佛朗哥得到重用，他领导的右翼势力进入国会。时值阿斯图里亚斯矿工发动起义，保守党将镇压矿工起义的任务交给佛朗哥，他出色地完成了对起义者的镇压。此后，弗朗哥被任命为右翼政府的陆军参谋长，再次获得在军中发展自己的势力的机会。再到后来，他发动颠覆西班牙共和国的武装叛乱，并借希特勒的武力支持夺取了政权。

袁世凯也有一定的管理才能。1895 年，袁世凯开始负责编练新军，他借鉴西方军事管理办法练兵，采用德国和日本的军事建制、战术、技术和操典，并聘请洋教官进行训练。他注重武器装备的近代化和标准化，强调实施新法训练的严格性，在中国首次创办了警、步、马、炮、工、辎等兵科，还设立了现代化通讯兵学校。他还命徐世昌编写了《劝兵歌》、《对兵歌》和《行军歌》等军歌，又结合实际制订《练兵要则》、《营制》和《饷章》等规范。经过这些努力，军队面貌焕然一新。这只新军快速成为近代新式陆军，发展为清末陆军的主力。在当督办回收大臣期间，袁世凯与英、俄通过谈判最终达成铁路回收协议。回收后的铁路不仅在行政用人、物料采买等方面争回了部分权力，在后续经营管理中也能获得一些利益。在詹天佑等一批铁路技术人员的大力支持下，袁世凯还组织修建了中国第一条自主建造铁路——京张铁路，开创了中国独立发展铁路事业的先河。

蒋介石有一定的管理能力。在建立黄埔军校的过程中，蒋介石学习曾国藩的治军经验，很注重士官生们的思想教育。同时，他也注重士官生们的日常训练。据说，蒋介石有早起的习惯，他经常突击检查士官生们的晨练，起到了极强的督导效应。当然，蒋介石在排挤、打击共产党方面也显示出了非常的干练，并因此获得当时利益集团的赏识，最后成为他们的代言人。蒋介石建立的官僚体系是很稳固的，在派系林立的国民党政治中，做到这一点也还是不容易的。蒋介石因为主力决战失败、被迫下野后，新上台的李宗仁根本运作不了国民党政府，许多事还要请示蒋介石，由此可见蒋介石的政治掌控能力之强。

权变型政治家能够在历史上获得那些成功，不能简单地归结为机会和偶然，其组织才能和权变能力是重要的基础。

——谋略多多的权术大家

权变型政治家在历史上展示出了出神入化的权术手段，他们的谋略足可以编撰一部权术大典。

从战略层面而言，他们普遍懂得利益至上、党同伐异这两条战略大计。从战术层面而言，他们的计策就很丰富了。赵高的指鹿为马，李林甫的口蜜腹剑，王莽的大伪成真，赵光义的瞒天过海，赵构的矛盾下放，朱翊钧的全盘否定，洪秀全的移花接木、一石二鸟，胡惟庸的阳奉阴违，乾隆的视而不见（对和珅贪腐），穆彰阿的利益输送、结党营私，袁世凯的投其所好、暗度陈仓，蒋介石的顺手牵羊、借刀杀人，德川家康的待机而动，弗朗西斯科·弗朗哥的望风使舵，丘吉尔的腾挪变身，杜勒斯的双重标准，赫鲁晓夫的黄雀在后、以偏概全，此外，还有董卓的反间计、吕雉的心战计、慈禧的擒王计，等等。我们在此不一一分析，只选择几个代表性案例以供欣赏。

中国秦朝时，权臣赵高①在帮助小皇子胡亥夺取皇位后，赢得胡亥的充分信任。赵高利用胡亥在政治上的昏昧，劝说胡亥避居深宫、安心享乐。这样，赵高作为皇帝近臣，又有特别的信赖，就顺利控制住了信息渠道。随后，赵高又设计除掉丞相李斯，取而代之，终于控制了朝廷大权。为了检验自己对朝臣们的控制力，赵高想到一计。一天，他命人将一只鹿带入朝堂，说是要将一种奇异的马献给皇帝。皇帝胡亥说："丞相你搞错了，这明明是一只鹿。"但赵高却坚持说这是一匹马。胡亥询问众大臣，有人赞同皇帝的说法，另外也一些人则附和赵高。之后，赵高寻找各种借口惩罚了那些说是鹿的人。朝中从此再也无人敢与赵高唱反调。赵高通过指鹿为马这出戏，达到了垄断权力的目的。之后，他事实上把皇帝胡亥完全孤立、封锁了起来，很多消息根本就到不了胡亥那里。

蒋介石也是一个权术大家。他自诩为"对共产主义者之同志，敢自信为最诚实同志之一人"。而正是这个"最诚实的同志之一人"，一经大权在握，就背信弃义，对共产党突施杀手。"整理党务案"是他的权术，"中山舰事件"也是他的权术，"分共"更是他的权术。1927年，在北伐战争已见曙光的情形下，蒋介石亲手导演了"四·一二"政变，对合作北伐的共产党人大肆捕杀，致使成千上万的革命志士头颅落地，也终结了如火如荼的第一次国共合作。蒋介石还用权术打败了国民党内部的许多派系，他很善于利用军阀内部的矛盾。王家烈、李济深、李宗仁、冯玉祥、阎锡山等人都败于蒋介石的手下，不是败于军事，而是败于权谋。李宗仁曾说："蒋介石统兵治政的本领极其低能，但其使用权谋，用诈术则天下第一。"当然，蒋介石的权术还表现在笼络人心方面。他常常对那些手

---

① 赵高（？—前207），中国秦朝二世皇帝时丞相，一代权臣。

握兵权的人称兄道弟，有时还会施以小恩小惠。对黄埔系将官，他总是以校长身份示人，以显得关系亲近。对陈布雷那种书生意气的人，蒋介石也会给足面子，平时总以先生称谓。在陈布雷生辰时，他还送给陈一副"淡泊明志"的亲笔手书。

赫鲁晓夫的权术手腕也是一流的。在斯大林去世后，马林科夫成为苏联部长会议主席，依照管理成为苏联一号人物。马林科夫为人正派，但手腕不够，不是一个深谙权谋的政治家。这时，赫鲁晓夫先与马林科夫以及另一位实权人物贝利亚套上近乎，结成所谓"三驾马车"权力核心。但背后，赫鲁晓夫却上下串联，多方活动，攻击风头正劲的贝利亚。他还捏造贝利亚将要发动叛乱的事实，给中央委员会其他成员造成心理压力。最后，赫鲁晓夫联合马林科夫、莫洛托夫等人，逮捕并处决了贝利亚，取得苏共中央第一书记的职务。赫鲁晓夫还借此建立了个人的威望和影响，吸引了一批追随者。随后，赫鲁晓夫玩起贝利亚设计的"平反冤假错案"把戏，他把多年前的"列宁格勒案件"搬出来重新调查，指责马林科夫制造了冤案。马林科夫因此被解除部长会议主席职务，忠厚的布尔加宁接替了他的职位。此后，赫鲁晓夫大肆拉拢官员，培植亲信。在赫鲁晓夫的支持下，勃列日涅夫、朱可夫等人陆续进入中央委员会主席团候补委员行列，这些人自然成为赫鲁晓夫的坚定支持者。1956 年 2 月，苏共第二十次代表大会召开，赫鲁晓夫决定放出重磅炸弹，借此向最高权力发起冲刺。他在会上煞有介事地发表《秘密报告》，强烈谴责斯大林的大清洗和驱逐少数族裔的罪行，猛烈抨击斯大林农业政策带来的灾难，甚至还攻击斯大林军事指挥上的无能。赫鲁晓夫的目的很简单，就是要通过否定斯大林，释放那些对斯大林有异议或受过压制、打击的力量，用这批力量为自己的全面夺权服务。赫鲁晓夫的这种只顾一己之私、不管政治大局的行为，引发了社会主义阵营的剧烈动荡。东欧的斯大林主义者发动大规模示威，发展成大规模骚乱。虽然苏联用武力平息了这些骚乱，但东欧骚乱使赫鲁晓夫的能力和品行受到怀疑，威望损失不小。马林科夫、莫洛托夫等人趁机发难，组成了一个反赫鲁晓夫联盟，伺机罢黜赫鲁晓夫。当时，主席团成员中只有米高扬没有加入反赫鲁晓夫联盟。1957 年 6 月，在苏共中央主席团会议上，马林科夫等人猛烈抨击赫鲁晓夫，指责"秘密报告"严重动摇了党的地位，要求赫鲁晓夫辞去第一书记职务。面对主席团成员近乎一致的声讨，赫鲁晓夫以"第一书记是由中央委员会，而不是由主席团选举的"为由，要求召开中央全会来决定他的去留。朱可夫、勃列日涅夫等人积极联络全国各地的中央委员，甚至用国防部的飞机将大部分亲赫鲁晓夫的委员接到莫斯科。这些委员聚集在主席团会场外，要求召开中央全会。马林科夫等人不得不作出让步。在随后的中央全会上，众多赫鲁晓夫支持者纷纷上台发言，谴责马林科夫、莫洛托夫和卡刚诺维奇等人。结果不言而喻，赫鲁晓夫取得胜利。之后，马林科夫、莫洛托夫和卡刚诺维奇被定为"反党集团"，开除出主席团。赫鲁晓夫则通过这一轮胜利走上苏联最高领导地位。

赫鲁晓夫指鹿为马的手腕一点也不逊于赵高。赫鲁晓夫想全面否定斯大林，他诡辩说以前谈斯大林的功已经很多了，所以现在只谈斯大林的过。毛泽东一针见血地指出：这事实上就成了全面否定。① 赫鲁晓夫让罗科索夫斯基写一篇诋毁斯大林的文章。罗科索夫斯基当即答道："斯大林同志对我来说是神圣不可侵犯的。"第二天，罗科索夫斯基去上班，莫斯卡连科已坐在他办公室的椅子上，并伸手递给他一份解聘决定。在一次大会上，赫鲁晓夫说："总参谋长索科洛夫斯基今天在会场上，他会证明斯大林不懂军事问题。我说的对吗？""完全不对，尼基塔·谢尔盖耶维奇。"苏联元帅索科洛夫斯基回答。

丘吉尔喜欢攻击他人，喜欢把否定当武器。鲍德温在第一次任首相时就对丘吉尔的目空一切感到难以忍受，他抱怨说："有温斯顿出席的政府会议无法按议事日程进行审议工作，因为丘吉尔总要额外提交一些十分'高明'的备忘录，这些备忘录不仅涉及他本人领导的部，而且也涉及别的什么部。"丘吉尔甚至对麦克唐纳首相都非常尖酸刻薄，他把首相说成是"没有骨头的恶魔"。20 世纪 30 年代，在印度宪政改革问题上，欧文勋爵认为，应重申英国政府早已宣布的让印度取得自治领地位的政策，以缓和与印度国大党的关系。他还提出召开"圆桌会议"，与印度人进行平等的对话。丘吉尔却说："在印度陷于异常严重的种族和宗教纠纷所折磨的时候，无疑是不能给予自治领地位的……我们对印度35000 万人的幸福负有责任，而印度的政界人士仅代表了其中微不足道的少部分人，因而不可能赋予这种地位。"丘吉尔真的想对印度人民负责吗？当然不是，他不过是不想放弃对印度的绝对控制罢了。在印度国大党同意停止非暴力抵抗运动后，丘吉尔在自己的选区发表演讲说："会见甘地先生一事令人惊异，也令人作呕。现在一位犯有煽动罪的中殿法学协会的律师，以东方众所周知的托钵僧身份登场了，半裸着身体，踏上了总督府的台阶。"②

丘吉尔宣称："在历史上所有的暴政中，布尔什维克的暴政是最坏的、最具有破坏性和最为卑劣的。"爱因斯坦则认为，列宁领导的布尔什维克是追求平等和正义的，他甚至称列宁是人类道德和良知的代表。丘吉尔高调宣称反俄反共，甚至比推行绥靖政策的张伯伦更为积极。幽默大师萧伯纳说，他不能支持丘吉尔，因为不能支持一个"花了我们一亿英镑试图将俄国的时针拨回封建时代"的人。③

今天，那种指鹿为马的权术家也不少见。他们或者利用"民粹"，错误引导舆情，以暗度陈仓、达到自己的政治目的；或者为反对而反对，制造混乱、以便浑水摸鱼。这些权术虽然远不如历史上那些权术大家们的技艺稍湛，但其对实践的误导和破坏力不容小觑。"大民主"正在被权术家们滥用，变成让社会走向无政府主义的催命符。

---

① 刘杰诚：《毛泽东与斯大林》，中共中央党校出版社 1996 年版，第 709 页。
② 《丘吉尔传》，湖北辞书出版社 1996 年版。
③ 《丘吉尔传》，湖北辞书出版社 1996 年版。

　　——好大喜功的角色定义

　　每个人都有荣誉心，权变型人才也不例外。但当他们不能正视自己的短处的时候，荣誉心就容易演变成好大喜功。

　　王莽可称为一位"改革家"，搞了许多改革。他首先改的是土地制度，宣称要实行"王田制"，就是把天下土地都收归国有，以此遏制土地兼并。从主观上来说，王莽看到了土地兼并的根源在于土地私有制度和任意买卖，然而，封建土地私有制已经存在七百多年的时间，当时自然经济条件下还没有出现改变这一生产关系的社会基础。王莽的"王田制"强行将地主土地收归国有，本质上并不是公有，而是以"一己之私"夺众人之私。所以，其政策刚一颁布就遭到众多封建地主的反对，许多人甚至举兵反抗。王莽害怕了，于是取消了"王田制"。在币制方面，王莽更是乱来，他废除五铢钱及刀币，发行金、银、龟、贝、铜、钱货、黄金、银货、龟、贝货、布货等共二十八种货币。由于货币种类多，换算十分困难，人们不愿意用新币，仍然偷偷用五铢钱。王莽采用严刑峻法，也无法使新货币顺利流通，一年以后只得作罢。王莽还将盐、铁、酒、山林河沼都收归国有，炮制了听起来儒家韵味十足的"五均六管"制度。在这种制度下，上山打猎、下河捕鱼、饲养家畜、养蚕纺织、甚至算命都要交税。政府在全国几大城市设立"五均司市"负责管理市场、平抑物价以及收税贷款。负责"五均六管"的官吏都十分贪婪，他们利用职务之便贱收贵卖，大发横财，老百姓饱受盘剥，苦不堪言。此外，王莽还滥封滥赏，以至于国家的土地和财政根本奉养不了这些人。王莽自认为是中央帝国的皇帝，歧视属国和弱小民族。匈奴、高句丽以及西域的一些国家原本臣服于汉朝，汉朝一直并没有干预其内部事务。王莽让这些属国国王将"王"降为"侯"，收回并损毁"匈奴单于玺"，改授予"新匈奴单于玺"。他见羌族弱小，便强行把羌人土地变成新朝的西海郡，以满足自己"开疆拓土"的虚荣心。各族因此拒绝臣服新朝，匈奴率先表示反抗。王莽决定动用武力镇压，一时边境冲突四起，数十万军队长期陷于边疆征战，耗费了大量人力物力，造成大量人员伤亡。最后，外患没有解除，内部人民不堪忍受、造起反来。赤眉、绿林等农民起义军义旗一举，天下响应。王莽的官兵被打得落花流水。在内外交困下，王莽不是反躬自省，而是怪老天不好，怪别人不好。他率领群臣和部分百姓哭拜上天，希望感动天庭。无奈上苍不为所动，王莽的新朝短命而亡。

　　好大喜功的一号典型要数隋炀帝杨广。杨广有"四大"：大外交、大工程、大排场、大战争。大外交：有一次，杨广在东都举行盛大的庆典，豪奢地招待外国使者。他让 5 万名乐工在这里通宵达旦表演各种节目，持续半个月。他命令东都市场各个店铺都重新进行装潢，连卖菜的小商贩都要在店铺里铺上地毯，以供各国商人参观。各国客商路过酒店，都会被邀请进去喝几杯，分文不收。大工程：扩建东都洛阳、修建运河、修筑长城等，每一项工程都极其浩大，繁重劳役使许多家庭妻离子散、家破人亡。大排场：隋炀帝三游江都，每一次都是摆足帝王的气势与排场，船队前后绵延二百余里，水陆共有二十几万人同行。他是风光无限，可是民不堪负。大战争：杨广三次出兵讨伐高句丽，大规模用兵导致青壮年劳力大量损失，土地无人耕种，国家财力枯竭。杨广的"四大"直接引发了社会危机的总爆发，最后导致隋王朝的灭亡。

乾隆的好大喜功主要表现在"六下江南"上。每次总是大张旗鼓，浩浩荡荡。据说，乾隆每次南巡，都历时四五个月，除了妃嫔、臣工、仆役之外，随驾当差的官兵一般是3000 名左右，约需用马 6000 匹和船四五百只，还有几千名役夫，用掉了上百万银两，还给民间带来了极大的困扰。

在解放战争中，蒋介石飞到哪里，那里就要陷落。可蒋介石从来不认为是自己错了。在辽沈战役失败后，蒋介石责怪马歇尔误了他："马歇尔害了我们的国家。原来在抗战胜利后，我决定军队进到锦州后再不向前推进。以后马歇尔一定要接受东北，把我们所有的精锐部队都调到东北，弄得现在连守南京的部队也没有了。真害死人！"

因为好大喜功的冲动，有时会失去政治的沉稳，带来许多消极后果。

——机会主义与保守战略

权变型政治家往往有机会主义心态，这一则因为价值倾向的内引力影响，二则与其不善于规律性透视有关。他们更多的是紧盯现实的价值和目标，并不惜运用各种手段去达成现实的目的。对于事物长远的变化，他们会想：到时再说吧。这使他们在实际行动上表现出机会主义特征，在战略上表现出保守特征。

权变型政治家往往是在什么山头唱什么歌，很难直接给他们贴上黑、白或者左、右的标签。但是，他们的机会主义特征则是一目了然的。这种特征一则表现在他们对机遇的特别敏感性上，二则表现在他们敢于抢抓机遇上，三则表现在他们能够把握机遇上。

丘吉尔在保守党和工党之间来来回回，原因当然不是这些党派的立场和信仰在变化，而是丘吉尔在变，他想在腾挪中寻找上位的机会。在战争中，丘吉尔也没有放弃其机会主义的作风。他不遵守美、苏、英三国首脑协议，寻找种种借口，拖延开辟欧洲第二战场的计划实施，其意图自然是想让德国军队更多地削弱苏联的实力。而在二战伤口还未愈合时，丘吉尔就开始为新的战争点火。1946 年 3 月，丘吉尔在美国发表了一篇"著名的演说"，提出"铁幕"说："从波罗的海的什切青到亚得里亚海边的里雅斯特，一幅横贯欧洲大陆的铁幕已经降落下来。在这条线的背后，坐落着所有中欧和东欧古国的首都……几乎每一处都是警察政府占了上风。到目前为止，除了捷克斯洛伐克之外，根本没有真正的民主。"① 丘吉尔此言一出，舆论大哗。斯大林很快做出反应，他在接见《真理报》记者

---

① 《丘吉尔传》，湖北辞书出版社 1996 年版，第 368～369 页。

时说，丘吉尔"现在采取了战争贩子的立场"。丘吉尔在二战中是有贡献的，但在战后的选举中，他还是失败了。或许，人们不喜欢他的机会主义的作风，需要歇一歇。

弗朗西斯科·佛朗哥①是投机最成功的一位政客。他借助希特勒法西斯势力的支持打赢西班牙内战，随后开始在西班牙长达36年的独裁统治。二战初期，因为形势不明朗，弗朗哥保持中立，按兵不动。当希特勒军队横扫欧洲大陆并进入苏联腹地时，弗朗哥觉得希特勒似乎稳操胜券了，于是宣布加入德意日轴心国。不料，希特勒军队在莫斯科、斯大林格勒遭到致命打击，败象开始显现。感觉到形势不妙的弗朗哥马上宣布退出与轴心国的联盟，回归"中立"。这一转身让他免遭了与希特勒一起覆灭的命运。战后，因为弗朗哥拒绝改变其独裁统治，美欧一度对西班牙采取孤立政策，西班牙经济一度受到很大的打击。不过，随着冷战序幕的拉开，西方世界已经顾不得弗朗哥的独裁了，他又成了西方世界的一员。而美元的流入，也为西班牙经济的发展提供了机遇。

赫鲁晓夫也是天生的投机家，他善于琢磨如何紧跟斯大林的步伐。斯大林曾在一次关于发展农业的演讲中对玉米种植大加赞赏。赫鲁晓夫随后马上采取措施，在乌克兰增加玉米种植面积。赫鲁晓夫还大力镇压当地的民族主义分子，强制推行农业集体化。他的这些做法得到斯大林的赞赏，并因此得到一枚列宁勋章。赫鲁晓夫还提出将集体化农庄建设成农业城市的构想，表示可以先在乌克兰试点，到时作为生日礼物献给斯大林。

为什么说这类人才在战略上是保守的呢？当他们把权力变成服务自我意志的工具时，必然与社会的普遍要求发生矛盾；当他们把重点放在巩固自己的既得利益和享受既得利益上时，自然不愿意顺从大趋势和变革。我们不妨拿两个代表性案例来说明。

中国清朝的乾隆皇帝一直被史学界称为康乾盛世的开创者之一，因而被跻身成功政治家之列。而事实上，乾隆是一个专制独裁的暴君，是清朝没落的始作俑者。乾隆继承了康熙、雍正两代有为政治家的政治、经济遗产，成就了其即位早期的盛世景象。但是，其政治理念的反动落后和战略上的短视，导致清帝国的故步自封，成为清帝国由盛而衰的转折。乾隆即位时，正值英国揭开产业革命的序幕。特别是瓦特发明的蒸汽机面世后，各种以蒸汽机提供动力的刨床、铣床、钻床陆续出现，并实现规范化、标准化，机器生产所代表的社会化大生产在西方逐渐普及。与此同时，各种推动时代发展的新科学、新思想层出不穷。法国思想家的孟德斯鸠提出三权分立思想，法国还成立了资产阶级共和国。乾隆陶醉于专制迷梦，拒绝接受外部世界传来的文明信息。他关掉除广州外的所有对外通商口岸，颁布了《防范夷商规条》，强化闭关锁国政策。正是由于乾隆把中国与世界隔绝起来，让中国错过了工业革命之机遇，为此后的落后挨打埋下了伏笔。而他的独裁则伴随着

---

①　弗朗西斯科·佛朗哥（1892—1975），西班牙国家元首、大元帅、首相，西班牙长枪党党魁，统治西班牙长达30多年。

疯狂的文字狱达到登峰造极，他前后共制造了 130 多起文字狱冤案，乾隆朝文字狱数量占清朝文字狱总数的 80%。乾隆自吹自擂的盛世，被西方称为中国的中世纪。

在蒋介石统治中，他不仅用亲信控制整个政府的要害部门，使国民党政府成为标准的官僚机器，还利用蒋宋孔陈四大家族控制当时中国的经济命脉。江山未定，而国民政府已腐败不堪，这是蒋介石权术政治实践的必然结果。从政治上看，毛泽东和共产党的政治战略立足多数、赢得民心，首先已经高出一筹；而在实践中，毛泽东的全面统筹、协调发展的能力也远远超过蒋介石。蒋介石没有不败之理。在雅尔塔会议期间，罗斯福总统曾经提议战后将冲绳划归中国，但被蒋介石婉拒。蒋介石显然不懂得从未来走向海洋的战略高度看待冲绳的战略价值，而这也为今天的钓鱼岛之争埋下了伏笔。

当权变型政治家把他们的思想和逻辑运用于国际关系中时，就是奉行对立思维和遏制战略。这是由其内倾型价值判断模式和缺乏顶层创新力的特征所决定的。

美国政客亨利·亚当姆斯曾公开扬言："决不能容许中国和亚洲实现工业化和政治上的独立。"如果容许中国"以无尽藏的黄河流域的生产资料为供应的民族工业体系成功地组织起来，对西方文明来说，将是不可思议的罪行"。20 世纪中叶以后，美国政客们仍然不改其本色。美国前国务卿杜勒斯宣称：那些不结盟的国家是不道德的国家。这句让外人感到具有自我讽刺意味的话，恰恰充分展示了杜勒斯的智能特征。对权变型人才来说，不能满足自我利益需要的道德就是不道德。把自私当作天理，把双重标准当作真理，这是合乎权变型政客的思维逻辑的。

每个时代都会有长袖善舞的权变型政客，尽管他们各有方法、各有特色，但其权术政治之本质是一样的。他们不在乎公平正义，以放任社会为自由，借放纵利益集团来满足自我之功利要求。他们往往习惯于透支型发展模式，不惜透支政治资源、经济资源等以成就泡沫式盛景。其施政模式往往不具有可持续性，官僚政治、利益集团政治只会日渐走入深入的腐败；透支型发展模式也必然埋下经济隐患，往往是"形象工程做一批，烂尾项目留一堆"。

——真伪留与后人评说

如何看待和评价历史上的权变型政治家，这是一个比较复杂的问题。我们从人才学视角来看，一是要拒绝政治偏见，二是要不落入功利主义的窠臼。

首先，他们都是人才，而且是很有组织能力的人才。无论他们在历史上成就的是"好人"角色，还是"坏人"角色，我们不应该将其妖魔化，也不能将其神化。不能因为丘吉尔是二战英雄而对他的机会主义行径视而不见，也不因为他的机会主义行径而否定他在二战中的贡献。不因为蒋介石的机会主义行径而贬低他的才智，也不因为蒋介石的某些贡献而夸张他的品格。对其他人亦然。

其次，他们的人才个性与实践选择有根本的关系，把握这种关系，才意味着把握了人才本质。赵高手段称高，却使秦朝二世而亡；杨广不乏权谋，却把乃父奠定坚实基础的隋帝国毁于一旦；蒋介石长袖善舞，却把孙中山的"三民主义"带入官僚政治的泥潭；赫鲁晓夫精明过人，却挥霍斯大林模式的战略红利、错失巩固壮大红色帝国的最佳机遇期……这些，何尝不是其人才个性之必然呢。搞政治没有手腕不行，但是，政治手腕会导致什么样的实践后果，这才是问题的关键所在。

其三，客观看待权变型政治家们的人格特征。这类政治家往往被人认为是双重人格，因为他们似乎表里不一。"周公恐惧留言日，王莽谦恭下士时，假使当时身便死，一生真伪有谁知？"这是人们给王莽的一个评语。其实，了解了其内倾型精神特质和思维模式，他们的"真伪"也就不难理解了。他们不仅以自我为中心建构价值观和实践模式，也以自我为中心来解释所有事物，有时因此把自己都搞得真假难辨。

其四，他们的用人模式也饱受非议。从历史上来看，他们似乎更喜欢那种望风使舵、阿谀奉迎之徒。赵构用秦桧、杨广用宇文述、乾隆用和珅等，都是代表性案例。这种用人模式显然与其自我中心的高层德行和专断气质是一脉相承的。

总的说来，绝大多数权变型政治家虽然很功利，也不难理解，他们的选择都是内倾型价值观与现实环境共同作用的结果。但是，少数走向极端的权术家就不能让人接受了。譬如李登辉，这位曾经的中国台湾地区领导人，这个一直享受台湾纳税人供奉的人，不仅肯定日本对台湾的殖民统治，还居然发表出卖国家主权的言论，甚至祖宗也不认了。这已经不是一个人才个性的问题，而是心理病变和人格异化。

第二节　出色的投机商

在经济生活中，权变型人才的智能特征决定了他们的投资理念和经营思想。他们身上有更多投机家色彩，少了些实业家风范。

他们在市场中表现出如下一些主要特征：

- 功利至上，利润是最大的发动机；
- 借鸡下蛋，寻租是最好的经营模式；
- 以权代管，不能放弃的是控制权；
- 得陇望蜀，财富是没有止境的欲望陷阱。

权变型人才有较强的商业投机天赋，能够敏锐地捕捉到商机。但是，他们的手段往往不被人们肯定。他们是电影《华尔街·金钱永不眠2》中的布兰顿·詹姆斯，是现实中的

"企业掠夺者"卡尔·伊坎。

——企业掠夺看伊坎

卡尔·伊坎①，一个被冠以诸如"投机家"、"激进投资人"、"企业掠夺者"等称号的金融大亨。

卡尔·伊坎早年曾在普林斯顿大学攻读哲学。他对哲学毫无兴趣，不久听取母亲的建议到纽约大学转攻医学。他很快又觉得医学乏味至极，甚至宁可辍学参军也不愿再学医。入伍6个月后，伊坎受不了部队的辛苦，于是选择了退伍。

伊坎随后浪迹华尔街，做了一名股票经纪人。当他在第一次走进纽约证券交易所时，对眼前的投机盛况唏嘘不已："它们就像点石成金的魔法师，让奇迹在一夜之间发生，实力、野心和激情在一个个的天文数字中灿然交汇。"但是，他并没有赢得一夜暴富的机会。据说，他第一年赚了数千美元，第二年却赔了个精光。直到1968年，伊坎用自己的积蓄在证券交易所中买了一个办公的席位，并成立了一家名为Icahn & Co. 的小证券公司，主营业务是风险套利和期权交易之类。他用了十余年的时光来经营这桩小买卖。

1980年，伊坎把办公室搬到了曼哈顿，具备了一定资金储备的他野心也随之膨胀起来。现在，他急于寻找一个可以让资本快速增值的途径。恰巧在这个时候，机会来了。总部位于密执安州萨斯菲尔德的辉门公司是一家历史悠久的全球性汽车零配件制造供应商，多年的历史包袱使这家公司积重难返，陷于濒临破产的边缘。认为奇货可居的伊坎多方筹集了8000万美元，毅然决定收购这家公司。在收购到手后，他对公司进行了一系列大刀阔斧的重组和整顿。他的努力最终取得了回报，在当时里根政府经济扩张政策的刺激下，重组后的辉门公司竟然起死回生。几年之后，当伊坎决定卖掉它的时候，辉门公司的价值已经超出当初收购成本的20倍。

尝到甜头的伊坎明确了自己的投机生涯——通过买卖公司赚钱。他开始寻找新的猎物。1985年，他相中了菲力浦石油公司，因为该公司的价值显然被低估。菲力浦石油公司市值125亿美元，而按照当时每桶30美元的石油价格来计算，其超过10亿桶的库存价值达到300亿美元。有这样大的便宜，想收购的人自然很多。而当时的伊坎还不具备吃下整个菲力浦石油公司的资本。这一回，有"垃圾债券大王"之称的金融家迈克尔·米尔肯帮了伊坎的大忙。伊坎通过从垃圾债券大王处募集来的资金杀退了几乎所有参与竞购的对手们。但是，出乎人们意料，就在伊坎即将入主菲力浦石油公司的时候，他突然宣布放弃收购。他抛出所持有的菲力浦石油公司股票进行套现，狠狠地赚了一票。事后，伊坎说，他所需要的并不是一家石油企业，而是股票的溢价。

---

① http://baike.baidu.com/link? url=rR6HHIruUnkToEXCLNPKAtBSvd。

在 1985 年美国环球航空公司恶意收购案中，伊坎让世界见识到了什么是"企业掠夺者"。1984 年初，环球航空集团进行了一次拆分，按集团高管们当时的判断，利润较高的酒店、餐饮业务将可能会成为外界的收购目标，而状况不佳的航空业务却相对安全。不幸的是这种认识存在一个致命的错误：一般情况下，外界在获得某公司 80% 以上股票的情况下才能对其实施收购，而在拆分出来的环球航空，大股东只要拿到 51% 的股票就可以取得控制权。那个时候，包括 CEO 在内的管理层一共持有公司股票不到 1.1%。这时候，伊坎来了，他召集了一大批资金雄厚的合作伙伴，准备与环球航空公司博弈。从 1984 年 9 月开始，他们以各种不同公司和身份出现在市场上，不断以不为人注意的小额交易频繁买进环球航空的股票。此时的每股价格只有 10 美元。1985 年 4 月 29 日，伊坎持有的股票终于超过了 5%。按照规定，他将在 10 天之内向公众披露其股票持有情况。也正在此时，伊坎突然改变战术开始疯狂买入，在短短 10 天规定期内竟然将持股数量又增加了 16%。同时，他还散布不想寻求对这家公司的控制权的虚假消息，成功地将股价稳定在 15～16 美元。在 5 月 10 日向监管方公开持股情况后，伊坎宣称将会寻求环球航空的控制权，并在第二天承诺将以每股 18 美元的价格买下公司所有剩下的股票。这时才意识到大事不妙的环球航空公司向纽约联邦法庭起诉了伊坎。伊坎则在同对方律师周旋的过程中坚持不断增持，其持有量随后从 25% 上升到 32%。环球航空公司董事会不得不宣布：公司即将出卖，但伊坎每股 18 美元的出价并不合理，他们将寻求价格更好的潜在购买者。到 10 月，伊坎手中已经握有 52% 的普通股，伊坎一伙已经完全控制了环球航空公司。得到环球航空公司后，伊坎并不是想经营这家企业。凭借着投资者和管理者的双重身份，伊坎和他的合伙人们系统而有计划地将环球航空公司的资产如数变卖。其中，伊坎本人获利约 1.5 亿美元，占所利润总额的 80%，而剩下大约 4000 万美元收益则由他的合伙人瓜分。

作为一个冷酷的企业掠夺者，伊坎开始成为许多大公司管理层无法克服的梦魇。他四处出击，进行恶意收购。进入公司后，或者将边缘资产抛售，或者更换经理人，或者要求公司回购股票来减少流通股数量等。他的目的不在于提升公司竞争力，而是刺激股价上扬，从中获利。

伊坎将他的掠夺之手越伸越远：雷诺兹-纳贝斯克、德士古石油、西联汇款、海湾与西方公司、维亚康姆、优耐陆、Dan River、马歇尔·菲尔德公司、可滤康、新秀丽、American Can、美国钢铁马拉松公司（USX）、惊奇娱乐公司、露华浓、英克隆、费尔蒙酒店集团、科麦奇集团（石油化工企业）、时代华纳以及摩托罗拉。

伊坎及其合伙人在 ACF 工业、美国机车工业集团、XO 通信、金属再利用企业 Philip Services 公司、"伊坎企业"等企业中占据董事会的多数席位。

2004 年，美国 Mylan Laboratories 制药厂宣布将收购位于田纳西州布里斯托的同行 King Pharmaceuticals 之后，伊坎认为价格过高，因此发起代理权争夺，购入大量 Mylan 股份进行策反。伊坎指控 Mylan 的 CEO Robert J. Coury 出价失当，并称 Mylan 在企业管理上存在着重大缺陷。2005 年初，Mylan 终于宣布放弃这项收购计划，还特地声明此举"与伊坎无关"。

2006 年，伊坎出售所持有的 KT&G（韩国烟草和人参公司）股票，获得了回报率高达 33% 的丰厚利润。

伊坎拥有时代华纳约合 3.3 % 的股份，成为一个足以影响该公司决策的大股东。他一直试图影响时代华纳的发展方向，为此，他时常与时代华纳的 CEO 针锋相对。2006 年 2 月，受伊坎的委托，投资银行 Lazard 发表了一份长达 343 页的计划书，建议将时代华纳拆分为四家公司，同时实施 200 亿美元的股票回购计划。时代华纳最终向伊坎妥协，同意回购价值 200 亿美元的股票，并考虑选举两位伊坎提议的新董事。时代华纳同时宣布，将在 2007 年削减 10 亿美元的运营支出，并继续评估伊坎提交的时代华纳重组报告。

2007 年，伊坎的掠夺战争还在继续。1 月，伊坎认为主营癌症药物研究的生物科技公司 Telik, Inc. 的股价被低估，进而买进其 9.2 % 的股权；2 月，汽车零部件供应商 Lear Corporation´s 董事局同意了伊坎提出的 23 亿美元的收购要约，但该要约最终被股东们拒绝，股东认为该报价低估了这家公司；2 月，伊坎向 Motricity 公司——北卡罗来纳州的一家移动通信技术供应商投资 5000 万美元；4 月，伊坎企业宣布已将平流层酒店和其他三个南内华达州赌场以 13 亿美元的价格出售给高盛公司的一家子公司；同月，伊坎逼迫美国生物技术明星公司寻找买主，几天后，英国第二大制药企业阿斯利康宣布以 156 亿美元收购该公司；10 月，伊坎持有商业软件公司 BEA 系统 13.22% 的外部流通股，并暗示会促使 BEA 系统公司自己挂牌出售。

2008 年，伊坎没有停下掠夺的脚步。1 月 16 日，甲骨文公司宣布同意以每股 19.375 美元、总价 85 亿美元收购 BEA。这个价格与伊坎首次透露他持有 BEA 股票前一天的股价高出了 52%；3 月，伊坎起诉摩托罗拉公司，要求其提交与手机业务相关的文件，以判定其董事会是否渎职。他号召股东们支持由他提名的四名候选人进入摩托罗拉董事会，并主张将手机业务拆分为一个独立的公司；5 月，伊坎购入高达 50 亿股的雅虎股票，正式向雅虎发起了代理权争夺战。

美国自由资本主义对投机的放纵，为投机家们大开方便之门，这是伊坎的幸运。但这不能让那些实业家们喜欢他。所以，伊坎也有抱怨："眼看着我们的国家在走向下坡路，我感到很不舒服。"

2008 年 5 月 22 日，伊坎发表言论，反对民主党总统候选人奥巴马。他宣称，奥巴马一旦当选，将成为一个"足以破坏经济的可怕的总统"。伊坎内心当然明白，奥巴马不会破坏经济，美国奉行多年的市场经济模式也是奥巴马轻易无法撼动的。但是，奥巴马高调宣布要抑制华尔街的投机，这才是伊坎真正担心的。

第六章 博弈型人才

故事新编

汉军十面埋伏，对楚军穷追猛打。项羽逃到乌江边，已经成为孤家寡人，没有了反抗的本钱。刘邦对项羽说："兄弟，尽管你追得我团团转，最后还是丢江山。"项羽叹了口气说："长江滚滚浪淘沙，怪我技术没到家！"

原境界：内直觉层——高层德行：成王败寇

思　维：二维透视——计术型思维

气　质：博弈型

主要素质指标：

逻辑能力：数理能力中偏上　人文能力中偏上

敏感系数：敏于直觉的形势判断　钝于全局大势

学习能力：记忆力较强　对技巧敏感　　　　　　☆☆☆

交际能力：喜欢交际　朋友义气　　　　　　　　☆☆☆

战略管理能力：不善于战略　　　　　　　　　　☆☆

战术创新能力：敏于韬略，战术能力强　　　　　☆☆☆☆

行政执行力：勇于任事　能力较强　　　　　　　☆☆☆

技术创新力：较强　　　　　　　　　　　　　　☆☆☆

综合评级：　　　　　　　　　　　　　　　　　☆☆☆

习惯模式：目标明确　直接功利　敢于博弈　战术制胜

孙悟空虽然善于灭妖精，但总是让人觉得有点"猴性难改"。假设没有紧箍咒，也许菩萨还保障不了唐僧的安全，更别说让孙悟空成佛了。只有在正确的战略和完善的制度保障下，博弈型人才才可能成为"斗战胜佛"。

历史上，许多博弈型人才是出色的将才，并以杰出的战术能力写下浓墨重彩的一页。但最后，他们却并没有成为时代的主宰，甚至落入"兔死狗烹、鸟尽弓藏"的历史宿命。这是由他们的内直觉层境界、计术型思维和博弈型气质这些个性特征，契合他们的历史际遇而造成的。

博弈型人才的智能特征决定了其精神的高度和运行模式。这是运行于内直觉层境界，面向自我内向放大精神的模式，表现为内倾型价值判断方式。他们不在意他人的想法和价值要求，突出自我关照意识，很在意自我的存在位置和表现。以二维透视模式和相应思维张力为基础形成的计术型思维，表现为对人情和事理一般逻辑的敏感，对现象层面的直接联系和权衡反应很快。他们目标定位直接，但不乏战术套路，显示出较强的计算力；不善于社会化考量和内在规律性透视。博弈型气质表现为对直接目标的执著与博弈勇气的结合，表现为"毕其功于一役"式的敢于付出。当其面向自我直接要求的意向建构、计术型逻辑建构、意气化情感建构结合成统一的人格特征时，形成其潜意识挑战者自定义，形成其实践中面向自我的角色放大追求，表现为统一于内直觉层的道德属性与智能属性。

博弈型人才的智能特征与实践的结合，形成内向展开的直觉型智慧。他们敏锐于一般人情和事功的直接联系，"你的行为和表达肯定有你的目的"，"我要做的事必须满足我的目的"。在实践中，他们往往是出色的战术家，直觉敏锐，反应很快，精于套路计算。他们对价值目标锁定很快，在研判形势、决定方案的过程中很舍得下工夫，能灵活运用相应的"技术"手段；坚定"成王败寇"式勇气，喜欢挑战，敢于冒险，显示出很强的行动力。但是，他们往往只看到直接的功利，而忽略了多维度的权衡考量；对自我的放任有时变成了固执任性和刚愎自用。政治觉悟和战略敏感性是他们的弱点，这使他们很难成为掌控全局的统帅型人才。

人物代表：

白起、王翦、项羽、韩信、霍去病、杨素、贺若弼、宋金刚、袁崇焕、李自成、鳌拜、杨秀清、张学良、窦漪房、述律平、马略、庞培、朱可夫、隆美尔，以及商界的索罗斯、史玉柱等。

性格形成：

从少年时代开始，他们就表现出鲜明的个性。他们思维活跃，生性好动，行动敏捷；个性倔强，不太安分；喜欢表现自己，接受能力较强。

潜意识挑战者角色使他们喜欢"挑战"身边的人，常常因此惹出"祸端"，让家长头痛。他们在意自己在小伙伴面前的形象，讲"哥们义气"，善于建立自己的朋友圈。在东方传统家庭中，他们往往因为不安分而受到更多的责罚。其实，不安分正是他们表达自己的方式之一，他们希望以此获得外界对自己的关注。而年少的他们并没有明确的是非对错概念，所以就变成了调皮捣蛋。

他们缺乏持久的专注度，兴趣容易转移，学习自觉性较差。但他们有较强的学习和接受能力。如果家庭物质条件好，环境比较自由，他们就更容易放纵自己。而如果他们的生活条件比周围环境差，这反而能够激发他们的上进心。因为任性，有较强约束力的培养环境对他们的成长很重要。

随着经验和知识的丰富，他们开始显示出较强的活动能力。他们不安分，希望通过外向挑战找到自己的角色位置。他们有胆识，敢于到陌生的世界里去闯荡。他们思维直接，目标明确，行动起来坚决果断。他们不在意"游戏"规则，也不在意是非黑白，只要觉得是改变命运的机会，他们就会毫不犹豫地一头钻进去。这种个性使他们善于抢抓机遇，但也容易误入歧途。所以，初入社会的这道关口和第一次"机遇"对他们具有非常重要的意义，有时会决定他们一生的轨迹。

一位倾诉者在谈到张子豪、糯康这些人物时，大发感慨："人生真是命运无常，我算是幸运的。早年我也喜欢'打打杀杀'的，喜欢充老大。后来被父亲强制送进部队，军队教育和经历改变了我的人生。"他顿了一下，又说："军旅生涯结束后回到家时，昔日'江湖朋友'有的进了监狱，有的远走他乡。我此后安下心来跟父亲学做生意。在同行中来说，我的公司现在运营得还不错。"

他们在潜意识中充满表演的欲望，喜欢展示自我个性。他们有良好的直觉能力，在意自己的形象包装，对衣着比较讲究；有较强的表演天赋，喜欢在大众面前展示自我。他们有时很好地表现自己的勇气和技术，并因此建立自己的魅力影响。

博弈型气质增加了其行动力，他们表现出很强的胜负感。如果命运垂青，步入正道并得到良好的锻炼，他们的战术素养会迅速提高。他们不仅精通韬略，而且敢于博弈，善于博弈。他们反应敏捷，套路意识强，表现出良好的战术家天赋。

但是，他们的精神起伏较大，只善于打"顺风球"，不善于打"逆风球"。在遭遇大挫折时，往往缺乏足够的坚韧，从意气风发到垂头丧气转换很快。而自我任性、桀骜不驯的个性，有时也会给自己带来意外的挫折。

他们的内倾型价值判断模式和直觉型智慧经过实践的锤炼，形成以"任性、意气化、果敢、挑战、战术意识突出"等为主要特征的人才个性。

人格特征：

意气化人格特征：功利在前，敢于博弈，意气用事，成王败寇。他们更注重自我价值实现，满足于现实利益的增长，不在意社会评价。在意自我角色形象，却往往忽略了社会自觉。用俗话说，很要面子、很要味，但颇多小心机，有些狡黠味道。

情感模式：

个人义气式情感模式。自信、果断、心理素质好；在意自己的仪表形象，喜欢表现，爱出风头；个性冲动，不喜欢受控制，喜欢发号施令；在意自我感觉，能为自己感动，却不太会为他人感动；讲个人义气，保护自己的势力范围，将其视为自己的固有权利；不服从权威，骨子里有挑战者冲动。在爱情上比较主动，敢于追求，懂得浪漫，但没有持久的热度；比较理性，能从功利角度考量爱情。

气质细分：

从气质的感性特征细分，博弈型人才也分为内敛型和外向型两种气质。

外向型属于敏感加冲动型，他们总是风风火火的，冲动敢为，甚至脾气暴烈，计谋藏于表面的粗豪之中。白起、项羽、李自成、庞培等就是这一类型的人才，他们个性张扬，敢于展示自我，是力量派。表现在军事对垒中，更善于发挥相对优势、以锐势制敌，善于打攻坚战。

内敛型相对少了些冲动，更喜欢复杂的套路计算，表现得更沉着稳健。韩信、林彪、隆美尔等是这一类人才的代表，他们个性内敛，不爱张扬，是多算型，相对而言"套路"更多。韩信的"十面埋伏"就是多算的代表性案例，隆美尔也因为精于算计而赢得"沙漠之狐"的称号。

角色担当：

军事专家——营销大师——优秀运动员

他们是沙场英雄，如果能在战争中成长，能成为独当一面的将才。

他们有市场运作能力，如果给予市场短肋的机会，能成为淘金的能手。

他们有很好的运动天赋，如果能发掘自身潜质，能成为优秀的运动员。

他们缺乏全局思维，少了些战略家天赋，政治往往不是他们的所长。

军事家角色：

在过去的战争史上，博弈型人才闪烁出奇异的光彩。狭路相逢勇者胜，敢于博弈的品质是他们在军事领域里崭露头角和获得成就的第一因素；懂得韬略、精于计算，这是他们战胜对手的关键所在。历史上，他们展示了灵活的思维、多变的战术，并百战常胜，成为杰出的军事家。他们的有些军事成就甚至成为军事教科书中的经典案例。

他们是破釜沉舟、以少胜多的项羽，他们是十面埋伏、多算致胜的韩信，他们是流动作战、功亏一篑的李自成，他们也是横扫北非、被誉为"沙漠之狐"的隆美尔……哪里有战争，哪里就有他们；哪里有战争，哪里就需要他们。

他们不是军事战略家，往往持单纯军事观念。

他们往往偏重于单纯军事，对思想政治工作不是很上心。中国共产党领导的军事实践证明，卓有成效的思想政治工作是军队提升战斗力并获得最后胜利的重要组织保证。

他们缺乏根据地意识，多数喜欢流动作战模式。他们往往更看重直接的目标价值，看重战役层面的得失，看不见建立和发展根据地对持续发展的决定性意义。李自成的勇气和战术能力都不可谓不出众，其速败之因，缺乏根据地意识也。

他们专注于具体的战役目标，却忽略了战略目标比战役目标的价值要大得多。如在辽沈战役中，林彪显然不懂权衡长春价值与锦州价值。他们很自信自己的战术能力，却不知道战略风险比战术风险更为致命。

企业家角色：

有些博弈型人才投入商界，成为市场经济中的佼佼者。

他们为直接的利润目标而奋斗，敢于闯荡和投机，不怕冒市场风险，甚至敢于踩红线。这为他们赢得了更多的机遇。

他们善于广告营销，有一套市场组合拳，有运作能力。他们对自己的产品深信不疑，不管它是否值得这样信任；他们对自己的人脉充分利用，不管这些人脉该不该这样利用；他们知道如何找到产品的市场定位；他们懂得利用广告效应，就像史玉柱的脑黄金、脑白金广告一样。

他们就像喜欢流动作战的将军们一样，不愿意建设根据地。在多数时候，他们宁愿跟着潮流走，哪里钱多就往哪里奔。他们或许少了些实业家味道，多了些投机心理。

特别的博弈气质，还可能使他们成为索罗斯那样金融家，他们不仅敢于通过阻击英镑而大赚一笔，也能借搅动东南亚金融危机而大发横财。

运动员角色：

在竞技项目领域，良好的直觉能力使他们反应敏捷，良好的战术意识增加了其抗衡能力。如果有合适的身体条件，他们能成为很优秀的运动员。

他们在诸多体育项目中都有突出表现。NBA小皇帝詹姆斯、斯诺克领域的奥沙利文、网坛的李娜、乒坛的张继科等，都表现出了博弈型人才的个性特征，展示了这种智能特征在竞技体育运动中的独特价值。

他们不仅敏捷，而且有一股狠劲，这使他们在对抗性越激烈的体育项目中优势更明显。如拳击类体育项目、斗牛项目等。

他们的弱点在于，在意气化的心理暗示下，容易情绪化。打顺风球很好，遭遇逆境则容易泄气。按照自己的节奏打时，他们显得意气风发。而一旦被对手破了节奏，就容易生气生乱，最后自乱阵脚，败下阵来。法国网球好手特松加就是一个典型代表，他的身体条件和技术能力都没有问题，却总是难以进入超一流，主要原因在于气质局限。

这类人才如果能够认识到自己的智能特征，加强宏观思维练习，发掘技术创新潜力，特别是克服意气化特质的影响，就能上升到超一流境界。就像李娜那样的天赋，如果早年有名师指点，能结合她的智能特征去培养，那么，她夺得大满贯的时间将大大提前，在网坛的成就将更大。

个性局限：

喜欢跟着自己的直觉走，有时显得理性不足。

拒绝权威，敢于挑战，但有时不自觉地逾越红线。

容易"负气"，缺乏韧劲，有时导致功败垂成。

博弈型气质容易引发"赌徒式"冒险冲动。

有时不太讲原则，喜欢意气用事，有山头主义意识。

智慧补充：

战术层面是他们的强项，宏观和战略层面是他们的弱项。如果要开创持续发展的事业，开创型人才的战略天赋和经验型人才的政务能力都是其需要的智慧补充。

培养意见：

他们是让人欢喜让人忧的孩子，是让人担心让人愁的少年，是敢抓时运随风起的青年，也是不甘寂寞敢横行的浪子。但是，了解了他们的智能特征，善加培养，就能让他们成才成龙。

意见一：他们不是安分守己之类，把握其个性，找到并按照其兴趣和特长去培养，这很重要。

意见二：他们有良好的运动天赋，骨子里有一股挑战意识，选择与其身体条件相适应的体育项目是理想的成才模式之一。同时，要加强意志磨练，克服意气化气质影响很重要，突破这一瓶颈则可能成为"超一流"，无法突破则可能昙花一现。

意见三: 因为战术意识较强,思维直接、反应快,也可以加强营销培训,辅之以市场实践,培养为优秀的市场营运人才。

意见四: 他们不是能够沉浸下来的人,不建议走学术研究道路,不主张走官僚化仕途。

第一节 一将功成难太平

历史上,博弈型人才在阶段性历史中展示出独特的价值,成就了许多耀眼的角色形象。他们在军事领域所获得的成功,足以使他们傲立历史英雄的行列。

他们表现出一系列的个性化品质:

- 善于学习,敏于韬略,养成良好的战术素养;
- 勇于挑战,敢于博弈,有良好的心理素质;
- 作风狠厉,有较强的治军才能;
- 精于计算,显示出卓越的战术能力;
- 缺乏根据地意识;
- 重视战术、轻视战略。

格·康·朱可夫 (1896—1974)
前苏联元帅、军事家,苏联卫国
战争英雄

埃尔温·隆美尔 (1891—1944)
纳粹德国陆军元帅,著名军事家、
理论家,绰号"沙漠之狐"

博弈型人才的智能特征使他们在军事斗争中表现出一定的优势,战术能力和博弈勇气的结合,使他们成为优秀的将才。他们手段坚决,军纪严明,故能整肃队伍,令行禁止。他们勇敢果断,能够身先士卒,故能坚定部队决战决胜之意志。他们胸有韬略,招数颇多，善于创新战术，临机御敌。他们在历史上成就了许多的卓越军事家的形象。

然而，由于他们不善于透视社会多样化关系，不善于对事物长远的逻辑考量（必然性），他们往往很难把军事谋略转化成政治上的成熟性。他们往往不是战略大家，也没能在历史上成就杰出政治家的形象。他们容易用世俗的得失心、功利心看待政治；不懂得战略统筹和利益平衡；也不善于区分政治人性与普通人性。这使得他们容易把政治容易简单化，不善于统筹全局，保障持续发展。项羽灭亡了秦朝，就封王封赏，准备享受霸王的快活，结果是诸侯们再起逐鹿，顿时天下易手，身死名灭；李自成以为攻入北京、明皇帝崇祯自杀，天下也就姓李了，却不料顷刻间吴三桂降清、强敌入关，江山得而复失。他们始终没有明白，自己如此英雄了得，最后为何却落得如此的败局。

他们不善于从历史规律高度看待政治，不懂得从政治稳定需要去确定利益取舍。而固执任性和意气化特质则使他们在危机面前喜欢孤注一掷。当韩信不能从汉王朝长治久安的高度看待刘邦的"夺权"时，他的悲剧就注定了；当朱亮祖在天下一统后仍然恣意妄为时，其被杀也就不可避免了。"太平本为将军定，几个将军享太平？"从封建时代的政治本质来说，这其中似乎有历史宿命，但显然也不乏个人因素。

我们还是从具体事例中去看看他们在历史上的表现吧：

——敢于挑战、不畏风险，展示勇者品质

博弈型人才不太安分，比较刚烈，犹如没有完全驯服的野马。但在这种野性中，也包含了敢于挑战的勇者品质。

项羽①是楚国名将项燕后裔，秦灭六国统一天下后，为躲避秦朝官府的通缉，他跟随叔父项梁颠沛流离，流浪到吴中安顿下来。项梁起初一心想将项羽培养成文武全才，他请来先生教授项羽诗词歌赋，谁知项羽学了没几天就感到厌倦了，不愿再学。随后，项梁又请武师教授项羽武艺，项羽也没有坚持太久。但项羽身材高大，力能扛鼎，而且敢打敢杀，是天生的沙场英雄。项羽总是幻想着能够一夜发达，光宗耀祖。秦末农民大起义爆发后，项梁积极策动吴中地区的起义造反。举事时，项梁击杀了太守殷通，年仅二十四岁的项羽则独自迎战殷通的近百名卫兵，杀得尸横满地，血流成河。项梁拉起起义大旗后，项羽成为项梁麾下的一员骁将。后来，楚地起义军都归于楚怀王名义下，项梁也在一次战斗中不幸战死，项羽受到排挤。公元前 207 年，秦军主力章邯部围攻赵国的巨鹿，赵王歇派使者向楚怀王求救。楚怀王任命宋义为上将军、项羽为副将，率领军队前往营救。不料，宋义领军赶到安阳后就停军不前，他打算让秦赵互斗至两败俱伤时再取渔人之利。项羽认为应该一鼓作气联合赵国击破秦军，而不是抱着投机之心消极等待。无奈宋义不听项羽的

---

① 项羽（前232—前202），号称西楚霸王，中国历史上杰出的军事家。

劝谏。在议事大厅，项羽当机立断，以宋义意图谋反为名杀了宋义。左右将领被项羽的举动所震慑，无不畏惧服从，尊奉项羽为代理上将军。楚怀王得知情况后，也无可奈何，只好任命项羽为上将军，并额外抽调了英布和蒲将军的两支楚军交由项羽指挥，命其挥师北上救赵。这次关键性一搏，开始了项羽人生的辉煌，奠定项羽后来成为西楚霸王的事业基础。项羽的勇气让人敬佩，而他的狠辣也绝对让人胆寒。①

韩信②也是一个敢于博弈的人。这个六尺男儿起初也是一个浪荡子，不安分守己、治家立业。因为游手好闲，不务正业，韩信一度生计都没有着落。有一次，韩信在河边钓鱼，想钓几条鱼来充饥。不料，到日落黄昏，居然一条鱼也没钓到，人早已饿得头昏眼花。一位洗衣女看到韩信的可怜样，把韩信带到家中，让他吃了一顿饱饭。同时，也狠狠地把韩信批评了一顿。幸运的是，秦末农民起义战争给韩信带来了机遇。他投奔了项羽，成为项羽营帐前的卫兵。韩信觉得没有受到重用，又转投被项羽排挤到巴蜀之地的汉王刘邦。刘邦先是给了韩信一个连敖职位，让他负责接待和对外联络。韩信觉得自己的才华没受到重视，于是经常吆五喝六借酒浇愁，结果犯了大事，被判决斩首。十几个同案犯都被砍了头，轮到韩信时，韩信大声高喊："难道汉王不想得天下了吗？为什么要杀壮士呢？"监斩官夏侯婴觉得韩信是个汉子，于是刀下留人，保了韩信一命。后来，心高气傲的韩信仍然觉得看不到前景，决定选择开溜。幸得萧何连夜追赶，好说歹说，劝回韩信。萧何认为韩信是天生的将才，极力劝刘邦予以重用。刘邦听从萧何的建议，决定拜韩信为大将军。韩信登台拜将时，刘邦在其军中安排的一位亲信监军。这位监军依仗自己是汉王的亲信，故意姗姗来迟。韩信毫不犹豫，当即以军令处斩了该监军，丝毫不顾忌刘邦的感觉。韩信通过杀一监军达到了严明军纪和树立威信的目的，这支本来并不服气他的军队立马变得整肃起来。这种敢做敢当的作风和狠劲，正是一个将才必需的品质。

李自成③也是一个敢于博弈的人。李自成早年也是一个浪荡子，身无分文积蓄，却该吃的吃，该玩的玩，该赌的赌，结果欠了一大堆的债。一年冬天，李自成的债主、举人艾诏前来讨债。李自成没有收入，自然还不起。结果，李自成被艾举人一纸告到了米脂县衙。米脂县令下令将李自成拷起来游街，打算重判处死。幸得亲友凑钱相救，李自成逃过一劫。出狱后的李自成对于让自己险些丧命的艾举人十分痛恨，计划着报复。不久，他终于找准时机将艾诏杀害。杀红了眼的李自成索性又杀了与外人私通的妻子。李自成成了官

---

① 裴骃集注：《史记·项羽本纪》，中华书局 2007 年版。

② 韩信（约公元前 231—公元前 196 年）（西汉开国功臣，中国历史上杰出的军事家）裴骃集注：《史记·淮阴侯列传》，中华书局 2007 年版。

③ 李自成（1606—1645 年），明朝末年农民起义军领袖，号称"闯王"。
李文治：《晚明民变》，中国电影出版社 2014 年版。张廷玉：《明史·流贼列传·李自成》，中华书局 1974 年版。

府通缉的要犯。为了活命，李自成和侄儿李过逃往边塞之地，在甘肃甘州投了军。李自成彪悍勇武，很适应军中的生活，不久被甘州参将王国提拔为把总。当时，明朝军队非常腐败，军官们经常克扣军饷，士兵们敢怒而不敢言。而另一方面，因为灾荒不断，政府腐败，陕西灾民在走投无路之下，纷纷走上了起义造反的道路。李自成因军饷问题与参将王国及当地县令发生分歧，一怒之下，李自成杀了他们，发动兵变。他带领追随自己的队伍转战到汉中，投入农民起义的洪流。

述律平①通晓韬略，有较强的军事指挥才能。她亲自训练出两万骑亲兵，号"属珊军"，是名副其实的劲旅。公元913年3月，阿保机的几个兄弟趁他有事外出，发动大规模叛乱。他们一路人马去攻打路途中的阿保机，另一路攻打留在宫帐中的述律平。述律平的"属珊军"轻松地就将围攻她的叛军打败。述律平也够狠辣。在打败兄弟们的叛乱后，阿保机顾念亲情，想要释放卷入叛乱中的一部份亲戚。但是，述律平却劝说阿保机斩草除根，不少参加叛乱的亲族因她的主张被杀。后来，述律平还帮阿保机安排了一场契丹版的鸿门宴。当时，契丹已经分裂为八个部，各部独立自主，互不统属。为了建立统一契丹国，述律平建议阿保机设一个鸿门宴。他们以向其他七部提供食盐为由，请七部酋长过来会宴商议。当七部酋长应约而来后，把酒言欢之际，伏兵四起，七部酋长都被杀死，阿保机之后顺利统一契丹八部。阿保机死后，述律平不择手段打击不顺她意的臣子，动不动以让人传讯给阿保机为由予以杀戮。有一次，有位大臣又惹述律平不高兴了，述律平说："你一直是最忠于先王的，先王在酒泉下很寂寞，你去陪陪他吧！"不料，这位不怕死的臣子说："先帝最亲近的人是皇后您，谁比皇后您去陪伴更合适呢！"述律平略一发愣，突然抽出自己的佩刀，一刀砍下自己的右腕，并说："我是应该去陪伴先帝，无奈子幼孤弱，就让我这只手先代替我去陪伴先帝吧！"这一让人恐怖的狠劲，顿时极大地震慑住了朝臣。此后，大臣们再也不敢顶撞述律平。

马略、庞培、杨秀清、朱可夫等，这些历史人物身上无不清楚显示出博弈型人才敢为的性格。

——精通韬略、敢于胜利，确是战术大师

博弈型人才是天生的战术家，有较强的军事才能。他们胸有韬略，招数颇多，且战术不落俗套，变化多端。

项羽善于集中优势兵力攻坚。在巨鹿之战中，面对人多势众的秦军，不少楚军将士心生怯意。在挥军渡过漳河后，项羽采取背水一战的方式，沉舟、破釜、烧营，坚定士兵决

---

① 述律平（878—953），契丹名字是月理朵，辽太祖耶律阿保机的皇后。
李有棠：《辽史纪事本末》，中华书局1983年版。

战决胜之雄心，楚军以一当十，击垮章邯部队；彭城之战，他发挥骑兵运动力强、善于奔袭的优势，用 3 万楚军直冲刘邦 60 万汉军的中枢，一举击溃刘邦组建的反楚联盟，打得刘邦落荒而逃。项羽善于锐势制敌，因此让对手很是惧怕。

韩信则精于算计，战术套路很多。公元前 206 年 8 月，刘邦趁项羽进攻齐王田荣之机，出兵三秦，正式拉开了楚汉战争的大幕。25 岁的大将军韩信采用"明修栈道、暗度陈仓"之计，一举占领了关中，打破项羽对刘邦汉军的第一道防线。随后，刘邦自己带领一部分人马牵制项羽，命令韩信率兵北掠燕赵之地，平定北方。次年，韩信率军攻打魏国。韩信采用疑兵计，将很多战船陈列在临晋关河边，让魏军集结主力在对岸严防死守，而汉军则以木盆、木桶为船，从距离临晋百余公里的夏阳渡河，直捣魏国首都安邑，一举拿下几乎成为空城的安邑，魏国被改为汉属河东郡。平定魏地后，韩信率军北击赵、燕，东击齐国，并伺机策应中原的战事，威胁楚军粮道。在井陉口，韩信打败赵王歇部署的 20 万大军迎战韩信，赵国全部落入汉军手中。之后，燕王迫于形势压力，主动投降。齐王联合楚军迎战韩信军，但遭到韩信的水攻，被杀得尸横遍野，齐地全部平定。在平定北方后，刘邦命令韩信率军南下，进行中原会战。韩信随即从齐地挥师南下，一路攻占楚都彭城和苏北、皖北、豫东广大地区，与刘邦、彭越、英布等从南、北、西三面对楚军形成合围之势。最后，刘邦采用韩信的十面埋伏之计，节节消耗楚军，最后使项羽成为孤家寡人，自刎于乌江边。楚汉战争全面展示了韩信的军事天才，使其达到人生的辉煌之巅。

李自成善于流动作战。1636 年，李自成采用"以走制敌"的作战方针，声东击西，避实击虚，连战连捷，相继攻下阶州（今甘肃武都）、陇州（今陕西陇县）、宁羌（今宁强）等地。随后，李自成兵分三路进入四川，在昭化（今广元西南）、剑州（今剑阁）、绵州（今绵阳）等地击败明军，还杀死明朝总兵侯良柱。次年，明将杨嗣昌制定"四正六隅，十面张网"的策略，步步为营，限制起义军的流动性。李自成习惯招式被破解，遭到潼关原大战的失利，几乎全军覆没。后来，明朝将主力集中到东北对抗清军，进行宁锦会战，并遭致大败，主力尽丧。李自成重新活跃起来，并迅速壮大。最后，李自成成立大顺政权，并挥军一路攻杀，拿下北京，推翻明王朝。

鳌拜是清初有名的将领。作为著名的勇士和军事将领，鳌拜以其赫赫战功赢得清太宗的赏识。1631 年，在大凌河战役中，鳌拜率主力大败明军，被授予牛录章京世职。1637 年 8 月，鳌拜又在乌欣河等地大败明军。1643 年，鳌拜率清军攻克锦州，明朝名将洪承畴、祖大寿一俘一降。鳌拜晋升为三等昂邦章京爵位。

隆美尔也是一位善战的将军。二战初期，隆美尔统帅第七装甲师横扫欧洲，在荷兰、比利时、卢森堡还没清醒时，已经被隆美尔征服。隆美尔随后率军越过法国重兵把守的马其诺防线，攻入法国本土。隆美尔挥军长驱直入，仅用不到六个星期的时间，就彻底打垮了当时号称世界陆军最强国的法国。隆美尔装甲师死伤仅仅 2000 余人，却俘获法军

97000 余人。后来，当轴心国军队在北非失利并陷入危局时，隆美尔被派往北非扭转局面。他不负希特勒之所望，一战昔兰尼加，再战托卜鲁克，连战连捷，使盟军遭受沉重打击，被盟军称为"沙漠之狐"。其军事才能无可置疑。

朱可夫也是一代将星。在二战期间，朱可夫总是被派往关键地区指挥作战。在莫斯科保卫战、斯大林格勒保卫战等著名战役中，朱可夫都显示出了杰出的军事才能，其组织实施战役的能力堪称一流，很好地完成了前苏联最高统帅部下达的作战指令，为世界反法西斯斗争的胜利作出了重大贡献。当然，这只是证明了朱可夫的战术思想和战役指挥才能，并不证明朱可夫的战略才能，他只是坚决地贯彻了前苏联领导集体的战略思想和意志。

如果要细细盘点他们的战例，其计策绝对不止三十六计。正所谓"兵无常势，水无常形"。他们的可贵之处不是懂得"孙子兵法"，而在于懂得相机变化。

但是，他们主要是军事战术家，而不是军事战略家。

庞培①的军事才能是足可称道的。如果说他帮助苏拉打败政敌马略派势力还属于小试牛刀的话，他用 40 天就成功占领努米底亚、征服非洲，这就是军事天才的展示。后来，庞培又指挥强大的罗马军团清除地中海数以万计的海盗，向东征服本都和提尼亚、合并为罗马的一个行省，征服叙利亚并将其变成罗马的一个行省，其人生达到辉煌的顶峰。然而，法萨卢斯一战使得庞培一世英名尽毁。在这场与恺撒的对决中，庞培原本占有绝对优势——恺撒有 8 个军团，总兵力 22000 余人，其中骑兵不足 2000 人；庞培则有 11 个军团，总兵力 45000 余人，其中骑兵 7000 余人。结局是，恺撒用 30 名百夫长和 200 名士兵牺牲的代价，消灭庞培军 15000 余人，俘敌 24000 千余人。庞培只带了极少部分亲信仓皇逃离战场。决定这场战役的胜负关键在于：恺撒知己知彼，善于临阵创新；庞培只知己不知彼，刚愎自用。

在中国隋朝末年的战争中，可谓英雄辈出、将星云集，他们合作演绎了一部精彩纷呈的战争历史画卷。其中，诸如宋金刚、王世充等都称得上是勇谋兼备的战术家，都曾经叱咤风云，打败过许多对手。然而，这些战术大家们一遇到李世民，就像遇到无法逾越的天山，纷纷败下阵来。何也？因为李世民站得更高，看得更深更远，更善于从战略高度统御战争。而宋金刚、王世充等只是战术家，在战争节奏的把握上弱了一些。

——山头主义、偏私偏爱，常情难逾大理

他们属于直觉型精神反应模式，思维直接，因而功利态度鲜明。他们的阵营意识很明确，并会努力保护自己的势力范围，容易意气用事，偏私偏爱。

---

① 格涅乌斯·庞培（前 106—前 48），古罗马共和国末期著名军事家。

西汉的窦漪房①是一个典型的博弈型人才，她敢爱敢恨，个性鲜明，对几代皇帝都产生了较大影响。然而，窦漪房偏私偏爱，极为情绪化。她觉得小儿子刘武的性格比较像自己，因而特别宠爱、偏护刘武。在她的骄纵下，刘武不仅逾越礼制，出行行天子礼。刘武还希望更改祖制，实行皇位兄终弟及。窦漪房居然也支持刘武的想法，要求汉景帝答应立刘武为储君。当有朝臣坚持父子传承的正统模式时，刘武悍然派人对这些朝臣痛下杀手。此事一度引起轩然大波，汉景帝非常恼怒，要严厉追究此事的责任人。但在窦漪房袒护下，汉景帝最后不得不妥协，只是杀了刘武的两个心腹（羊胜、公孙诡），草草了事。窦漪房一生意气用事，却仍然得到三代皇帝的认可，除了特殊的身份外，原因或许在于：窦漪房有私心而不成"野心"，有计谋但不阴谋。

述律平的偏私简直到了无以复加的地步，她可以因为一己之好恶完全不顾国家民族前途。述律平是一个极其偏心的母亲，她一共生了三子一女，有资格继承皇位的三个儿子分别是长子耶律倍、次子耶律德光、幼子耶律李胡。只因小儿子性格有几分像她，她就一意偏袒小儿子。李胡既没有继承父母一丝一毫的文韬武略，更从没有为契丹国建立过任何功勋。他只有一身蛮劲，狠辣方面倒是青出于蓝而胜于蓝，视生命为草芥。因此契丹人上至高官贵族下至平民奴隶，没有不怕他的。就是这样一个文不成武不就的纨绔子弟，却偏偏让述律平觉得他是最能干的儿子。耶律德光因为在阿保机生前已建立很多功勋，理所当然地继承了皇位，他即位后也推进了辽国的发展，遗憾的是中年而逝。之后，述律平一心想把残暴不仁的李胡推上皇位。契丹贵族们出于为国家计，选定了耶律陪的儿子耶律阮来继承皇位。一心想让李胡当皇帝的述律平听到这个消息大怒，封李胡为"天下兵马大元帅"，率兵征讨耶律阮。但不学无术且不得人心的李胡很快就被耶律阮打得狼狈而归。述律平气得火冒三丈，居然决定亲自上阵去攻打自己的亲孙子耶律阮。她的臣子集体表示反对。述律平一怒之下将跟随耶律阮的贵族及将士家眷全部抓了起来，准备将几万人全部杀死。后来在契丹贵族们的集体劝说下，述律平才不情愿地接受事实。但最后，她还是一度想通过一场政变来让李胡登上皇位。结果是，密谋曝光，述律平与小儿子一起被送到边境地带幽禁起来，直到去世。

人间自有常情在，只是大理不能越。懂得区分大义与小义、大节于小节、大仁与小仁，才能达到杰出政治家的精神高度，也才能更有效地驾驭实践。

——不明大势、不暗权谋，足见政治上有短

因为智能特征的影响，博弈型人才弱于宏观和战略，不善于从大趋势考量事物，所以难以把握历史潮流；并善于对多样化社会关系的平衡和管控，甚至看不透政治权谋，所以

①　窦漪房（？—前135），西汉文帝朝皇后，历文帝、景帝、武帝三朝。

难以主宰政治。

韩信攻下齐地后，兵强马壮，盛极一时。他这时完全有与刘邦分道扬镳、利用三足鼎立形势独立开创大业的机会，也有人极力劝他走这条路。但韩信觉得刘邦对他又知遇之恩，同时又患得患失，最终没有听取谋士建议。当时，刘邦正在中原与项羽激战，急切等待韩信的援兵，数度催促韩信来援。不想自立门户的韩信于是向刘邦要价，请求封他为齐王。刘邦口里当然只得答应，心中则对韩信多了些警觉、少了些信任。当天下大定、民众思安的时候，刘邦开始削弱那些手握重兵的诸侯，这是安定江山社稷的需要。有杰出军事才能又有割据为王思想的韩信自然首当其冲。刘邦听取陈平之计，诈游云梦，擒住韩信，剥夺了他的兵权，让他到京城当安乐侯。失去权势的韩信心中很是不爽，颇有怨言。他还与起兵造反的吴越有书信往来，希望诸侯起兵为自己赢得再度起事的机会。显然，韩信既没有治国平天下的思想准备，也没有治国平天下的政治才能。所以，在争夺天下的机会来到时，他犹豫彷徨，不知所措。而天下平定后，他本来该放弃兵权，太重的得失之心又使他不甘心放弃，最后终于走上不归之路。

项羽在政治上也是糊涂的。巨鹿之战后，章邯率领20余万秦军归降，项羽因为担心降兵生变，一个夜间将这20余万降兵全部坑杀，尽显人性冷漠。在占领咸阳后，项羽也不懂得继承秦朝政治遗产的重要性，一把火将阿房宫烧成灰烬，然后东归并定都于四面无险可守的彭城。项羽更不懂秦始皇设立郡县治理国家的政治意义，大肆分封诸王，形成割据政权，埋下战争再起的火种。当然，项羽也不懂得建立完整的治国安邦人才团队的重要性。结果是，项羽的霸王梦没做两年，就迎来了诸侯的反叛。尽管项羽能征善战，但由于不懂政治和战略，很快就被诸侯抛弃，他左支右绌，顾东失西，疲于奔命。最后，当刘邦完成全国布局后，形成对项羽率领的楚军的合围，项羽已是非败不可。项羽至死也没明白自己为什么会死在那个经常被自己打的丢盔弃甲的刘邦的手里。刘邦对项羽的胜利是政治对军事的胜利，是战略对战术的胜利，是根据地作战对流动作战的胜利。

李自成创立了自己的"大顺"政权。但是，李自成自己对他的"大顺"政权的认识仅停留在感性的层面上，在政治上是很幼稚的。特别是攻下北京后，他以为崇祯皇帝自杀了，王朝也就到手了，天下也就姓李了。无论是从制度上还是从策略上，我们都发现：李自成没有做好建立大顺王朝的政治准备。而李自成让士兵放假三天，尽情享受，状如乌合之众。这与毛泽东的那种"夺取全国权胜，只是万里长征走完第一步，以后的路更长，任务更艰巨"的见识相比较，差距何止万里。早在李自成进入北京之前，后金军就曾经几度入寇关内，威胁北京。而且明军主力也是尽丧于与后金军的宁锦决战中，李自成也是因此才有了入主北京的机会。但李自成似乎完全看不到关外敌军的虎视眈眈，不明白通过政治外交稳定双边关系的重要性，甚至连安抚边关守将吴三桂的政治意义、战略意义也不懂。他没有对吴三桂的家眷进行妥善保护，让吴三桂之父、之妻都受到侮辱，致使吴三桂

"冲冠一怒为红颜"，投降清朝，引清兵入关。这简直就是儿戏。就在败军之际，李自成还听信牛金星这种江湖术士的谗言，担心李岩将来夺他的皇位。他不仅不听从李岩开辟河南第二根据地的建议，还杀害了李岩，断了卷土重来的最后一个机会。

鳌拜胆子很大，很勇敢，政治才能却很有限。他战功赫赫，但在仕途上却累受打击。他先是因参与皇帝家事而埋下祸根，后又因参与皇权的派系斗争，几次被多尔衮捕捉下狱。幸得顺治皇帝的解救，鳌拜得以保全性命。后来，鳌拜成为辅佐年幼的康熙皇帝的四位辅政大臣之一。鳌拜不仅利欲熏心，而且排斥异己，想独断朝政。在班布尔善等人的怂恿下，他甚至觊觎帝位，终于陷入万劫不复之地。

张学良先是被蒋介石忽悠，放弃在东北对日本侵略军的抵抗，率东北军入关，背上一个"不抵抗将军"。入关后，东北军被命令调往西北前线攻打共产党红军。东北军在与红军的作战中损兵折将，大受挫折。蒋介石不仅不给东北军补充新生力量，物资供应方面也相当"抠门"，甚至连东北军阵亡将军的抚恤金也不给。张学良终于识得了蒋介石"一斧两砍"的权术——用杂牌军消耗红军、用红军消耗杂牌军。这促使张学良与面临同样命运的西北军统帅杨虎城两合起来，发动"西安事变"，想捉蒋介石后"挟天子以令诸侯"。不料，蒋介石被捉后，国际国内一片声讨张、杨"政变"之声，国民党中央军更是大批向西安迫近。中共方面基于对形势的判断，从中协调，提出在蒋介石答应"停止内战一致抗日"的主张后，和平解决"西安事变"。杨虎城对蒋介石的政客本质极不信任，要求在得到蒋介石对参与"西安事变"的诸将领的安全承诺后，再放蒋介石。但是，张学良患得患失，他想马上与蒋介石妥协。他甚至不与杨虎城商议，就与宋美龄、宋子文单方面达成放蒋协议，并亲自把蒋介石送回南京。这其中当然是侥幸心、投机心在作怪，他显然是希望以此让蒋介石把他与杨虎城区别看待。但是，张学良既不了解蒋介石的本质，也少了些政治敏感。蒋介石的心胸没那么宽广。而从政治上来说，蒋介石也不可能不追究西安事变的主要责任人。结果是，张学良一到南京就被软禁。这一软禁就是一生，直到蒋介石去世后，张学良才恢复自由。

在斯大林死后，朱可夫在苏共党内争权斗争中，被赫鲁晓夫当作打击政治对手的工具一再利用，特别是在与所谓的"马林科夫、莫洛托夫反党集团"的斗争中，他不仅是急先锋，也是决定力量。是他用军用飞机强行把一些中央委员集中到莫斯科开会，才稳住了赫鲁晓夫的阵脚，相当于一场军事政变。然而，不懂权术的他，最终是为赫鲁晓夫做了嫁衣。在赫鲁晓夫成功掌握最高权力后，功利心很重的朱可夫并不被赫鲁晓夫放心，不久就被赫鲁晓夫一脚踢开。他显然对赫鲁晓夫的权谋家本质一无所知。

——何得何失、寸心自知，任由来者评说

博弈型人才因为精明干练、勇于任事，在历史上建立了良好的角色形象。但同时，他们的个性缺点也是很鲜明的。

一是权力容易放大他们的任性，以致刚愎自用、恣意妄为。

商纣王①非常暴虐，是中国历史上的暴君典型。传说，商纣王才思敏捷，能言善辩，且体魄强健，能"抚梁换柱，倒曳九牛"，可见他是个人才。但他恃才傲物，恣意妄为，聪明反被聪明误。《史记·殷本纪》说他能言善辩——"智足以拒谏，言足以饰非。"可见他是颇有智慧的。但是，权力任性让他误入歧途。他寻欢作乐，穷尽心思，以酒为池，悬肉为林，让男人、女人赤身裸体追逐其间，以供自己开心。他荒淫无道，却不准任何人劝谏。皇叔比干直言劝谏，请求他远离美人妲己，专心国家政务。商纣王一怒之下说："听说皇叔的心是七窍玲珑心，我想见识一下。"结果他竟将皇叔开膛破肚。稍不如其意，他就滥施酷刑，王室贵族也不例外，搞得朝廷上下人人自危。最后，商纣王弄得众叛亲离，终于被周武王所灭。

二是他们太看重个人得失，以致受物质心所累。

项羽说："富贵而不归故乡，如锦衣夜行。"这是他的人生观、价值观，也标示着境界高度。项羽的天下观确实是狭隘了一些。这种狭隘看不到统一国家的现实需求，也不想承担建设理想社会的历史责任。反过来，这种得失观还使自己过于看重自我形象和现实利益，造成巨大的精神包袱。在垓下兵败后，项羽觉得无颜见江东父老，所以自刎于乌江。项羽所言所行，都表现出太看重个人得失；项羽的生死荣辱，也因为太看重个人得失。项羽无德以承受"大得"之重，因为他缺乏杰出的政治才能；也无力以承受大失之重，因为他有太重的个人得失心。这种矛盾使雄踞霸王位置的项羽注定难以善终。"至今思项羽，不肯过江东。"唯作前车之鉴而已。

韩信也是患得患失之人。征战之际，有利用三足鼎立逐鹿天下的机遇而不会抓住，因为他患得患失，太看重眼前的地位；江山既定，该放兵权和权势而不能放下，因为他舍不得既得利益。韩信不能从历史规律的高度看待社会变化，不能从国家长治久安的角度看待政治需求，用一般人性来看待政治人性，用一般道德来看待政治道德。所以，他不能认同刘邦代表国家的政治需求，始终抱着权力不肯放手。当刘邦出于国家长治久安的需要，从韩信手中夺走兵权时，韩信心中甚是不平。在闲做安乐侯时，韩信不仅桀骜不驯，狂言多多，而且与图谋反叛的彭越等勾勾搭搭，最后终于成为时代的牺牲品。

庞培征服非洲后，拒绝按照元老院惯例和要求交出军权。他率军出现在罗马大门口，要求苏拉为他举行凯旋仪式。按照当时的罗马法律，获得巨大战功且担任执政官、行政长官的人才能享受凯旋式荣耀。而庞培之前并未担任上述公职，不具备举办凯旋式的资格。庞培自恃军功，傲慢地说："崇拜初升太阳的人要多于崇拜落日的人。"苏拉违心地为庞

---

① 帝辛（前1105—前1046），谥号纣，世称商纣王，中国商朝的末代皇帝。

培举行了非洲之战的凯旋式，并笑称庞培为"伟大"的征服者。此前，被冠上此称号的只有伟大的征服者亚历山大大帝一人，庞培的虚荣心因此得到极大的满足。在获得更高的政治地位后，庞培暴露出他的短肋。在政治治理上，他被认为缺乏明确的方向。在政治操作上，他在平民派和元老派之间来来去去。最后，在利益驱动下，庞培成了元老派对抗恺撒的工具。

隆美尔原本很崇拜希特勒，也一直是希特勒的坚定支持者。但到 1944 年 7 月，眼见希特勒大势已去，盟军即将攻入德国本土，隆美尔开始盘算自己的命运。不久，德国发生了一场政变。这场政变名为瓦尔基里行动计划，组织者是克劳斯·冯·施陶芬贝格上校。参加政变的人还有埃尔温·冯·维茨莱本元帅、路德维希·贝克上将、埃里希·赫普纳上将、卡尔·格德勒（莱比锡市长）、梅尔茨·冯·基尔海姆上校、阿尔弗雷德·台尔普神父等。他们的计划是，由施陶芬贝格利用前往狼穴参加大本营会议的机会，置放炸弹炸死希特勒，然后立即前往柏林命令部队起义，随后成立一个影子政府，由贝克上将担任国家元首，格德勒担任总理，最终恢复德国帝制。不料，人算不如天算，这枚炸弹被参加会议的人无意中挪动，希特勒因此侥幸逃过一劫。随后，希特勒逮捕了参与政变的全部人员，并即时处决。党卫军在清理政变文件时，搜出一份写有隆美尔名字的文件。原来，在盟军攻入法国后，隆美尔确实曾产生过刺杀希特勒、发动政变的想法，与政变人士一度有过联系。但是，隆美尔患得患失，最后放弃了这一打算。隆美尔没想到，当初的一闪念头现在成了他企图暗杀领袖的铁证，他只能自认倒霉，被迫服毒自尽。

总的说来，他们的物质心制约了胸怀和意境，而其习惯的直觉判断模式也少了些理性，这是他们在政治上作为较少的原因之一。

第二节　商场演兵韬略强

博弈型人才在商场也能虎虎生风，有些人还成就了个人的传奇功业，这与他们的个性品质是根本相连的。

比较起来说，开创型人才创业时，高度重视该事业的社会价值和远景，并在确立主业后矢志不渝地发展、完善主业，同时把完善企业系统建设作为事业的重要目的之一；经验型人才创业，以服务社会需求为基本着眼点，以优质服务打品牌，以扩大服务争市场，集腋成裘式滚动发展；博弈型人才则不在乎远景，主要是盯住项目的现实市场价值，并在确立项目后全力运用市场手段去实现其市场价值。就像军事领域里的博弈型人才没有根据地意识一样，经济领域里的博弈型人才也没有"主业意识"，什么赚钱就做什么，做一票是一票。他们更看重成败，而不在乎什么是主业，不在乎社会评价。

他们在商场表现出如下思想和个性特征：

- 面向热点，寻蹊径入市场；
- 不守规则，向风险要价值；
- 勇于造势，影响力等于占有率；
- 目标直接，利润就是终极真理；
- 团队很重要，军队不能没有冲锋的士兵；
- 直觉很重要，因为市场是变化的；
- 公益不是必需的。

他们搏击市场时，往往不在意世俗的规则，特别是对第一桶金，他们敢于进行赌徒式冒险；他们只看见一个一个的项目，因项目而利润，因利润而项目，简单循环；在运作项目时，他们注重战术，轻视战略，善于广告轰炸和一些技术性市场手段。

人物代表如乔治·索罗斯、史玉柱等。

——拨弄风云之索罗斯①

索罗斯是这个时代最引人关注的金融家之一，也是一位颇有争议的投资家。他是一位战术大师。

1969年，索罗斯审时度势创立量子基金，这是第一批对非美国投资者敞开的离岸基金之一。此后，量子基金获得快速发展，年平均增长率达到35%以上。量子基金的一个单位在1969年能卖41.25美元，到1993年初已经达到21543.55美元。量子基金还付出了高额的现金红利。

索罗斯有敏锐的市场直觉。索罗斯坦言："对于在货币市场上投机，我从来没有犹豫过——即使我说过货币市场应该加强稳定。""我们所有对实际的看法基本上都存在着不同程度的缺陷和歪曲，于是我就专心致志地研究这种歪曲在事实形成过程中的重要作用。"他认为，市场中的买入卖出决策并不是建立在经典经济学的观点之上，而是基于投资者的预期。他的《金融炼金术》的核心理论——相互作用关系理论主要地被他应用于金融实践，并为他开辟了滚滚的财源。

索罗斯敢于博弈、善于博弈。在他的投资活动中，充满了豪赌式的传奇。

1992年夏季，英国政坛的领袖强调他们不会让英镑贬值，宣称英国不会退出欧洲汇率体系。但是，深谙金融规律的索罗斯却与英国政府开始了一场豪赌，他决心下注狙击英

---

① 罗伯特·斯雷特：《索罗斯旋风》，黄铮译，海南出版社1998年版。本章节相关引言都出自本书。

镑，使英镑脱离欧洲汇率体系。他卖出价值100亿美元的英镑，然后回家睡了个好觉。第二天早晨，交易员欣喜万分地告诉他，索罗斯一夜之间净赚9.58亿美元。当索罗斯在欧洲汇率体系危机中建立的其他头寸利润得以实现时，他的总收入接近20亿美元。9月15日，英国把他们被迫将英镑脱离欧洲汇率体系的日子称作"黑色星期三"，索罗斯则把这一天命名为"白色星期三"。

索罗斯敢于博弈的气魄让人心折。公众事务评论家、以色列社会与经济进步中心总裁丹尼尔·多隆曾有如下评论："我曾有幸坐在索罗斯的办公室里，目睹他做出涉及亿万美元的交易决策。如果换了我也许会战栗不止，寝食不安。他的游戏玩得太大了，这需要钢铁铸成的神经。也许索罗斯正是这样的合适人选。"

而1997年的东南亚金融危机再次让人们领教了这位横刀立马的金融黑将军的厉害。他采用立体投机、声东击西的战术套路，搞得东南亚金融市场一片狼藉，东南亚经济受到沉重打击。索罗斯也因此被马哈蒂尔斥责为刽子手。

1997年初，以索罗斯量子基金为代表的一些大型基金大规模运用金融"杠杆"不断挤压泰国金融市场，触发泰国金融危机，在随后东南亚金融危机演变过程中，这些基金兴风作浪，加重了危机的程度。危机爆发后，许多东南亚国家和地区的汇市、股市轮番暴跌，金融系统乃至整个社会经济受到严重创伤，1997年7月至1998年1月仅半年时间，东南亚绝大多数国家和地区的货币贬值幅度高达30%～50%，最高的印尼盾贬值达70%以上。同期。这些国家和地区的股市跌幅达30%～60%。据估算、在这次金融危机中，仅汇市、股市下跌给东南亚国家和地区造成的经济损失就达1000亿美元以上。受汇市、股市暴跌影响。这些国家和地区出现了严重的经济衰退。

过程：1997年3月3日，泰国中央银行宣布国内9家财务公司和1家住房贷款公司存在资产质量不高以及流动资金不足问题。索罗斯及其手下认为，这是对泰国金融体系可能出现的更深层次问题的暗示，便先发制人，下令抛售泰国银行和财务公司的股票，储户在泰国所有财务及证券公司大量提款。此时，以索罗斯为首的手待大量东南亚货币的西方冲击基金联合一致大举抛售泰铢，在众多西方"好汉"的围攻之下，泰铢一时难以抵挡，不断下滑，5月份最低跌至1美元兑26.70铢。泰国中央银行倾全国之力，于5月中下旬开始了针对索罗斯的一场反围剿行动，意在打垮索罗斯的意志，使其知难而退，不再率众对泰铢群起发难。但索罗斯志在必得。1997年6月，索罗斯再度出兵，他号令三军，重振旗鼓，下令套头基金组织开始出售美国国债以筹集资金，扩大索罗斯大军的规模，并于下旬再度向泰铢发起猛烈进攻。只有区区300亿美元外汇储备的泰国中央银行在短暂的战斗后便宣告"弹尽粮绝"，想泰铢保持固定汇率已经力不从心。7月24日，泰铢兑美元降至32.5：1，再创历史最低点。泰国被迫宣布泰铢与美元脱钩。实行浮动汇率制度。当日泰铢汇率狂跌20%。和泰国具有相同经济问题的菲律宾、印度尼西亚和马来西亚等国迅速受到泰铢贬值的巨大冲击。7月11日，菲律宾宣布允许比索在更大范围内与美元兑换，当日比索贬值11.5%。同一天，马来西亚则通过提高银行利率阻止林吉特进一步贬值。印度尼西亚被迫放弃本国货币与美元的比价，印尼盾7月2日至14日贬值了14%。继泰国等东盟国家金融风波之后，中国台湾的台币贬值，股市下跌，掀起金融危机第二波，10月20日。台币贬至30.45元兑1美元。10月27日，美国道，琼斯指数暴趴554.26点，迫使纽约交易所9年来首次使用暂停交易制度，10月28日，日本、新加坡、韩国、马来西亚和泰国股市分别跌4.4%、7.6%、6.6%、6.7%和6.3%。特别是香港股市受外部冲击，香港恒生指数10月21日和27日分别跌765.33点和1200点，10月28日再跌1400点，这三天香港股市累计跌幅超过了25%。11月下旬，韩国汇市、股市轮番下跌，形成金融危机第三波。从1998年1月开始、东南亚金融危机的重心又转到印度尼四亚、形成金融危机第四波。1月8日，印尼盾对美元的汇价暴跌26%。1月12日，在印度尼西亚从事巨额投资业务的香港百富勤投资公司宣告清盘。同日，香港恒生指数暴跌773.58点，新加坡、中国台湾、日本股中分别跌102.88点、362点和330.66点。直到2月初，东南业金融危机势头才初步被遏制住。

索罗斯立体运用金融手段进行投机的战术在冲击香港金融市场的战斗中表现的淋漓尽致。1997年10月，索罗斯"率军"转战香港。国际投机家先在货币市场上大量拆借港币，抛售港币，迫使港府急剧拉高货币市场同业拆息；货币市场同业拆息急剧上升引起股票市场下跌；同时引起衍生市场上恒生股票指数期货大幅下跌；恒指期货大幅下跌又加速了股票市场的下跌；股票下跌又使外国投资者对香港经济和港币信心锐减，纷纷抛出港股换回美元，使港币面临新一轮贬值压力……各个市场的连锁反应，最终全面扩大了投机家的胜利果实。自1997年10月以来，国际炒家4次在香港股、汇、期三市上下手，前三次均获暴利。1998年7月底至8月初，国际炒家再次通过对冲基金，接连不断地狙击港币，以推高拆息和利率。很明显，他们对港币进行的只是表面的进攻，股市和期市才是真正的主攻目标。炒家们在证券市场上大手笔沽空股票和期指，大幅打压恒生指数和期指指数，使恒生指数从1万点大幅度跌至8000点并直指6000点。在山雨欲来的时候，证券市场利空消息满天飞，炒家们趁机大肆造谣，扬言"人民币顶不住了，马上就要贬值，且要贬10%以上"，"港币即将与美元脱钩，贬值40%"，"恒指将跌至4000点"，云云。目的是扰乱人心，制造"羊群心态"，诱导金融市场。恒生指数一度下跌300点，跌穿6600点关口。在压低恒生指数的同时，国际炒家在恒指期货市场积累大量淡仓。恒生指数每跌1点，每张淡仓合约即可赚50港币，而在8月14日的前19个交易日，恒生指数就急跌2000多点，每张合约可赚10多万港币，可见收益之高。

在这场金融大战中，港府动用外汇基金干预股市与期市，在两星期托市行动中，投入资金超过1000亿港元，最后迫使投机资本败退离场。索罗斯在香港以失败收场，主要原因他对中国中央政府对金融市场的制衡能力错误估计。

有人揣测，索罗斯在东南亚金融危机中获利甚丰，估计高达 20 亿美元。

索罗斯坦言："我对慈善和博爱都很反感。慈善信托是很有意思的避税花招，其中的本金可以留给后代。"

有了巨额财富的索罗斯还是有社会理想的。1987 年，索罗斯决定在前苏联建立一个新的慈善事业的前沿阵地，他把它叫作"最完美的封闭社会"。他最大的希望是推动经济改革。1990 年，他建立了开放爱沙尼亚基金，在拉脱维亚和立陶宛也都建立了相似的基金，提供商业和管理培训，资助学者旅行，提供奖学金和英语培训。1992 年 12 月，索罗斯宣布了他的最大的援助项目之一，即捐助 1 亿美元支持前苏联的科学家和科学研究。当美国和欧洲社会正在犹豫如何帮助俄国不统一的科学团体时，索罗斯已经走在了前面，开始了一个项目。自从 1987 年以来，索罗斯在东方各国建立了索罗斯基金。每年他的花费都在膨胀。他在东欧的努力在 1990 年成长了起来，那时他在布拉格和布达佩斯建立了带有校园的中欧大学。拥有来自 22 个国家的 400 名学生。到 1994 年春天为止，索罗斯慈善王国已经扩张到 26 个国家，建立了 89 个办公室。他是一个大慈善家，他成为东起乌拉尔山、西至多瑙河畔广大土地上最重要的捐助者，被许多人尊崇为圣人。索罗斯帮助封闭型社会打开门户的慈善举动，给他带来了极大的满足，甚于积累市场所有的财富。他说："我的大量精力放在了资助项目上，可能有 80%～90%。"他宣称。基金工作让他"比赚到大笔的金钱离实现真正的满足感更接近"。

索罗斯的开放基金究竟是成就更多还是破坏更多，还有待历史评估。但可以肯定的是，政治不是索罗斯的强项。

有一点不容置疑：世界经济一体化给了索罗斯更多的进攻点，给了他更大的流动作战的空间，他还将在一个较长的时间内继续他呼风唤雨的神话。

——巨人不再之史玉柱①

史玉柱创建的巨人集团曾经是中国珠海改革开放的一面旗帜，后又成为一个典型的失败案例。

1989 年，史玉柱开始在计算机领域创业，开发出汉卡 M6401、M6402、M6403 等产品，开辟出第一块事业天地。1991 年，史玉柱在珠海注册成立巨人新技术公司，推出 M6405 型汉卡、中文笔记本电脑、中文手写电脑等多种产品，实现年利润几千万元。到 1993 年，史玉柱通过快速扩张，已经成为一家拥有 38 个子公司的大企业——巨人集团。在当时，巨人集团是全国第二大民办高科技企业。

---

① http：//www.baidu.com/s？word＝史玉柱

1993 年，在一帆风顺的迅速扩张中，史玉柱下令全方位出击，向房地产和生物工程领域进军。他的计划：到 2000 年，让巨人集团的资产发展到 100 亿元。

史玉柱决定建一座全国最高的"巨人大厦"，采用世界流行的"智能型"概念。这座大厦是实实在在的冒进，楼层从原来的 38 层改为 64 层，后又增为 70 层，预算投资飙升至 12 亿元。尽管这已超过了巨人集团资金实力的多倍，但史玉柱仍然信心满满，相信自己能够腾挪成功。

同时，巨人集团加速在保健品领域里的发展。史玉柱一次性推出电脑、保健品和药品三大系列 30 个产品，并耗巨资大做宣传广告，巨人"脑黄金"、"巨不肥"等保健品一时成为全国人民耳熟能详的名词。

1995 年，巨人事业从辉煌顶峰走向大溃败。巨人集团的计算机产品销售出现逆转，生物工程项目也出现亏损，财务状况吃紧。而巨人大厦更是像一个吞噬资金的无底洞。巨人集团陷入财务危机。在经过多方面努力仍然得不到改善的情况下，史玉柱最后放弃了拼搏，债务缠身的巨人集团轰然倒下。

2001 年，史玉柱重出江湖，注册"上海健特生物科技有限公司"，继续经营保健品。他将巨人脑黄金改头换面变成脑白金，再次运用广告轰炸策略，赚取了大笔资金。其后，史玉柱又涉足金融业，成为华夏银行和民生银行的股东。2004 年，史玉柱转投游戏产业，开发《征途》大型网游，游戏同时在线人数超过 100 万。"巨人网络"还实现在美国上市，是当时在美国发行上市的中国民营企业中规模最大的一个。

2009 年，史玉柱以 15 亿美元的身家荣登"福布斯全球富豪排行榜"第 468 名，位列中国大陆富豪第十四名。

史玉柱把博弈型人才的个性特征展露无遗：

追日勇气：史玉柱决定放弃公职下海，他对朋友说："如果下海失败，我就跳海。"他的一系列投资活动也都证明了他的破釜沉舟的勇气和敢于博弈的个性特征。在创业的过程中，史玉柱还经常用夸父追日的故事激励员工，要执着于理想，不屈不饶。

经营思想：有人把史玉柱的经营思想归结为三点，即把好产品选项关，给产品起个好名字，做好营销策划。史玉柱认为，企业要找到自己的细分市场；与其改变消费者固有的想法，不如在消费者已熟悉的想法上去引导消费者；要花大的精力建立一个最基层员工也可以看明白及易于操作的手册，尤其是《管理手册》和《营销手册》；对普通员工，首先考虑其利益，然后才是社会价值。

以奇用兵：史玉柱善于广告营销，既敢于另类，又不怕落入俗套。他的"巨人健康大行动"广告因为另类，甚至被国家工商局紧急叫停。而他的脑黄金广告——"今年过年不收礼，收礼就收脑黄金"被业界评为最俗气的广告之一。"征途"广告也以怪诞刻在我们的记忆中。史玉柱认为："广告靠吸引比靠强迫更难。"他只需要家喻户晓，不在乎舆论评价。

战略之短：对于企业家来说，把握好主业与扩张的关系很重要。史玉柱坦言，他不喜欢战略那种看不见的东西。从经营电子产品到转战保健品、房地产、网游等产业，显示了史玉柱缺乏主业意识的特点。而在巨人大厦上的冒进和"毕其功于一役"的方式，也用失败教训了史玉柱的"军事冒险主义"。

第七章 │ 敏行型人才

故事新编

　　关羽兵败后身陷曹营，曹操劝他归降，说："刘备就只有几个鸟人，又婆婆妈妈的，能成啥事，跟着我保管锦衣玉食。"关羽说："忠义是我吃饭的家伙，丢了它，还怎么混！"曹操无语。

原境界：外直觉层——高层德行：中正进取

思　维：二维透视——平行型思维

气　质：赤诚型

主要素质指标：

思维张力：数理能力中偏上　人文能力中偏上

敏感系数：敏于直觉的形势判断　钝于全局大势

学习能力：自觉勤奋　积累见功　敏于术数　　　　☆☆☆

交际能力：君子之交淡如水　　　　　　　　　　　☆☆☆

战略管理能力：不善于战略　　　　　　　　　　　☆☆

战术创新能力：善韬略　战术能力较强　　　　　　☆☆☆

行政执行力：忠于职守　干练果决　执行力强　　　☆☆☆

技术创新力：有较强的技术创新能力　　　　　　　☆☆☆

综合评级：　　　　　　　　　　　　　　　　　　☆☆☆

习惯模式：心有所定　大路方向　道义为本　自敏于行

《西游记》虽然把沙僧刻画得过于木讷，使其形象丰满性严重受损，但是，小说抓住了这一人才的最本质的特征——忠于信念和踏实、上进。这类人才是事业的中坚力量，也就是我们所说的敏行型人才。

历史上的敏行型人才多数是用中正、侠义和积极进取品质打塑的英雄形象，这是他们的智能特征在历史主流文化的推动下的积极展示，也是历史对这类人才主要品质的肯定。

敏行型人才的智能特征决定了其精神世界的境界高度和运行模式，表现为外倾型价值判断和积极进取的行为选择。其平行型思维是一种二维透视模式，善于把自我情感要求和直接事功统一起来；数理能力中上，人文能力中偏上；表现出敏锐的战术意识和良好的战术设计能力。赤诚气质以忠诚、信任为内核，使他们坚定正向的选择，表现为操守自觉，表现为忠勇之气。当其在外直觉层建立价值肯定的意向建构、平行型逻辑建构和赤诚型情感建构结合成统一的人格特征时，形成其潜意识行动者自定义，形成其实践中统一社会肯定和自我价值的角色放大追求，表现为统一于外直觉层的道德属性与智能属性。

敏行型人才的智能特征与实践的结合，形成外向展开的直觉型智慧。"社会主流是没法回避的，所以要追随主流价值观。""某些证明角色本质的原则是不应该违背的。""角色是用行动证明的，凡事做成了才有价值。"表现在实践中，他们敢于行动，而且雷厉风行，不瞻前顾后，不拖泥带水，是执行之干臣，也是人才结构中最可靠的支持性力量之一。他们有良好的社会自觉，倾向于理想、正义，尊重社会价值和他人价值，能自觉地将自我价值实现需要融入社会现实需要，表现为积极的正能量。但是，他们不善于社会化考量和规律性透视，这大大制约了其顶层设计能力和全局掌控能力的发挥。同时，因为对人性缺乏敏锐的洞察力，他们往往无力应对权术。其政治管控能力和战略能力有待练习和提高。

人物代表：

鲍叔牙、张良、张汤、张飞、关羽、秦琼、程咬金、窦建德、文天祥、刘基、史可法、谭嗣同、方志敏、吉鸿昌、杨虎城、陈立人、粟裕、陈赓、马英九，以及韩国金九、美国的约翰·亚当斯、尼米兹等，商界如万科的王石等。当代政治人物如前苏联的戈尔巴乔夫、日本的鸠山由纪夫等。

性格形成：

在少年时代，他们是懂事的孩子，学习自觉，积极主动。他们能够保持中上游的学习成绩，还能在专长和爱好方面表现出一定的天赋。

走上社会后，他们秉持积极进取的精神投入实践。他们正向看待社会要求，因此始终与主流价值观保持一致，时代洪流奔向哪里他们就走向哪里。

他们没有投机心，也不会好逸恶劳。他们喜欢实干，喜欢自己动手，更想用积极的行动证明自己的价值。

他们心有原则，诚实信用，这使他们成为很好的合作伙伴。他们往往有良好的市场信誉，事业因而能越走越广阔。

他们敢于行动，雷厉风行，这还使他们成为集体的中坚力量。他们能成为正直的官员，是进步政治必须依靠的"股肱之臣"，是执行力极为突出的优秀人才。

他们有很强的人格独立意识，注重道德修养。他们愿意接受信仰，只要合乎道义，可以做出一些个人牺牲；忠于选择，不为成败而轻易其志；重视名节，有很强的原则性和操守保护意识。他们一般能把握好自己的人生定位，义正而行端，属于积极、稳定的因素。他们往往成就"君子"、"侠士"、"好人"一类形象。

有位倾诉者说："我多年一直在外奔波，没有对父母尽到孝心。幸运的是，我有一位好弟弟，对年迈的父母有求必应。""他是一个好人，不仅是对亲朋友善，对身边的人也非常乐意帮助。他甚至以自己的信用做担保，帮助一位朋友的朋友贷了一笔款。因为他觉得，如果能帮助而不帮助别人，心里会过意不去。"

当然，他们也表现出理性不足的弱点。他们不喜欢深思那些宏观和长远的事物，不善于规律性透视。

历史上，他们的形象是丰富、多元的。"士为知己者死"，他们是荆轲、关羽一类的义士；嫉恶如仇、扶危济困，他们是窦建德一类的侠客；运筹帷幄、决胜千里，他们是优秀的参谋长；好善恶恶、不虑私情，他们是鲍叔牙、张汤一类的直臣；甘于清贫为革命、去留肝胆两昆仑，他们是方志敏、谭嗣同一类的殉道者；留取丹心照汗青，他们是史可法、文天祥一类的民族英雄。

他们的外倾型价值判断模式和直觉型智慧经过实践的锤炼，逐渐定型其忠诚、原则、果敢、支持、行动等人才个性。

人格特征：

注重人格自律，养成中正进取的高层德行。表现为性情化人格：螺丝钉精神，坚守信念，真率为本，不求大全，有所作为。坚守真爱，情义就能蔓延到周边的人；秉持正义，道德就会转化成现实的力量。他们不务虚，用行动证明价值。

情感模式：

忠诚、义气的情感模式。有很强的主动精神和强烈的责任感；坚持信念，不肯轻易地媚俗；重视自我形象，希望被人肯定，被人羡慕、赞赏；对事业目标很执著，会强迫自己坚持，因为太想成功，有时显得急躁；注重对方的感受，对人忠诚；忠于爱情，不会有复杂的异性关系；能积极承担事务，会照顾人；不善于统筹工作与情感，工作忙时容易疏离情感；实在，不是善于营造浪漫的人；

气质细分：

从气质的感性特征细分，敏行型人才也可以分为内敛型和外向型两种。外向型虽然心有原则，遵循大道，但个性外露，冲动敢为。内敛型更为沉潜、稳重，运筹帷幄，仁义谦逊，积极建功而不争功。

外向类敏行型人才在历史上留下是刚直、无畏的"壮士"形象，如鲍叔牙、张飞、张汤、程咬金、窦建德、谭嗣同、金九等，他们更为激进，旗帜鲜明，甚至近乎左倾。张飞的三板斧、鲍叔牙的"恶恶过甚"等，都是鲜明的个性写真。

内敛型如秦琼、关羽、尼米兹等，他们是儒雅的将军，锋芒内敛，谈笑之间，强敌灰飞烟灭。或者如文天祥、张良、刘基、戈尔巴乔夫等，他们是老黄牛式的政治家，坚持信念，尽心职守。

角色担当：

政治家——军事家——执行干臣——优秀运动员

他们认真、勤奋，积极进取，因而有很大的可塑性；
他们不是卓越的政治家，但能成为优秀的官员，是最坚定的执行者；
他们有较强的战术素养，能成为独当一面之将才；
他们不是投机大家，但因积极敢为，也能抓住机遇在商海逐浪采花；
他们有良好的运动天赋，有成为优秀运动员的潜质。

政治家角色：

敏行型人才是绝对的本色派政治家，他们有信仰、有原则，赤诚中正，正道直行。
他们忠于职守，雷厉风行，不瞻前顾后、拖泥带水，有非常强的执行力，是事业的中坚力量。
特别是在开创型人才主导的时代，他们的正能量能得到充分的发挥。
他们能够正向看待国家、社稷之需要，不贪功、不贪利，表现出高洁的人品。例如张良、刘基等。
由于智能特征的局限，他们也有自己的弱点。他们不是战略大家，顶层设计能力和战略管控能力有所不足；少了些辩证观，有时容易被现象左右；不善于逆向考量和设计，政治权变能力有所不足等。

走上最高位的他们，政治才能有时显得捉襟见肘。约翰·亚当斯是美国独立革命的三杰之一，但是，离开了华盛顿的战略导航后，他就变成了一个失败的政治家。戈尔巴乔夫曾经因为积极敢为成为政治明星，走上总统高位的他则将前苏联推向了解体的道路。

如果置身于庸俗的大气候中，时光也会磨蚀他们的棱角，让他们随遇而安。

总的来说，他们不是创造秩序的人，但他们是最称职的护法。

军事家角色：

他们因为忠诚而勇毅，能追随正义，鏖战沙场，无所畏惧，具备了军人的第一要素。

他们心有韬略，战术意识强，有出色的指挥才能。

从治军而言，他们不如博弈型人才狠厉，但也能通过严于律己、率先垂范、同甘共苦等特质，把整个队伍拧成一股绳。

从指挥作战而言，他们在战术意识上与博弈型人才很相近，临阵御敌有套路、有章法。

关羽通晓韬略，勇悍善战。如果说千里走单骑、温酒斩华雄等多了些神话成分的话，其力战荆襄、水淹七军，则是实实在在的武功。

他们还能够身先士卒、激励士气，就像在抗日战争中壮烈殉国的国民党将军郝梦龄一样。

企业家角色：

他们诚实、信任，积极而为，争取到更多的市场机会。

他们诚实信用，赢得更多人脉，保障了持续发展。

一位倾诉者说："我觉得，成功是干出来的，有时不能想得太多。当初进入建筑行业时，房地产开发商资金紧张，我大胆地垫资去做，有些朋友认为这不明智。但现在，我已经在建筑这一行站稳脚跟，每年建筑都在十万平方以上。"他顿了一顿，说："回想起来，当初也许确实有些风险。但正因为做了，才有了今天的成功。"

但是，当事业发展到较大规模时，他们也会遭遇管理瓶颈。他们在战略规划和风险管控方面都有一定的不足，需要职业经理人团队协助。在这方面，万科的王石是做得非常好的一个。王石对职业经理人的信任，使企业真正走上了科学管理道路。

运动员角色：

他们普遍有敏锐的直觉和良好的技战术素养，如果身体条件合适，有良师指导，他们能成为优秀的运动员，如中国乒坛的王励勤、王皓、德国的波尔等。

弱点在于：对对手的分析和场上调节能力略显不足；在决战决胜的意志上缺乏一点点霸气。如果能解决这两点，他们就能显示出强大的统治力。

个性局限：

勇往直前，但有时少了一点环境观照意识。

正道直行，但少了些权变的智慧和能力。

通晓韬略，但少了一点意志力和狠劲。

谦逊朴实，但少了点竞争意识和竞争力。

不善于从战略高度区分政治人性与普通人性。

智慧补充：

顶层设计智慧和权变能力有所不足。在经营大的事业时，需要一个专业团队的协助。他们需要开创型人才援助战略设计和管控能力，也需要经验型人才的协调能力的帮助。

培养意见：

他们积极上进，自觉性强，是一种很方便培养的苗子。他们似乎什么都可以选择，哪个方向都有希望。但显然，结合其智能特征考量，专业化道路仍然是最适合的模式。

意见一： 因为身体协调性好，战术意识好，如果身体条件合适，可选择体育运动项目。早日培养，他们能像王励勤那样成为世界冠军；

意见二： 如果身体条件不适合，就选择一条专业化道路。不建议盲目的为学历拼青春，因为他们是实干型人才，不适合学术家道路，也不是会投机的人；

意见三： 在加强业务学习的同时，加强管理知识学习，提高执行力。因为，一不小心，可能被纳入执行层之骨干行列；

意见四： 不建议有太强的政治欲望，特别是在混乱形势下，从政可能会伤及自身。如果一不小心踏入政坛，要把大智慧人才纳入智囊团队，靠精英团队来管理。

第一节　执行之干臣

敏行型人才的智能特征决定了他们的思维方式和决策模式，也决定了他们的政治人格。他们正道直行，雷厉风行，成为政坛活跃人物。

他们表现出积极的品质：

- 忠诚于信仰，有很强的原则性；
- 积极而为，显示实干家的本色；
- 顺应主流，绝对的正向支持力量；
- 务实为本，有所为有所不为；
- 极强的荣誉感。

他们积极追求正义和进步的事业，并在作出选择后义无反顾，积极而为，始终不渝。他们也有办法、有能力，能够解决实践中出现的具体问题。因为其特殊的人才品质，他们往往成为事业的中坚骨干力量。

谭嗣同（1865—1898）中国
近代资产阶级政治家、思想家、
维新人士

戈尔巴乔夫（1931—　）
前苏联最后一任总书记、
总统

在英雄时代，他们顺应潮流，勇往直前，积极而为，能成为一代俊杰。他们能像鲍叔牙、张汤、刘基等人那样，锐意护法，成为国家的"法治利器"。当然，他们也能在其他管理岗位上尽忠职守，有所作为。他们在中基层显示出非常的积极和能干。

在兴亡之际，他们坚持信仰，热血忠诚，不惜舍身成仁。就像谭嗣同那样的烈士、史可法和文天祥那样的民族英雄。

由于顶层智慧局限，他们在走上权力最高位时往往遭遇战略瓶颈。他们用普通人性考量政治人性，不懂得大仁不仁的道理；他们看到了物质矛盾，却往往忽略精神层面的安全隐患；他们不懂政治平衡术，无力应对政治权术的进攻。结果是，他们进行了积极的改革，却越改越乱。当戈尔巴乔夫、马英九在执行层崛起时，他们是有作为的政治明星。而当他们成了最高统治者时，却蜕变成软弱的政治庸人。

更为糟糕的是，缺乏勇毅和战略智慧的政治，必然遭受到权术政治的挑战。他们不善于抓住权术政治的软肋，也缺乏痛击政治权术的气魄，最终往往是让局势越走越乱。

他们在政坛留下如下快照：

——忠义为本、君子风范，人品堪为标杆

中正品质使敏行型人才心怀忠义，侠义为怀，他们是君子风骨、忠信楷模。

关羽①一生忠义在前，侠肝义胆。年轻时，关羽就以侠义闻名乡里。二十岁时候，关羽为民除害，杀死一个祸害一方的恶霸，因此被官府通缉，从此浪迹江湖。也正是在流浪中，他结识刘备和张飞，并桃源盟誓、结义兄弟，从此铁心追随大哥刘备。徐州一战，关羽为了保护刘备的家属，被曹操擒获，被迫投降。曹操为了留下忠义勇猛的关羽，待其礼遇有加。曹操厚赠财物、美女，被关羽拒绝；曹操在以高官相诱，关羽丝毫不为所动。关羽虽感念曹操的情义，但始终"人在曹营心在汉"。曹操派关羽的同乡张辽游说，关羽说："我知道曹公对我很好，但我受故主刘备厚恩，立誓生死与共，绝不能背叛于他。"后来，得知刘备的所在后，关羽千里走单骑，追寻刘备而去。②

宋朝文天祥③也是忠义写千秋的楷模。当时，南宋朝廷已经腐朽不堪，内有权臣当道，毫无革新气象；外有元军威逼，江山岌岌可危。文天祥赤胆忠心，积极奔忙，无奈屡遭权臣排挤，难有作为。文天祥一度灰心丧气，选择退出政坛。但是，文天祥拳拳报国之心不移。在蒙古大军南侵时，文天祥捐出家资充当军费，自行招募军队抗敌。因为寡不敌众，文天祥最后失败被俘。元世祖忽必烈敬重文天祥的忠诚，先后以高官厚禄、牢狱之苦、亲人为奴等手段来逼迫其投降，但文天祥不为所动。在狱中，文天祥写下"人生自古谁无死，留取丹心照汗青"的千古名句。最后，文天祥坚守自己的原则和信念，慷慨赴死。④

明朝的史可法⑤也是一代英烈。史可法志趣高洁，尽忠事君，尽力为国，有爱于民。史可法亲历魏忠贤结党乱政的时代，但他对朝廷的忠诚从未改变。清军入关后，明王朝实际上大势已去。面对已经不可为之局势，史可法知其不可而为之，积极组织对清军的防御。当时，明军已经失去战斗力，往往是一触即溃。许多官员更是在考量如何找到合适投降之路以保全功名。清军进逼扬州后，史可法亲自奔赴前线，他不顾众寡悬殊，领导扬州

---

① 关羽（？—220），字云长，东汉末年名将，被称为万人敌，因为忠义而被后人供奉。
② 陈寿：裴松之（注），《三国志》，中华书局2009年版。
③ 文天祥（1236—1283），中国宋朝末年政治家、文学家，爱国诗人，民族英雄。
④ 王志可：《大宋遗民的王朝岁月》，广西人民出版社2008年版。
⑤ 史可法（1601—1645），明末抗清名将、民族英雄。

军民誓死抗清。由于史可法的决死抵抗，清军在扬州城下付出惨痛的伤亡代价。扬州城被攻破后，史可法大声对清军喊道："我就是史督师。所有的罪过都让我一人承担，不要伤及城中百姓。"清军念其忠义有加，多次进行劝降，但史可法不为所动，慷慨就义。①

清朝谭嗣同②是激流勇进的君子，中正执著，勇于任事。面对清末山河破碎、人民困苦的现实，他积极投身于变法图强的维新运动，成为维新运动的中坚力量。戊戌变法失败以后，康有为和梁启超都逃往国外避难。谭嗣同的几个日本友人也愿意帮助谭嗣同出逃，但他拒绝逃亡。他说："各国变法，无不从流血而成，今日中国未闻有因变法而流血者，此国之所以不昌也。有之，请自嗣同始。"被捕后，谭嗣同在狱中写下"我自横刀向天笑，去留肝胆两昆仑"的豪迈诗句，最后舍生取义。③

吉鸿昌④侠义为怀，忠肝义胆。有一次，吉鸿昌回家乡探亲，他拿出个人的全部积蓄，为村民创办一所小学，目的是要让家乡的贫困学子免费上学。而在民族危亡的时节，吉鸿昌更是不顾蒋介石的反对，不顾丢官的风险，全力为抗日奔走、呼号。在看清了蒋介石的消极抗日的本质后，吉鸿昌毅然选择了加入中国共产党。一心建立个人独裁统治的蒋介石十分气愤，对吉鸿昌必欲除之而后快。吉鸿昌后来被国民党特务逮捕，国民党以"叛国罪"判处吉鸿昌。在临刑前，吉鸿昌写下慷慨诗篇："恨不抗日死，留作今日羞。国破尚如此，我何惜此头！"而后慷慨就义。⑤

韩国的金九⑥也是忠义为本的热血志士。十几岁时，金九就凭着一腔热血，参加了韩国反帝反封建的东学党起义。在韩国被日本占领后，金九全身心投入民族解放运动中。他曾经为了"给国母报仇"，当街砍死了一名日本中尉，因此被殖民政府判处死刑。但在国民的声援中，金九获得高宗皇帝的特赦。出狱后，金九又策划了刺杀日本殖民总监伊藤博文的计划，安排安重根在哈尔滨火车站成功刺杀了伊藤博文。1926 年，流亡到中国的金九被推选为上海"大韩民国临时政府"首脑。此后，金九把组织反日救国运动当做自己的职业使命。当时，大韩民国临时政府财政极度困难，身为首脑的金九也穿着破衣烂衫，还经常挨饿，但他从没有动用过爱国侨胞捐献的一分钱。1932 年，金九又组织李奉昌去东京行刺日本天皇，但遭到失败。但他在上海组织的一次刺杀活动获得成功，侵华日军总司令白川义被当场炸死，日本驻华公使重光葵则被炸成终身残废。日本人因这一事件被彻底激怒，在上海疯狂抓捕韩侨。金九不忍见同胞被日本人侮辱，发表声明称对此事件负

①　李富民：《明亡清初六十人》，中国社会科学出版社 2007 年版。

②　谭嗣同（1865—1898），中国近代资产阶级政治家、思想家，戊戌变法"六君子"之一。

③　中国史学研究会：《戊戌变法》，上海人民出版社 1972 年版。

④　吉鸿昌（1895—1934），中国抗日英雄，爱国将领。

⑤　吉瑞芝，郑慈云等：《吉鸿昌传记》，河南人民出版社 1991 年版。

⑥　金九（1876—1949），韩国抗日志士，韩国独立运动家，被誉为"韩国国父"。

责。后来，金九还组建了"韩国光复军"，全力推进抗日复国运动。①

——积极而为、勇谋兼备，确是执行干臣

敏行型人才心定计守，正道直行，显示出非常强的执行力。

春秋时期，鲍叔牙②一直是齐桓公很信任的臣子，他好善恶恶，见贤思荐，才有所能，忠于职守。齐桓公对他很信任。早年，鲍叔牙曾经与管仲合伙做生意，管仲因为家里比较贫困，分配利润时常常多拿一些，鲍叔牙丝毫不以为怪。后来，他们两人因为政治上各为其主，管仲辅佐公子小白，鲍叔牙辅佐公子夷吾，两人成为政坛对手。在最后的权力斗争中，公子小白败下阵来，夷吾掌握齐国大权，即齐桓公。鲍叔牙信服管仲的政治才能。当齐桓公俘虏管仲后，出于为了国家的忠心，鲍叔牙不仅力谏齐桓公刀下留人，还建议齐桓公任命管仲为相，委以大任。齐桓公接受了鲍叔牙的建议，启用管仲为丞相。管仲因而得以在齐国大展才华，齐国也得以成为中国春秋时期的"五霸"之一。鲍叔牙虽然当国为相才能不及，但用他来"驱逐奸佞，才力有余"（管仲语）。管仲用其所长，让他主掌司法工作。鲍叔牙在这一岗位上积极而为，雷厉风行，成为振兴齐国的一代名臣。

张汤③是汉武帝时代反腐败的急先锋。因为勇于任事，积极而为，张汤从小吏出身，不断升迁。公元前130年，皇后陈阿娇用巫蛊之术诅咒汉武帝新宠卫子夫。东窗事发后，汉武帝极为震怒，将此事交给张汤审理。这件事远不是后宫争风吃醋那么简单，实际上牵涉政治因素。汉武帝有意借此打击越来越大的陈氏外戚势力。汉武帝将此案交给张汤，张汤丝毫没有畏惧。接手该案后，张汤就封锁后宫，软禁陈皇后，并把后宫有关宫女和宦官全部关押起来。接着，张汤追查到此案的主犯巫师楚服，将楚服及其手下小巫悉数逮捕。张汤命人对楚服和其手下小巫严刑拷打。很快，楚服招供，称一切都是受陈皇后的指使。之后，楚服及其手下大小巫师全部被处死。后宫与此案有关人员也都被定了死罪，前后被处死者达300多人。陈皇后身份特殊，张汤对她既不定罪，也未量刑。他将所有案件材料一并交给汉武帝。汉武帝一纸废后诏书将陈皇后打入冷宫。张汤的干练和无所畏惧的作风，让汉武帝对他更加信任，随后被提升为太中大夫。上任后，张汤与中大夫赵禹一起，组织人员修订法令，把过去的法律细致化、条文化，增补律令359条，定砍头罪409条，总共1820款，并且拟用了13000多件案例来说明死罪，使法网空前严密。公元前123年，有人告发淮南王刘安谋反，汉武帝派张汤坐镇，亲自审理。张汤派人收集到足够的人证和物证，淮南王刘安被迫自杀。张汤借此案穷追猛打，又牵出不少人。所有与淮南王、衡山

---

① 石源华：《韩国独立运动研究新探》，中国科学文献出版社2010年版。
② 鲍叔牙（约前723—前644），春秋时期齐国大夫，一代名臣。
③ 张汤（？—前116），西汉武帝时的御史大夫，一代廉吏。

王案件有关的人，包括诸侯、大夫、江湖人士等都被治以死罪，总数逾万人。在审理案件时，张汤严格遵守依法办事，不仅不避权贵，有时甚至把皇帝打算赦免的罪犯给杀掉。在处理淮南王谋反案时，汉武帝想释放精通《楚辞》的严助和告发淮南王的伍被，张汤说："伍被本来就曾参加策划谋反，严助跟反贼淮南王交好，如果不严惩，就难保以后不再发生这样的事。"汉武帝于是同意了治这二人之罪。此后，张汤走上人生的顶峰，官至御史大夫，位列三公之后。

约翰·亚当斯①是美国独立运动中涌现出了的杰出政治家。在独立运动中，亚当斯一支是非常活跃的人物之一，他不喜欢甚至厌倦那些空谈，主张积极行动起来，用力量抗击英国军队，争取美国的独立。亚当斯率先提出组建大陆军，并支持华盛顿出任大陆军总司令；亚当斯和富兰克林积极协助杰斐逊拟成《独立宣言》，第一次将资产阶级革命原则和人权原则以政治纲领形式确立下来，奠定美国《人权宣言》的基础；亚当斯还临危受命，出使法国和荷兰，参与缔结和平协定，为美国争得极其宝贵的物质和道义援助。而其后，法国的直接军事干涉，给予英国沉重的打击，成为美国独立运动成功的关键性因素之一。亚当斯因为其巨大贡献，与华盛顿、杰斐逊一起，被称为美国独立运动的"三杰"之一。

前苏联的戈尔巴乔夫②也是一个社会活动的积极分子。他积极进取，有很强的执行能力，这是他能够走上政坛最高位的基础。早在 17 岁时，戈尔巴乔夫就因为勤于劳动获得"劳动红旗手"的称号和勋章。大学毕业后，戈尔巴乔夫赶上苏联大力启用知识分子的好时光。他先是被任命为共青团边疆区委宣传部副部长，很快又以出色的成绩晋升为阿尔穆尔地区的党委书记。1962 年，戈尔巴乔夫被调到斯塔夫罗波尔地区主管农业。他一边工作，一边在附近一所农学院函授班学习农业经济和相关知识。由于他的才智和勤奋，经过五年的学习和工作实践，他成了有名的"农业经济学家"。八年后，戈尔巴乔夫成为农业部部长，并入选苏联共产党中央委员会。在改革和发展农业上面，戈尔巴乔夫展示了才能，也获得了突出的成绩。此后几年，戈尔巴乔夫仕途一帆风顺，到 1980 年，49 岁的戈尔巴乔夫已经成为最年轻的苏共中央政治局委员。1985 年当选为苏共总书记、苏联国防会议主席，成为苏联的最高领导人。③

敏行型人才还有一定的战术天赋，甚至能策划、执行较大的战役。

——正向思维、不谙权变，难窥政治玄奥

敏行型人才思维方正，心地磊落，习惯于正向看待人情事物。他们对权术缺乏足够的

---

① 约翰·亚当斯（1735—1826），美国《独立宣言》起草人之一，美国第二任总统。
② 米哈伊尔·谢尔盖耶维奇·戈尔巴乔夫（1931—　），前苏联最后一任总书记、总统。
③ ［俄］瓦·博尔金：《戈尔巴乔夫传》吉力译，时代文艺出版社 2002 年版。

鉴别力，也缺乏应对权术的能力。

鲍叔牙虽然是干臣，但显然变通能力不足，不是帅才。管仲临终前，齐桓公向他询问将来谁可继承丞相之位。齐桓公首先提到易牙、竖刁，认为这两个近臣对自己很忠诚。管仲说，这两个人虽然挖空心思来讨好您，但都是心术不正之徒，并非真正的忠臣，是误国害民的洪水。他还告诫齐桓公要远离这种小人。随后，齐桓公问："鲍叔牙如何？"管仲说，鲍叔牙好善恶恶，这是好品质，但"恶恶过甚，谁能堪之！"（类似我们现在所谓水至清则无鱼，人至明则不察）。管仲认为鲍叔牙少了点兼容胸怀，难以同诸多朝臣和谐相处，不是合适的丞相之材。

张汤虽然干练，但对政治的复杂性认识不足。在严格执法的过程中，难免会得罪很多利益集团，他们必然联合起来进行反抗。公元前 115 年，因盐铁经营权收归中央，以冶铁为主业的赵国终于坐不住了。赵王刘彭祖经常指控铁官，但每次都被张汤驳回。赵王于是一心想找机会置张汤于死地。他上书汉武帝，指责张汤与下属鲁谒居关系非同一般，"可能有什么大阴谋"。不久，事件发酵，有人怀疑张汤与鲁谒居合谋除掉一位经常与张汤唱反调的官员李文。汉武帝让司法官减宣调查李文案。减宣暗怀奸意，想打击张汤以达到个人升迁。恰在此时，丞相府长史朱买臣、边通和王朝等又在外放出流言，说张汤跟与好友田信合谋投机营利。他们编造的故事是：张汤事先将国家商业机密透露给田信，田信利用这些信息经营获利，并将利益与张汤平分。一时之间，朝野关于张汤的谣言四起。在一次朝会上，汉武帝就有关问题当面质问张汤，张汤却意气用事，不作正面解释。汉武帝当庭数落张汤八项罪名，张汤一一予以否认。之后，汉武帝将张汤免职下狱。但是，汉武帝对传言将信将疑。他派张汤当年的同事兼好友赵禹去向张汤问个究竟。遗憾的是，赵禹已经被人收买。张汤刚开始向赵禹倾诉自己的委屈，不料，赵禹却说："阁下怎么不知分寸，今天你觉得自己冤枉了，当年被你杀的那么多人就不冤枉吗？现在别人告你都是有真凭实据的，皇上关押你，就是希望你自我了断，为什么还要争辩呢？"张汤见赵禹这么说，以为是汉武帝有心要杀他，随即自杀了。张汤死后被抄家，但抄出的财产却不过五百金，全部是正常俸禄和皇帝赏赐所得，并没有任何其他资产。汉武帝了解张汤被构陷的真相后，十分后悔，他下令将朱买臣等三位长史全部处死，丞相庄青翟也因此被迫自杀。同时，汉武帝起用张汤的儿子张安世，后来官至大司马，封富平侯。

二战结束后，在美苏两大集团的操盘下，朝鲜半岛被分裂成以三八线为界的南北两半。美国人在南部扶植了一个军政府，李承晚成为他们在南韩的代言人。现实、功利的李承晚一心想着当南韩的总统，对民族统一之类的概念毫无兴趣。而金九则对国家统一痴心不改，他还排除各方阻碍，北上求见金日成。在当时的国际形势及现实政治格局下，和平统一显然是不可能的。在那些政客眼中，金九就是一个不识时务的落后人物，他们更感兴趣的是赶快瓜分现实红利。金九的坚持最后让他付出了生命的代价，他遭到右翼分子的暗杀。

前苏联的马林科夫①是一个实干家，作风正派，勤于政事。斯大林认为这种正派而勤政的人，能把他开创的苏联社会主义事业继承、发展下去。所以，他安排马林科夫当部长会议主席。但是，马林科夫没有政治家的眼光和变通能力。斯大林死后，马林科夫看不穿赫鲁晓夫的权术家本质，先是与贝利亚、赫鲁晓夫结成所谓的"三驾马车"，让赫鲁晓夫进入权力核心。他又支持赫鲁晓夫捏造罪名扳倒了贝利亚。而随后，赫鲁晓夫将枪口转向马林科夫，他把多年前的"列宁格勒案件"又搬出来重新调查，指责马林科夫在该案中制造了冤案。最后，在布尔加宁、莫洛托夫等人的支持下，赫鲁晓夫解除了马林科夫的部长会议主席职务。仅仅两年时间，赫鲁晓夫就完成了权术神话，成为事实上的苏联权力中心。

——理性不足、不懂统筹，战略瓶颈致命

敏行型人才虽然风风火火、雷厉风行，表现出很强的执行力，但在战略层面，他们因为心中无底，常常优柔犹豫，决断力不足。

关羽受命为蜀国把守荆州战略要地，执行力也足堪其任。但他不懂得统战工作的战略意义，把蜀国与吴国的利益截然对立分开。吴国国主孙权想把自己的女儿嫁给关羽的儿子，以加强双方的感情联络。关羽斥责道："我虎子怎么能娶你犬女！"这是无端激化孙刘矛盾的不智之举。而在大战襄阳之际，关羽因为东吴军队不积极配合，扬言在拿下樊城后灭掉东吴。显然，关羽的不理智客观上加速了吴国谋取荆州的步伐。而另一方面，随着战功增加，关羽的傲气也越来越盛，对待下属严苛，导致将士离心离德。东吴利用关羽的骄矜，成功袭取了荆州，还争取到关羽部将的倒戈。在回援荆州的路上，关羽遭到东吴军队的伏击，在麦城兵败身亡。荆州是蜀军东出伐吴、北向拒魏的重要战略门户，关羽显然对其战略价值没有予以足够重视，也辜负了刘备的信任。

二战前夕，法国起用达拉第②组阁。达拉第勤奋好学，有经济学博士之头衔，而且精力充沛，勤于政事，有"公牛"之称。但达拉第的博学多才和勤奋没有提升他的政治智慧。在希特勒法西斯势力迅速发展时，达拉第看不清希特勒政权的本质，与张伯伦一起醉心于"绥靖政策"——希望养肥德国去消灭苏联。当时，以戴高乐为代表的激进派高呼积极备战，达拉第却置若罔闻。他把防御德国的全部希望都寄托在那条僵死的马奇诺防线上。最后，当希特勒的战车冲入法国时，仅仅一个星期，偌大的法国就迅速崩溃了。

---

①　格奥尔基·马克西米连诺维奇·马林科夫（1902—1988），前苏联政治家，曾担任部长会议主席。

②　爱德华·达拉第（1884—1970），法国政治家，激进党领袖，曾出任总理一职。

约翰·亚当斯的顶层设计能力和战略管控能力也不足。1794年3月，在华盛顿的支持下，亚当斯当选为美国第二任总统。但亚当斯既疲于应付汉密尔顿的权术，更在战略管控方面心有余而力不足。他常常专注于一些细枝末节，抓不住重点。亚当斯在政治上萧规曹随，完全踩着华盛顿既定政策脚印走。他坚持中立的立场，试图建立超党派政治，但结果却是两方都失去了。亚当斯与杰斐逊之间的隔阂越来越深，他与汉密尔顿的关系则更糟糕。亚当斯嘲讽汉密尔顿为"苏格兰小贩的乳臭未干的私生子"，汉密尔顿则自创了一本揭露亚当斯过失的小册子，两人相互攻击。最后，失去两党支持的亚当斯竞选连任总统落败。在卸任时，亚当斯还做了两件很没风度的事，一是没有参加杰斐逊的就职典礼就离开了首都；二是火线任命了17个联邦党人为联邦法官，几乎垄断了联邦法官一职。委任状还没来不及送出去，亚当斯自己就走人了。继任的国务卿麦迪逊将其当成废纸付之一炬，相关任命都变成了一种尴尬。这个事件引发了美国历史上的首次宪政危机，最后由最高法院通过解释宪法的权力，才消解了此次危机。

戈尔巴乔夫的失败案例是一个很好的教材：①

戈尔巴乔夫出任苏共中央总书记时，他所面对的是一个动荡的世界和困难重重的国内环境。有人比喻此时的前苏联犹如一艘满载军火的航船，船体锈蚀，方向不明，运转缓慢，在茫茫大海中濒临下沉。戈尔巴乔夫临危受命，知道除了改革别无出路。可是，他缺乏政治创新力，找不到正确的途径。这名"船长"很积极，却不懂如何提纲挈领，抓住关键，拉动全局。他力推的政策总是半途而废，不得不经常性地改弦更张。他说："当时激情已经无法控制，开放和改革政策抢在了前头，大形势变成了不断加速前冲。"结果越改越乱，致使整个国家方向迷失，秩序失控，危机骤增。而在危急关头，戈尔巴乔夫对总崩溃危局视而不见，不断对那些觊觎最高权力的政客让步，加速了局面的失控。1991年，戈尔巴乔夫和9个加盟共和国领导人联合发表声明，准备签署新的主权国家联盟条约（新奥加廖沃条约）。草案把国名"苏维埃社会主义共和国联盟"改为"苏维埃主权共和国联盟"，放弃社会主义。此举引起极大震动，直接导致企图推翻戈尔巴乔夫政权的"八·一九事件"的发生。事件平息后，戈尔巴乔夫发表声明，宣布辞去苏共中央总书记职务，要求苏共中央自行解散，各共和国内的共产党和地方组织自行决定自己的前途。危难关头，苏共"船长"竟弃船而逃。

戈尔巴乔夫没有意识到，混乱中的国家更需要权力集中，放弃集中只意味着分裂。他错误地把自己无力推动改革的原因归结于联盟体制，于是放弃原苏维埃社会主义联盟、实行"主权国家联盟"；因为党内有"阻碍"，他于是就解散了苏共中央。当他制造一个个主权国家总统时，等于是给已经非常混乱的苏联再加注了一支混乱兴奋剂。而当他解散苏

---

① ［俄］米哈伊尔·戈尔巴乔夫：《对过去和未来的思考》，徐葵等译，新华出版社2002年版。

共中央时，他的政权基础已经全部动摇。所以，当叶利钦向他发起最后的挑战时，这个已经自动解除全部政治武装的最高领导人也就只有投降的份了。

戈尔巴乔夫评价十月革命时说："人民整个说来，尽管不欢迎共产党人，但比起其他选择来说，宁可接受苏维埃制度。农民对双方都痛恨，他们最希望的就是让得到安宁。可是当他们要作出选择的时候，他们宁要给他们土地的共产党人，而不要已收去或威胁要收去土地的白卫军。"他又说："如果把十月革命、它的进程和成就同它的代价对比起来思考，如果与其他革命的经验比较起来思考，就可得出一个结论——对革命在历史上的作用这个大问题还值得进行认真的研究。"① 他还宣布拒绝把革命作为解决问题的手段。显然，戈尔巴乔夫表现出了政治高度的不足，表现出更多患得患失的小市民心态。不懂区分政治人性与普通人性，不懂政治辩证法，这或许就是他无法科学评估"十月革命"意义的原因。

车臣恐怖分子在一个音乐厅中挟持 1100 多名人质，要求俄罗斯军队在一周内撤出车臣，释放所有被俘的车臣军人，否则就引爆大楼。戈尔巴乔夫主张通过谈判解决人质危机。而普京则宣布：政府决不向绑匪让步，如果绑匪释放全部人质，可免其一死，并让绑匪安全出境。戈尔巴乔夫没有意识到：对恐怖主义的妥协，无异于证明这种方式的可行性，其后只会导致更多类似事件的发生，将让更多的无辜公民付出代价。坚决的手腕，断臂的勇气，这都是优秀政治家的必备品质，特别是在治理乱世的过程中，这一点就更加重要。戈尔巴乔夫显然在政治远见和政治决断力方面都有所不足。

第二节　敦实的实业家

在经济建设方面，敏行型人才也展示出其积极活跃的身影。他们紧跟时代，抢抓市场机遇，也能成就一时之功业。

他们在市场上展示出如下观念和个性特征：

- 紧跟潮流，抢抓市场机遇；
- 不想冒进，不做第一个吃螃蟹的人；
- 务实为本，不靠夜草来肥；
- 信誉至上，信任就是市场；
- 战略有短，需要团队合力。

① 戈尔巴乔夫：《对过去和未来的思考》，新华出版社 2002 年版，第 13~14 页。

当其企业初创，意气风发，假以天时地利人和，自然风生水起。但当其企业发展到相当大的规模时，顶层设计能力的不足常常成为发展瓶颈，战略管控、资本营运等都不是他们所擅长的。这时，能否建立具有战略管理能力的职业经理团队就成为至关重要的一环。

——简单透明成就王石

王石①是万科集团的创始人，万科集团董事局主席。

1984 年，王石组建深圳现代科教仪器展销中心，这是一家并不起眼的小企业。但到1991 年，这家小企业一跃而起，华丽转身为万科企业股份有限公司，并成功上市。随后，万科借改革的东风，扶摇直上。

2000 年、2001 年，万科连续两年被福布斯评为"世界最佳小企业"；2000—2002 年连续三年当选"中国最具发展潜力上市公司"，被誉为"中国房地产业领跑者"。据称，万科目前市值已近万亿。

王石不像张瑞敏、牛根生那样求道于哲学和高屋建瓴，也不像俞敏洪那样兢兢业业、宽厚能忍，更不像史玉柱那样善于造势，但他正道直行，雷厉风行，以君子之风成就自我，成就万科。

王石把万科的管理哲学归为四条：做简单不做复杂，做透明不做黑箱，做规范不做权谋，做责任不做放任。这种朴实的经营哲学表现出其方正的思维特征，"简单、透明、规范、责任"，正道直行，这正是王石的长处。

1999 年，当王石在万科建立起一支优秀的管理团队之后，当王石觉得这种团队的决策能力足以放心时，他泰然辞去 CEO 一职。王石表示："实际上，我是被团队牵着鼻子走，而且我很高兴被牵着鼻子走。如果不是这样，万科的业绩一定不会如此蒸蒸日上。"

王石认为，作为 80 年代的企业家，因为遇到了"天花板"，主动从第一线退下来是明智的。他也很乐意自我角色的转换，希望从一个财富创造者变成奉献者，也就是就是如何把创造财富的一部分用于社会价值的再创造；不仅仅是拿出钱来，而且更多用自己的知名度、影响力，对社会健康发展贡献自己的智慧和经验。他呼吁老一代企业家们积极扶持、放手使用新生力量，用他们的新思维和新能量继续实现企业的梦想。而老一代企业家们则可以在社会活动、慈善等方面扮演积极的角色。

企业家应该什么时候退休，这是因人而异的事情，与出生年代或者创业年代并没有内在的联系。但王石自己能够急流勇退，也就是明智之人。

从一线退下来后，王石发起组织"中国城市房地产开发商协作网络"，并被推举为首任轮值主席，致力于重建行业秩序和公信力，探索中国城市住宅产业良性循环。2003 年 5

---

① 　http：//www.baidu.com/s？ie＝utf-8&wd＝王石 &tn＝63058180_1_pg。

月 22 日,王石作为中国珠峰登山队队员成功登顶珠穆朗玛峰,成为目前中国登顶珠峰最年长记录创造者。王石成了登山健将,他还获得国家体育总局颁发的体育运动荣誉奖章。

当然,王石也有"犯糊涂"的时候。

2008 年 5 月 12 日,四川汶川发生 8.0 级特大地震,当地人民生命财产遭受重大损失。全国人民纷纷伸出友爱之手,抗震救灾,捐款捐物。万科集团总部捐款人民币 200 万元。一些网友对这个数字很不以为然,大呼这和万科形象不相称。王石随后在其博客中称:中国是个灾害频发的国家,赈灾慈善活动是个常态,企业的捐赠活动应该可持续,而不成为负担。并认为万科捐出的 200 万元是合适的。一石激起千层浪,网上一片口诛笔伐。后来,万科捐款上亿资金援建汶川灾区,才将事件画上句号。这件事让王石很受伤,反省良多。数年后,在 2013 年中国中央电视台《开讲》节目中,谈及此事,王石仍然感慨不已。

第八章 | 急利型人才

> 克拉苏死后，上帝责令阎王审讯克拉苏勾搭修女一事，阎王吼道："你这厮太大胆，竟敢勾引侍奉上帝的修女！"克拉苏连声喊冤，说："天可怜见，我勾引的是利益，不是修女！"

原境界：内感觉层——高层德行：急功近利

思 维：单相透视——灵动型思维

气 质：交易型

主要素质指标：

思维张力：数理能力中偏下 人文能力中等

敏感系数：敏于可见利益 钝于宏观大势

学习能力：学习速度较快 悟性一般　　　　　　　☆☆

交际能力：习惯于交易性人际关系　　　　　　　　☆☆

战略管理能力：没有战略　　　　　　　　　　　　不足

战术创新能力：有计谋 非战术套路　　　　　　　☆☆

行政执行力：有执行力，但监管缺失容易走样　　　☆☆

技术创新力：有一定的技术创新能力　　　　　　　☆☆

综合评级：　　　　　　　　　　　　　　　　　　☆☆

习惯模式：望风使舵 善于交易 急功近利 个人至上

猪八戒眼光短浅，见利忘义，又爱搬弄是非，但他不仅是唐僧的爱徒，还有很多现实的粉丝。这是因为，猪八戒更直接代表了人性的庸俗面，他虽然低俗，却不虚伪。当菩萨规定了取经的命运，猪八戒虽不情愿也并不叛逆，他是"真小人"。

急利型人才在历史上留下了鲜明的个性印迹，他们用自己独有的"现实"精神书写着属于自己的历史篇章，也留下一些值得思考的课题。

急利型人才的智能特征决定了其精神高度和运行模式。他们处于内感觉层，形成内倾型价值判断模式，很在意自我的现实功利需要，却不在意他人的利益关切，也不太在意社会价值。其灵动型思维表现为一维思维模式和良好感觉的结合，反应较快，但缺乏逻辑性。他们在看待事物和人情两方面都缺乏足够的理性精神，但这种逻辑能力的不足因为思维的敏捷性得到某些补偿。交易型气质表现为直接的物质肯定方式和急功近利心态。当其在内感觉层建立价值肯定的意向建构、灵动型逻辑建构和交易型情感建构结合成统一的人格特征时，形成其潜意识交换者自定义，形成其实践中面向直接物质肯定的角色追求。

当他们在内感觉层建立起内倾型价值判断模式，并用感觉型智慧来支持这种价值判断时，就形成了其相应的人格特征和实践选择。他们缺乏理性的精神自觉，有懵懂的自我放大要求。他们没有很强的角色自定义能力，习惯性把角色肯定物质化，并把物质占有量的多少等同于自我价值的大小。他们关注眼前事物和自我功利需求，忽视全局利益或长远利益，表现出个人主义特征；见风使舵，唯利是图，表现出较强的环境适应能力；没有很大的野心，但小心思较多，习惯于交易性人际关系；对现象诱惑缺乏甄别力，容易迷失于现象。在大潮之中，他们随波逐流；在小环境之中，他们表现出像水一样的渗透力。

人物代表：

周幽王、秦二世胡亥、伯嚭、张仪、陈平、吕布、李元吉、周兴、来俊臣、杨国忠、元载、蔡京、秦桧、贾似道、纳兰明珠、和珅、顾顺章、周佛海、张啸林、康生，以及罗马贵族克拉苏、前苏联叶若夫、纳粹德国刽子手阿道夫·艾希曼等。现实中的政治人物如意大利前总理贝卢斯科尼。

马库斯·李·克拉苏
（前115—前53）古罗
马贵族，政治家

杨国忠（？—756）
中国唐朝政治人物，政治
牺牲品

和珅（1750—1799）
中国清朝政治人物，史称
清朝第一巨贪

性格形成：

少年时代，他们显示出比较自我、感性的特征。他们活泼、好动，对自我的利益关切很敏感，不喜欢与人分享。

他们虽然不像专业型人才那样本分，但也并不叛逆。他们懂得通过迎合环境来达到利益交换的目的，如果他人手中有自己喜欢的"东西"，他们会说一些悦人的好话，以争取对方的好感和"利益"出让。或者，他们会拿出自己的"东西"去交换。

他们能够接受家长的角色安排，能完成自己的"任务"，并表现出一定的积极性。在注重督导的家长心中，他们是"乖孩子"。如果家境不好而教育得当，他们还可能成为励志的榜样。

然而，因为智能特征的影响，他们天生比较缺乏理性，容易受现象诱惑。如果家境优越并被放纵，他们可能成为"高衙内"式的纨绔子弟。

随着社会经验的积累，他们的生存能力越来越强。他们对外在世界有本能的不信任，不会轻易相信他人。在为人处世方面，他们望风使舵，容易变化，显得缺乏定性。但这也使他们善于适应环境，为他们赢得更多机遇。

他们有很强的利益敏感性，敢于追逐利益。只要有自己的利益，对方就不是敌人；只要有获得利益的机会，并不在意用什么方式去获得。因为交易型气质，他们有时会把"拿人钱财、替人消灾"视为天经地义，而不会在乎拿什么钱、消什么灾。

他们注重眼前利益，不善于长远考量。他们很现实，不奢谈理想，也不好高骛远，相信拿到手的才是真理。他们不迷信权力，更相信有钱能使鬼推磨的道理。

他们善于察言观色，善于利用人性好情好利之特点。

他们逐渐定型"怀疑、转移、交换、急功近利"的人才个性。

人格特征：

他们习惯于直接的物质肯定，小私型人格特征：个人主义者，小商意识，心为物役，急功近利，望风使舵。他们跟着自我感觉走，不在意他人价值和社会价值的实现；没有原则，只有功利；缺乏责任感和担当精神。

情感模式：

功利化情感模式。自我，怀疑，不相信他人；有小心机，懂得察言观色；看重眼前利益；喜欢交易性人际关系；节奏较慢，不懂得轻重缓急，容易耽搁事情；不在意他人的好恶和感受，容易得罪人；比较感性化，有时给人的感觉是不讲道理；容易盲目信任亲近的人。爱情上，自然随性，缺乏定性；保护自己的情感范围，但没有很深的情感坚持，责任感不强。

气质细分：

从气质的感性特征细分为外向冲动型和内敛型两大类。

外向冲动型：固执，冲动，暴力，相对更难教育转化。他们在历史上留下的形象多数是负面的，更多展示出了不讲大义、残忍暴虐的一面。如三国时期的吕布、唐朝的李元吉、叛徒顾顺章、流氓大亨张啸林等。

有一位诈骗犯在监狱待了两年，一直没有一个亲戚朋友来看他。狱警问他："你没有亲戚朋友吗，怎么不见有人来探监？"诈骗犯回答说："我早年做生意也赚了一些钱，但赌博全赌输了。后来借高利贷，还不起，就只好骗亲戚朋友。我把周围能骗的人都骗了，所以他们不理我了。"狱警问："是不是很后悔？"诈骗犯说："有什么好后悔的，没有钱，如果不去骗，那只有去抢啰！"

内敛型个性内向，相对随和、顺从。他们接受知识和经验的能力更强，更善于见风使舵，也更善于用利益交换方式来达成目的，这使他们把握机遇的能力更强，往往能获得更大的成功。因为相对稳重，内敛型急利型人才在历史上所获得的成功远远多于外向急利型人才。如三国时期是袁术、清朝的和珅、古罗马的克拉苏、意大利的贝卢斯科尼等。

比较三国时期的吕布和袁术，可以帮助我们分辨这两种人的个性差异。他们都是望风使舵、唯利是图的人，也都缺乏远见卓识。但是，吕布性格粗放、暴躁，敢于冲锋陷阵。而袁术性格内敛、胆怯，更喜欢浑水摸鱼和投机钻营。

角色担当：

技术人才——商人——企业家

他们不是杰出的政治家，也不是精明的政客，但他们善于望风使舵，懂得利益交换，能在庸俗的政治环境中占有一席之地。

他们的投机心很重，多数是精明的商人，较难成为优秀的实业家。

他们有一定的学习能力，能搞一些小发明、小创造，能胜任专业技术人员等角色。

这类人才如果从事体育运动项目，除了加强战术练习之外，意志力练习是更重要的一关，因为他们缺乏坚忍执著，容易懈怠、容易放弃。

政治角色：

因为智能特征的影响，他们显然很难从理性高度看待政治，容易用庸俗人情观或狭隘功利观看政治。所以，尽管他们在政坛上也比较活跃，但很难成为杰出的政治家。

他们的精神尺度小，表现在过于看重小利而忽视大局和长远，表现在感情用事、反复无常，表现在唯利是图、没有角色情感坚持。他们没有装腔作势的身段，也没有概念约束，一切唯眼前利益是从。

他们没有很深的情感坚持。他们能屈能伸，不会"刻骨仇恨"。中国唐朝的杨国忠是一个典型，他与李林甫在争权斗争不可谓不激烈，后来还因为斗争失败被下放外地。然而，杨国忠从流放地回来后，第一个去看望的人竟然是李林甫。他很坦然地与李林甫交换意见，似乎根本没有恨过李林甫。这种能屈能伸的精神为他们争取到更多的活动空间。

他们没有信仰和原则坚持。在他们的概念中，政治是绝对现实的，正所谓"天下熙熙皆为利来，天下攘攘皆为利往"。他们也会有阵营观念，但这主要是因为其自身利益就在其中，而不是出于信仰选择。如果形势不利，他们不在乎跳槽到敌对阵营。甚至像陈平那样，还身在楚营，就因为利益联络，已经开始与刘邦阵营暗通款曲了。他们的信仰和原则太容易被利益打动了。

他们不受"道义"束缚，手段容易失之于偏激。政治斗争如果讲书生意气，那就什么事都做不成。而如果完全不顾道义，也容易走入了极端，超越底线。这种个性使他们在特殊的政治环境下表现出独到的价值，一般人不肯为、不敢为的事情，他们肯为、敢为。在武则天的易世革命中，周兴、来俊臣在对付利益集团的斗争中还是发挥了作用的。他们的问题不在于服务于武则天的"革命"，而是大权在握后，他们恣意妄为、制造了太多的冤案。

他们习惯于个人主义作风。他们不是那种长袖善舞的政客，虽然也懂得利益输送，但不会搞结党专权之类的活动。一般来说，他们的政治企图心并不大。或许，他们不想承担太大的社会责任。他们不太在意他人的利益关切，常常不被周围的人所"喜欢"。所以，他们在政治上虽然积极努力并望风使舵，但往往左右都不逢源。

比之于权变型人才，他们缺乏敏锐的政治嗅觉，工于计谋，却不懂权术，私心极重，但野心不大，往往更注重眼前的小利益。他们不会为了膨胀的野心而滥用权力，但却会为了现实利益而乱用权力。

他们只看见眼前的利益，却往往忽略利益背后的风险。就像伯嚭接受越王勾践的贿赂一样。他们不善于从政治高度透视，有时会因为唯利是图而受到惩罚，就像纳兰明珠、和珅等一样。

他们城府不深，但心计颇多，敢想敢做，无所顾忌。这使他们一方面表现出较强的执行力，另一方面也容易越出红线。所以，建立完善的规章制度和强大的社会监督体系，这对他们的成长和发展很重要。

企业家角色：

他们有很强的利益敏感性，善于捕捉商机。但是，他们似乎更愿意以商人身份去捕捉利润，而不是以实业家身份去承担社会责任。

他们对利益天生敏感，能迅速发现身边的商机。贝卢斯科尼很有经商天赋，在读书时就懂得了如何做生意和如何赚同学们的钱。克拉苏组建了世界上第一个"消防队"，不过不是用于公益服务，而是用于"趁火打劫"——让面临火灾袭击的人把房子贱卖给他，然后灭了火，享受得来的不义之财。

他们敢于抓机遇，善于投机和敛财。他们像水一样，无处不可往，见漏洞就钻。和珅帮助乾隆皇帝出了许多敛财的招数，不仅充实国库，也帮乾隆捞了许多零花钱。更关键的是，和珅总是能从他的主意中中饱私囊，让自己的腰包比乾隆的腰包更鼓、更厚实。

他们习惯于物质肯定心理模式，似乎是占有财产越多才越是能证明自我。所以，他们什么钱都想要、什么钱都敢拿，让人觉得贪婪成性。宋朝蔡京官至宰相，俸禄已经不少，他还要做假账，领取双份俸禄。唐朝的元载最喜欢大兴土木，因为这最方便敛财。据说，元载倒台后被没收的房屋足够分给数百户有品级的官员居住，其家中金银珠宝自然数不胜数。更见其贪财本性的是，他家中居然被抄出60多吨石胡椒。

他们的取舍智慧始终无法超越物质，这使他们称为文学家笔下的守财奴葛朗台，成为现实中的斯考特·杨。

2014年12月8日，英国一名52岁超级富豪斯考特·杨因为舍不得将2000万英镑财产分给他的前妻，在伦敦豪宅跳楼自杀身亡。据悉，斯考特·杨与前妻米歇尔·杨育有两个女儿。在2006年分手时，两人的婚姻已经维持了16年。这场离婚诉讼长达七年之久。其间，身为房地产和电信业巨头的斯考特·杨声称自己已经破产，但他实际上把财产都藏在海外。其前妻说他至少有数百亿英镑的资产。英国高等法院最终裁定斯考特·杨支付其前妻2000万英镑的赡养费。不料，斯考特·杨因此郁郁寡欢，最后竟然跳楼自杀。

总之，如果给予合适的机会，他们能够成就一个创富的神话。但是，给予再多的选择，他们可能还是难以超越"心为物役"的宿命。

个性局限：

缺乏原则概念，相对更容易受眼前利益的诱惑。

角色定义模糊，容易随波逐流。

个人主义倾向严重，缺乏团队意识，不注重与环境的和谐。

感性、冲动，容易失之于情绪化。

智慧补充：

他们注重眼前小利，缺乏理性，需要理性的合作伙伴。

尽管他们有很强的利益敏感性，如果想做大事业和建立可持续发展的事业，还需要战略智慧补充，也需要职业管理团队帮助。

培养意见：

他们不是那种喜欢深思、钻研的人，但不固执，机敏，这使他们具有较强的可塑性。

意见一：他们虽然不很安分，但还是属于"乖孩子"一类。早期可强化文化教育，提高其文化素养；

意见二：早期独立意识培养很重要，这是其人格锻炼之必修课。特别是外向类急利型人才，少年教育缺失容易使他们成为完全不懂得负责任的人；

意见三：如果让他们从事体育类项目，要努力再努力地加强意志力锻炼，因为他们不是很能坚持的人；

意见四：感性特征使他们不适合走研究道路，也不适合走职业政治家道路，建议选择专业、技术类职业；

意见五：对现实利益敏感，机敏，懂得交换，这使他们具有良好的商人天赋。从小加强市场意识的培养，并让他们尝试经营实践，可发掘其商业天赋，增加成功的机会。他们能在市场中找到自己的角色位置，实现自我价值。

第一节　善于交易成名人

急利型人才很有现实主义精神。猪八戒虽然眼光短浅了一点，但他是一个明白人。每当唐僧被妖精捉了、援救困难时，他就会想到甚至提议散伙。因为他明白，西天路途浪急风高，没有一个好的掌舵人是没法达到目的的。

他们习惯于望风使舵、善于交易、急功近利、个人至上的实践模式。他们不善于深远考量，甚至常常感情用事，那么，"望风使舵、能屈能伸"就成为他们必不可少的智慧补充，"善于交易、急功近利"也就成了便于操控的最佳方式。

在实践中，他们没有信仰和原则坚持，也没有角色形象的约束，表现出非常大的灵活性。为了可见的利益，即使今天是大打出手的敌人，明天就可以为利益相互拥抱。这种能屈能伸的精神帮他们获得更大的生存空间。

他们颇有谋略，善于逆向设计，善于利用人性弱点。在施行贿赂计、反间计等方面，很是擅长。

内敛类急利型人才将他们的个性长处充分发挥了出来，并因而成就了其历史上的名人形象，如中国古代的张仪、陈平、古罗马的克拉苏等。

——惯使欺诈看张仪

张仪①是中国战国时期著名的纵横家，师承鬼谷子。他能言善辩，巧舌如簧，惯使欺诈手段。

张仪完成学业后，起初想在魏国谋个一官半职，但未能如愿。

随后，张仪转投楚国权贵，做了楚国国相昭阳的门客。张仪注重小利，因此被昭阳的其他门客所鄙视。有一次，昭阳将楚怀王赠送给他的传国之宝和氏璧亮出来让众门客饱饱眼福。不料，传来传去，和氏璧竟然不翼而飞。昭阳十分生气，命人彻查盗璧贼。几个门客都对昭阳说：“张仪家中很穷，而且他平时品行极差，贪图小利，除了他不会是别人。”气极之下，昭阳不问青红皂白便将张仪捉了，并严刑拷打。张仪本来没有偷和氏璧，哪里肯招供，一直被打得遍体鳞伤，奄奄一息。昭阳见严刑拷打也没有结果，就放了张仪。张仪被抬回家后，妻子放声大哭，说：“说什么读书游说博取功名，如果安心在家务农，哪里会遭受这样的灾祸？”张仪张开口让妻子看，并问道：“你看我的舌头还在吗？”妻子苦笑着说：“还在啊！”张仪说：“舌头还在，我张仪的本钱就在，不愁会一直这样困顿下去。”

张仪随后辗转来到秦国。秦国有重视客卿的传统，张仪一番高谈阔论后，取得秦惠文王的信任。不久，秦惠文王派张仪游说魏国，让魏国放下戒心，主动结好秦国。张仪出色地完成了这个外交任务。不久，张仪取代公孙衍出任秦国大良造之职，成为大权在握的实权派人物。

张仪惯使欺诈手段，他用自己的游说能力帮助秦国离间诸侯国，发挥了重要的政治作用，韩、赵、魏、燕、楚等各国君王先后被他戏弄过。

有一次，为了破坏楚国与齐国的战略联盟，秦王派张仪游说楚王：如果楚国与齐国断交，秦国便将商于一带600里土地送给楚国，以作为秦、楚交好的“表示”。昏庸的楚怀王居然信以为真，马上撕毁齐国和楚国的君子协定，甚至还派使者辱骂齐王。但当楚国与齐国绝交后，张仪对楚国派来取土地的人说：“我说的是本人在商于的6里的封地。哪里是什么600里！”楚怀王羞愤难当，发兵攻秦。早有准备的秦军联合因受辱而反目的齐军，将楚军打得一败涂地，楚军损失八万多人，城池丢了十几个。

张仪缺乏战略眼光。当年，秦惠文王欲向东出击韩国，又担心后方巴、蜀不稳定，于

---

① 张仪（？—前309），战国时期著名的纵横家、外交家和谋略家。

是召开战略诊断会议。秦国名将司马错极力主张先席卷巴、蜀，安定后方。张仪则认为东方更富庶更有利益，主张向东出击打败韩国。实际上，秦惠文王时，秦国还无力吞并韩国。所以，秦惠文王最后采取了先攻取巴蜀、安定后方的正确战略。这件事情也说明了张仪缺乏战略高度。

秦惠文王死后，秦武王即位。武王瞧不起以游说为能事的张仪。一些大臣乘机说张仪的坏话，说张仪不诚实，反复无常，还出卖国家利益以谋私利。张仪感到了威胁，只好设计逃离秦国。

——唯利是图数陈平

陈平①是西汉开国皇帝刘邦的谋臣。

早年，在秦末农民大起义中，想寻找功名的陈平先是投奔了已经举起反秦大旗的魏王。魏王对他并不重视，他很感失落，于是转头投奔项羽。项羽一度颇为看重陈平，让他参与机要、运筹帷幄。

陈平为人不忠，贪图小利。项羽夺得天下之后，大赏诸侯，封了二十个诸侯王。刘邦被封为汉王。但是，因为忌讳刘邦的智慧和实力，项羽接受谋士范增的建议，将刘邦软禁与咸阳，迟迟不让刘邦到汉中"履任"。无奈之下，刘邦派帐下谋士张良打点陈平，争取陈平的帮助。陈平与张良密谋后，在项羽面前演双簧戏。他们先是用调虎离山之计支走范增，随后又建议项羽把刘邦家眷接到咸阳安置，作为人质，让刘邦去汉中任职。项羽一番权衡后同意了陈平的意见。刘邦总算是逃脱了项羽的控制，赢得翻身机会。

后来，陈平因为劝降司马昂失败，怕受到项羽责罚，离职出逃。陈平一番转辗后，来到汉中，投靠了刘邦。刘邦封给陈平一个都尉的职务。没过不久，陈平就因为收受贿赂被告发。刘邦召陈平质问，陈平回答说："我久慕大王善于用人，所以才不远千里来投奔大王。我什么也没带，一无所有，这才接受了人家的礼物。没有钱，我就生活不了，也办不了事。如果大王听信谗言，不想起用我，那么，请让我将那些礼物全部交出来。请大王给我一条生路，让我辞职回家，老死故乡。"刘邦觉得这也是实在话，同时也感念陈平在鸿门宴上的关键一救，因此对陈平的收受贿赂免予追究。因为陈平是外来户，没有太多利益瓜葛，而且敢打小报告，刘邦还让陈平出任护军中尉，监督诸将。

陈平也是一个有些谋略的人。公元前203年，楚汉战争到了最激烈的时刻。刘邦被项羽大军围困在荥阳城内达一年之久，并被断绝了外援和粮草通道。陈平献反间计，让刘邦从仓库中拨出四万两黄金，买通楚军内部的一些人散布谣言，说："在项王的部下里，亚父范增和钟离眛的功劳最大，却没能裂土称王。他们已经和汉王约定好了，准备共同消灭

---

① 陈平（？—前178），西汉王朝的开国功臣之一，后刘邦时代曾拜相、封曲逆献侯。

项羽，分占项羽的国土。"这些话传到了项羽那里，使他顿生疑心。项羽先是对钟离昧产生怀疑，有重大军情不再跟钟离昧商量。不久又失去对范增的信任，放逐范增。项羽自断了左膀右臂，楚军领导力量大大削弱，刘邦的军事压力也稍稍得到缓解。

西汉建立后，陈平又献"诈游云梦"计，擒拿韩信；献"美人图"计，解白登山之围。或许，刘邦对陈平的人品并不信任，但对他的参谋能力一直是信任的。

后来，刘邦去世，陈平马上转身投靠吕氏，并赢得吕雉的信任。周勃等直臣指责陈平背弃高祖的"白马之约"（非刘氏而亡天下共击之）。陈平辩解说："现在我是不如你们忠诚，但将来帮助刘氏恢复江山，或许你们又不如我。"果然，在吕雉死后，陈平又背叛诸吕，成为帮助刘氏恢复大权的得力干将。

综而言之，陈平之谋，全在谋人，不在谋政，心机很多，都属于阴谋。

因为善于望风使舵，陈平在西汉初期的政权更迭中总是左右逢源，享尽荣华富贵，这不能不让后人慨叹。

——最佳商户克拉苏

克拉苏①出生于古罗马一个贵族家庭。

年轻时候，克拉苏曾当选为罗马的财政官。当时，罗马社会视商人为卑贱小人，贵族以与商人有来往为耻。克拉苏则不以为然，为了发财，他借鉴其他商人们的经验，积极从事奴隶贸易、矿产经营、地产投机等买卖，由此迅速积累起巨大的财富。

克拉苏有极高的利益敏感度，他注意到罗马的房屋鳞次栉比，距离很近，很容易失火，于是就组织了一个私人消防队。他当然不是为了公益事业，而是纯粹为了自己的私利。一旦有房子失火，克拉苏就趁房主们恐惧不安之时，以极低的价格买下正面临火势威胁的房子，然后再开始灭火。通过这种"消防服务"工作，克拉苏获得了数以千计的房产。他将这些房产高价出租，赚得滚滚利润。

有一次，为了得到神庙一位贞女的一所别墅，克拉苏对她纠缠不休、大献殷勤，以至于被人怀疑与贞女私通。

据说，克拉苏倾心于亚里士多德的学说，当他远游国外时，总是有一位学者陪伴。每次，这位学者都能得到一件旅行用的斗篷，但是回来之后就被收回了。人们认为："很难说他（学者）是在与克拉苏有了师生关系之前更穷，还是之后变得更穷了。"

对克拉苏而言，政治也不过是赚钱的工具而已，他不像恺撒、庞培那样执著地追求权力和荣耀，他宁愿获得更多的现实利益。

---

① 马库斯·李锡尼·克拉苏（约前115—前53），古罗马军事家、政治家，罗马共和国末期曾出任执政官。

克拉苏对东方的远征也不是为了政治或者权力，而是因为他听说那里有很多的金银和财富。具有讽刺意味的是，克拉苏带着浩浩荡荡的罗马军团来到帕提亚，这一次，他没有看到黄金的影子，却遭遇到死神。帕提亚军队采取诱敌深入的战术，将不懂军事韬略的克拉苏及其军队引诱到埋伏地，聚而歼之。克拉苏的头颅被割了下来，敌人在他的嘴里灌满了黄沙，以作为对其贪婪的惩罚。

——叹为观止看和珅

和珅①在乾隆朝权倾一时。但是，和珅让人们印象深刻的并不是权臣形象，而是一个敛财高手的形象。他是成也敛财、败也敛财。

和珅很善于迎合乾隆皇帝。乾隆喜欢佛像，他就让人做成一座高达数尺的金佛，进献给乾隆；好大喜功的乾隆说要推行养廉银制度，许多官员都反对，因为当时的国库已经很空虚，但和珅却马上应声附和。

和珅真正让乾隆倚重的还不是他的拍马屁功夫，而是他的敛财术。乾隆帝晚年因为好大喜功、连年征战，加上多次豪游江南、穷奢极侈，国库非常空虚。和珅的敛财术于是派上用场。这里有三个例子：（1）他动员各中央大员、地方总督、巡抚、知府、县令等官员向乾隆上贡，鼓励他们以此讨皇帝的欢心。据说，每逢乾隆或太后的生日，和珅一定暗中知会各大小官吏、商人上贡。一时间，官商们竞相攀比给皇帝祝寿，引为时尚。甚至很多外国人也知道乾隆爱财，向乾隆进贡了许多珍宝。（2）严把崇文门的税关。崇文门当时是进出北京的主要官道，和珅要求过往一干人等，不论商人、官吏还是赶考的穷士子或小老百姓都要一律缴税，而且量能定额，富商、大官员多交，穷人少交。携带的物品当然也要按多少征税。有一次，一位准备进京述职的官员来到崇文门，因为税钱太多，一时拿不出来。他最后被迫把随身携带的物品统统丢在城门外，然后宣称自己是一个普通百姓，这样才进了城。（3）和珅还推出"议罪银"制度。所谓"议罪银"，通俗地说就是官员有过失可以花钱消灾。在和珅的操作下，所罚的"议罪银"不是进入了国库，而是被收入皇帝私库内务府。据说，这项政策推行不到一年，内务府便扭亏为盈，财源滚滚。乾隆大修各种园林、举办大寿庆典等花销，全部都来自于"议罪银"。可见，乾隆不爱和珅都难。

和珅并不是只善于帮皇帝敛财，自己更善于敛财。

和珅敢于侵吞。当年督办云南巡抚李侍尧贪渎案时，李侍尧及其党羽的一大部分财产都被和珅私吞了。至于从自己管辖的税收中捞一些油水，自然也不在话下。

---

① 和珅（1750—1799），钮钴禄氏，清朝乾隆年间的重臣，曾担任和兼任数十个官职，封一等忠襄公和文华殿大学士。

和珅更喜欢接受贿赂。乾隆第五次南巡前，和珅把信息提供给泗阳县令国泰，国泰提前为乾隆修了一座行宫，讨得乾隆的欢心，并受到乾隆的嘉奖。作为答谢，国泰事后给和珅奉送了20万两白银。

有一年，安南总督孙士毅回朝廷述职，带回一个精致的鼻烟壶。和珅直接向孙士毅索要。孙士毅说要将这个鼻烟壶送给皇帝。和珅只好作罢。不料，随后的一天，孙士毅又遇到和珅时，这个鼻烟壶居然已经到了和珅的手里。这件事在官场传开后，大臣们都感叹和珅的神通广大。以后主动行贿和珅的人不仅更多，而且数额更大。当然，和珅的胃口也随之越来越大。有一位山西巡抚花费五千两白银，只见到和珅的一个仆人。

当然，和珅也颇有经商天赋。他先后开设当铺七十五间，大小银号三百多间，还与英国东印度公司、广东十三行有商业往来。

就这样，和珅聚敛了神话般的财富。

然而，和珅显然缺乏基本的政治敏感性。他既没有处理好与皇太子的关系，也不懂得个人财富超过封建国家多年财政收入意味着什么。

乾隆刚刚去世，和珅就被论罪下狱。和珅被抄家时登记的财产有赤金580万两，生沙金200万两，每个重一百两的金元宝1000个，元宝银940万两，金银碗碟、脸盆、痰盂无数，其中有一个重二十六斤的金宝塔，还有祖母绿、翡翠西瓜、水晶缸、珊瑚树、古玩、字画等稀世珍宝，数也数不清。房地产据传有1001栋。还有当铺75座，银号42座，古玩铺13座。其家产总值约合白银10亿两，相当于清朝政府15年的财政总收入。所以，有民谣说："和珅一倒，嘉庆吃饱。"

和珅在敛财上的天赋完全可以与克拉苏比一比，两人都积累了无尽的财富。宿命的是，他们的结局竟然都是不以善终。他们心为物役，所以本性迷失，以至于让财富成为灾祸，这或许也是生活的辩证法吧。

第二节　反复无常有骂声

因为智能特征影响，急利型人才盲目地追求物质肯定，抵抗利益诱惑的能力较差，这使他们在不良环境和监督缺失的情况下，容易误入歧途，变成所谓"小人"。

历史上，人们对"小人"的印象就是：两面三刀，挑事弄非，恩怨用事，反复无常，智有所能，德行全无，如伯嚭、竖刁①、吕布、来俊臣、周兴、顾顺章等。

易牙、竖刁是中国历史上有名的大奸大恶之徒。易牙实际上是权术家、野心家，竖刁则是地地道道的小人。易牙是厨师，为讨好齐桓公，甚至蒸了自己的儿子给齐桓公吃。竖

---

① 竖刁（生卒年月不详），春秋时齐国奸臣，负责掌管内侍及女宫的戒令。

刁则是主动自宫后，进宫来侍奉齐桓公的。他们掌握了齐桓公好色和喜欢打猎的性格，想方设法满足齐桓公的兴趣、爱好。所以，他们颇受齐桓公的信任。习惯了这种糜烂生活，齐桓公觉得离开了他们就少了些生活的味道。管仲临终前告诫齐桓公："易牙、竖刁等都是小人。我在时，就如一道堤防，挡住了他们的泛滥作乱。但现在，我要走了，望主公远离他们，以免受害。"管仲死后，齐桓公遵照管仲的遗言，一度把易牙、竖刁等人驱逐出境。但过了不久，齐桓公好玩乐的老毛病一犯，又把这两个人请了回来。易牙和竖刁终于等到了机会，开始施展权术，逐步掌控朝政。后来，齐桓公病危时，易牙和竖刁趁机在宫中起事作乱。易牙、竖刁想联合控制朝政，拥立公子无诡继位，逼迫本来可以顺理成章即位的大公子昭逃亡宋国，引爆一场继承人战争。这期间，竖刁亲自把守宫门，不让人接触齐桓公，也不给齐桓公送饭菜。齐桓公后悔不已，最后竟然被活活饿死。后来，公子昭在宋襄公的支持下领宋兵返回齐国，威逼齐都。齐国大臣们本来就不服易牙、竖刁等人的弄权，见时机已到，图谋起事。这时，掌握兵权的易牙已经带兵出去作战，宫城由竖刁掌控。老臣高傒假请竖刁进宫议事，暗中在宫门内埋伏甲兵，一举将竖刁杀死。易牙得讯后逃亡鲁国。

伯嚭①身为吴国太宰（官名），不是恪尽职守，尽忠国事，而是搬弄是非，交结敌国。伯嚭本是伍子胥引荐给吴王才得以享受富贵的，但后来，为了争权争宠，伯嚭屡进谗言，离间吴王夫差和伍子胥，最后使伍子胥被杀。而因收受越王勾践的贿赂，伯嚭多方面为在吴国为奴的越王勾践提供方便，使勾践安全度过三年危险期后成功脱困、回到越国。离间君臣和暗通敌国，他的这两大"功绩"最后终于为吴国招来亡国之祸。伯嚭本人心底里当然不希望吴国亡国，因为这里有他的很大的现实利益。但是，他根本没有长远眼光。一切都只为了眼前的物质利益和狭隘的恩怨感。吴国被勾践灭亡，伯嚭被俘虏。虽然伯嚭曾经帮助过勾践，但当他以此为由请求勾践的宽恕时，勾践却毫不顾念他的"功绩"，把伯嚭杀了。

吕布②武艺高强，勇悍敢战，曾留下"三英战吕布"的佳话。但他无信无义，反反复复，的确是一个"小人"。董卓以高官厚禄引诱吕布，他便杀了他的第一个义父丁原，改拜董卓为义父。后来，司徒王充又使反间计，挑拨吕布与董卓的关系，吕布又毫不犹豫地杀了他的第二个义父董卓。在那段群雄逐鹿、硝烟弥漫的岁月，吕布空有一身武艺，却难苟全于乱世，原因何在？失德也。最后，曹操和刘备俘虏了吕布，这两个都有争夺天下之志、都很爱才的业主，却谁也不爱吕布之才。吕布也就只有死路一条了。

---

①　伯嚭，春秋晚期人，原为晋国公族，后流亡吴国，受吴王宠幸，任职宰辅。
②　吕布（？—199），字奉先，东汉末年名将，汉末割据诸侯之一。

顾顺章①是"中共历史上最危险的叛徒"。他是中共早期领导人之一，曾在苏联学习和受训。据说，顾顺章聪明机警，在化装、表演魔术、操作和修理机械等方面都有较高水平。顾顺章一度负责领导中共特科的武装组织——红队，杀死过许多党内叛徒和国民党特务，被国民党称为"全能特务"。由于顾顺章领导的"红队"极为活跃，惩治了不少叛徒特务，在"八七"会议上当选中共中央政治局候补委员。然而，顾顺章是一个没有坚定信念的人，他生性放纵，生活腐化，吃喝嫖赌，五毒俱全，也因而常常感到手中拮据。顾顺章的公开身份是著名魔术师化广奇。他需要利用这个身份赚钱，以维持其腐化生活。在一次表演魔术时，顾顺章被捕。还没等到刑具加身，顾顺章就主动投敌，他一股脑将中共特科的秘密全部倒出，800多名中共地下工作者被杀害，共产党在上海的机关几乎全部瘫痪。恽代英、蔡和森等共产党精英也因顾顺章的出卖而惨遭杀害。当时的共产党总书记向忠发也因为顾顺章出卖而被捕，不久变节投降，但还是被国民党处死。顾顺章投敌后虽然极为卖力，但他生性好搬弄是非，摇摆于中统、军统之间，使两派人马都对他感到厌恶。陈立夫、徐恩曾搜集证据上报蒋介石，指责顾顺章要建"新共产党"，图谋不轨。蒋介石感到顾顺章已失去了利用价值，同意处死顾顺章。随后，顾顺章被秘密处死于苏州监狱，死时年约31岁。

周兴②是唐朝武则天时代的有名的"酷吏"，他发明了很多摧残人的刑法，用严刑逼供的方法制造了很多的冤案。有一天，一封告密信送到武则天手里，内容竟是告发周兴制造冤案和意图不轨。武则天责令来俊臣严查此事。来俊臣知道让周兴认罪也不是一件容易事，他思来想去，终于想出一条妙计。他准备了一桌丰盛的酒席，把周兴请到家里赴宴。酒过三巡，来俊臣叹口气说："兄弟我平日办案，常遇到一些犯人死不认罪，不知老兄有何办法？"周兴得意地说："这还不好办，你制造一个大瓮，四周用炭火烤热，再让犯人进到瓮里。你想想，还有什么犯人不招供呢！"来俊臣点头称是。随即，他命人抬来一口大瓮，按周兴说的那样，在四周点上炭火，对周兴说："宫里有人密告你谋反，上边命我严查。对不起，现在就请老兄自己钻进瓮里吧。"周兴一听，扑通一声跪倒在地，连连磕头说："我有罪，我有罪，我招供！"

一直以来，我们都习惯于对这类"小人"进行道德否定，却往往忽略反思其个性化的精神世界。当我们了解了其内倾、感性的智能特征后，才能搞懂他们走入歧途的因果。对于这一类人才，一定要加强监督，规范管理，以确保其才能的正向发挥。

---

① http://baike.baidu.com/view/362933.htm。
② 周兴（？—691），唐朝有名的酷吏之一，官至尚书左丞。

第九章 | 专业型人才

> 徐志摩和陆小曼举办婚礼，请老师梁启超当证婚人。在婚礼上，梁启超忘记了证婚、祝福的主旨，一个劲地批评徐、陆婚姻的离经叛道。过后，徐志摩责怪梁启超："哪有老师这样祝福学生的婚姻的！"梁启超说："我是按理论讲的。"

原境界：外感觉层——高层德行：朴实信任

思　维：单相透视——直线型思维

气　质：接受型

主要素质指标：

思维张力：人文能力中偏下　数理能力中等

敏感系数：反应较慢　不够敏感

学习能力：喜欢尝试　专业见长　　　　　　　☆☆☆

交际能力：喜欢交际　不懂圆滑　　　　　　　☆☆

战略管理能力：　　　　　　　　　　　　　　**不足**

战术创新能力：较差　　　　　　　　　　　　☆

行政执行力：一般　　　　　　　　　　　　　☆☆

技术创新力：发掘专业天赋　　　　　　　　　☆☆

综合评级：　　　　　　　　　　　　　　　　☆☆

习惯模式：接受环境　顺应变化　专业模式　专业服务

唐僧师徒在前往西天取经的路上，九九八十一难，一次又一次被迫与妖怪战斗。每次打斗，除了唐僧是争斗的焦点之外，孙悟空、沙僧、猪八戒则打得不亦乐乎。奇怪的是，在绝大多数时候，小龙马总是像事不关己一样，站在一边。粉丝们问："这是为什么呀？"答曰："因为小龙马是专业型人才！"

专业型人才是社会中最广大的一种人才群落。他们散落在各行各业，用他们的专业知识、专业思维和专业模式为社会提供丰富的服务。要指出的是，我们这里关于专业型人才的归类，并非从知识分类角度进行的归类，而是从智能特征角度进行的归类。

专业型人才的智能特征决定了他们的精神运动模式。他们朴素而单纯，表现为外倾型价值取向，没有很强的自我角色意识，喜欢通过外向给予肯定自我的价值。尽管他们不能理性看待个人价值、他人价值和社会价值的统一，但他们能够尊重他人价值和社会价值。直线型思维使他们习惯于单相透视模式，或者从 A 面透视，或者从 B 面透视，不懂得多维度看事物，更不懂得从内在逻辑性看事物。接受型气质使他们习惯于外向征询、外向肯定。当其在外感觉层建立价值肯定的意向建构、直线型逻辑建构和接受型情感建构结合成统一的人格特征时，表现为统一于外感觉层的道德属性与智能属性。他们不善于角色改变，其潜意识接受者自定义与在社会实践中的角色二次定义基本一致。

当专业型人才在感觉层建立起面向社会的价值肯定模式，并用感觉型智慧予以支持时，形成其单纯化人格特征和相应的实践选择。"简简单单难道不是更好吗？""相信别人难道有什么不对吗？""这件事难道不应该是这样的吗？"他们是跟着感觉走的人，喜欢简单化的生活和角色追求。他们喜欢把事物简单化，习惯于非此即彼的考量，不懂得用联系的观点和辩证地观点看待事物。不善于透视复杂的社会运动，习惯于从现象层面去看待。主流价值观对他们的影响很大，受环境的影响明显。

人物代表：

文学领域如莎士比亚、托尔斯泰、巴尔扎克、雨果、泰戈尔、海明威、加西亚·马尔克斯、春上春树、李白、李煜、晏殊、苏东坡、罗贯中、曹雪芹、施耐庵等；思想、学术界如普列汉诺夫、司马迁、梁启超、胡适等；政治人物如宋襄公、朱由校、妥欢贴睦尔、解缙、陈天华、申圭植等；军事领域如赵括、马谡等。现实中，如作家金庸、莫言，名嘴李敖等。

性格形成：

少年时代，专业型人才往往表现出老实、本分的特点。

对于规定的角色和要求，他们往往能够自觉地接受。如果不溺爱和放纵，假以正确的教育方法，他们能成为积极上进的孩子。对于在某些方面表现出特别天分的孩子，他们很容易将天分变成爱好，并很高兴去显示自己的才华。

李白（701—762）中国
唐代著名诗人，被后人誉
为"诗仙"

莎士比亚（1564—1616）
英国著名作家、戏剧家、
诗人

泰戈尔（1861—1941）
印度著名诗人、文学家、哲学
家、社会活动家

他们不是自我目标设计能力很强的孩子，如果引导和教育缺失，他们也可能一事无成。

在走上社会大舞台后，因为智能特征的个性化影响，他们仍然表现出相对更为单纯的个性品质。他们天性善良，不用心机看待事物。他们宁愿相信他人，也很容易相信他人；愿意付出同情心和关怀，愿意帮助他人；宁愿退让而不愿拉下情面。

他们没有很强的权力意识和财富欲望。他们的权力意识和财富意识往往止步于"面子"上，即他们不会从控制和支配去理解权力，不会从满足占有欲去追求财富。他们愿意把自己的权力和财富与人分享，并下意识地希望通过这种外向给予获得社会的肯定。

他们尊重命运之神的安排，积极而顺从，能够接受不同的社会治理模式。只要不受到外力的冲击和破坏，他们宁愿接受朴实、恬静的生活。

他们喜欢用每一件"小事"来肯定自己。如果他们是文员，他们就会把文员工作当作最重要的职责；如果他们是某种技术员，他们就会把这种技术工作视为神圣事业。

他们喜欢钻研，对自己的专业精益求精，对工作认真负责，表现出很强的敬业精神。敬业精神加专业天赋，成了他们展示人生价值的最佳模式。

他们比较感性，容易被现象迷惑。在跟着感觉走时，他们容易受环境影响，所谓"染于苍则苍、染于黄则黄"。在社会竞争中，他们总是被一只无形的手左右着，不由自主地充当着接受者角色。对于选举政治而言，他们的所在往往是最难确定的选区。他们虽然心向正义，却会被选举宣传的肥皂泡弄得云里雾里，看不见真理的招手。

他们喜欢与人交往，但并不善于交际，总是"心中没数"，口无遮拦。他们直来直去，就事论事，不懂得换位思考，有时把人得罪了，自己还不知不觉。他们不够敏感，近乎"没肝没肺"。他们心地善良，宽容待人，但有时失之于过宽，没了个性和原则。

总的说来，当他们把外倾、感性的精神特质融入实践时，当他们用一维透视模式进行社会识别时，也就形成了其"单纯、信任、奉献、顺从、肯定"的人才个性。

人格特征：

他们形成朴实、信任的高层德行，形成单纯化人格特征：感其所感，知其所知，乐于给予，简单朴实。他们在朴实的外向奉献中建立起对自我价值的肯定，更愿意给予而不是索取；因为内在的信任特质，容易接受信念武装，容易接受现实给予的角色；满足于朴实、简单的生活方式。

情感模式：

单纯、朴素的情感模式。主动，信任，热情，友善；有同情心，希望自己对他人是不可缺少的，乐于付出和满足他人；享受被人感激和认同，以得到他人的赞扬为快乐；不是善解人意的人，但绝对善良，不想伤害任何人；喜欢压抑或疏忽自己的感觉，不是善于享受的人；不善于拒绝别人，有时因此把自己搞得很累，增加一些不必要的麻烦；喜欢简单的生活，不能承受大的精神压力。爱情方面，有直接的爱的渴望，能为小关怀所感动；喜欢浪漫，敢于追逐爱情。没有深沉的情感意志，爱之极或恨之极都不是他们做得到的。

气质细分：

专业型人才也大致可分为外向型和内敛型两种。

外向型一类属于乐观派、冲动派，好交际，显得大大咧咧，什么事情都敢做，什么样的生存状态都能承受。如马谡、赵括、苏东坡、李白、李敖、胡适等，他们个性外露、甚至近乎张扬，敢于表达自己。

内敛型则不够乐观，潜意识有不安全感，胆小怕事，常常为一些小事纠结，精神承受力相对更差，如明熹宗朱由校等。他们本性正派，心地善良，但性格内向，胆小怕事，缺乏个性坚持。

角色担当：

文学家——艺术家——专家——学者

他们不具备政治家天赋，缺乏对政治本质的透视和权变能力。他们在政坛留下的是宋襄公那样的教条主义教训，是南唐后主李煜那样的悲剧，是明朝天启皇帝朱由校那样的无奈，等。

他们也不具备军事家素质。他们容易把军事理论教条化，不懂得临阵御敌，重在将军事理论活学活用。马谡、赵括用他们的生命代价，证明了专业型人才在这方面的局限性。

他们的利益占有心不强，多数不善于经营，更不会成为成功的投机商。

他们只适合目标清晰、方式直接的工作，不适合从事需要平衡多维度关系的工作。

他们最适合的舞台是专业舞台，他们擅长专业模式、专业服务。如果有相关专业天赋，甚至能够成名成家。所谓"三百六十行，行行出状元"，他们是歌星、球星、技师、文学家、艺术家、工程师、发明家等。专业型人才在每个时代都可谓群星璀璨。

专业型人才在历史上留下的角色形象是丰富多元的，但最能证明他们的智慧所长的，还是专业领域里的角色。当我们深入到其智能特征之中，把握了其智能特征与实践的关系，我们就懂得他们何以成就于这种角色而失败于其他角色。

文学家角色：

文学家是人类文明史上极其重要的一种角色，几乎所有的人都会从文学家哪里吸取文化的乳汁。而许许多多的文学家，都属于专业型人才。他们之中，有人在文学领域里达到了非常高的水准，如莎士比亚、托尔斯泰、雨果、海明威、李白、金庸等。

为什么专业型人才能够在文学领域里获得特别多的成就，他们的智能特征与文学创作有何关联呢？

文学在本质上是艺术世界，它虽然来源于生活，但也包含了作者的艺术想象和虚构。特别是在对人性的抽象方面，文学家们充分发挥了其一维透视模式的长处，即他们更喜欢把个性的每一个侧面都抽出来，变成一种标志性特征。这使他们更善于打造更多个性鲜明的人物形象。就像金庸在武侠小说中塑造的那样，纯洁则如小龙女，近乎不食人间烟火；奸邪则如东方不败、岳不群，险恶让人不寒而栗；侠则如陈近南，浩然正气感动天地；义则如令狐冲，如痴如狂、情深不移，等等。即使是在那些现实主义作品中，没有艺术化加工的人物形象也是不存在的。

围绕一个点去突出人物，这是文学的基本手法。而这种盯住一个点的方式，正契合专业型人才的习惯思维。由于他们比较感性，习惯于从现象层面看事物，这就容易把每一种感性表现当作一种个性和人格特征。这在客观上丰富了文学家笔下的人物形象系列。《水浒传》一百单八将个个栩栩如生，《红楼梦》四百个大大小小的人物居然各现特色，等等，这些都得益于文学家们对人的多样化感性特征的敏锐把握。

当然，并不是只有专业型人才才会进行文学创作的。事实上，其他类型的各种人才基本上都能进行或多或少的文学创作。譬如在写诗填词方面，很多人都会有这种创作经历。

而人才个性也往往会在创作中有所表现。

李白和毛泽东都是伟大的诗人，但他们的人才个性差异明显。表现在诗中，不仅他们的艺术表达方式不一样，诗中境界更是大不相同。毛泽东诗词境界高远，表现出创造性和革命性；而李白的诗虽然奔放，却表现为空灵性。"红军不怕远征难，万水千山只等闲。"① "冷眼向洋看世界，热风吹雨洒江天"② ……毛泽东的诗还与他领导的实践紧密相联。也正因为如此，在他的浪漫主义之上，更增添了一种革命英雄主义气概。而李白的浪漫主义则只来自于文学性。"日照香炉生紫烟，遥看瀑布挂前川。飞流直下三千尺，疑是黄河落九天。"这是李白描写望庐山瀑布的感受，潇洒、飘逸、空灵有之，思想性则弱了一些。"惜秦皇汉武，略输文采；唐宗宋祖，稍逊风骚。一代天骄，成吉思汗，只识弯弓射大雕。俱往矣，数风流人物，还看今朝。"③ 这种见识和豪气，源于毛泽东对革命事业的自信，他相信红军和共产党将要创立的"功业"是超越历史上那些伟大英雄的。所以，毛泽东是诗人，是开创型人才。而李白是诗人，是专业型人才。

总的说来，专业型人才表现出较强的文学创作能力，得益于他们有敏锐的感性把握和良好的形象思维能力。或许，正是因为他们少了些理性的拘束，才激发了更多的想象冲动和更大的想象力。

技术家角色：

专业型人才精诚专一，喜欢尝试，表现出良好的技术天赋。

他们没有过多的利益心，能够沉下心来，专心致志地去做自己爱好的事，并在不断的尝试中使技术更加精湛。

各行各业都离不开这类人才，从工业化大生产的每一个工序，到网络世界的程序设计，到生活中的每一种应用平台，他们无所不在。社会运行正是建立在专业支持的基础上的，他们是基础性的力量和价值。

他们可能是石油战线的先进典型"铁人"王进喜，或者是把劳动生产率提高 3 倍的细纱挡车工赵梦桃，或者是以"搞好环境卫生，美化人民首都"为己任的时传祥，或者是杂交稻专家袁隆平等等。

他们面向社会肯定定位自我价值，愿意通过自己的专业奉献，为社会建设添砖加瓦。他们也因为选择了最适合自己的人生道路，而写下精彩的人生华章。

---

① 《毛泽东诗词集》，中央文献出版社 1996 年版。
② 《毛泽东诗词集》，中央文献出版社 1996 年版。
③ 《毛泽东诗词集》，中央文献出版社 1996 年版。

学者角色：

专业型人才在历史上成就了许多学者角色，甚至获得很高的社会评价。

但是，专业型人才的智能特征对他们的影响是明显的，外倾型价值判断和直线型思维深深地影响了他们的判断和思想。他们关注直接的现象，而不善于透视现象背后的本质；关注个别的现象，不善于用联系的观点、辩证的观点看事物。

他们是普列汉诺夫式的马克思主义理论家，是司马迁式的历史学家，是梁启超式的大学者，是胡适式的教育家等。他们因为积极的探索和努力，在相关领域里取得颇高的成就，为社会发展作出了积极的贡献。

由于智能特征的局限性，他们的思想少了些现实理性，对实践的掌控也弱了一点。

事物的本质总是掩藏在五光十色的现象背后。如果只看见现象，我们就会是最后的受骗者；如果不懂得用联系的观点看事物，我们就会成为偏见的创造者。智慧不表现为知道多少，而表现为是否抓住关键和本质，是否能把握规律和推动变革发展。这种智慧正是专业型人才需要提高的地方。

个性局限：

不善于转换角色考量，很难让人有知音的感觉。

言语直接，有时在不经意间得罪他人。

太容易相信他人，有时发现对方并不值得这样信任。

习惯于按照事物的直接表达去理解，而不善于怀疑和批评。就像梁启超先后相信康有为、袁世凯一样。

习惯于用已知的概念去套用，而不善于结合实际去重新定义和评价。就像马谡按照兵法教条打仗一样。

习惯于现象层面的考量，不善于对事物进行定性考量。只看到扬善的好，却不懂得去恶才能扬善；只想走和平的路，却不看对手想不想和平。

智慧补充：

他们能够提供专业产品和服务，但不是善于产品营销和自我营销的人。

如果置身于创新型事业中，他们需要管理上的助力。

他们特别需要顶层设计的帮助，需要有人帮助进行战略规划和指导。

培养意见：

他们单纯朴实，思维直接，应选择单纯的方向和专一的培养模式。

意见一：少年时期，宜广泛尝试，以便找准爱好和天赋所在，明确培养定位；

意见二：走专业化方向，爱好文学则集中精力于阅读和写作，爱好技艺则提供相关技术的实验支持；

意见三：利用其外倾型精神模式，多鼓励和肯定，以增加兴趣和精力投入；

意见四：他们不懂权变之道，建议不选择职业政治道路；

意见五：他们挑战意识不强，建议不选择高对抗性项目。

第一节　政治常感高难问

历史上，许多专业型人才对政治倾注了极高的热情，也有一些人因为特殊的历史际遇而获得较高的政治地位。但是，他们在政治上的表现确实不够精彩，有的甚至是完完全全的败笔。

总结起来，大致有如下几种情形：

第一种是仕途梦碎型，唐朝的李白、明朝的解缙等是代表。

第二种是命运强加型，南唐后主李煜、明熹宗朱由校、元顺帝妥欢贴睦尔等是代表。

第三种是虎头蛇尾型，宋仁宗赵祯是代表。

他们的共同特征是，对政治停留于感性层面的理解，缺乏战略管控和政治运筹能力，缺乏对人性的敏锐洞察力。不同的是，身份不一样，际遇不一样，结局不一样。

他们都有奉献社会的良好意愿，无奈政治智慧有所不足，这使他们很难把主观愿望与实践走向统一起来。

弗兰西斯·培根说："各种学问并不把它们本身的用途教给我们，如何应用这些学问乃是学问以外的、学问以上的一种智慧。"他们缺少的正是这种学问以上的智慧。

专业之事，贵在于精；治世之能，要在变通。专业型人才在参与管理、领导实践之前，务必要先行悟透此理。

——天生我材何处用

李白和解缙两人都是悲剧人物，而且是同一类悲剧，都属于角色定位错误的悲剧。

李白[1]生活于中国历史上的"开元盛世"时期。这一时期，以繁荣的经济为基础，大唐帝国展现出廓大恢宏的政治气度和自由开放的文化氛围。李白也得以尽情放任他的个性。

传说李白自小聪颖，五岁诵《六甲》，十岁通《诗》、《书》。"十五观奇书，作赋凌

---

[1]　李白（701—762），号"谪仙人"，唐代浪漫主义诗人，被后人誉为"诗仙"。

相如。"后来，又师从著名隐士赵蕤学习术数。此后，李白以为自己已经具备超凡的文韬武略，足以为帝王师。他说："君看我才能，何似鲁仲尼。"甚至高唱："我本楚狂人，凤歌笑孔丘。"他决定走出山野，从政为官。

公元 742 年，经人推荐，李白进入长安，并得到唐玄宗的召见。唐玄宗欣赏李白的文才，让他供职翰林，做一些整理文稿、起草官文之类的工作。此后三年，李白成了宫廷御用文人，常写一些点缀升平的东西，或者写一些供宫廷寻欢取乐的小诗文，如写《清平调》三章讨唐玄宗和杨贵妃的欢心。据说，后来因为得罪高力士和杨贵妃而失宠。唐玄宗赐给李白一些金银，让他离开了京城。

"安史之乱"发生后，李白以为立功名的机会又来了。他投入永王李璘的幕府，参与军事行动。但是，永王李璘实际上野心勃勃，想借乱世"自立山头"，其野心路人皆知，许多士子都敬而远之，害怕因为沾染他而获罪于朝廷。结果，永王后来果然举起反叛的旗子。李白也因"站错队"获罪，起初被判为死刑，后来因为遇到大赦，改判为流放。

晚年的李白散游五湖，诗酒为生，酒增诗兴，诗添酒狂，成为千古文人顶礼膜拜的诗仙。学者龚自珍赞叹道："庄、屈实二，不可以并，并之以为心，自白始。儒、仙、侠实三，不可以合，合之以为气，有自白始。"

李白最后是在贫困失意中走完一生的，晚年还要靠叔父接济生活。李白认为自己是"才大难为用"。但实际上，他的悲剧在于自我定位的错误：他缺乏政治才干，却妄想着出将入相，定国安邦。他虽然学习了王霸之术，却不懂得政治权变；获得了进入权力阶层的机会，却没有把握这种机会的能力。在京城期间，他展现出的不是政治家的沉稳和治国安邦谋略，而是文人的狂放。他放浪诗酒，经常与贺知章、李适之等聚在一起，酣饮高歌，人称"酒中八仙"。最后，李白还因为缺乏基本的政治敏感性而成为"叛军"中之一员。

唐玄宗没用李白，历史还是用了他。他真正为社会创造价值的，不是什么"王霸奇术"，而是他的专业才华，是他的"斗酒诗百篇"。

解缙①是明朝有名的大才子。据说，解缙自幼聪明过人，文才出众。他的文章善于修辞、引经据典，诗豪放华丽。他还善于书法，"小楷精绝，行、草皆佳，尤善狂草"。他著有《解学士集》、《天潢玉牒》等；总裁《太祖实录》、《古今列女传》；主持编纂《永乐大典》；墨迹有《自书诗卷》、《书唐人诗》、《宋赵恒殿试佚事》等。

但是，解缙缺乏基本的政治敏感性。他先是在洪武朝想为李善长翻案，得罪朝中一大批官员。许多官员纷纷上书数落解缙，指责他有不轨之心。好在朱元璋是个明白人，不仅没有怪罪解缙，反而有意保护他。为了让解缙避开风头，朱元璋对解缙的父亲说："你儿

---

① 解缙（1369—1415），明朝三大才子之一，曾官至内阁首辅、右春坊大学士。

子大器晚成，你把他带回去，让他勤加练习，十年后，再大用也不晚。"朱元璋的这一英明决策使解缙暂时离开了政治漩涡和是非之地。不料，解缙并未从这一番经历中总结教训。在明成祖朱棣时代，解缙得到重用，一度晋升为翰林学士兼右春坊大学士，为内阁首辅。但解缙再度翻船于最敏感的政治问题——皇位传承问题。在太子朱高炽与次子朱高煦的权力斗争中，解缙总是站在太子一边说话。朱棣对此很是不高兴，甚至当面斥责解缙"离间骨肉"。解缙因此被一贬再贬。后来，解缙有一次入京奏事，正遇上朱棣北征未归。在回返途中，解缙觐谒了在南京的太子朱高炽。当时，朝廷有"朝臣不得私自觐见太子"的训令。朱高煦乘机参劾解缙"伺上出，私现太子，径归，无人臣礼！"朱棣雷震一怒，以"无人臣礼"之罪将解缙下狱。五年后，解缙冤死狱中。

李白、解缙都有满腔的政治热情，而且积极而为。然而，现实给予他们的是极其沉重的打击。个中原因不是用缺乏知识经验和政治敏感性所能概括的。只有深入到他们的智能特征中去，才能找到真正的原因。

——悔不当初是皇权

因为历史的偶然，有些专业型人才而走上了最高统治者宝座。不幸的是，他们驾驭不了政治这头巨兽，常常心有余而力不足。最终，他们成就的不是丰功伟业，而是失败的人生。

朱由校①是一个糟糕的皇帝。他从小就喜欢与斧头、刨子、锯子等打交道，后来更是沉迷于各种木匠活中，技巧相当娴熟。据说，只要是见过的木制用具、甚至亭台楼阁，他都能在自己木工房里复制出来。他做的小木人极为精巧，在市面上很受欢迎；他设计的木偶戏台也是匠心独运；他发明的喷泉更是巧夺天工。朱由校对建筑有颇深的造诣，曾亲自主导重建太和殿、保和殿、中和殿，使紫禁城面貌焕然一新。然而，他无法将他的这种专业天才移植到政治上，在大政方针上茫然不知所以，在用人上更是糊里糊涂。正是在他的倚重和放任下，魏忠贤奸党坐大，搞得政坛血雨腥风、昏天黑地。魏忠贤为排斥异己、专擅朝政，极力打击号称清流的东林党人。不仅杨涟、魏大中、左光斗等东林党核心人物几被铲除殆尽，还有大批官员受牵连被杀。魏忠贤一时权势熏天，爪牙遍布全国，他被称呼"九千岁"。甚至尊贵如楚王、桀骜如袁崇焕等人也不得不拍马迎合，为魏忠贤建起生祠。国家乱成了什么样子可想而知。临终前，没有子嗣的朱由校决定将皇位传给弟弟朱由检。他说："我的弟弟应该可以成为尧舜一样的圣君。"他显然知道自己没把江山社稷治理好。

孛儿只斤·妥欢帖睦尔②也是一位木匠皇帝，大都人都管他叫"鲁班天子"。他在建

---

① 朱由校（1605—1627），明熹宗，明朝第十五位皇帝。
② 孛儿只斤·妥欢帖睦尔（1320—1370），元顺帝，元朝第十一位皇帝。

筑工艺、机械工程等方面都堪称天才。在建造宫殿时，他自画屋样，又亲自削木构宫，让工匠按他的图纸来搭建。建龙船时，也是亲自出马，绘制其样本，功能多样，结构精妙。他自制的宫漏时间精准，毫无分差。但是，元顺帝的政治才能绝对不敢恭维。上任伊始，他也曾经重用脱脱等有为之臣，并进行改革，史称"至正新政"，包括颁行法典《至正条格》，以完善法制；颁布举荐守令法，以加强廉政；下令举荐逸隐之士，以选拔人才等。他还谆谆告诫地方官说："汝守令之职，如牧羊然。饥也，与之草；渴也，与之水。饥渴劳逸，无失其时，则羊蕃息矣。汝为我牧此民，无使之失所，而有饥渴之患，则为良牧守矣。"但是，元顺帝究竟缺乏政治才干，不懂如何提纲挈领掌控大局，不懂得该如何打击严重的腐败，甚至对党争听之任之。更糟糕的是，他忠奸不分，用人不明。脱脱被杀后，政局完全陷于混乱。而元顺帝本人也在内外交困中彻底堕落。他受奸臣哈麻的蛊惑，不仅声色犬马，还沉溺于密宗，修炼所谓"男女双修之术"。顺帝在座看元帝国的崩溃。后来，明军攻入大都，顺帝仓皇北逃。朱元璋遣使来招降，顺帝作诗答曰："金陵使者渡江来，万里风烟一道开。王气有时还自息，圣恩无处不昭回。信知海内归明主，亦喜江南有俊才。归去诚心烦为说，春风先到凤凰台。"显然，他知道，相较而言，朱元璋才是明主，自己不是。

南唐后主李煜①也是错了位的悲剧人物。李煜本来并不热心于权力，早年甚至极力回避争夺权力的斗争。无奈，皇权棒还是意外地传到他的手中。李煜的政治才能确实有限。在战略上，他对天下统一大势视而不见，一味地对赵匡胤政权忍让、纳贡。内政上也拿不出好的办法，除了发行货币救急外，就是巧立名目、征收税款。据传，李煜将将鹅生双蛋、柳条结絮都纳入抽税范畴。在军事安全方面，李煜因为中了反间计，把朝中唯一可以依靠的将才林仁肇给杀了。赵匡胤大军不时地向南掠取，南唐今天丢一城明天失一地。没过多久，宋军就攻入南唐都城金陵城，李煜也做了俘虏。李煜是一个很有专业才华的人，擅长诗词，甚至在书法、绘画、音律等方面也有一定造诣。他的词作成就很高，大喜大悲的生活使他成为悲剧人物，却也丰富了他的词作内涵。他的前期词作沿袭"花间"习气，后期词作则深沉、悲凉，正所谓"国家不幸诗家幸，话到沧桑语始工。"李煜有"千古词帝"之称谓，在中国文学史上占有重要的一席。

对专业型人才来说，角色定位错误注定是一场悲剧。而像李煜这一类被错位定位的人，更是悲剧中之悲剧。如何因才用人，管理者不可不察也。

——改革有心却无力

北宋宋仁宗②恭俭仁恕，出于天性，是一个善良的皇帝。有一次，他深夜饿了，想吃

---

① 李煜（937—978），五代十国后期南唐国最后一位国君，文学造诣很高，有"千古词帝"之称。
② 宋仁宗赵祯（1010—1063），宋朝第四位皇帝，曾力推改革、发动"庆历新政"。

烧羊肉，又忍住了。近臣问他为什么不取索。他说："宫禁每有取索，外间便为定制。我怕自此以后每夜都要宰羊，杀生害物。"又有一次，有位大臣想取悦仁宗，给他进献了一位美女。谏官王素知道后当即表示反对，认为此风一开，将使一些心怀不轨的朝臣大起歪脑筋。仁宗这时还没见到该美女的面，当即让人连夜送回。王素说："送回就行，也不用这么急。"仁宗说："我虽为帝王，人情相同。倘若见了她，她一把鼻涕一把眼泪，不愿出宫，我怕又不忍心送了。"

然而，仁宗作为政治家是不合格的。他很想有所作为，也很努力，但由于大智不足，进退失据，总是错误连连。面对西夏的铁骑进犯，宋仁宗不考虑两军的优劣短长，幻想一举击溃西夏军队。当时，范仲淹根据西夏军擅长运用骑兵的特点，主张采用坚壁清野、连城防御的战略。仁宗却拒绝采纳这一正确的建议。他贪功心切，采用韩琦提出的所谓积极进攻战略，与西夏骑兵在野外对战，结果遭致大败。

仁宗当政时，内忧也很严重，"富者有弥望之田，贫者无立锥之地。有力者无田可种，有田者无力可耕"。导致时有农民起义发生。仁宗于是决定接受范仲淹等人的建议，发动"庆历新政"，想革新政治。改革内容主要是范仲淹提出的"明黜陟、抑侥幸、精贡举、择官长、均公田、厚农桑、修武备、减徭役、覃恩信、重命令"等10项，以整顿吏治为中心。改革因为触及利益集团的利益，遭受到他们的极力抵抗和破坏。他们制造谣言，甚至编造事实，打击改革派。他们还利用改革派要求集中权力，抨击改革派"结党"。这一下抓住了改革派的软肋，因为不集权不能推动改革，集权则触动了统治者的敏感神经。仁宗哪里懂得这个道理。最后，他选择了罢黜范仲淹及主要改革派官员，新政自然也停止了。

仁宗也缺乏知人之明。他起初很信任吕夷简，后来有人检举吕夷简德行不好，他就罢免了吕夷简。过了一阵子，仁宗觉得还是吕夷简更有能力，又召回来重用。吕夷简本质上是一个权术家，他在朝中拉帮结派、结党斗争，搞得乌烟瘴气。仁宗最后无法忍受，又罢免了吕夷简。

革新政治，自有利害相争；成败关键，在于人事运作。仁宗显然不懂得这个道理。他自己没有战略管控的能力，对有这种能力的范仲淹又不能放手任用，还听信谣言，患得患失，这样的改革怎么能取得成功呢！虽然仁宗正直善良，但他的感觉型智慧无法支撑他的有为理想。

第二节　军事不能太教条

历史上，专业型人才在军事领域也有许多表现和尝试，但留下了太多失败的教训。

宋襄公①可谓一号教条主义者。他信奉仁义诚信，不枉不欺，这是好人品。但是，宋襄公还把这种品质用于两军对垒，于是变成了滑稽。

有一次，宋襄公指挥宋国军队抗击楚军。当时，两军实力对比是楚强宋弱，但宋军先在泓水北岸设伏，以逸待劳，占尽地利之便。当楚军开始渡河时，宋将公孙固极力主张趁敌人半渡河时开始攻击。宋襄公不同意，认为这不是君子作为。楚军过河后，还未列好阵，公孙固又劝宋襄公趁敌人立足未稳时开始进攻。宋襄公还是认为这样做不够大丈夫，拒绝采纳这个意见。结果上，楚军列好阵后，两军开始阵地战，勇悍的楚军猛打猛冲，宋军几乎全军覆没。宋襄公也受了重伤，只带了少数残余部队狼狈逃回国都。战后，国人都怨宋襄公指挥错误，但宋襄公辩解说："古之为军，临大事不忘大礼"，"君子不重伤（不再次伤害受伤的敌人）、不擒二毛（不捉拿头发花白的敌军老兵）、不以阻隘（不阻敌人于险隘中取胜）、不鼓不成列（不主动攻击尚未列好阵的敌人）"。他认为自己遵守古训行事并无不当。显然，道德是不能教条化的，教条主义实践肯定是要碰壁的。

在军事上犯教条主义错误的还有赵括②、马谡③。

中国战国时期，秦国和赵国在长平进行决战。赵国老将廉颇深知秦军有极其强大的战斗力，因而采用以防御为主的战术，深沟高垒抵挡秦军。秦军久攻不下，于是施行反间计，他们派人到赵国都城宣扬，说廉颇害怕秦军，不肯出战，又说秦军最怕的人是赵国名将赵奢的儿子赵括。

赵括自幼熟读兵书，能言善辩，甚至他父亲也辩不过他。但赵奢知道这个宝贝儿子只会纸上谈兵，并不懂审时度势、临阵御敌，所以不具备实际带兵的能力。赵奢在世时，从未让赵括参与军务。赵王是个昏庸之徒，他看不穿敌人的反间计，想用赵括替换廉颇。而赵括则是书生意气，立功心切。他信誓旦旦，主动请缨。赵王顿时欣然应允。赵括的母亲坚决反对由赵括去代替廉颇。蔺相如也劝赵王："赵括只会读兵书，却不懂军事上的应变，不能带兵。"无奈赵王听不进去。

赵括一到前线，就改变廉颇的防御战术，鼓励将士主动出击。结果中了秦军的诱敌之计，陷入秦军的重重包围。赵括在组织军队突围时被乱箭射死，赵国40万精锐部队全军覆没。此役之后，赵国不仅失去了抗衡秦国的军事实力，民心、士气也大受打击。韩非子评价说："赵括善辩，赵王以善辩用人，不讲究实际，才出现这样重大的失误。"

三国时期，马谡为诸葛亮帐下的参军（官名），经常为诸葛亮提建议。诸葛亮在向南讨伐部落首领孟获时，马谡提出攻心为上、安抚为主的战略主张，很合诸葛亮之心。但

---

① 宋襄公（？—前637），中国春秋时宋国国君。
② 赵括（？—前260），战国时期赵国人，名将马服君赵奢之子
③ 马谡（190—228），三国时期蜀国侍中马良之弟，曾长期担任参谋之职。

是，刘备在世时，一直不信任马谡的才能，也一直没有委以实际的军事指挥权。刘备死后，诸葛亮出祁山攻伐魏国时，起用马谡为大将，驻守重要战略要地——街亭。马谡死搬军事教科书上的"凭高视下，势如劈竹"的教条，不在道路要冲筑垒设寨，却命令队伍驻扎在山上。结果被司马懿的军队团团围困在山上。蜀军水道被阻断，队伍不战已先乱阵脚，最后结局当然是被打得大败。魏军夺得街亭后，直冲蜀军大本营，诸葛亮的战役部署被彻底打乱。诸葛亮本人也差点被俘虏，后来借唱空城计侥幸脱逃。危机过后，诸葛亮挥泪斩马谡，并自贬三等以谢罪。

赵括、马谡钻研理论，熟知理论，但食之不化，不懂机变。他们谈起军事问题有条有理、头头是道，进入实践却不堪一击。他们有参谋之才，而无为将之能，原因在于他们没有搞懂知识与智慧的区别，不懂得创造性运用知识。赵王、诸葛亮没有把握他们的人才个性，这就注定要在实践中招致失败。当然，作为专业型人才，赵括、马谡对自己没有一个清醒的认识，这也是悲剧的根源之一。来者不可不从中吸取教训。

第三节 理论落地才是真

理论家们如果不懂变通之道，就容易走上形而上的路子，把概念当成普遍真理。事实上，思想从来不是万精油，不结合具体实践的思想是没有生命力的，也是没有舞台的。

普列汉诺夫是俄国马克思主义理论家，他在马克思主义理论研究上有较高的造诣，但他的理论和实践能力显然都达不到领导苏联革命所需要的高度。普列汉诺夫写过《社会主义和政治斗争》、《我们的意见分歧》、《论一元论历史观之发展》、《论个人在历史上的作用问题》等理论文章，早期为宣传马克思主义做过许多工作。但是，由于教条地看待马克思主义，他无法把马克思主义与俄国革命的现实需要结合起来。他反对暴力革命，并因而与列宁领导的布尔什维克党分道扬镳。后来，普列汉诺夫成为孟什维克的主要领导人之一，支持资产阶级临时政府。但他拒绝参加反对苏维埃政权的颠覆活动。毛泽东认为，"普列汉诺夫看轻实践"，"普列汉诺夫常批评邬梁诺夫不懂辩证法，可是他自己在许多著作中却不知道把握这一辩证法的核心、辩证法的实质，甚至不能了解黑格尔逻辑学的理论意义，虽然在逻辑学中这一法则是在唯心论基础上发挥着的。普列汉诺夫常常表露出对这一法则的折中主义的了解，他把对立体的一致理解为'对立体的结合'了。"[1] 普列汉诺夫对人才在阶段历史中的重大作用和影响也是缺乏深刻认识的，他机械地理解"物质决定意识"的唯物主义观点，把人才当做无差别的时代产物，所以，他认识不到英雄人物的天才创造性对开创伟大时代的重大意义。普列汉诺夫认为，天才的人物也不能影响事变

---

① 吴江雄：《毛泽东评点国际人物》，安徽人民出版社 1998 年版，第 380 页。

的一般趋势，因为"他们本身也还是这个一般趋势的产物。""归根到底，一切都还是决定于社会发展进程和各种社会力量的对比关系。"① 对于普列汉诺夫的历史观，悉尼·胡克说："普列汉诺夫是从教条到教条——由始至终地画了一个大圆圈——尽管此外他还以这个大圆圈的圆周为中轴，画了无数绕之而转的小圆圈。"② 列宁用十月革命的创造性实践证明了普列汉诺夫历史观的错误。

司马迁③研究历史不可谓不深不广，却自始至终没有搞懂政治人性与普通人性的区别。他对许多历史人物的描述和评价显得过于脸谱化、简单化；他为投降将领的辩护则显然是不智之举，因为他忽略了那个时代的专制特征。

梁启超④学贯中西，学识可谓渊博。但是，梁启超在政治上常常显得很稚嫩。他先是盲目跟随康有为的保皇党，后又一度把袁世凯引为中国的救星。而梁启超称"李鸿章必为数千年中国历史上一人物"则是一个笑话。

胡适⑤也可谓学问颇深、见识广博的人，但思想深度却一直受人诟病。他宣称：破坏中国的主要是"贫穷、疾病、贪污、愚昧、扰乱"这"五大仇敌"，而不是帝国主义、封建主义。梁漱溟批评说："贫穷出于帝国主义的经济侵略，扰乱出于帝国主义操纵的军阀。故帝国主义实为症结所在。今日三尺童子，皆知此理。先生闭眼不看，自说自话，岂能令人心服！"⑥ 胡适晚年还极力劝谏蒋介石效仿美国、在台湾地区实行民主政治。他显然不懂得蒋介石的人才个性。有的学者甚至说："胡适在政治或政治思想上毫无可言。他的政治见解、主张和观念都极其浅薄（如所谓'五鬼——贫穷、疾病、愚昧、贪污、扰乱闹中华'之类）、无聊和渺小到可以不予理会。"⑦

对于作为专业型人才的学者来说，学会用联系的观点看问题、用辩证的观点看问题，这不仅仅是一个理论问题，更是一个实践问题。如果学者们懂得了用联系观和辩证观看问题，就不会停留于现象层面的考量，就不会停留于概念化的考量。

---

① 《普列汉诺夫哲学著作选集》，第二卷，第369页。

② 悉尼·胡克著：《历史中的英雄》，王清彬译，上海人民出版社1987年版，第71页。

③ 司马迁（前145—前90），中国西汉任中书令，史学家、文学家，后世尊称为太史公。

④ 梁启超（1873—1929），中国近代维新派代表人物，思想家、政治家、教育家、史学家、文学家。

⑤ 胡适（1891—1962），学者，诗人，新文化运动的领袖人物之一。

⑥ http：//www.qstheory.cn/dukan/qs/2014-08/31/c_1112246884.htm。

⑦ 李泽厚：《中国现代思想史论》，东方出版社1987年版，第98-99页。

第十章 | 偏执型人才

> 萨达姆不服伊朗，于是与伊朗打了十年战争，没有结果。他不相信就打不赢别国，于是侵占了科威特。结果是，他又被美国率领的多国部队打回了老家。他对美国说：我就是不服气！于是，美国把萨达姆给灭了。

原境界：虚荣层——高层德行：高度虚荣

思　维：三维透视——偏执型思维

气　质：排他型

主要素质指标：

思维张力：数理能力中偏上　人文能力中上

敏感系数：敏于现象直觉　钝于规律自觉

学习能力：善于模仿　有较强的归纳能力　　　　☆☆☆

交际能力：善于组织利益型人际关系　　　　　　☆☆☆

战略管理能力：顶层设计能力较强　规律把握能力不足　☆☆☆

战术创新能力：一般　　　　　　　　　　　　　☆☆

行政执行力：较强　　　　　　　　　　　　　　☆☆☆

技术创新力：形式审美能力和艺术表现力强　　　☆☆☆

综合评级：　　　　　　　　　　　　　　　　　☆☆☆

习惯模式：找准靶子　强力造势　目空一切　狂热躁进

智慧在于平衡而不在于极端，伟大在于崇高而不在于虚荣，这是偏执型人才几千年来没有悟透的偈语。

偏执型人才的智能特征决定了其精神高度和运行模式。他们表现出严重的精神内倾特征，在潜意识中有让外在世界满足于自我角色需要的强烈欲望。因为高度自我，他们表现出较强的对外排斥性，在乎在我实现，而不在乎自我之外的价值。其偏执型思维表现为三维思维模式与较强思维张力的结合。他们有良好的形象思维能力和直觉能力，抽象思维能力则不足，不善于规律性透视。排他性气质使他们表现出非常的自我任性，并用强烈的叛逆意识和外向否定模式来实现内向支持。当其在虚荣层建立价值肯定的意向建构、偏执型逻辑建构、叛逆型情感建构结合成统一的人格特征时，表现为至尊者潜意识自定义，并在面向社会实践的转化中形成高度虚荣的二次定义。

高度内倾的精神特质和逆取型智慧的习惯运用，使他们形成叛型人格特征。他们的角色追求是潜意识至尊者自定义与社会自觉的结合，表现为统一于虚荣层的道德属性与智能属性。因为强烈的自我肯定要求，他们把充分放大自我当成最大的道德。

表现在具体实践中，他们对现实持强烈的批判意识，善于发现现实的问题。但由于带有强烈的主观倾向，他们在认知和对待这些问题的方式上容易失之于极端。"世界是圆的，都说往东，我就不信往西走不通。""现实是非理性的，瞒天过海就是最高艺术。""斗争是人性的一部分，所以，找准靶子很重要。"他们把叛逆当成勇气，习惯于逆向思考和逆向进取的模式，喜欢标新立异，不走寻常路。

人物代表：

阿道夫·希特勒、本·拉登、奥·穆·卡扎菲、朴正熙、乌戈·拉·查韦斯、萨达姆、切·格瓦拉、越王勾践、崇祯帝朱由检，以及包拯、海瑞、道格拉斯·麦克阿瑟等。商界如拉里·埃里森、牟其中、焦英霞、陈光标等。哲学领域里如叔本华、尼采等。设计专业领域里如设计大师路易斯·康等。政治人物代表如安倍晋三。

性格形成：

少年时代，他们开始表现出鲜明的个性，他们有强烈的表现欲望、良好的直觉能力、敏锐的环境感觉。而且，他们反应很快，善于模仿，表现出较强的学习能力。

在熟悉的环境内，他们往往显得固执、任性，不能容忍自己被"忽视"。对不合自己心意的事情反应强烈，甚至用过激方式表达抗议。

一位家长自豪地说："我的（三岁）儿子很聪明，什么东西一学就会。"她还拿出儿子模仿电视节目跳舞的视频给朋友们欣赏，很是得意。末了，她又叹了口气说："不过，我也被他磨怕了。不顺他的意，他会把自己的头往墙上撞。"

而在陌生的环境内，他们则会显得很谨慎，会主动接近他人。

他们也害怕绝对权威，如果有一个始终如一的威严存在，他们也能服从。

随着心智成熟和成长，其潜意识中的至尊者自定义开始转变成现实的角色追求，他们努力想在现实中找到自己的角色。他们有很高的角色追求，并在不自觉中形成对现实的不满和批判倾向。他们一方面很想成为中心人物，另一方面又觉得无法很好地融入环境。

因为智能特征的影响，他们在青春期容易产生较强的叛逆性心理，如怀疑人性，不信任社会，常常逆向看待社会等。他们常常感觉到内心很难平衡和平静，有一种急切超越现实的冲动。他们无法满足于一般的物质需求，更在乎对环境的主导关系。这成了他们的奋斗动力，也成了纯粹的欲望煎熬。

由于个性偏执，比较张扬，他们不是讨人喜欢的人。由于颇有能力和冲劲，环境有时会选择他们。

如果找到了合适的表演舞台，他们会极力张扬自我的另类个性。而如果找不到自己的表演舞台，他们容易成为"愤青"和反叛者。他们会想：现实并非只有一种色调，另类色调难道不是更容易突出自我吗；社会是非理性的，神与魔又有什么区别呢；人都是自私的，所谓圣人都是伪君子。

他们的智能特征与现实的碰撞，形成他们的人才个性，也形成其对实践的特殊作用方式和作用力。

人格特征：

高度内倾的精神特质，很强的自尊心，较高的角色追求，形成叛逆型人格特征：唯意志论者，任性偏执，唯我独尊，不尊重客观规律；追求自我价值最大化，不在意他人价值和社会价值。

情感模式：

自我，狂热；觉得自己与他人不同，是不平凡的人；我行我素，喜欢摆品位；不媚俗，习惯于批评现实；敏感多疑，内心封闭，忌讳他人窥视自己的内心世界，喜欢与人保持距离；有强烈的控制欲，不能容忍批评和反对；容易把小事情放大，把小矛盾放大成大矛盾；属于偏执转移型，容易面向极端考量。爱情方面，感情丰富，懂得浪漫；对感情有很强的控制欲；害怕别人左右自己的感情，有时下意识地疏远对方。

气质细分：

偏执型人才从气质感性特征上也可以分为外向型和内敛型两种。他们普遍较为敏感，情绪较为激烈。

外向型相对更张扬、冲动，善于宣泄情绪，善于表达自我，敢于表达自我，不在乎表现出对他人的排斥。

内敛型则不善于宣泄情绪，自我意识强烈而模糊，常常感到压抑，容易形成精神扭曲。

外向型如希特勒、切·格瓦拉、卡扎菲、麦克阿瑟、查韦斯等，他们个性张扬，甚至尽显狂妄，更善于个性表达和造势。他们更具有成功天赋，往往更善于抓住机遇。

内敛型如叔本华、尼采等，他们敏锐于现象矛盾，有强烈的批判意识，但不善于自我表达。强烈的虚荣心与现实形成巨大的落差，因而产生巨大的压抑感。这类人才面对挫折和压抑时，更容易导致精神扭曲，引发人格分裂风险，造成现实的悲剧。

角色担当：

政治家——企业家——艺术家

他们有一定的政治天赋，但因为缺乏顶层创新力和自我偏执，而很难成为杰出的政治家。

他们有敏锐的市场意识，有较强的市场运作能力，善于造势，能够成为成功的企业家。

他们有良好的形象审美能力和较强的表演天赋，具有成为艺术家的潜质。

竞技体育运动往往不是他们的最爱，他们无法平静面对竞技中不可避免的经常失败。

他们不适合从事压力很大的职业，或者高风险行业。如果让他们从事飞行员之类的职业，酿成德国之翼副驾驶卢比茨式的风险就会更大。

政治家角色：

对他们来说，政治让人向往，因为支配权力能够满足至尊心。

他们对机会很敏感，善于概念炒作，把握机会的能力很强。他们懂得审视环境，对社会的矛盾关系、力量平衡、大概走势等，往往能作出准确判断。

他们敢于尝试新事物，敢于付出，不怕失败，表现得敢作敢当。这为他们赢得更多的发展机会。他们表现出较强的组织能力，对自己的队伍有很强的控制能力。除了在组织体系上的强化管控外，他们还会利用一些节点的突击检查来加强管理。他们不乏管理能力，但其中有许多手腕痕迹。

同时，他们表现出不尊重规律的一面，容易急躁冒进。如果他们主管的工程按正常进程应该为半年工期，他们会督促用四至五月去完成。他们总是会把自己主导的高速列车提到极限的时速。

他们的工作方法往往受到同事或者下属的诟病——不善于听取同事意见，往往固执己见；不按常规出牌，喜欢另搞一套；作风粗暴，容不得批评。

总的说来，他们在中基层显示出较强的执行力。而且，因为他们有较高的目标追求，往往不会受小的物质利益所诱惑。这使他们能够建立起积极的政治家形象。就像包拯在监察御史职位上所做的那样，就像海瑞在基层打击腐败的作为那样，就像切·格瓦拉在古巴革命过程中的出色表现一样。

随着他们掌控最高权力，其智能特征的局限性开始暴露出来。

由于智能特征的影响，他们不是面向广阔社会建构统一价值观，而往往滑向历史虚无主义和狭隘民族主义。他们盲目相信自我意志的能量，习惯于外向批判，拒绝自我反省。他们喜欢通过对外攻击来建立自我的至尊形象。

他们习惯于垄断权力和滥用权力，想用不加掩饰的勃勃野心证明自我。其权力越大，就越是自我膨胀，野心膨胀。无论是希特勒还是卡扎菲，他们对现实的掌控与权力独裁是同步的。不能否定，他们在重建秩序上显示出强势和能力。甚至可以说，他们在提供就业方面也是有所作为的。但独裁者才是他们的真正本质。

因为不善于规律性考量和战略创新能力的不足，他们不善于从根本上把握社会运行，也不善于全面统筹社会发展，往往用单个的计划代替系统性布局。他们喜欢用行政手段解决经济问题，常常是头痛医头脚痛医脚，不善于建立可持续发展的事业体系。而且，强烈的唯我独尊潜意识和现实的矛盾容易激发他们的叛逆意识，使他们在实践中表现出鲜明的对抗性角色。

最终，他们容易变成了一个妄自尊大、把自我意志强加于集体意志的独裁者，也变成一个现存秩序的挑战者。

企业家角色：

他们在经济领域能够表现出较强的能力。

他们有较强的市场敏感性，捕捉商机的能力较强。他们在自己接触的范围内，能迅速抓住关键信息，并筛选出自己可以利用的信息。

他们也有较强的运营能力，善于组织相关资源，实现经营目标。

对于上述这两方面的能力，牟其中用中国的农产品换回俄罗斯客机的案例就是一个最好的例证。

他们善于模仿，善于造势。如果涉足新兴产业，他们不仅会与行业领头羊进行商业竞争，更会与他们进行舆论战争，因为这是宣传自己的好方式。就像甲骨文公司的埃里森所做的那样。

他们善于打造概念，善于概念推销。就像焦英霞所做的那样。

他们也喜欢享受自己的财富。高调代表还是属于甲骨文公司的拉里·埃里森。

艺术家角色：

他们的感觉很好，有出色的形象思维能力，这使他们能够在相关艺术方面表现出很高的天赋。音乐、绘画、设计等都是他们的长项。

政治不欣赏狂傲，艺术则喜欢另类。如果选择往专业天赋方向去发展，他们能够成为大师级人物。毕加索、路易斯·康等，他们都是这类人才中的成功典型。

个性局限：

因为精神的高度内倾，他们不善于自我反省，反映出偏执、冷漠的一面。

排他性气质使他们喜欢挑战和否定，这会增加其现实的对抗力量。

因为个性偏执，他们容易产生与环境的不和谐。

因为有很高的角色企图心，他们常常好高骛远，极端冒进，往往欲速而不达，反而产生巨大的现实落差感。

内向类偏执型人才如果失去角色存在感，容易导致精神扭曲：

2011 年 7 月 22 日，一名名叫布雷维克的挪威男子在挪威首都奥斯陆市中心引爆一枚汽车炸弹，导致 8 人丧生。随后，他又提枪赶往于特岛，射杀 68 名在岛上露营的青少年。这就是震惊世界的"天堂屠杀"案。事后证明，布雷维克并没有精神类的疾病。①

智慧补充：

偏执型人才反应敏感，善于把握机会，也有很强的实践操作能力。但是，因为个性偏执和对逆取型智慧的迷信，他们容易步入极端和冒险胡同。

他们需要开创型人才一类的战略家指点迷津。在菲德尔·科斯特罗领导下，切·格瓦拉是能干的。而离开古巴后，格瓦拉的输出革命就成了堂吉诃德式冒险。

培养意见：

他们思维敏捷，善于模仿，但自我任性，至于偏执。他们有能力，但往往不能很好地控制和运用能力。

意见一：因为其精神高度内倾，人格培养很重要，要从孩童起加强其独立人格的培

---

① http：//epaper. jhnews. com. cn/sitel/jhwb/html/2011-07/27/content_1306137. htm。

养。要让平等、相互尊重的意识贯穿到他们的生活细节中，努力建构起统一价值观；

意见二：要利用他们喜欢表现自我和善于模仿的特点，引导其文化学习和艺术兴趣。他们具有成为表演艺术家的天赋；

意见三：多参与公益、慈善类活动，多接触底层的生活，让他们的理想和雄心多接地气；

意见四：发掘其专业潜质，尝试专业化道路；

意见五：可培养其市场运营能力，发掘其营销天赋。同时要加强规范意识灌输，太多的投机冲动不利于正常能力的发挥；

意见六：不建议走职业政治家道路，更大的权力容易放大他们的自我任性，以至于走向极端。

意见七：加强系统性思维练习，提升战略智慧。

第一节　思想高处不胜寒

因为精神高度内倾和对现象层面的高度敏感，偏狂型人才更容易从现实中看到主观性和非理性，而忽视现实的客观性。他们往往拒绝正视规律的存在，盲目放任自我意志。

表现在思想和理论上，他们很容易夸大主观能动性的作用，变成唯意志论的唯心主义者。叔本华和尼采用他们的思想和实践见证了这类人才独特的精神世界。

——意志决定缘唯我

叔本华[①]是一个很有学习能力的人。早年在英国和法国接受教育，能够流利使用英语、意大利语、西班牙语等多种欧洲语言，还会用拉丁语等古代语言。他还是一个涉猎广泛的美学家，对音乐、绘画、诗歌和歌剧等都有研究。

叔本华在哲学上展示了更大的影响力。叔本华的主要哲学思想集中在《作为意志和表象的世界》一书中。他的哲学有两个基本点：一是表象和意志虽然是同一的，并且共同构成世界，但意志是决定性的，任何表象都只是意志的客体化；二是意志永远表现为某种无法满足又无所不在的欲求。叔本华认为，意志是世界的本质，整个大自然以及无生命的事物也不例外，理性及表现形式也只是意志和欲望的表现，知识也是意志的工具。

叔本华的唯意志论实际上是其高度内倾的精神特质在认识论上的反应。当他坚决地以

---

① 亚瑟·叔本华（1788—1860），德国著名哲学家，唯意志论的创始人和主要代表之一。

我为主来看世界时，就不可避免地会颠倒主观与客观的关系，成为真正的唯心主义。每个人都生活在自己的意志和表象世界中，并对他人意志和表象世界发生作用，但绝不意味着对客观的绝对主宰，主观与客观是辩证的统一。叔本华伦理学也是以我为主的，如他认为同情心应该是对自身遭遇痛苦的推己及人，而并非从他人感受到痛苦的触发。

而当叔本华的绝对意志无法在现实中得到绝对自由的支撑时，其思想的矛盾也就容易转化成现实的矛盾，导致团队悲观主义倾向。歌德看到了叔本华的精神困惑，他告诫说：如果你爱自己的价值，那就给世界更多的价值吧。然而，歌德这种由外而内的价值倾向，显然与叔本华是南辕北辙的。

生活中的叔本华自视很高，而且好与人争斗。他与黑格尔比拼讲哲学，选择同一时间开课。结果是，听众寥寥无几，最后不得不停课。他因为《论道德的基础》一文没有获得丹麦皇家科学院的褒奖，就一再对丹麦科学院冷嘲热讽。他因为受不了一个女裁缝的吵闹且劝阻无效，居然把她推下楼梯并造成残疾。叔本华因此需要按季度付给她终生补偿。叔本华认为女性"只是冀求恬静，平稳地度其一生"，"既愚蠢又浅显——一言以蔽之，她们的思想是介于成人和小孩之间"，"不理性""互相仇视"。但他没有拒绝与女人谈恋爱。罗素说：假若根据叔本华的生活来判断，可知他的论调也是不真诚的。

——"上帝死了"谁主宰

尼采①也是西方现代哲学史上的代表人物之一，他的著述较多，范围广泛，对宗教、道德、现代文化、哲学以及科学等领域都有批判和论述。

尼采思想继承了叔本华意志论，认为世界的本体就是生命意志，存在不过是意志的表现。他的哲学思想主要集中在《悲剧的诞生》、《权力意志》、《查拉图斯特拉如是说》《希腊悲剧时代的哲学》等著作中。

尼采思想有它产生的现实土壤。当时，欧洲工业化的发展促进了物质财富的增长，但这也加速了社会的分化和对立，社会危机更趋尖锐，人们普遍感受到更大的精神压力。反应在文化领域，就是引发对物质主义和颓废思想的批评与反思，觉得社会正在失去思想激情和文化创新冲动。尼采觉得，这是生命本能萎缩的表现。他认为，要医治这种现代疾病，必须强调恢复生命本能，对人生意义做出新的解释。进而，尼采对社会进行了全面的批判，否定一切目的性，宣称自己是"欧洲最彻底的虚无主义者"。他认为，世界本身并没有形而上的真理及终极的价值或意义，所谓价值、观念、真理都只是人为的解释。他认为柏拉图主义、基督教、叔本华哲学等都是消极虚无主义，应该用自己的积极虚无主义来

---

① 弗里德里希·威廉·尼采（1844—1900），德国著名哲学家，西方现代哲学的开创者，语言学家、诗人、作曲家。

代替。他强调，必需破除对某种确定永恒价值的渴望，这样才能达成真正的自由精神。而能够实现这种革命的，只有那种具有强大意志的强人。

尼采对当时社会现实的批判，显然是具有积极意义的。但是，高度内倾的精神特质使尼采在视角和方法论上都出现了较大的偏差。因为从高度自我出发，他与叔本华一样，自然地步入唯意志论的轨辙。"把存在性质的印记打在生成之上——这就是最高的强力意志。""这个世界就是强力意志，岂有他哉！"① 因为偏执，他成为一个极端反理性主义者，他宣称要杀死上帝，重新建立以人的意志为中心的价值观；他批评哲学家缺乏历史感，认为凡是经哲学家处理的一切都变成了概念木乃伊。与其哲学逻辑一致，尼采信奉弱肉强食的丛林法则："最美好的都属于我辈和我自己；不给我们，我们就自己夺取；最精美的食物，最纯净的天空，最刚强的思想，最美丽的女子！"②。

尼采的批判实际上远远超过思想范畴。从批判庸人型学者到批评德国文化，从批评现实中的瓦格纳到否定至高的"上帝"，尼采要否定一切。在病重的前夜，尼采又一口气写下《瓦格纳事件》、《偶像的黄昏》、《反基督徒》、《瞧！这个人》、《尼采反对瓦格纳》等著作。有人说，这些书具有闻所未闻的攻击性和令人瞠目的自我吹嘘。或许，因为至尊者自定义，因为排他性气质，在尼采的心中，他自己就是"上帝"。而在现实中，尼采却无法实现这样的角色认同。他的精神崩溃与这种巨大落差显然是有关联的。

第二节 政坛数我最猖狂

偏执型人才的智能特征与其政治倾向和实践模式有很大的关联。

当他们用自我、偏执的眼光看世界时，很难形成正确的世界观。当他们把强烈的自我企图心与社会理想混为一谈时，难免失之于理念狭隘和信仰狭隘。当他们放纵自我、一路狂奔时，他们就成了堂·吉诃德。

尽管他们非常机敏，也有较强的组织策划能力，但是，其高度内倾的精神特质和顶层设计智慧的不足，形成其政治上的终极瓶颈。

他们之中，有成功打造正面政治家形象的，如包拯、海瑞、切·格瓦拉、查韦斯等。他们激进、左倾，打造出捍卫人间正道的英雄形象。但是，因为手腕痕迹明显，他们在正道上也走得跌跌撞撞。

他们之中，更多的是误入歧途的典型，如希特勒、本·拉登等。他们努力想成为超级英雄，结果却成为一代狂魔。

---

① 周国平：《尼采：在世纪的转折点上》，上海人民出版社 1986 年版，第 75 页。
② 周国平：《尼采：在世纪的转折点上》，上海人民出版社 1986 年版，第 75 页。

阿道夫·希特勒（1889—1945）纳粹德国元首，"二战"元凶

切·格瓦拉（1928—1967）古巴革命领导人之一，政治家、作家，左翼偶像

奥马尔·卡扎菲（1942—2011）利比亚政治家、理论家，统治利比亚42年

——积极进取　声誉隆盛谁疑问

偏执型人才目标定位较高，因而常常能超越小私，积极而为，他们会为成名而奋斗成名。同时，他们颇有谋略，有方法和套路，表现出很强的执行力。

包拯①在民间传说中有"青天"之美誉，这与他在地方的政为和政绩是分不开的。在任职地方期间，包拯决狱断案明快干练，不枉无辜。在任职开封知府期间，他改革裁撤门牌司，使"立案"变得更容易，方便了百姓们的诉讼。此外，他还解决了历史遗留的惠民河水患问题，造福了当地百姓。在担任枢密直学士、三司使等官职期间，包拯也搞了一些改革。在他的治下，"贵戚宦官为之敛手，闻者皆惮之"。而在监察御史任上，包拯成为"包弹"，他不分人之贵贱，不分事之大小，见过必弹。他七次上书弹劾江西转运使王逵，说王逵蛇蝎心肠，残害百姓，使王逵被一贬再贬；三次弹劾外戚张尧佐，称张尧佐平庸无能，不能胜任三司使（财政部门长官）之要职；还有弹劾皇帝的亲信太监阎士良"监守自盗"、弹劾皇亲贵戚郭承佑徇私枉法等。包拯的反腐力度可谓惊人。

包拯是一个有作为的政治家，这一点不容怀疑。

然而，包拯在大是大非上暴露出他的政治品格问题。在"庆历新政"中，范仲淹、富弼等人提出以整顿吏治为中心的10大改革政策，得到宋仁宗的支持并开始推行。当时，朝廷官员人浮于事，腐败盛行。范仲淹知道，没有人事改革的保障，新政最终是不可能成功的。所以，范仲淹特别设置"按察使"，督导改革的进行。改革必然触动一些人的利

---

①　包拯（999—1062），北宋名臣，以清廉公正闻名于世，被誉为"包青天"。毕沅：《续资治通鉴》，中华书局2009年版。

益，朝廷形成了保守派与改革派的激烈斗争。包拯表面上既不站在改革派一边，也不站在守旧派一边。而事实上，他却破坏了改革。包拯专折上奏，把改革派的个别用人失误问题上升到政策高度，并请求废除按察使。这个奏议被仁宗采纳，形成对改革的釜底抽薪式一击。作为一个成熟的政治家，包拯不是不知道改革的重要性，那么，他为什么在变法中始而骑墙观望、继而出手破坏呢？在小事上装糊涂，是难得糊涂；在原则上装糊涂，就难脱心思不正的嫌疑。"清心为治本，直道是身谋。"包拯的励志诗或许能说明一些问题。

海瑞①也是以刚正不阿、敢于反腐而著称。在任职江西兴国判官期间，原兵部尚书张鳌的两个侄子张魁、张豹横行不法，巧取豪夺、无恶不作。有一次，他们在光天化日之下抢夺民财。海瑞派人将这二人拿下，搜集完罪证后，呈报州府。他还将张鳌替侄子求情的信一并附上。最后，这二犯受到了应有的处罚。在任直隶巡抚期间，前内阁首辅徐阶家族长年侵占平民土地，兼并近40万亩土地，且从不缴税，陆续被多人告发。此时，徐阶已经下野，朝中也没有什么大的势力。但是，徐阶曾经对海瑞有提拔之恩。海瑞却不顾这些，他要求徐阶最低限度退田一半。之后，海瑞还遣散了徐家一千多名奴仆，并把横行乡里的徐家两个儿子和家奴发配充军。当地百姓对此无不拍手称快，海瑞因此威信倍增。海瑞利用反腐败赢得很高的名望。

然而，海瑞的手腕痕迹也很明显。浙江总督胡宗宪有一个儿子外号"胡衙内"，在江浙横行霸道，无法无天。有一次，他流窜到海瑞主管的淳安县横行不法、敲诈百姓。海瑞命人将"胡衙内"抓上公堂，狠狠地打了一顿，并没收了"胡衙内"敲诈来的银两。随后，海瑞向胡宗宪写了一个报告，连同"胡衙内"一起送到总督府，声称："这个人冒充胡公子招摇撞骗，败坏总督大人的名声。我们因此将他缉捕，听凭大人发落。"海瑞的这种遮掩实在没有必要，反而会让人觉得奸狡。海瑞上奏折痛骂怠于朝政、沉迷道教的嘉靖皇帝，还抬着棺材去进谏，表示以死明志。他的这种举动匪夷所思，闹得极是热火，却没有任何实际上的效果。或许，拿出一个张居正式的"一条鞭法"比那种张扬个性的表演要重要得多。后来，张居正在实施改革过程中大胆启用了一批新人，并通过切合实际的改革方案和步骤，使暮气沉沉的明王朝重现生机。但是，张居正没有启用海瑞，他对海瑞的人才个性应该是有清楚的把握的。在后张居正时代，海瑞一度复出，他建议皇帝实施剥皮酷刑，以整治贪腐。这个建议太过于极端，自然不会被采用。海瑞后来实际上再没有得到重用。

仔细考量包拯和海瑞的行为模式，能找到一些一致性。高度内倾的精神特质、逆取型智慧、排他型气质等在他们身上表现得很明显。他们都把外向攻击当作彰显自我的主要手

---

① 海瑞（1514—1587），明朝著名清官，反腐败先锋。黄仁宇：《万历十五年》，中华书局2002年版。

段；他们都敢于挑战强大的权力；他们都把精神追求置于物质追求之上，有很高的角色要求。或许，因为其人才个性与当时历史环境的结合，才成就了其特殊的历史形象。

——成败倾颓，是非豪杰自有评

偏执型人才有成就至尊角色的内在冲动，这使他们无论在什么样的环境，都想竭力打造特异的自我形象。

他们急切地要成为事物的中心。切·格瓦拉①用他的激进革命精神和左倾冒险主义模式进行了一种阐释。

切·格瓦拉是古巴革命开出的另类花朵，他狂热地宣扬暴力革命，到处输出暴力革命。在古巴革命运动中，因为有菲德尔·卡斯特罗的战略导航，格瓦拉参与的这场革命运动获得了成功。因为在战斗中表现出的勇敢、无畏的品质，格瓦拉在革命成功后被菲德尔·卡斯特罗授予军事监狱检察长、银行行长、工业部长等要职。但后来，因为无法生活在菲德尔·卡斯特罗的光环下，格瓦拉选择了离开古巴，他要到非洲去输出革命。由于顶层智慧的局限，格瓦拉领导的革命注定有花无果。格瓦拉在刚果的输出革命失败了，他在《刚果日记》里将责任归咎于客观，认为当地革命者是乌合之众，愚笨、漫无纪律，内部纷争不休，所以导致失败。回到拉美后，格瓦拉拒绝了卡斯特罗劝他回古巴的意见。他选择了进入玻利维亚，领导了一支反政府的玻利维亚游击队。这支游击队甚至都没有处理好与玻利维亚共产党的关系，缺乏扎实的群众基础。最后，格瓦拉的丛林战争以失败而告终。

格瓦拉是勇敢的，留下了许多革命的豪言壮语，留下了大义凛然的英雄形象。社会要肯定格瓦拉的共产主义理想，但也要批评他狂热躁进的、破坏性大于建设性的实践方式。周恩来批评格瓦拉是"盲动主义者"、"脱离群众，不要党的领导"。周恩来还指出了格瓦拉的战略之短——"不依靠长期坚持武装斗争，不建立农村根据地，不走以农村包围城市的道路，来逐步取得胜利。""不管有无条件，以为只要放一把火就可以烧起来，这完全是冒险主义和拼命主义。"

给一个表现的机会，他们总会留下夸张的表演。麦克阿瑟用另外一种政治家、军事家形象进行了注解。

麦克阿瑟②是一个善于表现自我的政治家。太平洋战争爆发后，麦克阿瑟领导的美国海军一度被日军打得节节败退，战略要地菲律宾也失守了。离开菲律宾前，麦克阿瑟不忘留下形象宣言："我还要回来的！"罗斯福被迫走马换将，将麦克阿瑟调往澳大利亚，改

---

① 切·格瓦拉（1928—1967），出生于阿根廷，古巴革命的核心人物，拉美左翼青年偶像。
② http://baike.baidu.com/view/341559.htm。

派尼米兹接管太平洋战事。尼米兹不负众望，通过珊瑚海战役、"瞭望塔"战役、中途岛海战等战役，一举扭转危局，赢得美军在太平洋战场的绝对优势。在太平战争大局已定的情况下，麦克阿瑟又获得了太平洋战区的军事领导权。他回到曾经接受耻辱失败的菲律宾，站在海水中激情演讲："菲律宾人民，我回来了。"

麦克阿瑟也不是高瞻远瞩的政治家。他在中国军队是否会出兵援朝的问题上严重误判，极力主张美国出兵干涉朝鲜半岛内战，导致朝鲜战争扩大化。自信满满的麦克阿瑟在实施仁川登陆后，一路打得顺风顺水。已经抵近鸭绿江的麦克阿瑟甚至认为，即使中共再出兵也已经晚了。但是，在中国人民志愿军兵出朝鲜后，战场形势立马逆转。中朝军队很快迫使深入北部的美韩联军狼狈后撤，有些军队在撤退途中被歼灭。中国人民志愿军甚至一路打到汉城。麦克阿瑟"让孩子们回家过圣诞节"的形势判断成了美国的笑话。

麦克阿瑟在政治上展示出的是过多的权术——在朝鲜战场上威胁对中国使用原子弹是权术讹诈；鼓励台湾加入朝鲜战争也是纯粹的手腕。麦克阿瑟也没有对日本军国主义进行彻底的清算，这对历史有什么深远影响，还需用更长的时间来考量。晚年，麦克阿瑟在会见蒋经国时说："你们一直存在的意义，就是让共产主义睡不安枕。"麦克阿瑟好大喜功，爱出风头。马歇尔讽刺说："如果脱下军装换上戏服，麦克阿瑟会成为一代名优。"

显然，切·格瓦拉、麦克阿瑟都不是杰出的战略家。他们不放过任何打造高大角色形象的机会，善于造势，敢于作为，因而留下极为光鲜亮丽政治家角色形象。要肯定他们的有为之心，但不能肯定他们的自我、偏执，更不能肯定他们的破坏性冒险。

——任性独裁，"风物"长宜放眼量

还有一些偏狂型人才，他们作为政治家的角色毁誉参半。他们顺应历史的要求，对社会进行了一些积极的改革，并因而获得一定的社会治理成果。然而，唯我独尊意识放大了他们的权欲和任性，使他们成为政坛的另类。而放纵自我意志的本能，又使他们漠视规律，表现出更多的手腕痕迹。这使他们的政治治理缺乏可持续性。

卡扎菲①无疑是一位政治强人。在利用一场军事政变上台后，他采取强制行动，驱离了利比亚境内的所有外国军队，建立了利比亚共和国。他在政治治理上也是有成就的。利比亚有丰厚的石油收入，他把国家石油收入的50%分给所有的利比亚人民，推行免费的教育、医疗，还把农场、房屋和拖拉机赠送给农民。他还尝试在利比亚推行社会主义民主模式，实行国有化和私营经济相结合的方式。20世纪80年代初，利比亚的人均收入已达到1.1万美元，利比亚人民成为非洲最富裕的人民。但是，卡扎菲的利比亚并不是真正的人民国家，利益分配并不公平，部族之间矛盾重重，这也是后来反卡扎菲势力如此强大的

---

① http：//www.baidu.com/s？wd＝卡扎菲&tn＝63058180_1_pg。

原因。

而卡扎菲在国际上的狂妄表现，也给他招来一些无端的忌恨。当美国副国务卿登门拜访时，卡扎菲拒绝与其会面；当他前往意大利访问时，胸前挂了一幅反意大利殖民统治英雄马塔尔的照片，让到场迎接的意大利总理贝卢斯科尼十分尴尬。这类给西方难堪的事，卡扎菲总是乐此不疲。这是其满足至尊者虚荣的内在冲动使然，也是排他性气质的自然反应。可以说，卡扎菲桀骜不驯的张扬个性，也是西方极力想推翻其政权的重要因素之一。

古巴在美国的卧榻之下，卡斯特罗政权经历了美国的一次次阴谋颠覆，却长期屹立不倒。何也？因为菲德尔·卡斯特罗是伟大的战略家和政治家，他将政权牢固地建立在绝大多数人民的基础上。卡扎菲显然没有赢得绝大多数利比亚人民的支持，否则，仅有外敌入侵，是不可能轻易打垮其政权的。

乌戈·查韦斯①也是一个很高调的政治强人。查韦斯早年也曾想用军事手段颠覆政府，遭到失败。后来，通过竞选上台后，查韦斯大力推进改革，宣布在委内瑞拉进行"21世纪社会主义"革命，推进国有化运动。客观地说，查韦斯进行了很大的努力，也取得了较大的成就。通过开展扫盲运动，委内瑞拉教育状况大大改善，进入"无文盲国际"；通过"梅卡尔使命"计划，穷人生活有了保障，农业也获得了更大发展；推进"巴里奥·阿登特罗使命"计划，在古巴的帮助下向全国穷人区赠医施药。查韦斯的努力，使大多数国民的生活得到了保障，这是在保障社会正义方面的显著进步。然而，查韦斯的国有化并不彻底，体制内的腐败也受人批评，社会距离普遍的公平正义还相距甚远。

查韦斯在形象打造上绝对是高手中的高手，他个性张扬、高调反美，成为拉美反强权的一面旗帜。他抨击美国发动的伊拉克战争，说美国是为了抢夺那里的石油；提出"美洲玻利瓦尔计划"，对抗美国提出的"美洲自由贸易区"计划；他甚至把自己和其他拉美领导人罹患癌症的事情，归咎于美国中情局的阴谋。但是，这并不妨碍他与美国做生意，委瑞内拉石油的一半都销往了美国。

查韦斯对权力的态度则让人诟病。如果不是因为病魔，他或许还不会放弃垄断了14年的权力。查韦斯说："我搬走了黑色的窗帘，这样就能看到我的人民了……我把手机伸到外面去，这样你就能听到他们在对我尖叫！"或许，这位革命家要的就是这份感觉。

卡扎菲、查韦斯都在社会改革方面做出了努力，并取得一些积极成果。但是，他们个性局限性也是很明显的，他们的张扬个性、他们对权力的迷恋、他们的手腕痕迹等，也都成为其历史形象的一部分。

---

① 乌戈·查韦斯（1954—2013），第52任委内瑞拉总统。

　　——步入歧途，魔道原来真暗黑

　　因为高度自我和偏执，偏执型人才的精神被权力充分放大并失去强力制约时，很容易误入魔道。他们不懂得辩证地看待社会矛盾运动，放大对立、分歧、偶然性，盲目相信自我意志和权术手腕。当他们把历史的偶然视为自我意志的胜利时，就在不知不觉中滑向错误的深渊。

　　他们把唯我独尊的自我潜意识上升为国家意志，变成狭隘种族主义。希特勒在《我的奋斗》一书中极力宣传他的种族主义观点："我们今天所看到的一切人类文化，一切艺术、科学和技术的果实，几乎完全是雅利安人的创造性的产物。这一事实本身证明，这样的推论不是没有根据的：只有雅利安人才是一切高级人类的创始者，因此是我们所谓的'人'这个名称的典型代表。"[①] 与这种论调相适应，他把对外侵略视为天经地义："大自然并没有为任何民族或种族保留这片土地的未来占有权；相反，这片土地是为有力量占有它的人民存在的。""不能用和平的方法取得的东西，就用拳头来取。"于是，犹太人首先成了纳粹主义要消灭的劣等民族；于是，侵略成了希特勒证明种族论的大实验。

　　他们对逆取型智慧的迷信，变成错误引导集体的极端主义冒险。希特勒用他的纳粹意识形态，一步一步地把德国变成一架战争机器。他首先进行政治上的集权，解散国会，取消所有反对派政党，建立纳粹独裁统治。随后，他开始疯狂进行扩军备战和军事冒险。1936年进军莱茵非军事区；1938年出兵吞并奥地利；1939年3月侵占整个捷克斯洛伐克，同年9月以闪电战入侵波兰，挑起第二次世界大战；1941年，又大举入侵前苏联。希特勒开始征服世界、称霸全球的征程，整个欧洲都陷入纳粹军事机器的蹂躏之下。然而，在强大的世界反法西斯统一战线面前，希特勒的迷梦最后被彻底粉碎。随着同盟国军队攻入柏林，希特勒自杀，希特勒法西斯彻底败亡。

　　他们对自我意志的神化，变成习惯性的瞒天过海和欺世盗名。希特勒有很强的政治敏感性，手腕也很强。在组织纳粹党的过程中，他经受了来自党内、党外的各种挑战。在党内，他战胜了施特拉塞等人对他的权力的挑战，甚至把戈培尔那种曾经谩骂过、反对过他的人也变成了他的忠实信徒和得力助手。在党外，他充分利用当时德国大众的心理和情绪，狂热鼓吹种族优越论，满足德国人在一战失败后重建自信心的需要；鼓吹扩张论，迎合当时德国垄断资产阶级攫取利润的动机；誓言强大国防军，摆脱凡尔赛和约的束缚，赢得军方的支持。这一系列的投机帮他最终夺取权力并巩固了权力。但是，希特勒的唯我独尊并不能仅仅满足于对内的控制，他还必须通过对外征服来满足高度虚荣的精神渴求，实现自我的角色神话。而当他这样做时，暴露的不仅是其野心和实力之间的矛盾，更导致了其人格的总暴露和政治的总破产。毛泽东说："法西斯宣传中包含的真实性是如此之微

---

　　① 《盗世奸雄希特勒》，世界知识出版社1985年版，第62页。

小，肉眼几乎无法看到。当墨索里尼要征服阿比西尼亚时，他宣称他在解放非洲的奴隶。当希特勒在欧洲发动侵略时，他对德国人民说光荣胜于面包，对欧洲人民则说他是一个和平爱好者。"① 希特勒忽视了"物极必反"这一最基本的宇宙定律。魔王从来都只能横行一时而不能横行一世，因为邪不胜正是颠扑不破的真理；英雄从来不是利用人民成就欺世盗名的夜话，而是创造出服务人民、面向未来的英雄时代。莫洛托夫评价说："希特勒聪明过人，但由于他的基本思想是妄自尊大和荒诞绝伦的，因此他褊狭固执，头脑简单。"②

希特勒唯我是尊，既不敬畏上帝，也不在乎规律。当他们把个人的偏执和冷漠上升为集体意志时，就会形成以极端主义和种族主义为内核的纳粹主义。希特勒发动第二次世界大战，让世界人民付出了惨重的代价，仅前苏联就在战争中造成 2600 多万人的牺牲。在希特勒的欺骗下，无数德国大众成为法西斯梦的牺牲品。而更直接说明希特勒人性冷漠的是他对其他民族存在权利的漠视和对 570 多万犹太人的肆意虐杀，希特勒的犹太人集中营和有组织的集体屠杀在世界历史上是空前绝后的。

总的评价：小智慧放纵其个性，小才华助长其狂性；敏锐的感觉和投机天赋造就其成功的禀赋，而顶层智慧的缺失和排他性气质则形成其致命瓶颈。偏执使他们无视历史规律，不畏人言，一条道走到黑。

第三节　商海的营销大师

在经济领域里，偏执型人才也表现出张扬的个性和另类的角色形象。

他们有很强的商业嗅觉，善于捕捉市场的机会。他们有较强的活动能力，注重把握市场动态，能够及时准确抓住有利信息，实现自己的价值目标。

他们善于技术模仿，堪称二次创造高手。他们往往不是比尔·盖茨、乔布斯那样的第一原创大家，而是拉里·埃里森那样的造势能手。

他们善于炒作，是"概念"运营的高手。焦英霞模式就是典型代表。

同时，他们还善于造势，喜欢通过挑战标杆人物，来达到自我形象的提升。

中国的牟其中、焦英霞，美国的拉里·埃里森等都属于此类。

焦英霞野心勃勃，想成就一番事业，然而，她的道路选择确实是错误的。她发现了中国市场经济管理上的漏洞，就借鉴传销理论模型，以高息为诱饵开始疯狂的集资。焦英霞并非不知道这种空手套白狼所面临的资本黑洞问题，但因为盲目相信自己的手段足以瞒天过海，金蝉脱壳。她不断地进行狂热的集资，并竭力打造企业形象。十余年间，从默默无

---

① 《毛泽东评点国际人物》，安徽人民出版社 1998 年版，第 884 页。
② 《莫洛托夫回忆录》，吉林人民出版社 1992 年版，第 12 页。

闻的护士到人尽皆知的女企业家，焦英霞一手打造出英霞集团的商业"神话"。然而，神话破灭唯谎言，她的尽情演绎最后变成了对无数"股民"的血汗钱地洗掠。天网恢恢疏而不漏，最后，焦英霞的一世豪情变成了阶下囚的法证，不得不面对法律的严惩。

——沉浮谁论牟其中

1941 年 6 月，牟其中①出生于四川万县，高中学历。他是一个敢于狂想而又有较强的实际运作能力的人。因为人才个性的影响，牟其中走出了一条曲折的人生路。

1974 年，牟其中与他人合写《中国向何处去》，被判死刑，入狱四年。1979 年平反后辞职经商。1988 年 9 月，牟其中的南德经济集团于天津开发区成立。1989 年，牟其中用国内大量的轻工产品，从前苏联换回 4 架图-154 民航机，名噪一时。1992 年，牟其中自称资产高达 20 亿元人民币，被称为中国首富。1995 年，《福布斯》杂志将牟其中收入全球富豪榜。1999 年，牟其中被捕，随后被以信用证诈骗罪判处无期徒刑，剥夺政治权力终身。

牟其中思维活跃，但失之于偏执，满脑子投机概念。

"99 度加 1 度"理论。牟其中说："有一壶水烧到 99 度，还没有沸腾，没有产生价值，有人就建议干脆把它倒掉重烧一壶。这种人是傻瓜。聪明的做法是，在这壶已烧到 99 度的水下再加一把柴，水就会开了，价值就会产生了。成功与否往往就在于这关键的一步。那么，这宝贵重要的 1 度是什么呢？它就是市场。"牟其中是想由自己来烧这最后 1 度，即推动国企的市场化。

"平稳分蘖"理论。牟其中说："南德集团希望与国内外一切渴望建功立业的人士合作，愿意为他们提供良好的发展机会与条件，也即为他们提供最基础的条件，创立新的项目公司，在条件成熟的时候，将该公司的大部分股份赠给其主要成员。"牟其中知道，南德集团需要充实人力资源，更需要强大的"人脉"。

"智慧文明时代"理论。牟其中说："从 1992 年以后，我就发现，过去的经济规律已经在市场经济中变得十分可笑了，工业文明的一套在西方也已落后了，在中国更行不通。我们需要建立智慧文明经济的新游戏规则。有人说我搞的是'空手道'，我认为，这是对无形资产尤其是智慧的高度运用，而这正是我对中国经济界的一个世纪性贡献。"牟其中过于相信了自己的手腕。

与牟氏理论一脉相承的是南德集团的狂热实践模式：

1993 年 11 月，牟其中提出"三转化改造国有企业"、"765 工程"。他对 200 余家国有企业提出股份制改造方案，称为"三转一化"，三转即企业转制、干部转型、资产转资

① http：//www.baidu.com/s？ie＝utf-8&f＝8&rsv_bp＝1&ch＝&tn＝63058180_1_pg&bar＝&wd＝牟其中。

金，一化就是国际化。后又号称要改造 3000 家国有企业。同年，牟其中表示要在地处中俄边界的满洲里投入 1700 万元开发一个边贸口岸，建立一个保税仓库，并促成中俄双方公路的对接，冠之以"北方香港项目模式"。

1994 年，牟其中考察陕北，表示准备在陕北投资 50 亿元。牟其中对陕北官员说，南德集团手中暂时没钱，希望陕北把国家下拨的扶贫贷款转划到南德账上，然后由南德去"运作"，保证能"搞到更多资金"。同年，牟其中声称要建一个 118 层高的小平广场大厦，地点考虑在北京或上海，投资 100 亿元。

1996 年，牟其中接受美国记者采访，声称要在世界金融中心华尔街投资。他还宣称要在国外建立 2 家商业银行、20 家证券公司、30 个南德港和招聘 250 名金融设计师。

1997 年，牟其中实施卫星发射计划，在俄罗斯发射了两颗卫星。后被迫卖出，亏损约 3000 万美元。

显然，牟其中有一个精明的大脑，他能想，也敢想敢做。但因为过多的投机心，牟其中似乎更喜欢天马行空，而不是踏实地经营企业。以牟其中之聪明，他不可能不知道自己的言行意味着什么。他太好高骛远，又太自负。

有人说："牟其中绝对是中国企业家中的另类，他的狂想、雄辩鲜有人能及。"

牟其中说："在我国，论马克思主义的学养，比我高深的，不知有多少；论西方古典哲学、发展经济学的学识，我更是谈不上；论经营一个企业，无论是过去和现在，比我优秀的俊杰，更是比比皆是。但是，若论要横跨这三个领域，我的自信就产生出来了。"他辩解：其他企业家的目标是经营好一个企业，而他不同，"选择了充当中国经济体制改革试验田的人生道路"，"以期对国家、对社会做出较大的贡献"。"因为这不是个人的能力可以改变的，它是改革中不可避免的双方冲突的一个过程。即使我圆滑一些，事事坚持原则，甚至举手投降，但总有人会站到我处的位置上。既然如此，'我不入地狱，谁入地狱'？就让我去承担这历史的风雨吧。"

据传，牟其中在狱中仍然自信满满，相信出狱后能够重振南德事业。

"武侯祠"有一副楹联——"能攻心，则反侧自消，自古知兵非好战；不审势，即宽严皆误，后来治蜀要深思。"牟其中说他从中受到许多启示。显然，牟其中还是放不下他的梦想和虚荣。

对牟其中的案子，文明社会应该从法律层面给予公正的判决。但从找准人才对应的成才模式来说，牟其中本人也需要一个再认识。

——最好虚荣埃里森

拉里·埃里森①出生于美国曼哈顿，他的父母是从俄罗斯移民过来的犹太人。

---

① 拉里·埃里森（1944—　）http：//baike.baidu.com/view/8170.htm。

70 年代是美国技术革命爆发的年代，因而也是一个充满生机和机遇的时代。埃里森有幸进入 Amdahl 公司工作，成为该公司的一名程序员。Amdahl 公司是一家和 IBM 竞争的生产大型电脑的公司。埃里森并没有在这家公司取得很好的职位，生活并没有多大改观，总是入不敷出。

1977 年 6 月，埃里森开始创建自己企业，他联合鲍勃·迈纳、爱德华·欧提斯合伙成立了一家软件开发研究公司，这就是甲骨文公司的前身。他们推出的第一个产品——一个商用关系型数据库被命名为——Oracle（甲骨文），有"神奇"的意思。但这个产品并不神奇，只能做些简单的关系查询，没有任何其他功能。随后，他们又先后推出的第二、三、四版改进版，除了名称发生改变外，几乎没有任何质的变化：功能简单，错误不断，有时根本无法运行。但是，埃里森总是对客户信誓旦旦地许诺，保证产品性能优越。公司的投诉电话几乎一天到晚响个不停。相关人员没日没夜地完善 Oracle 产品，一次次安抚愤怒的客户。直到第四版，Oracle 也无法在所有操作系统上通用。Oracle 一直到第五版才形成运转稳定、基本可靠的系统，此时，埃里森却已经积累了大量的用户资源。

随着甲骨文公司成功上市，埃里森也羽化登仙，完成质变。

除了善于造势，埃里森的又一个标志性特征就是高度虚荣，喜欢争斗。

埃里森对业界一号位置看得很重，他总是想着挑战微软和比尔·盖茨。他提出了一个"网络计算机"（NC）概念来对微软展开攻击。埃里森吹嘘说，这种"网络计算机"不需要软盘和硬盘，甚至不需要操作系统和应用程序，只要连上网络，一个统一的处理器设备将代替他们完成这些工作，并且，这种"网络计算机"售价只要 500 美元，而当时市面上普通计算机的售价至少需要几千美元。通过一番造势，包括苹果、IBM 在内的诸多微软的竞争对手都加入了埃里森的"反微软联盟"。他们还真的让技术人员组装出了一台这样"网络计算机"。埃里森带着这台"网络计算机"在全世界巡回展示，并向一所学校捐献十几台这种计算机。他和伙伴们都信心满满地认为此举一定能"让微软从地球上消失"。但是，这种不用操作系统也不用硬盘的 NC 不仅威胁到微软，还对 PC 硬件生产巨头戴尔、英特尔和康博产生了极大的威胁。比尔·盖茨迅速促成四大 IT 巨头的联合，他们一方面承诺改进微软系统和 Office 软件的功能，一方面适当降低 PC 价格。而埃里森方面，他带着临时拼凑起来的 NC 在展销会上演示，屡屡出现死机的状况。价格低廉但功能堪忧的 NC 最终应者寥寥，成为历史尘埃，而 PC 却形成一强独大之势。

2002 年，埃里森宣布进军历来被微软主导的办公软件领域。当年 7 月，甲骨文发布了 Oracle 协同办公组件，简称 OCS，定价为微软办公软件的三分之一。但 OCS 最终还是成为微软 Outlook/Exchange 的陪衬。从 2003 年开始，在埃里森的强势操纵下，甲骨文公司陆续收购了将近 50 多家硅谷 IT 企业，其中包括著名的 SUN 和仁科。事实上，埃里森这些举措十分短视，让不少甲骨文曾经的合作者因倍感威胁而与甲骨文分道扬镳。而微软的各项业务反而进展得更为顺利。

埃里森与比尔·盖茨并无私人恩怨，他只是太想要 IT 界 NO. 1 的虚名了。

当 IT 云时代到来的时候，亚马逊走到了全球最前列。于是，亚马逊又成为埃里森决心赶超的新对象。为了赶超亚马逊，埃里森与微软"化干戈为玉帛"，强强联合。2013 年 6 月 25 日，甲骨文和微软宣布在云计算领域结盟。

强烈的虚荣心当然还会表现在生活中，埃里森或许并不迷恋奢华的生活，但他绝对要向世人展示奢华的生活，因为他很享受人们的艳羡目光。有人比较说，比尔·盖茨钟爱运动衫，乔布斯喜欢廉价的牛仔裤，埃里森却只青睐最上等的服装。他最喜欢穿价值一万美金的阿玛尼西装和手工缝制的镂花皮鞋。为了穿着更得体，他聘有一个私人裁缝，想以量身定制的意大利西装和衬衫把自己打造成科技精英中的焦点。埃里森还驾驶自己的奢华游艇"沙扬娜拉"参加从悉尼到霍巴特的帆船比赛，连续航行三天三夜并夺得冠军；他驾驶一艘价值 1 亿欧元的豪华帆船，在第 33 届美洲杯帆船赛上代表美国夺得冠军；他还花 600 万美元从东欧小国摩尔多瓦买到一架米格—29 喷气式战斗机，与人在天空模拟空战；他还在加利福尼亚州南部马里布海岸最高档的一段沙滩，以 6500 万美元买下 5 栋房子。这些房子除一两间出租外，其他房子被长期空置。

埃里森非常努力，无论是创造财富，还是享受财富。但显然，他心为物役，没法突破境界的束缚。海滩边那些空置房屋就像埃里森的精神世界的空缺一样，是物欲无法塞满的一个象征。

第十一章 ｜ 自觉型人才

　　孙悟空被佛祖打败，很是不服。他说："我有金刚不坏之身，上天入地之能，为什么就打不赢你？"佛祖说："因为我先知先觉，你后知不觉！"孙悟空抓耳挠腮了半天，说："还是不懂。"佛祖说："懂了你还会去西天取经？"

原境界：本我层——高层德行：理性、实证

思　维：单相透视——纯逻辑思维

气　质：超然型

主要指标表现：

思维张力：人文能力中等　　数理能力卓异

敏感系数：对现象不敏感　　习惯于抽象考量

学习能力：记忆力很强　　善于抽象思维　　　　　　　☆ ☆ ☆ ☆

交际能力：不善于交际　　　　　　　　　　　　　　　☆

战略管理能力：一般　　　　　　　　　　　　　　　　☆ ☆

战术创新能力：　　　　　　　　　　　　　　　　　　不足

行政执行力：　　　　　　　　　　　　　　　　　　　☆

技术创新力：杰出　　　　　　　　　　　　　　　　　☆ ☆ ☆ ☆ ☆

综合评级：　　　　　　　　　　　　　　　　　　　　☆ ☆ ☆

习惯模式：一心问道　　穷究物理　　创新工具　　彻底奉献

自觉型人才是上帝钦定的人类福音传递者，他们用绝对创造力推动着文明的车轮，走

258

向自由、幸福的伊甸园。在人文科学领域，他们表现出哲学的睿智，能成为伟大的思想家；在自然科学领域，他们展示出神奇的创造天才，能成为杰出的科学家。

自觉型人才处于本我层，他们是最接近本我自觉的人，能够顺应自然逻辑和信念，不为现象所异化，表现出非功利的高层德行。以单相思维和卓异的数理能力为基础，他们表现出极高的抽象思维能力，对事物的逻辑性表现出更高的悟性和更强的把握能力。但由于其人文能力相对较弱，使他们对社会非理性逻辑缺乏敏锐的洞察力，其社会理想表现出超现实的空想性。超然气质则使他们更容易沉浸于理性的研究，并对信念坚信不疑。他们的角色追求表现为潜意识观察者角色与社会自觉的结合，表现为在本我层统一的道德属性与智能属性。当其在本我层建立价值肯定的意向建构、单相型逻辑建构和超然型情感建构结合成统一的人格特征时，形成其潜意识观察者自定义，形成其实践中的思想者、探索者二次定义。他们向往自然的原生态，既没有强烈的自我意识，也不为社会现象诱惑所困扰。

他们的智慧属于纯理性智慧，把顺应自然的存在视为事物的最高形态，把非理性视为错误。他们好奇心强，喜欢思考，好学不倦，对获得新知识有强烈的渴望；善于逻辑分析，喜欢理论探讨，探求终极真理；在自己关注的方向，他们表现出非常的专一性和严谨性。对社会的非理性持批判态度。自然科学是逻辑的必然，所以他们在自然科学的大道上如鱼得水；社会、人生充满感性和偶然，所以他们也会感到无能为力。但是，追求"终极真理"并坚定这一信仰，他们就是"圣人"。

人物代表：

释迦牟尼、孔子、孟子、老子、庄子、柏拉图、苏格拉底、亚里士多德、托马斯·莫尔、圣西门、傅里叶、罗伯特·欧文、马克思、黑格尔、恩斯特·卡西尔，以及哥白尼、布鲁诺、牛顿、爱因斯坦、爱迪生、祖冲之、张衡、霍金等，以及那些世外人如张三丰、本焕长老等。现实政治人物如乌拉圭总统何塞·穆希卡、美国总统奥巴马等。

性格形成：

他们自幼表现出对知识的浓厚兴趣，喜欢观察世界，喜欢思考和实验。

他们有强烈的好奇心，对探索未知世界表现出强烈的兴趣。无论外界多么的纷繁嘈杂，他们能从容遨游于寻找真理的太空。他们就是那个坐在鸡蛋上想孵出小鸡的爱迪生，梦想正是从这种探索精神开始延伸。

随着知识和经验的增长，他们的智慧也在不断增长。"天才是百分之一的灵感加上百分之九十九的汗水。"这是他们的成长写照。勤奋和勇于探索的精神，使他们不断获得新知识、新发现。

孔子（前551—前479）
中国著名政治家、思想
家、教育家，儒家学派
的创始人

苏格拉底（前469—前399）
古希腊思想家、哲学家、教
育家

卡尔·马克思（1818—1883）
政治家、哲学家、经济学家、
社会学家、革命家。马克思主
义的创始人

因为超越一般的世俗心，他们没有强烈的物质占有欲望，更容易沉浸于自己的理想和信念。而强大的抽象思维能力则为他们在规律研究方面提供了充沛的智力支持，他们表现出更卓越的创造力。

他们喜欢保持与现实的距离。无论现实斗争如何激烈，他们也能沉浸于专业研究。

在人文科学方向，他们把自己的理性精神融入研究对象，因而把理性视为人的本质，把理性精神视为人类社会的基本精神。他们往往成为天才的思想家。

在自然科学方向，顺应自然的逻辑，他们更善于发现事物的内在规律性。他们往往成为天才的科学家。

整个人类文明史都是用思想和技术两个轮子驱动的，而他们往往是这两个轮子的第一创造者。他们是文明的宠儿，是社会的福音。

经过实践的锤炼，他们的超然特质更见理性之光泽。他们反对任何集权与极端的行为。他们不崇拜人格化的神，也不希望自己被当作神来崇拜。他们既不被放大的社会责任所累，也不被放大的自我私欲羁縻，成为最本色的存在。

人格特征：

他们表现出非功利的人格特征：思在高远，求在真知，神游物外，纯粹良知。他们用朴素人性去定义道德和良知，从自我净化、度己度人去面向道德和良知，把探寻真理视作存在的价值和意义。他们是最纯粹的一类人。

情感模式：

独立、自然的情感模式。崇尚自然的情感状态；喜欢独立的存在，不喜欢自己的空间被打扰；深度向往精神自由，潜意识中有超越物质的强烈渴望；面对非理性的事物，你常常感到不安；面对强烈的个性和压抑，容易产生逃离或者回避的念头。爱情上比较保守，不属于开放型。

气质细分：

从气质的感性特征进一步细分，自觉型人才也可以分为外向型和内敛型两种。

外向型相对积极外露，对现实更有热情。他们表现出对社会的热切关注，也会积极参与社会事务。他们或者用积极的思想探索服务社会，或者用丰富的科研成果服务社会，有的甚至还会亲身参与社会实践斗争。如孔子、孟子、马克思、爱因斯坦、何塞·穆希卡等，无论他们从事什么职业，他们都很关注社会现实，并成为积极的一员。

内敛型更为内向，喜欢独处和享受安静，对社会事物极为超然，甚至采取逃避态度。他们宁可在宗教的殿堂里去度己度人，而不愿到现实斗争中去救人于水火。或者，他们沉浸于专业研究，跳出三界外不在五行中，如释迦牟尼、张三丰等。

角色担当：

哲学家——思想家——科学家——政治家

在自然科学领域，他们善于探索和研究，能成为伟大的科学家。

在思想领域，他们表现出强大的思辨能力，能成为哲学家、思想家。

他们之中，有一些人关心社会事物，积极参与实践，成为政治家。

他们之中，有一部分人性情更加超然，往往皈依宗教。

他们不属于反应敏捷型人才，运动不是他们的长项。

科学家角色：

他们热衷于探索未知世界，善于发现逻辑律，表现出对自然规律的非凡洞察力。他们显示出非凡的科学创造力，达到一般人才难以企及的高度。

在人类的整个技术革命史上，各类人才都有过不同的技术创造和发明。但是，在技术研究和理论创造上所达到的高度，自觉型人才是出类拔萃的。如果说，他们用一项项具体的科研成果直接提高了生产力、改善了我们的物质生活的话，他们在一些重大理论上的突破更是把人类文明推上一个新台阶。我们知道牛顿的万有引力定律、爱因斯坦的相对论对科学世界的影响，我们更直接地享受着爱迪生的数以千计的发明，以及其他各种天才的发明家的智慧结晶。

另一方面，他们是纯粹的科学家。他们探索未知世界不过是在追求真知，不是为了实现个人价值或者某种集体价值。他们发明产品是为了奉献社会、服务现实，而不是为了实现企业家的功利性。

思想家角色：

当他们沉浸于思想领域里的探索时，超然的精神特质和强大的思辨能力的结合，一方面使他们更容易用纯粹理性精神看待事物，另一方面表现出强大的体系认知能力。

他们把理性视为人的本质，不会像叔本华、尼采那样夸大个人意志。古希腊哲学家苏格拉底认为"未经理性检验的生活是不值得过的"。

他们更重视社会理性，并善于建构走向理想国的理性路线图。从柏拉图的理想国和孔子的天下观，到马克思的共产主义，他们用现实理性精神为人类勾勒出了华美的愿景。

他们在思想领域里表现出的创造力是非凡的，并因而成为人类思想史上熠熠发光的星辰，对文明产生了深远的影响。

当然，他们的思想创造也有不足的地方。他们的理论立意高远、体系庞大，富于哲学思辨。但是，他们往往忽略现实操作性。孔子的儒学学说在当时并不能被各诸侯国接受，因为征伐之际更需要权谋而不是仁恕。马克思主义是经过了列宁主义化和毛泽东思想化，才转化成强大的革命推动力。

世外人角色：

内敛型自觉型人才往往更见超然精神，他们似乎总是在想着保持与现实矛盾更远的距离。而当他们选择了一个精神转移的方向时，强大的抽象思维能力往往使他们在新方向获得一些高明的认识。

当释迦牟尼拒绝红尘的奢华享受、转向空门寻求新的定位时，却成就了佛教的兴起和兴盛。他找到了成就人生的另一种模式，即超越自我和贪欲，从度己而到度人。而众多如唐玄奘一类有超然慧根的人，也从这一种模式中找到了精神归宿。当然，佛教的影响远不止于对这一类型人才的作用。历史上，诸多在现实中遭遇重大打击而希望获得精神慰藉的人，都曾经投入佛的怀抱。

还有张三丰、吴清源一类的超越红尘模式。

张三丰身处元末乱世，一边是民生万苦，一边是各种势力的利益角逐。张三丰既无汲汲功利之心，又无救民于水火之志，他只沉浸于问道成仙，其他都若浮云。张三丰认为："玄学以功德为体，金丹为用，而后可以成仙。"根据自己对宇宙阴阳运动规律的把握，张三丰创立太极，成为一代宗师。

吴清源是围棋界的泰斗。当年，吴清源纵横棋坛，横扫日本超一流棋士，成为一时之雄。而其时正值中国人民浴血抗日之际。吴清源也像张三丰一样超然红尘，不问世间苦难。不同的只是，张三丰求仙道，吴清源则是求棋道。弟子林海峰回忆说，吴清源喜欢打坐，每当打坐时，非常庄重沉静，俨然若佛。

政治家角色：

历史上，像马克思那样积极参与政治实践的自觉型人才不少，但能够主导政治实践甚至获得政治主导权的人却不多。这与他们的智能特征有根本关系。

现实的政治斗争波谲云诡，各种利益交织异常复杂。所以，政治不仅要有坚定的信念，还要有权变的能力和坚决的手腕。自觉型人才是纯粹的理想主义者，他们能够身体力行、践行政治信念，他们对人宽容，能够赢得他人的尊重。但是，他们缺乏知人之睿智，政治策略性往往不够灵活。

他们不属于开创性政治家，更容易成为政坛的"另类"。就像乌拉圭总统何塞·穆希卡那样，一个最贫穷也最富有的仁者，一个典型的乌托邦酋长。

个性局限：

他们习惯于单相思维模式，不善于多维度地、统一地看事物，这使他们更擅长于专业领域里的工作。

他们习惯于纯粹理性考量，把一切看成逻辑的、必然的，容易忽视主观意志的作用。他们的思想有时失之于"乌托邦"化。

他们不善于权变，很难驾驭和平衡现实中的利益团体。他们的实际政治操控能力有些不足。

智慧补充：

他们在专业方向表现出卓异的创造力，达到一般人难以企及的高度。但是，如果要让他们的天赋更快地转化成现实生产力，他们需要一些运营智慧的补充。

从社会治理而言，他们的政治思想需要经过开创型人才的二次创造，转化成切合具体实践需要的信仰和理念，就像列宁、毛泽东对马克思主义的运用那样。

从企业化运作而言，他们也需要开创型人才的战略导航和管控，才能更快、更好地把技术转化成现实生产力。他们也需要行政管理和市场运营方面的智慧补充。

培养意见：

他们天性纯真，逻辑缜密，喜欢观察，热衷于探索事物规律。应该给予一片纯净的天空，让其沉浸于知识的海洋，从知识中发现真理，创新工具。

意见一：给予自由和宽广的学习环境，培养其对自然、知识的兴趣，鼓励他们的实践小游戏；

意见二：不施以太多功利性影响，否则容易造成太大的压抑感；

意见三：从运动项目来说，建议不让他们选择对抗性强的项目活动，诸如棋类智力运动项目相对更合适；

意见四：注重知识学习与新技术和新潮流的结合；

意见五：给予充分的学习、培养时间，不宜急于求成；

意见六：不建议选择职业政治家、职业经理人之类的道路；

意见七：往思想家、科学家方向培养。

第一节 政坛的乌托邦酋长

自觉型人才的智能特征决定了他们的政治理念和实践模式选择，他们是纯粹的理想主义者。当他们带着自己的理想进入政治生活中、并领导实践时，往往成为极具另类色彩的政治话剧。

乌拉圭的何塞·穆希卡①被称为世界上"最贫穷的总统"。20 世纪 60 年代，为反对乌拉圭军人独裁政权，穆希卡参加"图帕马罗斯"游击队，多次参与袭击政府军的行动。在一次军事行动中，穆希卡身中六弹，险些身亡。后来，穆希卡被军政府逮捕。他在监狱中度过了 14 年的时光，直到军政府统治结束。2009 年，穆希卡在民主选举中胜出，当选为乌拉圭总统。在政治上，穆希卡政府致力于减少贫困现象，提高民众福利。他是一个真正的自由主义者，秉持朴实的自由理念。他支持社会的充分开放，甚至支持堕胎和使用大麻。

在生活上，他是一个崇尚简朴的人，平时都是一身粗布衣。当选总统后，他拒绝入住豪华的总统府邸，坚持居住在首都郊外的一座农场的板房里，似乎更喜欢与大自然的亲近。他曾在联合国大会上痛斥消费主义文化。

2010 年时，穆希卡依法公开财产。据官方审计，如果加上他妻子的地产、房屋、拖拉机，穆希卡夫妇的全部家产达 21 万美元。但是，他们居住的农场实际上是他夫人的原有财产。真正属于穆希卡个人的家当就是那辆大众甲壳虫汽车，价值约 1800 美元。穆希

① http：//www. baidu. com/s？ ie＝utf-8&f＝8&rsv_bp＝1&ch＝&tn＝63058180_1_pg&bar＝&wd＝何塞穆西卡。

卡总统的月薪为11000美元，但他除了留下1500美元的生活费用外，其余的全部捐献给了慈善事业。穆希卡因此被称为世界上"最穷困的总统"。但是，穆西卡说："我不觉得贫穷。贫穷的人是那些努力保持奢侈生活，欲望越来越大的人。"

我们很难评估穆西卡的政治治理模式，但有一点可以肯定——这种模式只属于穆西卡，没有普遍的适用性。

奥巴马①也是很有个性的政治家，他充满变革的热情，并因为高呼变革而登上美国的总统宝座。在上位后，奥巴马提出建立无核世界的设想，努力对包括伊朗在内的国家展示和解和善意，极力克制滥用武力。显然，他是一个爱好和平的人，而且是一个正派人（就像劳尔·卡斯特罗对他的评价那样）。但是，奥巴马看不透现实非理性的一面，这使他的理想主义最后多半成空。在多极化世界潮流面前，"周天子式微"已经是大势所趋；更重要的是，长期以来的霸权主义思维和行为模式已经让美国失去了道德的制高点，进一步加速了其同盟的离心离德和门户自立。当奥巴马郁闷地指责中国人"搭了三十年便车"，又把俄罗斯与埃博拉、ISIS并称当今世界三大害时，他显然已经失去了方寸，他是确确实实焦头烂额了。在国内，奥巴马的政改也总是难以推行，他的医改法案、移民政策面临重重阻力，甚至一个小小的控枪法案也通不过。这一切，并非奥巴马方向不对，而是因为他的变通能力不够，他看到了前方理想主义的光辉，却无法驾驭实践这头大象向着理想前行。

奥巴马在演讲中说："林肯不是一个完美的人，也不是一个完美的总统……我，力求完美！"但我们知道，追求完美的总统一定做不出完美的事情。卸任后的奥巴马或许将在理论方面有更大的建树，因为他积累了够多的经验和教训。

自觉型人才看不透社会非理性的一面，缺乏政治变通才能，这使他们的信念往往难以落地生根。但是，他们的信念与坚持，是值得尊重的文明境界，是应该肯定的精神自觉。

第二节　思想天空的明星

自觉型人才喜欢抽象演绎，而且善于思辨，这使他们喜欢探究终极真理。在社会学领域里，他们努力探索，试图找到人类的理想国。

孔子和马克思代表了社会科学史上的两座高峰，也见证了东西方两种文明的文化差异。孔子的天下大同和马克思的共产主义都是人类的终极理想。但他们设计的路径是不同

---

① 贝拉克·侯赛因·奥巴马（1961— ），美国民主党籍政治家，第44任美国总统，参考 http：// baike. baidu. com/link？ url ＝ E072jqWBZeewSumy8bQ9-eJ4nvb03c1mMAM1JVL-p13ZX7KeBa9LP7FMzbAznr H7aMcecD1STx1ovCWZFsCvJDP5lletL2kq5q4Ka-OAzLZ2FqX＿Xq8Tmh8522＿bTb3p-ucwZ0FeeiG＿yJVbJ0＿ W2zz6U4bbbE6SUky2G6jYspS。

的。孔子思想反映了东方文明突出社会自觉的特点，以修身、齐家、治国、平天下为逻辑顺序，强调通过自我革命而走向社会"大同"。马克思思想则与西方文化注重人的自然属性的传统一脉相承。他认为生产力和生产关系的矛盾运动会自然地推动人类社会由低级向高级不断发展，并最终因为物质文明的高度发达而实现共产主义的生产关系。

——仁者爱人是大道

孔子是中国儒家文化的缔造者，是伟大的思想家和杰出的教育家。他知识渊博，自成体系，对中国文化和中华文明产生了深远的影响。

孔子毕生探索治理社会的方法。在两千多年前的文明形态下，孔子就提出"天下为公"的思想——"大道之行也，天下为公。选贤与能，讲信修睦。故人不独亲其亲，不独子其子，使老有所终，壮有所用，幼有所长，矜寡孤独废疾者，皆有所养，男有分，女有归。货恶其弃于地也，不必藏于已；力恶其不出于身也，不必为已。是故谋闭而不兴，盗窃乱贼而不作，故外户而不闭。是谓大同。"① 而如何实现这种理想呢，孔子主张通过自我革命来达成社会的和谐。具体来说，就是要标榜善良的德行，做忠孝仁义的新人；就是正心诚意，从修身而齐家而治国平天下。他的思想后来被孟子、荀子进一步发扬光大，形成完整的儒家学说体系。到西汉时，雄才大略的汉武帝毅然决定"罢黜百家、独尊儒术"，建立规范的封建意识形态，以实现封建国家的长治久安。其后，儒家文化就一直成为封建统治者治理国家的重要工具。可以说，在成就中国灿烂的封建文明过程中，儒家思想功不可没。

孔子还是杰出的教育家，他培养出了一大批精英人才，号称三千弟子七十二贤人。他和他的学生们对中国文化的传承和发展起到了积极的作用。孔子在教育方法上也有创新。时至今日，他的"有教无类"的思想仍被赞赏和借鉴。

从历史大趋势来说，孔子宣传要恢复周礼有些不合时宜。这一时期，社会已经进入一个需要用力量重新整合的时代，要改变礼坏乐崩、战乱频仍的社会，就必须先解决利益固化、诸侯割据的政治格局。而要改变这种大格局，经世谋略显然更比空谈理想更重要。所以，以游说为能事的纵横家们得到了重视，而孔子则多有碰壁，各国君王对孔子礼敬而远之。道德从来都不是治理乱世的工具，而是稳定后的滋补药。

孔子勾勒了天下大同的轮廓，但完成这个大厦还必须靠那些杰出的政治家们去再创造。

——共产主义放光芒

在马克思主义诞生之前，欧洲有一批活跃的空想社会主义者，代表人物如圣西门、傅

---

① 《四书五经》之《礼记·礼运篇》，吉林出版集团有限公司 2007 年版，第 160~161 页。

立叶、欧文等。他们是资本主义制度弊端和内部矛盾的最早揭露者，也是寻找取代资本主义的社会新制度的最早探索者。

圣西门①认为，资本主义是一种充满矛盾、畸形发展的社会，富人的享乐建立在穷人的困难的基础之上，这种制度最终将被更合理的实业制度所取代。新制度由国家组织生产，实行有计划的协作制、体力和脑力劳动义务制，用对物和生产过程的管理取代对人的统治，为大众谋取最大福利。他反对暴力革命，主张和平地实现新制度。

傅立叶②设计出和谐社会理论。他设计出一种"法郎吉"模式，以农业为主、工业为辅的生产消费协作组织，人们按兴趣爱好从事不同工作，其产品按照劳动、资本和才能分配；实现教育和生产劳动相结合；人人都可以成为股东，消灭阶级对立；消除城乡差别。恩格斯称傅立叶是"社会主义奠基人"之一。傅立叶关于消灭脑体差别和城乡对立的思想后来为马克思的科学社会主义所吸取。

欧文③是世界合作运动思想的先驱。他曾在苏格兰创办工厂，不仅为劳动者提供良好的住房，还设立合作商店，开办托儿所和学校。1824 年，欧文到美国尝试建立 "新和谐村和实现生产资料公有制和集体劳动制。失败后，欧文回到英国继续进行他的社会主义模式实验。

空想社会主义者之所以最后失败，是因为他们忽视了资本主义上层建筑的巨大力量，也因为把少数进步人士的道德自觉误以为是普遍的人性。傅立叶把自己设计的社会改革方案登在报纸上，每天中午在家中等待愿意资助这个项目的合伙人，结果苦等多年也没有等到一个富翁上门。欧文的共产主义实验也失败了。列宁认为欧文是"真正的文化英雄"，同时指出："为什么说自罗伯特·欧文以来所有的旧日合作社提倡者的计划都是幻想呢？就是因为他们没有估计到阶级斗争、工人阶级夺取政权，推翻剥削者的阶级统治这样的根本问题，而幻想用社会主义来和平改造现代社会。"④

马克思总结了空想社会主义者的思想成就，并对当时资本主义制度进行了深入的研究和解剖。当时，欧洲工人运动蓬勃发展，马克思还亲身参与了欧洲的一些工人运动。在此基础之上，马克思创立了科学社会主义学说。马克思解析了资本主义制度的内在矛盾，即社会化大生产和资本主义私人占有制之间的矛盾。马克思以历史唯物主义为方法论，总结出人类社会由低级向高级运动的一般轨迹，即由原始公社制、奴隶制、封建制、资本主义

---

①　克劳德·昂利·圣西门（1760—1825 年），法国空想社会主义者，出身于一个贵族家庭。

②　夏尔·傅立叶（1772—1837），出身于法国一个商人家庭，哲学家、思想家、经济学家、空想社会主义者。

③　罗伯特·欧文（1771—1858），英国空想社会主义者，也是一位实业家、慈善家、现代人本管理的先驱。

④　《列宁选集》，人民出版社 1972 年版，卷四第 686 页。

向社会主义或共产主义发展，认为社会生产力的高度发展必将为资本主义的灭亡和社会主义的胜利创造充分的物质条件，并最终实现共产主义。同时，马克思认识到资本主义上层建筑对社会改良的制约，并进而创造出阶级斗争理论。早在 1846 年，马克思、恩格斯就在《德意志意识形态》中阐释了无产阶级革命的必要性的问题："每一个力图取得统治的阶级，如果它的统治就像无产阶级的统治那样，预定要消灭整个旧的社会形态和一切统治，都必须首先夺取政权。"① 在《共产党宣言》中，马克思和恩格斯进一步指出：无产阶级革命首先要使无产阶级上升为统治阶级，争取民主权利，然后剥夺资产阶级的全部资本，使全部生产工具掌握在无产阶级国家手中，迅速发展生产力，最终过渡到共产主义社会。

马克思学说后来促进了共产主义运动狂飙突进，改变了整个世界的格局。

总的说来，马克思的理论偏重于一般和共性的研究。相较于列宁主义和毛泽东思想，其在特殊性的把握上有所不足。世界文明并不是踩着同一的进步步调，一方面是充满了发展的不平衡，另一方面是兴衰转折多有无常。这其中主要是因为人事影响。特别是那些重量级人物，他们不是历史的机械产物，而是直接影响历史在关键时期走向的重要因素。对于这种特殊性规律，传统马克思主义的研究显然是不够的。马克思主义只有遇到善于运用它的人，它才能变成强大的工具。而列宁主义和毛泽东思想则不同，它们有鲜明的实践特色，来源于实践、服务于实践，更少论道的味道，更多革命性、工具性成分。如果说马克思理论是用天才的思想粗线条勾勒出事物的发展方向的话，列宁主义和毛泽东思想则是用创造的伟力细致规划出的、实现理想目标的正确路线图。如果没有列宁、毛泽东等人的变通与创新，社会主义模式到今天可能都还是纯粹的空想。

第三节　科学世界的巨子

自觉型人才因为其纯粹的品质，更容易沉浸于科学研究。他们将天才的创造性和特别的专注力集中于科学领域，用杰出的创新才能成就了无数的科学传奇。

他们总是能够深入到常人无法到达的科学深宫，看到常人无法看到的奇幻世界，并找到那条通往新世界的逻辑之路。从亚里士多德到布鲁诺、从牛顿到爱因斯坦到霍金等，他们用科学将人类文明贯穿起来，奠定了人类不断走向更高层级的物质基石。

---

① 《四大革命导师传——马克思》，红旗出版社 1997 年版，第 158 页。

——相对论与相对世界

爱因斯坦①是天才的物理学家，毕生致力于天体物理学研究，并取得卓越成就。他的量子理论对天体物理学、特别是理论天体物理学产生很大的影响。

1905 年，爱因斯坦发表《论动体的电动力学》，阐述了狭义相对论的基本思想和内容，建立相对论力学，并且给出了著名的质能关系式：$E=mc^2$。这个质能关系式对后来发展原子能事业起到了指导作用。狭义相对论还成为解释近年来发现越来越多的高能物理现象的基本理论工具。1916 年，爱因斯坦又完成长篇论文《广义相对论的基础》，推论出后来被验证了的光线弯曲现象，指出引力场实际上是一个弯曲的时空。爱因斯坦还用广义相对论预言了一些天文规律，后来都被一一证实。该理论也成为后来许多天文概念的理论基础。爱因斯坦还创立了相对论宇宙学，建立了静态有限无边的自洽的动力学宇宙模型，并引进了宇宙学原理、弯曲空间等新概念，大大推动了现代天文学的发展。正是因为爱因斯坦的杰出贡献，使物理学在逻辑上成为完美的科学体系。

爱因斯坦一生热爱和平，是坚决的反战人士。尽管他没有成功阻止任何一场战争的爆发，但他总是在坚决地反对战争。第一次世界大战爆发后，爱因斯坦虽然身处战争的发源地德国，但在反战上旗帜鲜明。他参与发起反战团体"新祖国同盟"，在这个组织被宣布为非法，成员大批遭受逮捕和迫害而转入地下的情况下，爱因斯坦仍坚决参加这个组织的秘密活动。后来，德国的科学界和文化界在右翼势力的操纵下发表"文明世界的宣言"，为德国发动侵略战争辩护，鼓吹德国高于一切。在"宣言"上签名的有九十三人，都是当时德国有声望的科学家、艺术家和牧师等。但爱因斯坦断然拒绝了签名。相反，他毅然在反战的《告欧洲人书》上签下自己的名字。在反对希特勒的纳粹侵略战争、反对日本的侵略战争中，爱因斯坦也是科学界中最积极的人士之一。当然，爱因斯坦也坚决反对美国政府的右倾行为，他甚至号召美国人民起来同法西斯势力作斗争，他还因此被美国的政客们斥为"美国的敌人"。

爱因斯坦反对将原子能用于战争，在得知美国向日本广岛和长崎投下原子弹，杀死许多平民时，他感到非常痛心。他公开说："我们将此种巨大力量解放的科学家们，对于一切事物都要优先负起责任，必须限制原子能绝对不能使用来杀害全人类，而是用在增进人类的幸福方面。"

爱因斯坦还积极思考社会革命问题。他曾经建议将联合国改组成世界政府，以达到对世界安全的更有效的管控。他显然与孔子、马克思一样理想化。客观地说，20 世纪中叶的世界还不具备建立大同世界的政治基础和经济基础。

---

① 阿尔伯特·爱因斯坦（1879—1955），犹太裔物理学家，开创现代科学新纪元，被公认为是继伽利略、牛顿以来最伟大的物理学家。

1949 年，爱因斯坦写了一篇论文《为什么要社会主义?》。他说："计划经济还不就是社会主义。计划经济本身可能伴随着对个人的完全奴役。社会主义的建成，需要解决这样一些极端困难的社会——政治问题，鉴于政治权力和经济权力的高度集中，怎样才有可能防止行政人员变成权力无限和傲慢自负呢? 怎样能够使个人的权利得到保障，同时对于行政权力能够确保有一种民主的平衡力量呢?"这个问题显然无法通过单纯的制度设计来完成。

爱因斯坦反对人格化的神，然而，人类的救赎从来离不开历史英雄。

——宇宙黑洞与人性黑洞

霍金①也是自觉型人才的代表，在物理学方面展示了卓异的天赋。

霍金的生命就是一个奇迹。他被罕见的"卢伽雷病"完全控制住躯体，身体不断萎缩，不能言语和行动。如果没有很高的境界和超然气质的支持，"卢伽雷病"就足以将他彻底击垮了。然而，霍金却在身体不断萎缩变形的过程中继续着科学研究，并不断推出自己的科研成果。他成为世界公认的引力物理学巨人。

很显然，霍金的黑洞蒸发理论和量子宇宙论是极高智慧的结晶，他更善于科学的归纳，远超于一般人之智慧。

但是，霍金的科学也很纯粹。他认为搭时光机可以回去看历史，因为从技术逻辑而言，时间是可以回转的。霍金在这里也陷入了科学的迷信，或者说是思维逻辑的困境。这种回溯理论就像阴阳两界说一样难以成立。哲学断定："人不能两次踏进同一条河流。"因为运动是绝对的。从逻辑上来说，如果可以回到过去或者前往未来，就意味着可以改变过去或未来；能够改变过去和未来，也就意味着今天的不客观存在，这在逻辑上是不通的。宇宙终究不是虚拟内存，物质生命也不是电脑程式。时间作为物质存在，它可以反方向运转，但这种反方向运转并不等于绝对的回溯，倒转的时间只是把我们带向了另一个维度，而不是我们的来路。运动着的宇宙是一驾前行的马车，它不是档案馆，不可能复活记忆；也不是预言家，不可能未卜先知。所以，历史是回不去的，未来也不是未有先在。无论我们是否从黑洞而来，也无论黑洞演绎出多少时空维度，我们都只能存在于当下。

霍金说："只有疯狂的科学家，才会想要回到过去'颠倒因果'。"这种道德劝慰是没有意义的，人类比任何动物都更疯狂。所幸的是，我们并不值得为"因果颠倒"而担忧，因为逝去的已经逝去，没有人能够修复死亡和过去。

有时候，哲学的逻辑比技术的逻辑更能让我们接近本质。

---

① 斯蒂芬·威廉·霍金（1942— ），英国剑桥大学物理学家、宇宙学家，被称为爱因斯坦之后最伟大的科学家之一。

霍金说："人类已经步入越来越危险的时期，我们已经历了多次事关生死的事件。由于人类基因中携带的'自私、贪婪'的遗传密码，人类对于地球的掠夺日盛，资源正在一点点耗尽，人类不能把所有的鸡蛋都放在一个篮子里，所以，不能将赌注放在一个星球上。"这是自觉型人才的朴素人道主义精神。这位物理科学的巨人显然对人性的"灰洞"更感惶惑，他的纯逻辑在科学的殿堂能探幽入微，进入顶级殿堂，但当其碰到人类的感性时，就觉得无能为力了。人类既然能够解开如此多宇宙的奥秘，关于人类自身的密码也就不是不能解开的。而解开了这个解码，就能使我们更好地掌控文明。这也是生命科学和人才学研究的深远意义之所在。

第十二章 ｜ 观念的革命

上帝与历史学家对话。历史学家说："您为什么不给我们创造一个百分百伟大的英雄呢？"上帝叹了口气，说："因为人类没有百分百的统一要求啊！"

人是鲜活的物质体，有本能的反应和要求。但是，人更是一种以精神为中心的存在，超越于本能之上。人类有强烈的角色存在要求。

长久以来，人类对自身物质属性的认识不可谓不深刻，但对精神的认识却极为不足。直到今天的文明形态，人的精神需要仍然没有受到充分的重视，在财富帝国的神话中，在色情、暴力的文化中，精神找不到属于她的宁静家园。

因为缺乏高度的精神自觉，现实走不出物质的困局。我们一面在创造财富，另一面又在破坏和毁灭。物质需要被无限度地夸张，变成对自私、贪婪、腐败的放纵，变成恃强凌弱的天经地义。

而在舆情中，充满了功利主义的以偏概全，媒介、网络上的悖论随处可见。坚持为自我辩护和盲目地标榜个性正在成为时髦的文明病。我们就是那个怀疑邻居偷了自己斧子的农夫，放纵自己的精神随着感觉任意漫游。

物质至上的神话掩盖不了社会的精神分裂。强权总是偏离公平正义的大道，让国家之间遭遇信任感危机。而严重的贫富分化则影响了社会财富的再平衡，制约了社会集团消费力的释放。今天的社会危机根本不是因为贫穷所导致，而是因为自私和贪婪所致。这种非贫困危机造成了普遍的角色存在困惑，成为影响社会发展和安定的内在因素。

智慧人才学为我们构建了一面精神之镜，有助于破解人才的基因密码，为我们生产治愈人类精神基因疾病的治本药方提供了基础。现实中并不缺少总结经验和教训的题材，关键在于如何克服道德的虚伪和走出讳疾忌医的阴霾。从正视人才个性差异和文明精神着手，我们一定能找到统一社会分歧的金钥匙。

我们首先需要进行一场观念的革命，这就是：树立科学精神，正确看待人才差异性特征；确立人本主义理念，充分肯定人才价值。

第一节　经验主义批判

故事新编

"恺撒"死了，人们纷纷上街庆祝独裁的终结。第二天，他们发现，国家已经被利益集团瓜分了。第三天，很多人都下岗了。

人类的文明进程打破了一道道物质枷锁，却并没有如愿放飞精神自由。

在几千年文明史中，人类始终高举着道德的旗子，但没有用纯粹道德完成任何一场革命。唐僧很善良，"扫地恐伤蝼蚁命，爱惜飞蛾纱罩灯"。但这个道德自始至终没有感化过妖精们，西天取经的故事总是在战斗中结束。

实际上，人类一直在与自我精神世界的妖精们作斗争，这是人类一直重复而自己又不愿承认的故事。

我们用形形色色的理论论证斗争的必要性，寻找斗争的方法论。但遗憾的是，我们忽略了自己就是斗争的制造者这一基本事实，却盲目地把一切归之于外来因素和客观。我们设计凌驾于他人之上的权力模式，于是有了不择手段的夺权斗争；我们设计了凌驾于公平之上的财富模式，于是有了不择手段的财富掠夺。而那些自诩精英的理论家们所做的事情就是，用不合理的理论去论证现实的不合理。

俗话说，读史使人明智。只有洞穿人才差异性与具体实践的关系，我们才能成为真正的智者。

一、是自定义的，而不是被定义的

人类学哲学首先要厘清一个基本逻辑，即人类是自定义的，还是被定义的。

地球上有万千物种，除了人类之外，这些物种显然都是按照自然赋予的本能在生存。那些无法自我移动的植物是如此，那些可以自由奔跑的动物也是如此，基本的存在需要和本能构成其生活的本质。自然赋予它们的生存本能，自然赋予它们的食物链，自然赋予它们的环境，自然赋予它们的物种繁衍，一切都按照自然定律来行动。它们没有"应不应该"的道德考量，更没有开展创造性生活的智慧和能力。所以说，它们是被定义的物种。

　　与人类文明同样历史悠久的动物很多，但时至今日，我们还没有发现地球上其他任何动物有类似于人类的改造环境和创新生活方式的能力，它们只能被动地适应环境。在非洲大草原上，千万年过去了，那里的生存法则从来未变，尽管角马体魄强健、队伍庞大，但它们总是被动地等待狮子、老虎甚至土狼的猎食。在简单的生存法则中，虽然原始但不残忍，既无虚伪也无贪婪，简单循环。可以肯定地说，再过一万年，地球上的动物也不会进化成人类或者类人类（除非通过复杂的人工基因改造），因为动物有简单思维而无精神。

　　人类则完全不同，人类的全部历史就是一部自定义历史。我们用理论对自己的本质进行定义，我们用文学性思考对生活进行定义。人类有"应不应该"的道德考量，但这种考量从来不是按照上帝的矩尺来设计的；人类更善于创新生活方式，创造与发明贯穿于从社会组织到技术发明的全部生活之中。我们自定义什么是自由和爱，我们自定义什么是制度和法律，我们自定义什么是道德和权力，我们自定义什么是真理。一句话，人类生活是自定义的生活。正是因为这种自定义本质，人类从其诞生之日起，就一直积极主动地作用于其所处的环境，并深刻地改变了地球的表面形态，也改变了人类与其他物种的关系。

　　达尔文生物进化论总结出"物竞天择，适者生存"的自然法则，这是生物学的一个革命性进步。但是，当有人把它被变成人类学哲学和社会学的教条时，它就成了一个谬误。他们只看见了人类赤裸的身体，却看不见人类的自定义精神；只看到人类的生存斗争，却不懂人类所要求的从来就比生存需要更多。人类自定义特征在推进文明跨越式发展过程中起到了决定性作用。人类历史就是一部张扬主体精神的历史，从神话传说到当代文明，人类精神始终在鲜明地表达着其独特存在。社会革命在本质上不是弱肉强食的明证，相反，它是有组织反抗暴力侵袭、反对弱肉强食的斗争史。社会革命携带着理想主义的高度，因而推动文明的一轮轮进步。而越是走向更高的文明形态，人类精神的文明进步也越明显。

　　智慧人才学理论对人类自定义本质的揭示，解决了困扰人类学哲学的瓶颈问题，也将推动对社会保守主义的革命。既然我们一直都在按照自定义生活，那么，我们为什么不能通过优化顶层设计以保障更和谐、更安全、更幸福的生活呢？

　　人类从来不缺乏优化顶层设计的能力，关键在于我们想要什么样的设计。一直以来，所谓"物竞天择，适者生存"事实上成了保守集团肯定其特权的借口。从社会学而言，这个理论有悖于提升人类的精神自觉，也有悖于全球化时代的文明要求。从走出原始丛林开始，人类就不能再用生物性自觉为低下的道德辩护，我们不能一面向文明要求权利却同时向野蛮要求自由。而且，人类从来就不遵循以满足基本存在为目的的动物法则。任何借口丛林法则而拒绝文明升华的行为，都是纯粹的诡辩。腐败的政客会为他们的政治特权辩护，贪婪的经济大鳄们会为他们的经济"自由"辩护，上帝和真理则只会为公平正义辩护。历史就是一个不断地用新定义取代旧定义的过程，只有懂得适时进行新定义才堪称

"宇宙之精华"。

如何优化社会顶层设计？历史上诸如孔子、马克思一类的思想家们进行了许多的思考，诸如华盛顿、列宁、毛泽东一类的政治家们也进行了积极的探索。但世易时移，与时俱进的变革才是不变的真理。现实要做的是，要选出那些既有服务社会的主观意愿、又有天才战略家思维的精英人才，对当前核武化、全球化、高技术化等条件下的时代特征进行深入的分析，把脉其偶然的几率，定位科学的道路。霸权主义向何处去，和平崛起有无可能，当然还有该死的世纪战争，这些并不需要通过赤膊上阵来检验，完全可以通过战略推演找答案。战争风险推演可以告诉我们有核时代的全面战争是多么的恐怖，全球合作模式的设计和推演则可以让我们看到亮丽的希望之光。事实上，人类只要破除强权自定义和自私贪婪自定义，就必然有蓦然回首的惊喜——设计理想国原来并不是那么难。

人类因为特殊的精神特质而取得非常快的发展速度，也必然能够通过自我反省迎来终极理性。只有让自定义与时俱进地踏上新文明台阶，我们才能超越时代的困惑。只有让我们的制度和文明模式能够统一不同人才的角色要求，社会才能走向终极和谐与自由。

二、是意动的，而不是标签的

人性在本质上是善的、还是恶的，这个争论也贯穿着整个文明史。

"人之初，性本善；性相近，习相远；苟不教，性乃迁。"中国传统文化是尊崇普世的性善论的。但在中国历史上，有秦皇汉武、唐宗宋祖一类的大英雄，他们用英雄雨露滋润了国家和民族；有文天祥、史可法等一类的小英雄，他们用高洁人格见证了人性的光辉；也有诸如赵高、魏忠贤一类的大奸大恶之徒，他们也生在孔孟之乡，学过礼义廉耻，却远离仁善和正义。

当代西方文化因为对个性的尊重，也把普遍的性善论当作当代文化的基石。然而，无论是在美国好莱坞大片中，还是在现实中，某些美国精英们从来不吝啬表演他们因为贪婪病发作而犯下累累罪行，他们总是为掠夺财富而不惜滥用武力；美国的街头牛仔们也总是把一个个枪击案当作最好的个性发泄；还有一再暴露出来的种族主义问题等。文化的宽容无法消解道德的悖论。

当自私自利的大国外交政策造成他国严重动荡时，当极端主义在全球范围肆虐时，当华尔街携带的滚滚热钱席卷东南亚，造成东南亚金融危机时，当社会主义中国的巨贪们一个个暴露在媒体和公众面前时，有谁还能坚持普遍的性本善理论？普遍的"人本善良"逻辑除了遭受形形色色犯罪案例的嘲讽之外，没有从真理的殿堂得到一丝一毫的嘉奖。盲目为自私辩护，注定不会得到上帝的怜悯。不走出物质主义的牛栏，我们就不会发现精神的本质，就不会成为真正的万物灵长。

当然，片面的性恶论也不是科学的。中国古代哲学家荀子说："人之生也固小人。"

意思即是指人原本"性恶"，他因而强调后天学习仁义的重要性。西方古代思想家奥古斯丁提出"原罪性恶论"。他说："我们一定不要幻想在我们自身没有恶习，因为如使徒所说的：'肉体之所欲，反抗心灵'……我们在现世里无论如何不能够达到至善的。"他认为，人有原罪，因而无法自己拯救自己，需要基督教和上帝来拯救。

歌德认为，在每个人的精神中，都包含着浮士德博士的积极精神和梅菲斯特的魔鬼情欲，所以有善的意念，也有恶的冲动。

绝对"性恶论"与绝对"性善论"一样，都是因为不懂得人类精神的对立统一规律，是把人类精神割裂看待的结果。王阳明认为，人的本体是无所谓善恶的，善恶源于后来的意念冲动。这种认识显然比单纯的性善论或性恶论更为科学。但是，王阳明没有深入研究"意念是如何动的"这个问题。当王阳明向"知善知恶是良知"这个方向前进时，他显然是进入了单纯的伦理学范畴。

智慧人才理论揭示了人才自定义和精神放大的规律，使我们对人性这个概念有了更科学的把握。人才之道德属性虽有内倾与外倾之分，但并不代表善恶本质，只有当一定道德属性与实践结合并转化成与社会的具体关系时，才表现为道德，才有了善恶的区别。所以，社会要做的就是，提升文明程度，和谐社会关系，更多地释放道德属性中的正能量，这样，就能减少恶行、增加善行。

沿着智慧人才学勾勒的精神运动导图，我们可以找到"意之动"的原理，找到不同人才的精神运动规律。没有一个人是天生的坏蛋，但如果我们不能辩证地看待潜意识自定义角色和社会自觉的矛盾，就可能因为在特殊环境下的精神迷失而变成"恶人"。同样，也没有一个人是天生的圣人，那些历史英雄因为有服务最高社会理想的意愿，并把大仁信念转化成推动实践发展的动力，进而才成就了不朽的角色形象。

一句话，善恶是个人"意动"的结果，而不是上帝"标签"的必然。成其英雄的人必然先有成就英雄事业的志向，祸害一时的人必然先有错误的世界观。现实要做的是，不是向空洞的性善论或性恶论寻找解释，而是要把握人才自定义特征，并通过文化和制度的规范，合理引导人才，促进人才潜意识自定义与社会自觉的和谐统一。要高度重视人才个性差异，学会知人善任；要高度重视文化和环境的作用，提升人才的二次定义能力。

三、人才启示录

因为自定义特征，人才成为一种差异性存在，表现在精神取向上，也表现在智慧能力上，并直接地转化为现实的影响力。

在过去的历史中，因为不能从本质上把握人才，导致前车之鉴不足为鉴。因为自己选错成材模式而导致失败的案例屡见不鲜，因为用错人才而导致的挫折更是随处可见。有时候，因为关键岗位的用人失误，甚至酿成巨大的历史浩劫。历史已经给予我们足够的经验和教训，遗憾的是，我们一直没有从中洞穿人才的本质。

——开创型人才

开创型人才在历史上成就了诸多的大角色，留下了许多不朽的形象。他们为什么能做到这样？显然，高度外倾的精神特质和创新型智慧是关键，而具体历史环境则提供了将这种内因转化成相应角色形象的现实土壤。

在社会革命中，他们是引领时代的弄潮儿，对文明促进有非常大的进步意义。至高的境界和英雄化气质使他们不自觉地把实现社会理想当作天赋使命，并愿意充当"天意的工具"。潜意识自定义高度与社会需要的结合，使他们主动选择统一的价值观，把自我完善需要与社会历史需要有机结合起来。亚历山大大帝和成吉思汗式的征服者也好，李世民、华盛顿、列宁、毛泽东、甘地式的圣雄也罢，或者明太祖朱元璋、彼得大帝、斯大林式的铁腕强人，他们见证了什么是大智慧，代表了具体时代文明的一个高度。开创型人才也最具有识人之睿智，是最善于用人的人。在他们的领导下，往往成就人才济济的盛况，并因此开创出属于他们的英雄时代。

而因为面向理想，开创型人才在现实中往往会遭受到保守势力的强力挑战。恺撒、拿破仑、林肯、甘地等都为理想付出了生命的代价，金大中在生死边缘几经轮回，曼德拉经受四十余年监狱生涯等等。更为可悲的是，那些毕生致力于造福社会的历史英雄有时还得不到公正评价，有的人甚至被刻意歪曲了。

作为开创型人才，那些驰骋商界的精英们证明了什么是卓越的创造力，也展示了奉献的精神。他们创造了巨大的物质财富，但他们的精神更远在这些物质财富之上。

社会需要他们，因为他们更有奉献社会的主观意愿和用创新推动发展的能力，代表着更充分的社会价值。而如果要学习、模仿他们，首先就是要提升境界，敢于像凤凰涅槃一般舍"小我"成"大我"。如果只看见他们的成功和荣耀，却看不见他们的道德自律和智慧高度，我们的模仿就会成为标准的东施效颦。

——经验型人才

经验型人才在外功利层的价值定位和外向实用型智慧的结合，形成了属于积极进取的人生观、价值观和中庸的角色追求。他们有主动服务社会的意愿，这种精神可称宝贵；他们自律、务实、踏实奋进，这种品质也是难得。他们是稳定的社会正能量。

经验型人才有卓越政治才能，也有很强的经营能力。他们在历史上留下的，是萧何作为"汉初三杰"的人才定位，是诸葛亮被神化的政治、军事才能，是曾国藩的重臣形象，是周恩来作为杰出政治家、外交家的风范，是李嘉诚、郑周永作为卓越企业家的经典传奇，也是莫洛托夫的失意，以及李斯、李善长等的悲剧等。

在数落经验型人才的中庸和保守时，要看到他们的踏实、进取和正能量；而在肯定经验型人才的积极面时，也要批评他们的保守和创新不足。他们不是合适的易世革命之统帅，却是必不可少之辅弼。他们不是模式创新之精英，却是积极有为的实业家。他们应提升战略管理和创新能力，超越经验主义，再上一个高度。

——敏行型人才

敏行型人才把行动者自定义与现实需要结合起来，转化成他们的人格逻辑和实践选择。他们心有原则，光明磊落，正道直行，积极而为，而且有一定的战术能力，拿得出解决具体问题的办法。

在执行层，他们雷厉风行，显示出很强的执行力和良好的敬业精神。他们是申圭植、谭嗣同、吉鸿昌式侠士风范，是文天祥、史可法、关羽式的忠义传说，是张汤、刘基、约翰·亚当斯、戈尔巴乔夫式的执行干臣。

但是，他们弱于社会化考量，也不善于规律性透视。其忠信不容置疑，其顶层设计能力和权变能力有所不足。在执行层面，他们是锋利的宝刀；负责顶层设计和战略统筹，他们就容易成为一匹跑不动的老马。

对他们而言，做到有所为有所不为，追求本色的人生，就是最好的模式。

——博弈型人才

博弈型人才的挑战者自定义和实践的结合，形成其人格逻辑和挑战者个性。他们目标明确，敢于博弈，这为他们赢得许多机遇；他们心有韬略，善于博弈，而且作风强悍，这使他们更能把握机遇。

他们有大将之风，是沙场英雄，是项羽、李自成式的敢于杀戮起家的闯将，是韩信、庞培、隆美尔式的战术大家。但他们不善于从大趋势中去考量政治，容易停留于一般功利层面的考量。在权力之巅，他们往往暴露出刚愎自用、意气用事的短肋。

在商战中，他们紧盯市场价值，善于广告营销，能获得一些"战役"的胜利。但他们往往陶醉于物质的成就，而少了些做实业的雄心；没有主业概念，也少了些创新的意愿。

他们自我任性，不善于战略统筹。在走向高位的过程中，提升社会自觉意识和提升战略能力是两个最重要的课题。

此外，博弈型人才身体协调性好，战术意识强、反应快捷，往往表现出良好的运动天赋突出。如果能够克服博弈型气质的影响，加强意志力练习，提高持久专注度和坚韧性，他们就能够成为超一流运动员。

——权变型人才

权变型人才的内功利层价值定位和实用型智慧的结合，形成自我中心的价值观和角色选择，形成其实用主义者的角色自定义。

他们有政治智慧，敢想敢干，不畏人言，有较强的管理能力，在中基层显示出较强的执行力。但是，因为自我中心、功利至上，他们很容易要求权力面向自我，却把责任留给社会。他们在权力高位容易表现出机会主义特征，在多数时候是保守派。他们是丘吉尔式的英雄，是乾隆式的"有为之主"，是王莽、赫鲁晓夫式的权术高手，是墨索里尼式的独裁者。他们还是俾斯麦、多尔衮、胡惟庸、赵高式的权臣。

在用人上，因为气质独断，他们对有独立个性的人才较为排斥，喜欢望风使舵、投其所好的人。杨广登基，宇文述得享浩荡皇恩；赵构统治，秦桧要风得风要雨得雨；乾隆王朝，和珅受尽荣宠、权倾一时。

他们需要一些角色转换练习，提升社会自觉意识。同时，一个规范、阳光的环境对保障他们的健康很重要。

——偏执型人才

偏执型人才因为高度内倾，形成潜意识至尊者自定义。这种精神倾向与逆取型智慧在实践中的结合，形成自我、偏执的人格特征和相应的角色追求。他们心气很高，无法接受平庸的现实，不自觉地把个人野心凌驾于社会理想之上。他们对机遇很敏感，有较强的组织能力，善于造势，这使他们表现出很强的社会活动能量。但是，高度内倾的精神特征与逆取型智慧的结合，使他们容易误入冒险和极端的歧途。

当他们的精神被权力充分放大时，容易强化唯我独尊的角色自定义，变成一种政治狂人。事实上，这并不是他们的最好选择，因为政治的平衡需要与他们的独尊意识很矛盾。如果把良好的直觉能力和审美能力运用于艺术、设计等专业领域，他们能成为如路易斯·康那样的大家。如果他们把敏锐的市场意识和善于造势的能力运用于市场竞争中时，他们也能取得像甲骨文公司埃里森那样的成就。

他们对社会有强烈的批判意识，而其实，这往往并非因为现实不公平正义，而是因为现实没有满足其强烈的自我表现欲望和过大的企图心。他们有较高的比较智慧，却在取舍智慧上现出短肋。回避现象诱惑，自将更见灵性；悟透舍得关系，才能真正称雄。

——专业型人才

专业型人才习惯于一维透视模式，看事物简单、直接，专注于具体的事情，善于做专一的事情。他们在潜意识中自定义为接受者角色，更愿意去接受某一种规范而不是自创一种规范。他们更适合专业模式和专业服务。

他们容易把眼光停留于眼前的现象上，而忽略事物的多方面联系，不善于辩证地看事物，这使他们较难成为复合型人才。

如果搞错成才模式，只会在实践中造成损失。李白式的自选错误应该检讨，而那些把专业型人才用错岗位的人也应该检讨。

——急利型人才

当急利型人才把交换者潜意识自定义与实践统一起来时，形成其望风使舵、唯利是图的人才个性。他们往往只看重眼前的现实利益，不善于长远的考量。他们习惯于交易性人际关系，再实在不过了。这种人才个性使他们除了专业模式之外，还适合从事经商活动（特别是内敛类急利型人才）。

从自我而言，他们需要适度超越小私，以便不心为物役。从用才而言，他们用起来很趁手，放开了就失位，把控分寸很重要。

——自觉型人才

自觉型人才在本我层建立潜意识自定义，以理性为存在本质，形成自然、朴素的人格理念，和超然的角色追求。他们更喜欢顺应自然，对强烈的个人意志很反感，更抗拒将这种个人意志作用于社会。

他们沉浸于逻辑和理想的世界，对现象诱惑表现出天然的免疫力，并能在追求真理和科学的道路上锲而不舍。他们的杰出创造能力是人类的福音，社会应该提供更为宽松的环境，让他们在思想和科学的天空自由翱翔，保障其杰出创造力变成造福社会的活力。

至于他们在思想领域里的探索和成就，我们应该批判地吸收。因为他们习惯于纯理性推理，而往往忽视社会的非理性特征，这使他们的思想难免有空想的成分。

在阶段性历史中，人才既是导演又是主演。因为缺乏对自我的理性识别，历史充满了感性色彩。有些人选择了能力匹配的角色并完成了历史赋予的使命，还有些人则选错了角色、演砸了角色。历史证明：论战略，开创型人才首屈一指；论敬业，经验型人才无出其右；论权变，权变型人才当属一流；论战术和执行力，博弈型人才和敏行型人才出类拔萃；论真实，专业型人才和急利型人才最为本色；论狂狷，偏执型人才最是高调；论超然，舍自觉型人才更无第一。要总结的经验就是：摒弃经验主义人才观的影响，科学看待人才的差异性特征。民主时代给了我们投票的权力，但如果不懂识别人才，就很难用好这一票。

从自我角度来说，读史使人明智，反省前世就是为了把握好今生。所谓"性格决定命运"并不是不可改变的宿命，掌握了角色自定义的基因密码，将大大提升自我认知和角色再定义能力。智慧也是可以学习提高的，关键在于要懂得自我识别。我们要把智慧人才学当作一面镜子，以更开放的心胸面向社会、面向自己，客观看待个性短长，定位自己所擅长的角色，做自己爱好的事业，这样才能充分实现自我价值。

四、文化启示录

在几千年文明史上，人类对自己取得的文明成就足可以引以为傲。

从最初的匍匐在地和完全受制于大自然，到今天的以机械化、智能化、信息化为主要特征的现代化生活，人类的进步是一个神话。配备完整电器设施的舒适家居代替了原始窝棚，高铁和飞机将享受假期的人们一日千里地送到旅游胜地，飞船载着古老的上天梦想不断地向宇宙深处探索，潜艇则在大海深处游弋，网络大大拓宽了交际空间和生活空间。技术进步不仅大大提高了生产力，也改变了人类的生活方式。

在文化建设方面，现代人不仅享受着电影、电视提供的文化大餐，还可以直接参与丰富多彩的文化和体育活动。我们享受运动，乒乓球、羽毛球、网球、篮球、足球、冰球、橄榄球、台球，联赛、世界杯、奥运会，以及更广泛、更普及的社区运动等；我们享受文学和艺术，诗歌、散文、小说，音乐、绘画、舞蹈，诺贝尔文学奖、奥斯卡电影奖等。这些文化大餐大大丰富了精神食粮，也让人们获得了更多的角色满足。

在制度建设方面，现代社会在政治制度、司法制度、教育制度等方面都取得了长足的进步。政治理念和制度设计更趋合理，对人权的保护越来越充分，生产关系大大改善。教育更加规范和普及，分类更科学，教学更见实效。

然而，进步不能掩盖缺陷，人类历史充满了血腥与坎坷。从奴隶社会、封建社会，再到资本主义和社会主义等，每一次制度变革都充满了暴力。在刚刚过去的 20 世纪，因为历经两次世界大战和不断的局部战争而充满血腥味；"冷战"、"和平演变"等，使各国间因意识形态分歧而产生的对立达到异常激烈的程度；局部战争更是持续不断，造成无数生命和财产损失。今日之世界仍然充满动荡和危机，没有制衡的大国军事力量面临着走向极端的危险；极端主义幽灵四处游荡；还有经济危机、增长乏力、环境恶化等。最为关键的是，我们还没有找到终结对立和危机的有效办法。我们对世界安全的信心没有与物质文明同步增长。

为什么物质富裕和技术进步不能终结战争与杀戮？为什么文化之花的繁盛不能成就普遍的和谐？

这是哲学的贫困，是因为没有洞穿人的自定义本质之谜而无法跨越的最后门槛。

因为特异的精神世界，人类表现出鲜明的主体性和创造性。在文学和艺术活动中，不仅渗透着作者的审美认知和情趣，还包含着接受者的二次审美。如果没有主体性和创造性，在创作过程中，文学和艺术就不知为何物；如果没有主体性和创造性，在接受过程中，作者的心血就会变成对牛弹琴。在哲学和理论中也是如此，自觉型人才讲纯粹理性，开创型人才讲辩证和统一，经验型人才讲现实和平衡，偏执型人才讲唯意志论，权变型人才讲实用和功利。事实上，我们生活在自己的真理中。认识到主体性和创造性，我们才会明白自己何以成为骄傲的存在，才会理解文化的本质，才能进行持久的文化创新。我们能够不断地创新概念，不断地创造新事物。

揭示自定义本质意味着关于人的全部神话的终结。人类不过是茫茫宇宙的一粒尘埃，生命来于无而终归于无。权力改变不了生命的轨迹，金钱也不决定生命的成色，我们定义了自己的人生和价值。

悲剧的本质就在于我们无法超越现象的奴役，把本来用于服务我们生活的工具变成了统治我们的教条。当政治走向神化时，就会导致独裁；当金钱走向神化时，就会贪婪堕落；当文化走向神化时，就会折射出无知。

历史上，我们曾经定义许多诸如"君权神授"一类的准则，但这些曾经被视为神圣的准则最后都被革命之火化为灰烬。现实中，那些变成利益集团之工具的政权是没法持续的，那种变成金融大鳄之饕餮盛宴的股市及其规则是不可持续的，极端主义也是没有前途的。我们不仅可以改变，而且应该改变，对权力的革命是人才自定义基因的要求，也是人类文明的重要推动力之一。

枪炮杀死不了思想，思想却能结束枪炮。没有不能克服的矛盾或仇恨，领土之争、宗教之争等都不是死结，死结只是我们心中的一个自定义幻影。也没有"历史的终结"①，现存制度不过是文明设计中的一种自定义而已。一切制度都必须与时俱进，拒绝自我革命的权力最终必然被外力革命所否定。

历史所启示的伟大真理就是：一切的一切，只有更合理，没有最合理，只有更好，没有最好。我们将不断超越现存模式，走向更高的文明形态。

第二节　现实主义选择

故事新编

选举就是那么回事，我们都会投票给那个承诺给我们"好处"的人，而不是投票给那个鼓吹真理的家伙。结果是，"好处"都落入承诺者的腰包。我们得到的是：品尝不接受真理的苦果。

有人从历史人物的身上看到自己的影子吗？没有。尽管我们也会重复他们的错误，但我们还是相信自己比他们更聪明。

精神放大特征如同上天施与的魔咒，让我们总是习惯性地放大自我。人心之大，虽宇宙不能满足其好奇；欲望之深，尽金山银山不能停止其念想。自定义的前方没有尽头。同时，人生驿站犹如添加自负燃油的加油站。知识让"知识分子"盲目自负，财富让有钱人以精英自诩，权力让政客们以权贵自骄。如果放纵自我漫游，精神就永远找不到回家的路。

要认识自己，必须深入到自定义之中去；要把握人才，也必须深入到人才自定义中去。现实主义的选择就是：走出空洞的人之概念的研究，从自定义特征中去把握人性；超

---

① 美国历史学家福山曾将美国式民主制度视为最合理社会制度，故称之为"历史的终结"。

越教条主义历史观的束缚，从差异性中去把握人才。概而言之，就是要建立科学的人才研究体系，和用科学的人才观指导实践。

一、提高角色定位能力

从潜意识自定义角色中走来，我们已经对"自我"进行了定位，将道德定位于相应的境界层次，将思维植入相应的智能框架，构成我们的个性化精神模块，即潜意识人格特征。现实反应首先是对潜意识人格的激活，表现为差异性角色要求，表现为差异性智慧表现，表现为差异性价值选择和行为模式。所以，你有你的真理认知，我有我的道德标准；你有你的角色追求，我有我的角色满足。如果说丰富多彩的文学形象是这种差异化角色追求的主观放大的话，诸多历史人物的真实故事则是实实在在地说明了人才的差异性本质特征。

认识到人才自定义本质和差异化角色要求意味着什么呢？意味着对差异化道德属性的辩证肯定。潜意识自定义角色是不能简单地肯定或者否定的，因为它是属于自然人性的存在，是我们应该尊重的"自我"。但是，潜意识自定义从来就不是唯一存在，人类特有的社会属性使他必然以另一种角色——社会角色而存在。人是潜意识自定义角色和社会自觉的统一。在私人或者虚拟空间，你可以放任自我角色飞翔，扮演上帝、魔鬼、英雄、歹徒、机器人、变种人等等，尽情释放角色演员的快乐；但当你作为一个与他人发生道德关系的社会角色而存在时，你就必须遵循这个社会角色应有的道德规范。

混淆潜意识角色和社会自觉是持久困惑人类的终极屏障。因为混淆这两种角色，所以混淆一般人性和政治人性，对历史英雄的特殊作用视而不见；所以不懂得权术家的诡辩，把自私、贪婪等属性连同阴谋一起变成政治的天经地义。于是，人类成为一个奇怪的混合物，他是智慧的、也是愚蠢的，是伟大的、也是渺小的，是善良的、也是残忍的。捅开了角色定义这层窗户纸，人类精神世界必将变得豁然开朗。了解了人的自定义本质及其角色追求后，我们就会明白：精神的解放和自由必须遵循精神运动的规律，只有深入到自定义本质之中去反省，才能找到真谛。建构至高的道德定位，我们才会走向伟大的序列；自我偏执地看待世界，世界就是邪恶的地狱。

解开精神的桎梏必须从个人和社会两方面着手，即把自我角色反省与社会角色规范结合起来。

自我角色反省就是要反省潜意识角色自定义，反省自定义角色的道德属性与智能属性。每天拿镜子照一照"自我"，拾掇拾掇灵魂来时的路，胜过所有的道德忏悔。人非神圣，都有自我，重要的是认识你的自定义。如果你觉得孤独，就走出去找一找朋友；如果你遭遇困惑，就勇敢地对外倾诉；如果你太过于理想，就经常喝一喝凡俗的快乐牌冷饮；如果你太过于自私和贪婪，就时常找一找不建立在物质上的快乐，用文化消费来冲淡物质的咸鱼味。总之，如果你有了一种过于强烈的欲望和冲动时，你就要反省一下灵魂深处的自定义。当你能够勇敢地面对自我时，你就会发现，修正角色其实并不是那么难；当你懂得了转换角色来考量时，你就会发现，没有负担的精神才意味着最大的自由和幸福。

如何实现对社会角色的规范呢？幻想着所有人的良心发现是不现实的，因为每一个人的精神能见度都不一样。只有教育、文化、制度等措施的结合，才是最好的社会角色成就之道。恩斯特·卡西尔的"符号的动物"说，与其说是对人类本质的概括，还不如说是对其特殊学习力的概括。从历史文化和环境对一定人才的作用力，可清晰地看见教育、文化、制度建设等的重要性。现实要做的就是：其一，完善我们的教育模式，不仅要提供充分的知识教育，还要从中级教育开始，进行人才角色意识教育。忽略这种角色教育就像性教育缺失一样，对保护健康没有好处。其二，要建设一个健康的文化环境，规范社会角色要求，提高道德修养。政治家要有自己的道德和行为规范，职业运动员要有职业运动员精神，明星要有明星的道德要求等。明晰的社会角色规范不是对自由的侵犯，而是文明的标志。其三，要完善人事管理制度建设。在放开普通角色自由的同时，加强对社会角色的监管，有效打击角色犯罪。开放的社会意味着宽容和尊重，对作为自然人的角色要求应予以充分的包容和支持；开放的社会也同时意味着规范和严格，对社会角色的道德要求必须明确和细化。我们有选择角色的权力和自由，但必须尊重社会对社会角色的定义和规范要求。中国采取党纪与国法并用的方式来反击腐败，其中的党纪处理就是标准的角色管理模式。

人才"自我"的烙印在历史上留下深深的印迹。那些自我、偏执的人才将个人偏见加于政治，于是有了民粹主义、种族主义；那些大智大仁的人才将他们的统一思想服务于社会，于是成就了真正的和平。我们无法选举上帝，但我们可以选举传达上帝精神的人才。而如果盲目相信那些自私政客的忽悠，我们就会在热情过后跌入失望、甚至悲剧的冰窟。

我们用几千年走完人才识别1.0时代，这已经够久了，是升级的时候了。

而随着对人才自定义本质的深刻揭示，随着文明社会对社会角色的进一步规范，人才2.0将展示一个全新的时代。它不仅将大大减少实践中的用人失误，还将大大方便人才的自主择业和实现自我的价值。

把握人的自定义本质，意味着正确的自我人生定位，意味着科学的社会角色定位，意味着潜意识自定义角色与社会角色的统一。从自定义着手解决因自定义差异性而产生的种种问题，这就是解决人类困惑的基因疗法。

二、确立积极的人才观

一直以来，在对人才的研究上，我们总是喜欢从外因着手去解释人才的反应和作用，却忽略了内因这种根本性因素。了解了人才的自定义本质，将帮助我们理解"外因是变化的条件，内因是变化的根据"这一哲理，进而懂得把人才作用的内因与外因统一起来考量，并从这种统一中找到人才发生作用的规律。

首先，要把人才当作真正自由的生命看待，尊重其自由存在和价值要求。

庸俗政治家总是迷信物质的威力，总是想用物质手段来解决人类的分歧，结果总是事与愿违。因为世界被物质欲望的放大，权力成为我们最大的心魔，自由和民主则成为政客们惯用的障眼法。而用权术去培养"正义"，"正义"只会结出恶果；用强权去宣传真理，真理已经变味为谬论。

人类之分歧既来自于物质世界的不平衡，更来自于精神世界的不平衡，不懂得这个简单的道理，就不可能当好领导。

匈牙利诗人裴多菲说得好："生命诚可贵，爱情价更高；若为自由故，二者皆可抛。"人类显然有超越基本物质要求之上的深层次精神渴望。智慧人才理论让我们进一步认识精神的运动规律，为我们超越传统人才观提供了理论支持。

精神需要认同，必须客观看待其独立的运行模式。要辩证看待潜意识自定义角色与社会角色的关系，"求同存异"，满足多元的精神需求。任何人才个性都有其直接的权力，任何人才个性都不能以排除他人为权力。

精神需要空间，物质的过度挤压必然破坏精神世界的平衡，导致扭曲和反作用力。一个物质压力巨大的社会就不是理想的社会，也容易扼杀人才的生命激情和创造性。人类迄今为止的文明都是我们自定义的结晶，如果让我们创造的物质最后反过来束缚我们的自由，这不是高级智慧的表现。

精神需要自由和尊重，精神文明建设是实现这种自由的最重要的手段。应该继续加大文化的创新，创造更多的文化模式和享受，让人民在充分的参与中展示自我、享受愉悦。一个生机勃勃的集体必然是和谐的集体、充满创造力的集体。

其次，要正视人才差异性特征。

人才智能特征的差异性决定了其内在欲求和反应模式的差异，表现出不同的社会作用方式和作用力。因为不懂得人才智能特征的差异性，在历史上有很多经验教训，在现实中也不乏失败案例。要认真读懂人才故事书，用科学态度看待人才的差异性特征，准确把握人才，使人才用得其所，使人才价值充分发挥。

一代兴革，必有一代之人才。这并非历史传说中所谓的真命天子模式，即真命天子的诞生，必随之诞生一批精干的文臣武将，以佐其天下大治。事实是，那些革新鼎故的历史英雄懂得如何凝聚代表正能量的人才，用他们取代保守、落后势力，进而彰显社会正能量，并完成天下大治。如果治理社会之骨干主要以积极进取之士为主，易世革命就会事半功倍；如果社会之主流都由自私功利的人领衔，想弘扬正气也难。所以，历来伟大政治家之变革，无不从调整人才队伍着手。对于各国的反腐败斗争和实现复兴梦战略来说，清理掉一批极度贪婪、肆意投机的政客至为重要。因为，一则他们的智能特征决定了其将"不知悔改"；二则要为积极进取之士让出位置。

同时，社会应该秉持更加开放的精神，让大批有真知灼见的人才脱颖而出。一个主讲台上充斥教条主义者的社会是没有前途的。社会需要知识，但更需要智慧。知识让我们知道一二三四，智慧则让我们认识到看不见的五。我们需要读懂历史，不是盲目相信那些传说和人云亦云，而是从历史人物的全部联系中去把握他们的本质，去找到历史的规律。我们需要看清现实，用对立统一规律去看待现实的矛盾，用科学发展观去把握现实的节奏。万事都将变旧，唯有智慧常新。我们找不到智慧，但必须找到更多有智慧的人。

从个体而言，正视人才差异性特征意味着认清自我和把握自我。要把握自己的角色定位，找准自己的成才模式，不能盲目放纵自我。一方面，每个人都有自己擅长的一面，从所长的一面去发掘潜力，就能事半功倍，就会成为优秀的人才。智能特征的影响是全面的，不同智能特征不仅影响个体的经营能力、管理能力，甚至影响到才艺、运动天赋等的发挥。了解了自己的智能特征，就能扬长避短。另一方面，要对照九型人才模型这面镜子，看清自我的真实容貌，客观看待自己的所长所短。对于自我精神的斑斑点点，要做合理的"修整"。铜镜、玻璃镜没有让我们自惭形秽，那么，精神之镜也不会让我们失去自信。客观面对自我只会提升我们的素质和促进精神的自由，而不是相反。

人性之因并不等于人性之果，善恶之性并不等于善恶之德。如果说我们的"第一次"选择给了上帝，与生俱来的智能特征无法改变，但是，只要正视智能特征的差异性，做到"知己"，我们的"第二次"选择一样可以收获到幸福。我们应该拿出曾子每天自我反省三遍的精神，从反省潜意识自定义开始，升华主体自觉，实现与社会的和谐发展，这才是自我实现的快车道。

其三，要通过规范环境来保障主体价值实现。

要在考量人才智能特征的基础上，把完善社会管理和规范人才成长道路结合起来，让不同类型的人才充分发挥其所长，努力修正其所短，使各种人才的社会正能量都能得到充分发挥。同时，要加强社会心理辅导工作，避免让人才因分歧走向对立。

人才自定义本质决定了其道德属性与智能属性的差异性，没有一种文化能够消除这种差异性。社会主义会面临分裂主义、极端主义、刑事犯罪的困扰，资本主义同样会面临分裂主义、极端主义、刑事犯罪的困扰。

因为人才精神的放大特性，社会引导至关重要。社会应该建构规范的渠道，引导这种差异性。应建立立足于统一价值观的文化定位，建立面向共同价值的人才观，这样才能使人才的二次定义变得更加开放，形成更大的积极性。

如果社会沉迷于拜金主义的泥潭，就无法避免权力、财富与贪婪的联姻，就会不可避免地陷于堕落。

今天的文明对"自我"已经足够宽容，让我们不必为了装饰道德而继续讳疾忌医。自我与自私并不丑陋，丑陋的是把自我与自私变成伪善的道德，丑陋的是用自我和自私去玷污公平正义。社会要否定的是虚伪的道德以及强盗式逻辑，不是要否定人才智能特征的差异性。每一种社会角色都应该有相应的社会自觉，如果"有权就任性"、"有钱就任性"，最终必然误入歧途。

在大数据时代，我们每天面对着或正面或负面的海量信息，泛滥的数据让我们淹没在现象的海洋中。在网络世界中，矛盾的信息无所不在，关于同一个人，一会儿被表述为英雄，一会儿又被表述为狗熊。这其中之原因，既有功利主义者的存心欺骗，也有教条主义者的懵懂感觉。如果不懂得用联系的观点看待人才，不懂得科学地把握人才，我们将无所适从。所以，社会应建立科学的人才测评和考核体系，通过规范化和科学化管理，使不同人才的价值得到充分实现。

三、大力发展人才学

历史是最好的教科书，经验和教训都摆在那里，但问题在于怎么去解读。除了发展人才学之外，我们很难读懂历史这本书。

发展人才学，就是要树立科学的历史观，正确评估人才在历史上的地位和作用，用科学发展观去看待历史。历史是一个发展的过程，人才之作用是立于阶段性土壤上的，研究人才不能脱离现实基础。一方面，历史可以批判但不能简单否定，不能用今天的文明去要求古人、甚至否定古人。具体地说，历史英雄是在阶段性历史中代表了潮流和趋势，而不是代表终极真理和人类的终极目的地。秦皇汉武、唐宗宋祖等都是阶段的历史英雄，不能用今天的文明标准去要求他们的政治选择。另一方面，不能被狭隘功利主义迷住双眼，泡沫式发展不意味着真理，阶段性物质成就只有放到历史的整体中去考量，才意味着接近真理。上帝和魔鬼各给你一根棒棒糖，味道一样甜美，区别在于后果不同。

发展人才学，就是要从物质和精神统一的高度认识人才的本质，就是要认识和把握人类精神世界的对立统一规律。具体地说，就是要把握人才的差异性反应，并找到应对这种差异性的科学方法。自我要求与社会自觉是一对矛盾，但在文明制度的保障下就能统一这种矛盾。精神如水，只可导引，不可强堵，文明社会应该建起规范的导渠，引导各类人才创造精彩的人生。智慧人才理论建构起关于人才精神世界运动规律的完整理论体系，为发展人才学奠定了新的理论基础。

发展人才学，就是要用人才学理论指导实践。九型人才模型为实践提供了一个参照系，将大大方便我们的选贤任能。掌握了开创型人才的智能特征，就能掌握他们开创辉煌历史的人才作用规律，并为实践树立学习的榜样；掌握了偏执型人才的智能特征，就能预测他们难以挽救的偏执和野心；了解了某些"大老虎"的人才属性，也就能透视到其骨子里的腐败冲动，预见到他们的擅权和滥用权力；了解了贝卢斯科尼的人才属性，就知道了其绯闻和丑闻的不可避免。

发展人才学，也是为了让我们更好地定位自己的人生。只有适合自己的模式，才意味着成功的捷径。每一种智慧都有自己的长处和短处，盲目自负只会给自己带来更多的挫折。智慧人生不在于获得了多少权力和财富，而在于能够按照自己的爱好去生活，并充分发挥自己的天赋和潜能。如果说李煜那样的被错位不应该发生的话，李白那样的自选错误就更不应该发生。找到最适合的模式，你已经成功了一半。

我们不能规定哪些人应该在什么位置，但我们应该明白什么样的品质才适合什么样的位置；我们不能要求他人去改变自己的个性，但我们应该明白如何应对这些个性；我们不能让自己成为上帝，但我们能自觉地走近真理。

让我们铭记：每个人有每个人的位置，每个人有每个人的价值。

发展人才学，也是历史发展的客观要求。一方面，随着全球日渐深入地融为一体，传统治理模式逐渐变得不合时宜，我们需要一批战略大家来进行新的顶层设计和引领时代。我们需要通过发展人才学来提高认知，要懂得什么样的人才才是真正的战略大家。另一方面，随着机器人技术和生命科学的发展，实现人与机器的合一将是一种历史必然，而且在不远的将来就会实现。这意味着，人将具有更大的能量。这是更强大的生产力，也意味着更强大的破坏力。如果不能从根本上解决人的自我意识问题，那些因现实压抑而扭曲的灵魂在披上机器人的外衣后，其破坏力将增大十倍、百倍。

此外，发展人才学还将促进一些边缘学科的发展。

人才学的发展将促进历史学的发展，使历史的脉络更加清晰，使历史的经验变成更有现实指导意义的大众智慧，使历史学成为真正的科学，而不是适应一定意识形态需要的政治工具。人才学将帮助我们达成"读史使人明智"这一定理。

人才学将大大促进管理科学的发展，把握人才差异性本质特征将使管理科学突破现行的教条模式，使人才潜力得到更好的发掘，使人才合力得到充分的发挥。特别是在当前这个全球化时代，大市场和大数据需要大智慧来管控，那么，我们就必须首先搞懂什么是大智慧、什么是小智慧。而要科学把脉人类智慧，就必须深入研究人才学。

在实践中，智能特征研究不足实际上已经成为心理学的一个瓶颈。传统心理学在抚慰患者情绪和心灵创伤等方面发挥了一定的作用，但其精神导引功能作用还远远没有发挥出来，主要原因在于：传统心理学只关注社会信息的作用，忽略了不同智能特征对社会信息的差异性识别和整合。心理辅导只有结合人才的智能特征分析，才能发挥更好的功效。无论什么样的制度，都会有它的"叛逆"；无论什么样的环境，都会有对立的选择；无论什么样的道德，都不会成为百分百尊崇的模板。心理问题的本质，在于智能特征差异性的影响。

当然，发展人才学还应该结合办学来推进。我们应该站在全球化高度建立国际战略关系管理学院，大力选拔、培养精英管理人才。该学院应加强人才的筛选和分类管理，可分为高级战略班与管理创新班，前者面向那些有开创型潜质的人才，发掘其创新能力和战略家天赋，培养面向未来的战略管理人才。后者面向执行层面，以创新管理和市场运营手段为主，把新技术、新思维不断引入实践，推动实践的快速发展。如果我们能够成功筛选出一批具有战略家潜质的人才，并充分发掘他们的潜质，就能用他们的合力完成诸多战略课题的研究。学校在进行精英人才培养的同时，也可以为许多大企业提供战略咨询报告，成为大企业的战略诊断室。兴衰无常，总是会有一些大企业陷入战略困境，为像柯达、夏普等那样的重病企业进行新的顶层设计，无疑会受到诸多大企业的欢迎。如果能够集中开创型人才的强大创新能力，这个学校也将成为一个创新模式的孵化器。

总之，搞懂人才问题将是本世纪的一个重大战略课题。只有选择合适的人才引领实践，"物质强大"才能成为社会的福音。如果听信狭隘功利主义的吆喝，我们就会继续重复历史的错误。

第三节　新人本主义

故事新编 ▶

> 上帝来了，他送给人类一块巧克力糖，人类吃得美滋滋的，上帝满意地离开了。第二天，魔鬼来了，他也给人类一块巧克力糖，人类同样吃得美滋滋的。魔鬼说："亲爱的，世界上没有免费的午餐。我给了你们巧克力糖，请你们把灵魂给我吧！"

人类精神的特殊性决定了人类潜意识中对精神追求的高度重视，所以，确立精神上的认同感对人才来说至关重要。人本主义作为当代文明结出的果实，既是重视人才并彰显主体价值的文明理念，也是一种确立人才精神认同的重要手段。

历史上，精明的人都懂得人才的重要性。《论语》中说："行远道者，假于车马；济江海者，因于舟楫。故贤士之立功名，因于资而假于物者。"[1]《长短经》中说："夫天下重器，王者大统，莫不劳聪明于品才，获安逸于任使。"[2]

---

[1] 《长短经》华中理工大学出版社 1992 年版，第 45 页。
[2] 《长短经》华中理工大学出版社 1992 年版，第 45 页。

斯大林说："人才、干部是世界上所有宝贵的资本中最有决定意义的资本。"①

比尔·盖茨说："要做世界上最优秀的公司，就要录进世界上最优秀的人才，微软吸纳人才的目标是寻找比我们更出色的人。"②

今天，人类已经发展到具有高度主体自觉的时代，全球化、信息化和高技术化使民主化成为不可阻挡的历史潮流，使公平正义成为政治的必须选择。与这个时代特征相适应的是，人才表现的舞台更为宽广，人才自主选择的空间大为拓宽，人才对实现主体价值的要求也越来越强烈。这使传统的用人观念面临着极大的挑战，那种以利用价值为价值的用人观已经不合时宜。人本主义思潮的应运而生，实际上也是这个时代客观发展的产物。从人才学角度而言，人本主义就是尊重人才的价值观，客观看待人才个性，实现个体价值、集体价值和社会价值的统一。

如果说，我们在历史上是把人才当一个"宝"去使用的话，那么，今天的新人本主义就是要确立人才主体地位，以主体价值实现促进社会价值实现。具体地说，就是要建立开放的、多样化的角色实现路径，给各类人才更多实现自我价值的机会；要帮助人才科学定位自我潜能和有效发掘自己的"宝藏"；让人才在角色实现和价值实现中达成与社会的和谐，促进社会的健康发展。

一、尊重人才的角色需要

人的自定义本质意味着人不能只满足于一般动物性欲望，他有独特的角色需要，只有正视这种角色需要，我们才能找到现实的和谐之路。

如何解决人才的角色困惑，这是现存社会最大的文化课题，也是重要的政治课题和经济课题。

从文化上来说，就是要加强角色引导，促进人才的精神自觉。首先，要通过多样化的文化载体，揭示人才潜意识自定义角色的内涵，并建立科学的参照系，让不同人才能够对照参照系进行自我修正与美容。什么时候你开始认识到自己的无知和渺小，证明你成了真正的智者。什么时候你开始崇尚智慧而不是权力，证明你属于真正的社会精英。其次，要把对人才个性的尊重与社会文明要求统一起来。没有人能命令你放弃自我，但你更不能让他人为你去牺牲；你可以坚持你的角色追求，但必须包容社会大德和多样化的角色要求。放纵个人意志就会成魔，顺应人民意志才能成神。其三，要高度重视精神文明建设。物质富裕并不一定意味着和平与幸福。即使在落后的封建制度下，也有中国唐朝贞观年间路不拾遗、夜不闭户那样的精神文明表现。而在今天的西方文明保障体系下，西方世界却会有

---

① 李靖宇：《社会主义政治体制大辞典》，沈阳出版社 1989 年版，第 313 页。

② 《跟财富精英学用人》，海洋出版社 2003 年版，第 85 页。

如此多的青年投奔恐怖主义组织 ISIS。显然，从角色失位来解释比什么文明冲突解释要合理得多。不要把人变成制度的附庸，更不要把人变成金钱的附庸。人以独立角色而存在，认识角色、尊重角色，这是走向精神自由的必然路径。当然，认识角色定义本质，还意味着坚持正确的角色肯定，不仅要知善知恶，还要客观认识自我。

从政治上来说，就是要建构社会角色的道德规范，特别是政治人物的道德规范。有选择就必须有放弃，要明确选择社会角色与放弃某些自我、任性的统一。把狭隘自私与贪婪的道德摒弃在政治领导人角色之外，才能建立和谐的政治；把大智大慧与政治领导人角色统一起来，才能用大智慧和正确的战略把实践引向理想的彼岸。如果放任潜意识角色定义在政治舞台上你方唱罢我登场，除了制造混乱、导致怨声载道之外，还能有什么好结果呢！

从人才学角度来说，西方文明的现实困境就是角色困境，物质的丰富难以掩盖体系的角色困惑，政治人物没有规范的道德标准和智慧标准，集体存在找不到多样化的角色表现舞台，而严重的两极分化更使许多底层人民感到角色失位。如果说美国是世界文明的样板的话，那么，美国监狱的人满为患又说明了什么呢？美国至今仍然明显存在的种族歧视又说明了什么呢？美国不时爆发的校园枪击案又说明了什么呢？资本主义因为对物质权力的放纵正在加深人类的"斯宾诺莎精神病"。[1] 历史上的英雄时代之所以朝气蓬勃，就是因为那时的政治立足于公平正义，满足了大多数人角色需要，使绝大多数人感到有角色存在的价值，进而把自己的角色追求转变成支持革新现实的积极推动力量。

从经济上来说，就是要保障安居乐业。首先，工作是最基本的角色保障，要充分地保障就业。如果工作都失去了，生存都会出现问题，还何谈角色需要呢。其次，市场化是调动角色积极性的有效手段。市场经济之所以有活力，就是因为它能最大限度地满足多样化角色的要求，充分激发了不同角色的创造力。美国的创新力之所以领先世界，主要就是因为其市场足够开放，并因此吸引了世界各地的优秀人才，这是其对市场角色的充分激活所引发的效应。当然，充分开放的市场经济还必须与强有力的政府宏观调控统一起来，否则就会导致无序竞争和恶性竞争。

理想的社会是什么样的？很多人思考过这个问题。在落后生产力条件下，人们往往以安居乐业为标准。当我们懂得了人的自定义本质和与之相适应的角色追求之后，我们就会明白：未来，我们必须以安居乐业为基础，以角色创新为文化，在对多样化角色追求的满足中实现社会的和谐梦。文明社会应该创造丰富多彩的生活方式，充分满足不同类型人才彰显自我角色和主体价值的需求。在这一方面，虽然我们已经创造了丰富多彩的文化，但现存文化无疑仍然有重大的缺憾，主要反映为文化被精英化，大众参与性不足。谈文学则

---

[1] 参考斯宾诺莎《伦理学》，斯宾诺莎把放大的贪欲和野心视为精神错乱'病症'。

看谁得了诺贝尔文学奖，看体育赛事就想到那几号种子，搞选举则找政治精英，论市场则找财富精英等。未来世界要建立多层次的聚光灯，就像拳击比赛一样，建立各种各样的级别和晋升机制，用普遍性参与来丰富社会的选择，最大限度地满足不同主体的参与需求。你有政治热情和奉献的精神，好吧，给你参与公益和基层管理锻炼的机会，你可以用你的道德自觉和智慧证明自己；你认为自己有运动爱好和天赋，好吧，有各种形式、各种层级的运动项目可以参与；你有文学艺术的爱好和才能，好吧，社会给你各种各样的展示文学才华的平台；你有经营和发财的梦想，好吧，广阔的市场、公平的竞争等着你……特别是要大力发展丰富多彩而又具有普遍参与性的社区文化，让广大民众都能真切地感受到自己的角色存在。这是乌托邦，但并不遥远。因为，我们应该明白，满足人才多样化的精神需求，是实现社会稳定和持续繁荣的必由之路，也是文明的终极目的。

可以说，角色失位问题已经成为当今文明的一个重大社会问题。一方面，社会开启开放、自由的精神闸门，让自我成为自由奔腾的江河。另一方面，社会分化刺激物质欲望，放大角色失位。这就像让一个精神失落的少年满世界游荡，想不出问题都难。

任何把人变成某种制度之附庸的做法，都是与社会文明发展大势背道而驰的。给人才一个合适的角色，让人才体现自我的价值，这样的社会才能赢得终极和谐。

二、把握用人的五项原则

劳动和实践是人类社会基本的存在方式，人本主义必须融入具体的实践中，转化为具体的用人方针和准则。

1. 自由平等原则

平等不只是一种人际关系，它更是一种重要的文明精神。

中国战国时期，齐国的孟尝君非常重视人才，他招揽了大批食客（谋士），传说有三千人之多。有一次，孟尝君与食客们共进晚餐，由于伺候用餐的仆人站在油灯前，食客们看不见孟尝君餐桌上的菜肴。有一位食客发生误会，以为孟尝君的菜肴与自己的不同。他认为这是孟尝君不尊重食客们的表现，于是扔下筷子，准备退席。孟尝君反应过来后，把自己的菜肴搬到食客桌前，与他同桌共餐。实际上是证明自己的伙食与对方一样。这位食客看到孟尝君的菜肴与自己的并无二致，觉得自己不应该怀疑人主的品德，于是羞而自杀。

菜肴事小，平等事大。古人尚且如此追求平等，何况今人呢？

没有自由平等就没有和平稳定。历史以来，为争取自由平等的斗争贯穿于整个文明史，不断推出自由平等的升级版成为每一种文明程度的重要标志。即使到今天，为自由平等而战仍然以不同的形式存在于不同的国家。在美国，人们为反对警察过度执法而举行声势浩大的游行示威；即使是在野蛮的塔利班统治下，也会有勇敢的马拉拉站出来反抗不公正的教育制度。人类文明史就是一部自由平等精神升级的历史，任何统治集团不正视这一规律，都会在实践中遭受挫折。

从企业层面来看，业主不能因为经济关系、分工关系的差别而忽略平等的原则。离开了平等，就没有对主体的尊重，主体价值也无可说起。

在平等共处方面，美国食品大王鲍洛奇堪称表率。有一则关于鲍洛奇与员工史坦赌拉人力车的故事。鲍洛奇因为史坦设计的一则讽刺很浓的电视小品而忧心忡忡，担心小品会起反作用。史坦却拍着胸脯保证：如果小品不能大幅度提高新产品的销量，他愿用人力车拉着鲍洛奇绕大饭店跑一圈。史坦的豪情激发了鲍洛奇的好胜心，他说："如果我输了，我也照办。"结果，鲍洛奇输了。这位公司老板于是高兴地当了一次人力车夫，并把拉车的路线改在洛杉矶的大街上。这个故事在当时传为美谈。之所以传为美谈，就是因为它体现了一种平等精神。这种平等精神对调动人才积极性的意义是不可低估的。

今天的国际化大企业普遍地把尊重员工作为价值观的重要内容。美国电话电报公司明确地把尊重个体作为其价值观的七个重要原则之一。对于这条原则，他们这样释义：我们相互尊重，互相倾听，而忽略各自的等级和职位。围绕这种价值观，他们把雇员更名为"伙伴"，管理者更名为"教练"。

2. 价值统一原则

人才价值是主体价值与集体价值的统一，两种价值互为依存关系，离开了其中之一，另一方也就无法保障。

人类是社会化动物，社会性是人才实践活动的基本属性。大而言之，我们属于一定的国家和民族，小而言之，我们属于某个的团队或家庭，社会属性使我们必须与集体价值连在一起。每个集团在考察人才时，当然首先是考察他能否为集团创造相应的价值。从集团角度来说，不能为集团创造价值就等于没有价值，没有价值就会被排除，这无可非议。

另一方面，表达自我存在、发掘自我潜能、实现自我价值和梦想，这些都是人生的直接目的。没有任何人有权力要求个人无端放弃自我和自我权益。我们有权要求在认同的文化下，发挥自己的专长和潜能，并获得相应的回报，这是应受到尊重的主体价值。员工们都希望被看着环境的主人，并且感到自己的工作和他们本身是重要的。他们需要通过劳动获得金钱，但他们还需要获得发展的机会和满足兴趣，甚至是影响决策的权力。

人本主义就是要实现社会价值与主体价值的统一。只顾利润而不关心员工价值实现，这个集体就不是一个好集体；只关心自己的工资和待遇却没有主人翁精神，这样的员工也不是合格的员工。集团必须以员工为本，员工必须以集团为家，这样才是一个和谐的组织，一个可持续发展的集体。在当代西方管理模式中，提倡建立参与性组织，要求全员参与企业生产和管理，这实际上就是统一价值观在管理模式上的具体体现，也是契合人才角色追求的实质性需要的。

泰罗式科学管理①已经不再被人们奉为宝典，原因就是这种管理把人当成了机械的一个部分，造成主体精神的压抑和缺失，不便于激发员工的主动性和创造性。泰罗管理模式目前在西方工业生产中已经基本消失，但在富士康生产模式中还残留着其因子。富士康之前一再被曝出员工自杀事件，根本上就是因为这种管理模式压抑人性，缺乏人本主义精神，它已经不合时宜。

3. 优厚相待原则

首先，要切实关心人才的生活，让人才找到家的归属感。

美国杜邦公司有一项制度，凡表现好的员工都可以确定为终身制员工，甚至其子女只要愿意，也可以继续"父业"。美国 IBM 公司也实行终身雇用制，一旦一位雇员加入 IBM 公司，只要他们愿意就终身雇用他们；日本的京瓷公司也实行终身雇用制，其创始人稻盛和夫说："公司并不是经营者个人追求梦想的地方，无论是现在，还是将来，公司永远是保障员工生活的地方。"

美国福特汽车公司的老板福特说："工作应该是人生最大的享受，而不会令人憎恨。对献身于事业的人，应该在事业上得到最大的报酬。在结束了一天的工作后，职工们并不只单单需要物质上的报酬，他们更热烈地期待的是家庭的温馨。像这种追求物质和生活满足的职工，对工作的热忱一定很高，这对他个人及社会都是好的。"

其次，要保障人才的合理报酬。

对报酬的追求，不能全看作是狭隘功利观使然。因为报酬不仅是生活所需，它还是对工作的一种肯定形式，对自我价值的一种肯定形式，人们往往是把报酬的多少与工作能力、工作绩效联系在一起的。

泰德·特纳广播公司的创始人特纳在创业阶段为了加强竞争能力，他以高出哥伦比亚公司 10% 的薪水聘请了新闻明星丹尼尔·斯科尔，并给予他"任何一项任命与斯科尔的个人价值或道德观念冲突，他都有权加以拒绝"的特权。后来，他又以优厚待遇从美国广播公司中争取到沃森、法默、齐默曼等人才，从而使自己的公司实力大大加强，实现与美国广播公司、全国广播公司和哥伦比亚广播公司三分天下的梦想。

李嘉诚是一个很注重人才价值的人，他对人才一向慷慨。在长江实业集团旗下，人才待遇非常优厚，"和记黄埔"运营官年收入过亿，被称为"打工皇帝"。李嘉诚甚至对自

---

① http：//baike. baidu. com/view/1498733. htm？ fromtitle = 科学管理之父 &fromid = 841469&type = search。

己的司机也很慷慨，当跟随自己多年的司机退休时，李嘉诚送给他一张 200 万港币的支票。不过，该司机拒绝了，因为他在跟随李嘉诚的过程中，利用服务李嘉诚过程中获得的信息，"搭便车"赚了 2000 万港币。

对人才不能优厚相待，实际上就是不尊重人才，那是不可能揽得人才、留住人才的。当然，这种优厚待遇是要与人才的能力和贡献结合起来的。分配上大得离谱的差距也是一种运行机制不健康的表现。美国总统奥巴马曾经高调炮轰华尔街金融高管们的高薪和红利。高薪高得离谱了，就是对其他人的不公正，也会影响其他人的积极性。

4. 唯贤是用原则

选贤任能，务求公正，无大小之别，无亲疏之分，贤者广纳，庸者淘汰。

齐桓公不计"一箭之仇"，从俘虏中提拔管仲为丞相，从而得以"九合诸侯，一匡天下"；秦穆公从马夫中提拔百里奚为相，而终成强秦之梦……这种不拘一格、唯贤是用的事例，历史上比比皆是。英雄时代总是人才辈出，那是因为雄才大略的业主们都善于发现人才、不拘一格使用人才。

在用人问题上，一定要克服用人唯亲的思想。荀子说："贤不肖不杂，则英才至。"用人唯亲只会导致贤与不肖混杂的局面，即使招揽到几个有才之士，他们处于其中，也会因为左右掣肘，无法展示才能，最后只能望洋兴叹，弃之而去。

普选制度的好处就在于它能通过公开的方式，选出"贤者"来领导社会治理，这是实现社会良性调节的重要手段。

现代企业在人才管理上已经普遍实行公开化，即职业经理人制度。这种制度实际上就是唯贤是用原则的具体体现。卡洛斯·戈恩的故事见证了职业经理人制度的科学性。在戈恩受聘雷诺集团时，雷诺正面临严重的经营危机。戈恩到位后，通过一系列的改革，使雷诺很快就扭转局面。随后，戈恩挥舞雷诺的大旗进军东瀛，重组濒临破产的日产公司，让日产起死回生。再之后，戈恩带领日产进军中国市场，东风日产这个品牌应运而生。

5. 扬长避短原则

俗话说：金无足赤，人无完人，不同类型的人才有不同的长处和个性局限，唯有扬长避短，才能合理发挥人才价值。

首先，人才应该把握自己的智能特征，确立正确的成才模式。印度的泰戈尔和中国的李白都是杰出的诗人，但是，他们的命运和遭际却有很大的差异。泰戈尔走在专业的道路上，成就了一位杰出诗人的荣耀，他的一生是幸运的一生。而李白却混淆了专业才能与政治才能的区别，总是想着出将入相和一展自己的政治抱负，结果是一生潦倒。

其次，业主必须正确看待人才的差异性，善于发现人才的长处。

美国食品大王鲍洛奇在经营过程中，曾遇到一个名叫托尼的推销员。他一天只工作二三小时，每周也只干两三天，上班漫不经心，不把上司放在眼里。再三告诫，托尼依然故我。鲍洛奇一气之下解雇了他。后来，鲍洛奇冷静下来，才发现托尼是个难得的销售人才。托尼用最少的时间，能使销售成绩保持在中等以上，而且遇到紧急任务，他能克服一切困难，争到一笔订单。托尼的毛病则恰恰是他对自己的价值没有得到正确认识与重视而产生的一种不满心理的反映。鲍洛奇为此非常后悔。

中国古代政治家曹操说："进取之士，未必有德行；有德之人，未必能进取。陈平是宅心仁厚的人吗？苏秦是讲信义的人吗？但陈平辅佐刘邦兴立汉业；苏秦辅佐弱燕使之逐渐强盛。这都是善用人才之所长的缘故。"

无所不能的人才没有，十全十美的人才也不存在。九型人才各有所长，也各有所短，重要的是知其所长、用其所长，知其所短、善理其短。当然，在"避短"方面要有一定的原则性，譬如对"小人"之短，"狂人"之短，就不能轻易回避，而要坚决地予以处理。

同时，精明的业主还应该懂得如何为人才创造一个良好的施展才能的环境，时时不忘启发人才的创造性，以使人才之所长得到最大限度的发挥。

三、建立完善激励机制

激励机制是体现人本主义精神的重要措施，合理的激励机制意味着对人才价值的充分尊重和肯定。通过建立激励机制，人才主体价值和集体价值实现机制性统一，人才的积极性和创造性因此能得以充分发挥。

1. 实现体制激励

当代企业普遍地实行股权、期权等激励政策。

所谓股权激励，就是业主对公司的一些重要人才或有突出贡献的人才，赠给本企业的一定股份，使人才成为本企业的股东之一，从而使人才安心地向着共同的目标去奋斗。

所谓期权激励，就是业主与公司某些人才约定，在他们为公司效力一定年限，并实现约定的价值后，公司赠与约定比例的股份。

比尔·盖茨认为，只有给员工以希望，员工才会安下心来为公司努力工作。这个希望包括两个部分，一个是厚利，一个是晋升。微软员工的真正财源是其拥有"认股权"，即公司掏钱做本金来帮助员工购买公司的股票，赔了是公司的，赚了是员工的。股权的数额根据员工的技术级别而定，少则数百股，多则数千股，高级管理人员和高级技术人员得到的股票期权可达数万甚至数百万股。这种激励机制激发了微软员工的创造性。

思科集团也实行股权激励机制。股票分享、共享远景，是思科公司福利的基础。思科的薪资结构由三个部分构成：一部分为固定薪资，一部分是奖金，还有一部分是股票。股票部分是最具诱惑力的一部分，加上其他一些东西，可以说是套餐式的福利方式。面对巨大的人力资源需求及严酷的人才竞争，思科公司甚至对暑期实习生都使用股票期权这个"新武器"。思科总裁钱伯斯说："我们将吸收那些最好的和最聪明的人，同时我们将分享成功的回报。"

股权激励、期权激励政策的好处就是，它统一了企业价值和员工主体价值，同时又能避免短期行为心理，能很好地调动人才的积极性。

现代国家不可能采用这种激励形式，但可以通过还政于民的具体措施，调动人民关心国家、关心政治的热情。一种伟大的政治，必然是充分调动人民的参与热情、激发人民的创造性的政治。中国的反腐败也好，世界的大同梦也罢，离开人民的充分参与，都不可能实现。充分保障民权与实现社会大治是辩证的统一。

2. 实现目标激励

目标激励是一种最直接的管理方法，最直接地体现了主体价值和集体价值统一的原则。这一激励措施与"优厚相待"的用人准则是统一的。

目标激励要量化到位，做到责任明确、按劳付酬；赏罚有度，激励为本。

在这一点上，现代企业一般都做到了规范化、制度化。

美国联邦快递公司总裁弗雷德·史密斯说："激励永远胜于控制。"他推行所谓的百分百鼓舞激励方式，建立了一套完善的奖励制度。联邦快递的主要奖励有：祖鲁奖，奖励超出标准的卓越表现；开拓奖，给每日与客户接触、给公司带来新客户的员工以额外奖金；最佳业绩奖，对员工的贡献超出公司目标的给予大笔现金奖励；金鹰奖，奖给客户和公司管理层提名表彰的员工；明星奖，这是公司的最佳工作表现奖，相当于受奖人年薪的2%~3%。这种激励措施，成为联邦快递在竞争中立于不败的武器。

3. 实现信任激励

古人有云，用人不疑，疑人不用。信任是尊重人才的表现，也能激发人才的责任感。

中国春秋时期，魏文侯派乐羊带兵攻打中山国。在进攻中山的过程中，乐羊为赢得中山国的民心，三次放缓进攻，呼吁中山国军民放弃抵抗。国内一些权贵为排挤乐羊，乘机挑唆魏文侯，说乐羊的儿子在中山国，他为全父子之情而不肯发兵进攻。魏文侯全不在意，只管不时地派使者往前线慰问劳苦。乐羊不久攻下中山国，并很快稳定了当地的局势，随后班师回朝。在庆功宴上，乐羊洋洋自得，一脸傲色。魏文侯于是把那些挑唆的奏章交给乐羊看。乐羊看了大为感慨："攻灭中山国，不是我乐羊的功绩，全是仰仗文侯的圣明啊!"

日本本田公司的创始人本田宗一郎也是一个胸怀宽广、敢于用人的业主。他觉得藤泽武夫有管理的天才,于是把公司的管理大权交给藤泽武夫,让其放手发挥能力。本田宗一郎自己则专心于汽车技术。他打趣说:"经销之事我全然不懂,是个门外汉。藤泽不懂技术,虽有驾驶执照,但他外出时从来没开过一次车。我们俩合起来才算一个企业的经营者。"晚年,他又毫不犹豫地让出本田技研所董事长一职,由河岛喜好接任。正是基于本田宗一郎对人才的充分信任,众多人才才用他们的合力驾驭好了本田这趟高速列车。

当卡洛斯·戈恩在米其林集团服务时,米其林让他放手经营北美业务:"你有重建公司的能力。去把公司重振后回来。什么时候需要帮助,我会始终如一地在后面支持你。而且我相信你知道该怎么做。"对于米其林的这种放手使用人才的作风,戈恩说:"这作为调动人才的积极性和统帅公司的方法是非常实用的。"而他回报米其林的信任的则是:使米其林北美业务迅速拓展,原来显得过剩的生产能力得到充分发挥,业绩迅速攀升。

坦诚相待,放手任用,这是尊重人才的表现,也是有效的激励方式。

4. 实现信念激励

人是有精神的动物,需要一种信仰,这种信仰能转化成强大的动力。

政治家们都注重意识形态工作,目的就是要建立信仰体系。在20世纪,共产主义的信仰曾塑造无数英雄儿女。在中国,有以方志敏、江竹筠为代表的一大批先烈,他们在高官厚禄与殉道之间,义无反顾选择了后者。方志敏受伤被俘后,国民党士兵对他这样一位高官的贫寒大惑不解——他全身"有价值"的东西仅仅只有一支钢笔。方志敏在狱中写下《清贫》一文,朴素地阐释他为实现共产主义而甘愿牺牲和奉献的精神。他说:"清贫,洁白朴素的生活,正是我们革命者能够战胜许多困难的地方。"[1] 在和平建设时期,也有一批像雷锋、焦裕禄式的无私奉献者,他们积极响应毛泽东发出的"为人民服务"的号召,把有限的生命投入到无限的为人民服务之中,成就了光辉的模范形象。没有信念的激励,这些人是不可能成就其英雄壮举的。

企业也需要确定信念。有才学的人不想碌碌一生,成就感和自我实现需要使他们很看重事业前景,他们需要一种信念。

美国汽车之星艾科卡在离开福特公司后,轻易地从福特公司拉走了许多人才。其所以能如此,内在因素就是人才的成就感和自我实现需要。他们宁愿跟着艾科卡去冒险,因为艾科卡将带领他们去开辟一块新大陆,尽管这块新大陆可能荆棘遍地,充满危机,但是,

① 方志敏:《可爱的中国》,人民文学出版社1952年版,第53页。

他们可以在这里大显身手，充分证实自我价值。

一位优秀的管理者绝对不会让属下只顾埋头干活，他必然知道在物质的保证之外，还要让部属多获得一些精神激励。赫茨伯格理论认为：满足较高层次的需要很重要。工作人员希望得到赏识，愿意负责任，同时希望有发展的机会。在相同的工资和工作条件下，因心理需要满足不同，工作绩效也会有差别。

业主应该强化人才对共同事业的信心和对自身价值的肯定，让人才毫不犹豫地跟着自己憧憬理想的未来，简洁地说，就是帮助他们确定信念。信念即是动力。

5. 完善人才培养机制

建立完善人才培养制度，这是现代企业普遍重视的一项政策。其目的是应企业持续发展需要，培植雄厚的人力资源基础。同时，这种制度在客观上也是一种促进人才自我完善，并进而更好地实现主体价值的方式方法，因而它也是一种人才激励措施。

西门子公司设有1个管理干部培训中心和13个基层管理培训中心，每年有80多名管理人员参加培训，工作人员可以直接到该部门提出对自己培养和提升的建议。这种培训极大地增强了管理干部的素质和能力。西门子管理的岗位还是必须调动的，一位未来的领导人可能每隔3~5年去接受和完成一些新的任务。这种方法使不少的管理人才被公司发现。对于技术人才，西门子在内部开设各级培训学校，并有专业的培训老师。此外，公司每年要送一些工人到科技大学和有关工程学校进行学习。在职工队伍的培训方面，西门子实行"双轨制"，把企业里面的实践培训与学校里面的理论学习结合起来。在培训的内容与方法方面，用考试和面谈方式严格挑选，不仅使理论培训系统化，而且使实践培训也系统化，培养了员工们的独立性、适应性和创造性。

IBM对管理人员进行各种特殊技能的培训，如开设中级经理培训班，培训的内容主要集中于有效的沟通和人员的管理，也包括公司的战略和其他企业关心的问题。再往后，IBM会为那些经验丰富，资历较高的中级经理准备一些更难的课程。课程着重于一些较复杂的专门问题，如经济、社会等外在因素问题。IBM的经理在担任新职的第一年，要接受80小时的课堂教育，培训内容包括公司的历史、信念、政策和实践，以及管理技能，以保证他们的观念能跟上环境的变化。对公司的销售人员，其总裁沃特森甚至亲自向他们讲授推销艺术，训练他们掌握产品知识和销售技能，然后派往各个市场。沃特森不遗余力地发掘员工潜力，培养调动他们的创造精神和献身精神，使员工快快乐乐地为公司创造巨额利润。

韩国三星集团的创始人李秉哲在人才培养上不惜投入。20世纪60年代，李秉哲设立三星文化财团，不久以相当于在汉城重建一所大学的代价，接收了因资金困难无法经营下去的大邱大学。1967 年，三星又接收了成均馆大学。此外，三星还建立了堪称世界一流的三星综合研修院。这些文化投资成了三星培养人才队伍的重要基地。

完善的人才培养制度也能让人才产生归属感，对企业产生更多的认同。

第十三章 | 科学的管理

> 孔子和秦始皇论道，孔子说："还是复古周礼、文明思想最重要，你看看，你这么强大的秦王朝在你儿子手里就崩溃了！"秦始皇说："可是，如果按您的思路走，就根本不会有秦王朝。"稍顿，秦始皇叹息一声："胡亥愚钝，那是'天不假儿'啊！"

企业家李·艾科卡说："管理的艺术就是用人的艺术，成功的经验不在于怎样赚钱，而在于怎样用人。"①

人类文明的基石是建立在统一论基础上的，研究人才不是为了肯定一些人才而否定另一些人才，而是为了实现对人才的科学管理，更好地实现人才之价值。

历史学就是人才学加政治经济学。没有合理的人才结构和科学的管理，革新政治只是一种奢求，可持续发展也不可能实现。没有一种制度能够完善到任由国家机器自我运转就能保持正确航向的地步，因为不同的掌舵人会有意或无意地改变这个航向。所以，理想社会不仅需要制度保障，更离不开人才保障。

从实现主体价值而言，让不同的人才找准自己的对应模式，就像明确五官和四肢的正常分工一样重要。每一类型的人才都有自己擅长的成才模式，也有自己的软肋。把握自己擅长的模式并与实践对接好，就一定能成功。总是用自己的短处去面向社会，就必然失败。

通过前文的理论建构和分类研究，我们对人才智能特征作用于实践的一般规律有了充

---

① 《跟财富精英学用人》，海洋出版社 2003 年版，第 209~210 页。

分的认识。那么，如何进行人才自我管理，又如何有效地管理人才呢？从个体而言，就是要通过自我识别和相应的管理、练习，提升自己的修养和智慧。从社会而言，就是要研究科学用才模式，通过优化人才结构，发挥集体智慧之合力。

第一节　智慧的管理与练习

故事新编

　　有一天，韩信与刘邦论智慧。韩信认为刘邦没有真才实学，是靠"汉初三杰"而得天下。刘邦反问韩信："没有我，三杰在哪呢！"韩信无语。

智慧并非不可捉摸的东西，而是可以管理和练习的，关键是要掌握科学的方法。懂得了智能属性和智慧要素，我们就能有效地管理智慧。

"你了解自己的智能特征吗？"

"你想提升自己的智慧吗？"

让我们开始吧。

一、智慧的自我识别

我们要变得谦逊一点，不要让知识和经验的自负蒙蔽了我们的智慧之眼。

知识和智慧是两个完全不同的概念。知识代表着对事物一般逻辑和概念的掌握，智慧则是知识的运用和创新。所以，读了很多书并不就意味着掌握了真理，过了很多桥并不一定就知道如何走向理想国。

如何进行自我识别呢？要把第二章的人才智能特征测试与相关人才分类解析结合起来。对应序号为：1——开创型人才；2——经验型人才；3——权变型人才；4——博弈型人才；5——敏行型人才；6——急利型人才；7——专业型人才；8——偏执型人才；9——自觉型人才。

只有首先定位好自己的人才属性，才能有针对性地开展智慧练习。

二、智慧的管理和练习

尽管思维张力是一种看不见、摸不着的东西，但通过维度透视升级练习和智慧要素升级练习，就能提升智慧。

所有事物都可以从"行为—目的性—影响性"这一逻辑去分析。感觉型智慧往往停留于对行为本身的感性考量，甚至不善于对行为本身进行定性判断，对目的性、影响性的考量就几乎没有了。直觉型智慧能够很直接地对行为进行定性，并进而产生对其目的性的感性怀疑，不太在意影响性。实用型智慧不仅会对行为进行定性，还能对目的性进行理性判断，会作一定的影响性考量。创新型智慧和逆取型智慧则会高度看重目的性和影响性，甚至超过对行为本身的关注，他们的区别在于前者是从社会影响角度看，后者是从自我影响角度看。纯理性智慧则容易把行为概念化，容易用超然视角去看待具体行为。

智慧练习最好采取循序渐进的方式。想从一维透视模式一步变为四维透视模式，就像还没学走就想跑一样。在比较智慧的练习方面，主要是根据智能属性差异性进行补充练习，发挥所长，补充不足。

——感觉型智慧的练习

文学的真实不等于生活的真实，新闻报道不等于事实真相。生活经验会告诉你，不要轻易相信现象。

联系智慧的练习：单一面考量——→A、B 面联系考量

感觉型智慧的人不善于联系地看事物，凡事喜欢跟着自己的感觉走。其智慧的第一步练习就是，从单一面感性判断转向 A、B 面联系考量。感情很好，没有"面包"保障是不可持续的；"面包"很多，两人素质差距很大也很难幸福。统一人情和事理这是很重要的生活智慧。

- 一个在小事上揪住不放的人，肯定不是堪当大任的人。
- 一个在大是大非上不选立场的人，肯定不是一个正派人。
- 一个不客观看待自我的人，也很难客观地看待他人和社会。
- 一个言行不一致的人，说得越动听就越是不可信任。
- 一个大智慧的人，不会做没智慧的事。

一切事物都是逻辑的存在，一定要用理性和逻辑看事物。如果你得到诸如"秦始皇是伟人也是暴君"这种非常矛盾的答案，那一定是你判断错了，而不会是秦始皇错了。当你懂得把人情和事理联系起来看待时，你的智慧已经上了一级台阶。

比较智慧的练习：静态比较——→动态比较

有比较才能有鉴别，知权衡才能明得失。不要将事物静态化、概念化，要当作运动的事物来考量。

- 不要看到工资在涨就满足了，要区分相对增长与绝对增长。
- 不要只看自己是否前进了，还要看周围的人前进了多少。
- 看待昨天，要考虑前天的基础；看待今天，要想到明天是什么景象。

无论是爱情，还是权力和财富，它们都是面向明天运动的事物。价值大小只能在比较中确定，学会动态考量才能升级智慧。

取舍智慧的练习：感性要求──→理性关照

要避免功利虚化和过于物质化两个极端，财富需要尊重，只是不能执迷。专业型人才没有强烈的功利心，也没有过高的精神企求，容易随遇而安，他们需要增添一点功利心，以增强奋发向上的动力。急利型人才则过于直接功利，以至于心为物役，需要适度超越物质肯定，以提升角色自觉和精神肯定。总之，要把握生活的现实需要，但不要让现实需要成为自己的牢笼。

创新智慧的练习──→专业能力提高

要学会超越一般概念性理解，社会是运动的存在，没有一个教条可以被机械地套用。无论是什么原理，都要与具体环境、具体对象、具体需要结合起来。政治不能靠喊信仰口号而取得胜利，军事不能靠背诵《孙子兵法》来打败敌人，学术不能靠纯粹记忆去接近真理。找到影响现实的新思想、新工具，这才是创新。最重要的是，定位好自己的爱好和专业天赋，发掘和发挥专业潜能。

──直觉型智慧的练习

注重行动是好的，但不能逞匹夫之勇。看重直接的事功是好的，但不能被既得利益所束缚。并不是所有的事情都需要赤膊上阵，也不是所有的事情都做了才知道得失，凡事需要纳入全局中去考量。

联系智慧的练习：二维透视──→三维透视

他们善于一般人情和事理的联系考量，能敏锐把握直接利益关系。但是，仅仅考量A、B两面是不够的，还要学会对多样化关系的联系考量。要学会在诸多矛盾中抓住主要矛盾，在全局利益中把握自我利益。要学会透过现象看本质，用对立统一思想指导实践。

- 不清不明则失德，至清至明则不察。
- 不是所有的事情努力了就一定会有结果。
- 不是所有的时候正道直行就一定会被肯定。
- 要懂得政治人性与普通人性的区别，悟透大仁不仁的道理。

只有定位好个人在多样化关系中的存在位置，才能建立准确的角色定位。

比较智慧的练习：单个考量──➤全局考量

战术智慧很重要，战略智慧更重要。敏感于直接的事功，这是要鼓励和发扬的优点，但要学会把局部利益统一于全局利益之中，学会从全局和长远看事物。只要懂得全局运筹，多数都可以水到渠成、瓜熟蒂落。

- 选择一个有前景的事业，就能顺水扬帆。
- 投靠一个错误的人，则可能连带遭殃。

单一事件只有纳入全部关系之中，才能明晰脉络、准确定性。现实路线只有从战略高度来考量，才能把握好方向、争取到主动。

取舍智慧的练习：小功利观──➤大得失观

直觉型智慧的人才注重直接的功利肯定，但能超越狭隘的小私心，是一种很实际的生活态度。但也要提升境界，修炼大得失观。不要舍不得局部牺牲而造成大局的牺牲；不能为了小义而害了大仁。刘基功成而身退，终不失名臣之荣耀；韩信舍不得王位和权力，结果是搭进个人之性命。

太看重个人得失甚至会影响人才的临场发挥，使智慧大打折扣。敏行型人才面对胜利即将到来时的"玻璃心"，以及博弈型人才容易"负气"的特征等，都是得失心过重的表现，也影响了人才潜能的发挥。

人生不能总是盯着一城一地之得失，更不能因小而失大。有大境界才能承受大压力，有大境界才能成就大角色。

创新智慧的练习

直觉型智慧之人才有良好的战术意识，能形成较强的战术创新能力。要多学习方法论，并把一定的方法论与具体实践结合起来，形成强大的执行力。同时，应加强宏观思维练习，提升战略规划和顶层设计能力。

──实用型智慧的练习：

对实用型智慧人才来说，最需要的是加强规律性透视的练习和创新智慧的练习，以提升战略前瞻性和顶层设计能力。

联系智慧的练习：三维透视──➤四维透视

实用型智慧属于三维透视模式，能够比较全面地看事物。他们不会简单地认为一件事情应不应该，更看重在现实关系的作用下所能达到的目的。因为对多样化社会关系的敏感和把握，他们能看到现实的非理性存在，充分重视人际资源的开发和利用，所以表现出很强的社会活动能力。其弱点在于不喜欢从内在逻辑性看事物。其联系智慧的练习就是要学会四维透视，从非理性中看逻辑，从偶然中找必然。国家兴衰有它的内外因，企业兴衰也有它的内外因，都是在必然中有偶然，偶然中藏必然。

- 现实可以达成的，并不一定就是合理的。
- 现实不会支持的，不意味着是不值得追求的。
- 生活是现实的，但理想才是代表更高价值的。
- 重要的是，不要把角色肯定和物质满足混为一谈。
- 重要的是，不要把现象的偶然当作规律的必然。

沉迷于现象之中就很难看清未来。要学习在全部矛盾中抓住主要矛盾，在主要矛盾中抓住矛盾的主要方面。只要把握规律，就能制造偶然、创造条件，引领事物发展。

比较智慧的练习：实用考量──→科学评估

实用型智慧善于横向比较，敏感于现实力量的对比权衡，懂得妥协，这是其优点。但是，他们不善于纵向比较，不善于用历史的眼光看问题。所以，他们的眼光往往停留于今天的层面，不善于统一过去、现在、未来，从中找出规律性结论。他们不善于从"应该面"找逻辑、找方法。

- 经验是重要的，但习惯于经验主义考量容易失之于保守。
- 权变是重要的，但如果惯于权谋，就会受到实践的惩罚。
- 从本质上把握一个人，比十次的现场考察更重要。
- 从规律上把握事物，比成就一两件具体的事功更重要。
- 社会是多元的，掌握主旋律很重要。
- 矛盾是复杂的，抓住关键、提纲挈领才能游刃有余。

要用正确的历史观指导实践，总结过去，立足现实，放眼长远。要用科学发展观指导实践，全面统筹，协调发展，持续发展。

取舍智慧的练习：义利观──→角色观

取舍观念对实用型智慧的影响极为明显，因为太看重现实功利，他们容易被现象遮住智慧的眼睛。李斯、李善长是智慧的，但他们却因为一时的小私之念而铸成终身的遗憾。赵高、魏忠贤是精明的，但他们却因为擅权乱法而走向自我毁灭。

- 财富是现实的，但它们最终都是社会的。

- 角色是重要的，但它在本质上是精神的。
- 今天很重要，但不要因为今天而失去明天。

要把理性精神引到取舍智慧上来，辩证地看待舍与得，树立正确的义利观、角色观。

创新智慧的练习

实用型智慧虽然有谋略，但主要表现在人际关系的把握和人际资源的利用方面，在战术创新和战略创新两块都有短板。对他们来说，走出实用主义的考量很重要，要敢于挑战自我，敢于尝试新事物。当然，更重要的是，加强抽象思维练习，提升透视规律性、把握规律性的能力。

——纯理性智慧的练习

纯理性智慧只属于自觉型人才。这种智慧的升级练习主要是添加现实的元素，透视社会的非理性和事物的偶然性，统一现象与本质、偶然与必然。

自觉型人才与偏执型人才在认识论上是相对立的。前者认为世界表现为纯粹理性的存在，否定自我意志。后者则认为世界是唯我意志的存在，否认理性精神。

联系智慧的练习：单相透视——→四维透视

自觉型人才有强大的抽象思维能力，习惯于从对纯粹理性角度透视事物，并能敏锐发现客观事物的一般规律。所以，他们能成为优秀的哲学家、科学家。但是，因为属于单相透视模式，他们看不穿社会的非理性和偶然性。这使他们在面对复杂的社会矛盾时，往往理不清头绪。

- 理性社会才是健康的社会，但现实是充满了非理性存在。
- 一切事物都有运动规律，但人类社会的运动规律包含了诸多主观元素。
- 理想就在山那边，但九个人九条心，怎么拧在一起向前行？
- 上帝定义了宇宙，而人类则忙于自定义。

人类是多元的存在，单纯的哲学抽象无法概括多样化的社会存在要求。要加强对现象面的联系考量，把非理性和偶然当作社会规律的一部分，向差异性要统一。乌托邦式的顶层设计是走不通的。

比较智慧的练习：纯理性考量——→权变考量

把实用型智慧和纯理性智慧作一个对比，显然，前者过于看重社会的非理性，并因而增加了太多的权变考量，后者则过于看重纯粹理性，并因而忽视了权变考量。过多考虑非理性则容易失之于保守，过于看重纯理性则容易失之于理想化。

- 没有普遍的真理，但事物都遵循一定的逻辑。
- 没有不变的人性，只有被环境影响的自定义。
- 社会是差异性的统一，没有绝对的价值评判标准。
- 不心为物役才能达到精神自由，而看破红尘则偏离了凡俗的本质。

生命就是肉体与精神关于主导权的博弈，每个人都不得不做出选择，每个人都只能做出适合自己精神需要的选择。

取舍智慧的练习：非功利——→超功利

自觉型人才没有很强的世俗功利心，不以私心看事物，表现出非功利化人格特征。这使他们能在很大程度上超越世俗的诱惑，保持精神的独立和自由。毋庸置疑，从个体而言，这是一种极高的取舍智慧。

当他们积极入世时，非功利态度显示出与现实的巨大距离，因为社会多数表现为功利化存在。乌托邦不现实，无相的佛教也与世俗生活相距甚远。所以，自觉型人才参与社会治理时，必须让取舍智慧多接地气，要把非功利变成超越一般功利。

创新智慧的练习

自觉型人才在科学世界里有非常强大的创造力，应该让他们在这个世界里自由翱翔。

而如果要在思想的神殿里展示智慧的话，就有必要增加现实的元素，以增强思想的现实力量。理性和真理是绝对的，但要让理性和真理被世人接受，则是很现实的问题。要学习那些伟大的政治家，看他们是如何把真理和利益统一起来的。

——逆取型智慧的练习

逆取型智慧属于偏执型人才。这种智慧的升级练习，主要是添加理性的元素，穿透现象的迷雾，把握辩证的必然。

联系智慧的练习：三维透视——→四维透视

偏执型人才习惯于 A、B、C 三个层面联系看事物，不喜欢从内在逻辑面透视事物。这使他们对事物现象层面的关系表现出特异的敏感性，对事物的内在规律性则视而不见。他们认为现实是非理性的，偶然性是无法预测的，认为利用好社会的非理性特征，就能创造偶然，成就传奇。但显然，在表象下面，事物还遵循着某种内在的逻辑性。

- 意志是必需的，但它是有边界的，世界逃不出物极必反定律。
- 社会现象面是无规律的，那是因为必然律藏在偶然的背后。
- 抓住九个现象点，不如抓住一个关键点。

- 看到社会的多元，就应该意识到自我只是一分子。
- 肯定社会的多元，就意味着自我没有走向偏执的理由。

无论感觉多么敏锐，距离真理都还有一段长远的理性距离。只有洞悉事物的内在逻辑性，才能获得对事物的更全面的认识，更好地把握事物。

比较智慧的练习：偏执考量——→平衡考量

偏执型人才因为习惯于偏执考量，往往形成与现实的强烈对抗。在逆向设计和逆向运作的模式下，他们喜欢抓住现实问题点进行冲击，造成强烈的震荡效应。然而，手腕过多必遭到道德否定，极端模式难走出终极瓶颈。

要学会用历史的观点看事物，看看历史上"有哪条路可以重来"。这样才能参透因果循环，才能定位好现实的道路。

要学会理性地看待现实，每天看看周围"有多少关系今日不再"。只有平衡发展，才能走稳、走远。

取舍智慧的练习：自我肯定——→社会肯定

偏执型人才有强烈的角色意识，其精神往往并不是为物质所困，而是为放大的角色要求所困。但因为内倾型价值判断模式，他们不自觉地把物质当作角色放大的媒介。其内在矛盾是高度自我肯定之要求和现实角色存在感之间的矛盾。这种矛盾注定无法从自我层面获得解决，必须回到对多样化存在的包容之中。

所以，偏执型人才要学会情感转移，淡化自我肯定要求，增加面向社会肯定的练习。从角色追求而言，只有舍"小我"才能成"大我"。

创新智慧的练习

偏执型人才善于形式创新，所以，其在艺术创作方面有良好的天赋，可在这方面进行深入的发掘。

因为不喜欢规律性透视，在需要高度理性的领域里，其创造性一般。需要加强抽象思维的练习，学会尊重规律和利用规律，将大大提高其实践能力。

——创新型智慧的练习

开创型人才的智慧就是创新型智慧，他们不墨守成规，总是把创新当作发展的动力。他们有较高的精神追求和强大的思维张力，更善于归纳总结和发现规律，表现出极高的创造能力。

同读一本书，他们往往领悟更深一点；同做一件事，他们往往做得更好一点。关键在于他们站得较高、考虑问题更全面。

他们懂得用全面的观点、联系的观点看事物，考虑问题全面、深入，善于在诸多矛盾中把握主要矛盾和矛盾的主要方面。他们懂得全局考量，而又善于变通，能提纲挈领地掌控事物，能统筹兼顾、实现持续发展。他们能超越狭隘的义利观，辩证地看待得与失，能够舍"小我"、成"大我"。更重要的是，他们有强大的创造力，总是能够找到创新点，并用创新解决困惑、推动实践的发展。

如果说要练习、提高智慧的话，那就是要增加更多的实践锻炼，日益放大其精神的光芒。给他们一块锻炼的土壤吧，社会将收获到更多的奇迹。

三、智慧的实战

生活处处要智慧，从简单的家庭关系到复杂的社会管理，都离不开智慧。

没有哪一个家庭是靠空洞的爱来维系的，长久的共处需要生活的智慧，要互相包容，取长补短。所谓的性格不合，不过是缺乏生活管理的智慧和能力罢了。

没有哪一项事业是不需要智慧的。同一件工作，不同的人完成质量不一样；同时去创业，有人成功了，另有人却失败了。

我们不妨举一大一小两个实例来见证智慧的运用。

1. 教练的智慧

教练是一个在生活中常见的职业，很多人只懂得根据经验有无来找教练，却不懂得根据具体情况来选择教练。其实，教练是一种很要智慧的工作，甚至是需要大智慧，并不是有过实战经验的人就能胜任教练工作的。

教练智慧是一种复合智慧，包含着对人与运动规律之间的关系的综合把握能力。

首先，教练要有专业知识。无论一个人如何聪明，没有相关专业知识，就不可能当好相关专业的教练。教练可以不是这个行业的佼佼者，但必须对该行有很高的认识和领悟。譬如足球教练，不仅要懂得基本的球技和战术，更重要的是掌握现代足球的规律。进攻中停顿越多，时机越少，必须如行云流水，意到球到，球到人到，如果是球在等人、人在等球，就是还没得要领。发定位球，准备接球的运动员必须用运动撕开对手的防线，而不是都站在固定点或者极小移动地与对手争抢。那些三流球队显然还没有搞懂这种基本规律。

其次，教练要懂得人才识别。不同的学生有不同的禀赋和个性，要因人施教。只知道技术指导，而不能结合学生的特点，教学质量会打折扣。比如对作为经验型人才的学员，除了技战术训练外，要特别强化其搏击意识的练习，因为他们偏于求稳；而对作为博弈型人才的球员来说，除了技战术训练外，要特别强化其意志力和专注度的练习，因为意气化个性特征使他们缺乏韧劲和持久专注度。中国乒乓球队总教练刘国梁就懂得因人施教。在培养张继科期间，刘国梁根据张继科的个性特征，一度将他下放到省队，以便让张继科知耻而后勇。后来，张继科果然在逆境中奋起。

再次，教练要懂得管理。训练不能蛮干，必须有方法、有章法，这样才能使学生的技术潜力和智慧得到充分发掘。必须根据学员的身体条件来安排训练强度和技术创新，同时，敏锐发现学员的所长，大力培养技术强项。当然，还有自信心和意志力培养。一个没有特色的队伍，一个不能定位特色球员、发挥特色球员长处的队伍，是教练不合格的表现。

最后，教练还要教授学生临场应变和创新。不同的对手有不同的特点，要根据对手的特点制定战略战术。世界上没有弱点的人和队伍是不存在的，关键在于能否找到这个弱点，并针对对手弱点制定出相应的战术。要培养出伟大的球员和队伍，这是一个很关键的内容。否则就会出现难以持续的情况，打好了这一场、打不好那一场，打好了今天、打不好明天。

显然，不是所有的世界冠军都能成为好教练的。相反，只要有对相关专业的充分了解，即使没有得过世界冠军，只要能把识别人才的智慧、透视运动规律的智慧、管理和技术创新的智慧统一起来，就能成为一个好教练。找一个有经验的开创型人才吧，他一定是一个好教练。或者，建设一个以开创型人才为核心的教练团队，用技术教练适当弥补主教练在专业操作能力上的不足，这样也能获得好的效果。

2. 政治的智慧

人是社会关系的产物，每个人都生活在一定的政治环境下。然而，经过几千年文明进程的磨练，政治仍然是一个晦暗不明的东西。人们往往看不透那些政客的障眼法，常常在选举中被忽悠，这就是最好的证明。

政治是复杂的，但只要抓住了"人"这个主要矛盾，一切就豁然开朗了。

首先，政治是由具体人才主导的，主导者的智能特征一定会影响到政治的运行。所以，任何政党或者个人的选举口号不是最关键的所在，最关键的是参选人的人才个性，要看谁更有奉献社会的意愿和能力。一个伟大的领导人可以让一个国家转危为安。一个"昏君"则可以把一个繁荣的国家引向衰败。

其次，政治是社会关系的表达。任何政治都要考量现实生产力和生产关系的适应性，通过革新政治建立适应历史大趋势和满足多数意愿的社会制度和体制是政治家的生命力之所在。历史证明，那些面向公平正义和多数的政治才是具有可持续发展力的政治，那些越来越变成贫富两极尖锐对立的政治则必然难以维持。在现实中，民意背景永远是考量政治和政策的重要一环，许多政治人物因此都喜欢媚俗。但显然，群体口味如果偏离客观，就会误入歧途。政客们都喜欢利用民粹主义者的重口味，其对实践有百害无一益。历史证明，没有一个打开潘多拉盒子的人有能力关上潘多拉盒子。

最后，实践中有哪些具有代表性的政治战略。政治高手们是从来不相信感觉的，也不会把直觉当战略，他们都有配套的路线、方针和策略。一般来说，主要有四种战略，即开创型人才推崇的统一战略，经验型人才喜欢的平衡战略，权变型人才习惯的投机战略，偏执型人才喜欢的逆取战略。现实生活主要表现为这四大战略的缠绕斗争。

统一战略：立足于大多数的利益需要，以合作共赢为基本理念，通过开放和创新，向发展要价值、要和平。当然，这种战略也需要手段和变通，奉行和平理念并不意味着放下武器，奉行积极防御战略并不意味着对周边事态漠不关心，要在斗争中求团结。几千年的历史证明，正义和多数永远是胜利之本，这是不可变更的法则。那些由强权发动的大战，最后否定的往往就是强权本身，其成就的则往往是一个新的世界秩序。在当前背景下，核武威胁需要用和平理念来消解，全球一体化需要用统一战略来护航，这就是我们应该给开创型人才投票的理由。

平衡战略：立足于对立双方现实利益的平衡考量，以稳定和发展为要，通过协调和相互妥协，达成相对更好之目的。这种战略"拒绝破坏"，宁可保守。在基辛格博士的战略思想中，他的现实主义精神无处不在。他并不推崇冷战思维，所以鼓励、支持美国与中国的建交，并最终促成了中美建交。他也很务实地看待现实国际关系，对以美国为中心的霸权体系及其作用作出了肯定的评价，并把第三世界认同这个体系视为保障和平之必须。而在欧洲，默克尔也是一位善于运用平衡战略的政治家，她在乌克兰危机中的表现就是最好的证明。可以肯定地说，默克尔对当前欧洲的稳定至关重要。

投机战略：立足于向优势资源的靠拢，适当考虑相关资源的利用，希望在矛盾中找机会，在混乱中"发横财"。这种战略带有一定的破坏性，它有时也能在客观上达到改变秩序的效果，但在多数情况下，最终的改变并不是按照他们的愿望发展的。张伯伦、达拉第的绥靖政策是一个很好的证明，他们本来想把祸水东引，希望希特勒法西斯去进攻苏联。结果是，强大后的希特勒首先开动战争机器横扫欧洲大陆，他们搬起的机会主义石头最后狠狠地砸在英国和法国的脚上。张伯伦、达拉第的愚蠢在于他们将希特勒想得更愚蠢，以为希特勒是一个喜欢赤膊上阵的莽夫，会经不住英法的怂恿轻易地去与苏联拼个你死我活。希特勒却清楚地知道，在没有占有更多欧洲土地、人口和资源的情况下是没有与苏联决战的基础的。所以，希特勒先攻取欧洲其他诸国再进攻苏联，这是必然的选择。多年来，美国和北约竭力挤压俄罗斯的战略空间，结果是引发俄罗斯的强烈反应，先后导致格鲁吉亚战争、乌克兰危机的爆发。或许，有人说，美国和北约也没有失去什么呀！非也，美国失去了一笔最重要的财富——道德和信任。乌克兰危机加深了美欧之间的不信任，使美国霸权体系开始离心离德。历史上，所有霸权的衰落都是从道德和信用破产开始的。比较美国的霸权战略和中国的一带一路战略，是在遏制中损人损己，还是在合作中共享共赢，对明智的领袖和国家来说，这是不言而喻的。美国如果还没有意识到这一层并积极地改变策略，其世界领导力和领导地位的丧失也就不远了。

逆取战略：逆向设计和逆向操作，运用明确的针对性凝聚相关力量，利用强力造势壮大相关力量，瞒天过海，暗度陈仓。偏执型人才往往喜欢这种战略。这种战略立足于自我和偏执，习惯性运用手腕掩盖自私和野心。希特勒是这方面的代表性人物，他利用英法的绥靖思想蓄积和发展力量，一步步实施蚕食欧洲的计划。最后，在他自以为羽翼丰满和时机成熟的时候，悍然发动第二次世界大战。这种战略来势汹汹，但缺乏可持续性。特别是在如今开放年代，信息化和公开化使政治手段更容易曝光，使道德伪装更容易变成"皇帝的新装"。物极必反是一个浅显的哲学道理，希特勒、卡扎菲都吃了不懂这个浅显道理的亏。

政治家如果不懂得规律和敬畏规律，那是很糟糕的。了解了上述四种战略以及战略实施与具体人物的关系，我们就不会继续茫然面对这个到处冒烟的世界，就能透过现象看到事物的本质。冷静地对比一下上述战略，就能知道那些政治家们在干些什么。用历史的眼光和辩证的思维去衡量一下这些战略，就应该懂得该选择什么、放弃什么。

第二节 优化人才结构

故事新编

> 唐僧被白骨精抓住，想到后事，他开始盘点人才。孙悟空虽然有才，但太桀骜不驯，只可为将不可为帅；猪八戒虽然乖巧，但太过于低俗，只能为仆，不可主事；小龙马是个专业人才，只能做分内的事。末了，他感叹一声："哎，我的事业看来只好让老沙继承了，虽然老实了点，但既定的西天取经路线他一定会坚持的！"

在人类历史长河中，无数英雄百战成功，开创了伟大的时代，建立了不朽的事业。但是，他们的辉煌如昙花一现，许多伟大文明都随着英雄的远去而湮没。

历史学家们总是习惯于从制度和客观中去寻找原因。事实是，特洛伊陷落并非是由宙斯的金秤决定的，其他消失的文明也不是因为上帝的责罚，社会兴衰之根本不在于人类之外的客观力量的作用，而在于人才作用。

"后继无人"是所有没落集团的相同轨迹。当代许多大企业诸如柯达、夏普等，它们走到破产边缘不是因为客观的市场灾难，而是因为它们不懂人才。尽管它们有品牌、有资本实力、有市场占有率，但由于战略担当岗位之人才的缺失，导致顶层设计能力弱化，核心层官僚化。这使它们一方面失去战略前瞻能力和管理创新能力，不能与时俱进推进事业，逐步丧失竞争优势；另一方面也不能实施市场资源的最佳组合，实现效益的最大化。最后，其丰富的资源、广阔的市场不仅失去优势，反而变成加速下滑的包袱。可以肯定地说，这类企业如果不解决人才问题，就不可能中兴。

人皆有才，才皆可用，重点是要知人善任，发挥合力。如果我们都学会做伯乐，就不愁没有千里马。如果我们懂得了合理运用人才，就不愁改变不了世界。

如果说智慧人才模型为实践建立了人才识别参照系的话，那么，优化人才结构就是我们发挥人才合力的手段和途径，合理的人才结构是集团旺盛生命力的源泉。

一、确立开创型人才的主导地位

俗语说，"三个臭皮匠赛过诸葛亮"，这句话从集思广益的角度而言有一定的道理，但绝不意味着众多小智慧相加就等于大智慧。从战略上来说，三个郭嘉也不能说赛过一个曹操，三个诸葛亮也代替不了一个刘备。俄罗斯陷于混乱并不是因为叶利钦不是人才，而是因为叶利钦不是战略大家。即使叶利钦变出三头六臂也拯救不了俄罗斯，因为三个叶利钦相加不等于一个普京。

开创型人才不仅境界高远，有统一主体价值与社会价值的意愿，有舍小私而成"大我"的德行，而且大智大慧，深谋远虑。他们善于总结事物的规律，有天才的战略前瞻能力，同时也有极强的战略管理能力。他们善于顶层设计，善于不断创新。

在人才管理上，他们不仅知才和善于用才，还懂得如何培养人才、改造人才。历史上，雄才大略的领导们的麾下往往人才济济，他们还用开明的政治环境，使众多人才尽展所长，从而创造出生机勃勃的时代。

他们是善于推动变革的政治家，是实现健康发展、持续发展的战略家。历史证明，开创型人才主导实践的时间越长，社会政治、经济基础愈加牢固、发展也更快。

1. 中国历史上的开创型人才

中国历史上第一个统一的封建帝国秦朝是建立在开创型政治家的雄才大略的基础上的。秦孝公嬴渠梁、商鞅、秦始皇嬴政等，都是作为开创型人才的政治家的典型代表。秦孝公领导下的"商鞅变法"奠定了开创新帝国的制度基础，实现了经济发展和物质积累；秦始皇则用进一步的改革和调整，实现了统一天下和开创封建制度的历史伟业。

中国汉朝从高祖刘邦、武帝刘彻到光武帝刘秀等都是开创型人才，他们构成汉朝帝国传承的核心人才基础。没有高祖刘邦就没有汉朝的建立，没有武帝刘彻就没有汉朝的强大和稳定，而没有光武帝刘秀，就没有历史上的"光武中兴"。

三国时期，三国鼎立局面的形成，是因为作为开创型人才的曹操和刘备的同时出现，共同演出了一场波澜壮阔的历史史话。遗憾的是，在曹操和刘备的后代中，再无开创型人才之继续，导致魏为晋替，并实现短暂的一统。

如果没有作为开创型人才的李世民的横空出世，可能就没有唐王朝的建立；如果没有李世民登基，就可能没有贞观之治；而如果没有武则天和她的易世革命，唐朝可能会早早迎来官僚化和利益集团固化，社会危机之爆发就会提前。

宋朝一代，赵匡胤属于开创型人才，雄才大略，是有为之主。赵匡胤之外，宋朝之当家人再无伟才出现。其大而不强的历史得以延续多年，完全可以说是"时无英雄使竖子成名"。尽管当时辽国有作为开创型人才的萧燕燕的出现，但"后继无人"，辽国因而未能继续走向强大。

元朝帝国的百年江山基础是作为开创型人才的成吉思汗、忽必烈奠定的。蒙古帝国首先仰仗于成吉思汗的非凡战略眼光和杰出的创造才能。当时的蒙古几乎还处于野蛮时代，连自己的文字都没有。成吉思汗就是带着这样一批"野人"去征服一个又一个文明古国，并在征服中学习文明和运用文明。随后，忽必烈保障了帝国的统一和持续发展，使这个疆域空前的大帝国成为马可波罗笔下让人无限景仰的世界中心。当然，蒙古帝国也赖于旭烈兀、木华黎、刘秉忠等一大批杰出人才的涌现和领导者对他们的正确运用。百年后，尽管蒙古铁骑仍然骁勇，但由于失去灵魂人物和正确的战略，终于导致在政治上完全走向人民的对立面，并最终失败于农民起义的烽火之中。

明朝之太祖朱元璋、成祖朱棣都是开创型人才，他们奠定了明朝江山的坚实政治和军事基础。其后还有作为开创型人才的张居正的出现，他的政治改革使当时已经危机重重的明王朝再现生机和活力。可以说，不仅是开创型人才搭建了明王朝270年江山的政治基础，他们也始终是这个江山的精魂。

清朝能够从关外一个小民族入主中原并延续两百多年统治，也是立足于开创型人才的雄才大略基础上的。这个关外民族起初并不如契丹人的辽国强大，但它比辽国幸运，连续几代开创型人才的出现，使满族保持了持续的强劲发展势头。努尔哈赤、皇太极这两位开创型人才奠定满族入主中原的第一军事基础，康熙、雍正两代开创型政治家完成了国家的统一，并完成了清朝的基本政治架构的建立和社会经济秩序的稳定。

中国共产党领导的革命运动是对毛泽东作为开创型人才之价值的最好证明。毛泽东领导创立了井冈山革命根据地，使中国工农红军不断发展壮大。但在井冈山革命形势蒸蒸日上时，王明在共产国际的支持下来夺权了，他把毛泽东排除到领导集团之外。结果呢？在李德、博古的错误指挥下，形势直转而下，败仗一个接一个，红军损失惨重。最后，红军连苏区也搞丢了，被迫进行战略转移——二万五千里长征。在惨重的损失面前，红军领导集体才进一步认识到毛泽东军事思想的正确性。为了扭转不利局面，中共中央在长征途中召开遵义会议，重新确立了毛泽东在红军中的领导地位，红军开始摆脱被动挨打的局面。在艰难的形势下，毛泽东指挥红军四渡赤水，巧渡金沙江，越雪山，过草地，摆脱国民党的围追堵截，成功抵达陕北，与陕北红军胜利会师，中国革命运动由此进入一个蓬勃发展的新时期。其后，在以毛泽东为首的党中央的正确领导下，中国共产党领导人民成功地完成了新民主主义革命和社会主义革命。这一历史并非证明毛泽东的神明，而是证明了他作为开创型人才的天才战略智慧和对时势的非凡驾驭能力。同时，也证明了确立开创型人才在领导集体中的主导地位的必要性和重大实践意义。

2. 欧美历史上的开创型人才

恺撒无疑是古老地中海文明养育出的英雄之花。恺撒的对外战争为罗马赢得了土地和财富，这是一般政治家都会努力的方式，是"狭隘"的国家功绩，不值得特别称道。恺撒的不同在于，他对古罗马腐朽的元老院政治的革命和建立面向更多数的政治模式，在本质上意味着更加的开放和文明。如果没有恺撒的"政治革命"和屋大维的政治继承发展，罗马只会在元老贵族们的腐朽堕落的追求中更早死去。

亚历山大大帝无疑是世界历史上最伟大的征服者之一，像他那样带着文明种子去征服、并始终把民族大融合列为最高战略的，前无古人，鲜有来者。遗憾的是，天不假年，他还未来得及巩固帝国就撒手而去，使马其顿帝国早早迎来了分崩离析。亚历山大大帝在历史天空中永远散发着璀璨的英雄之光，见证着人类大智慧的特异品质和魅力。

英国是曾经的"日不落帝国"，其殖民地和自治领一度遍及世界各地。这种辉煌是建立在伊丽莎白一世、克伦威尔、维多利亚女王等人的雄才大略和政治奉献的基础上的。伊丽莎白一世不仅使因为宗教冲突而面临分裂的国家稳定了下来，还用开放、进取的治国理念释放了社会的创造精神，开创了使英国成为欧洲强国的"黄金时代"。克伦威尔则用护国战争的胜利巩固了英国民主政治，其进步精神对此后欧洲资产阶级革命的影响都是深刻的。维多利亚女王释放前辈们积累的综合国力，使英国领先的技术和生产力成为贸易拓展和领土扩张的强大武器。离开了这三位杰出的政治家，英国的历史地位就有可能大打折扣。

拿破仑无疑是那个时代的欧洲文明的代表，他加快了资本主义文明在欧洲的传播。他领导制定的《法典》，奠定欧洲走向现代司法文明的第一块基石，深深地影响了后来欧洲的法治建设。作为政治家，拿破仑继承并捍卫了法国大革命的成果，其推动欧洲文明的历史功绩是不可抹杀、也无法抹杀的。

俄罗斯历史也是一部英雄史诗。它因为彼得一世的雄才伟略和大改革而终结农奴制，完成一种政治治理模式的自我革命；因为叶卡捷琳娜二世而更加开放，接近更先进的欧洲文明；因为列宁、斯大林创建红色政权的实践而成为一时的世界样板，见证了什么是革命的首创精神。斯大林还领导苏联人民打败盛极一时的希特勒法西斯势力，这是一个伟大的历史功绩，也成为俄罗斯民族永远的骄傲。在联合国及战后国际体制的建立方面，也融合了斯大林的心血和智慧。

美国历史也是一部见证开创型人才之特殊价值的历史，华盛顿、林肯、罗斯福这些开创型人才在关键历史节点上的出现，为美国的建立和文明推进起到了关键性作用。如果没有华盛顿，不仅美国的独立战争能否赢得胜利都是疑问，更不要说其民主体制的建立。华盛顿的至高境界很是难得，其"功成而不居"、信任后来人，使美国从建国伊始就远离独裁模式，政治标杆意义影响深远。如果没有林肯，就没有废奴运动，就没有政治理念统一的美国。如果不是林肯把美国黑人从奴隶制中解放出来，美国的制度危机不仅会严重影响生产力发展，最后在外因的结合下，还可能演变为一场漫长的内战。罗斯福不仅用一场大改革帮助美国度过了经济危机，还通过领导同盟国战胜法西斯，为美国赢得重大战略红利（包括国际领导地位和美元秩序），使美国人至今还因之而养尊处优。

3. 企业界的开创型人才

在企业，开创型人才在历史上也是熠熠生辉。

从古代的陶朱公范蠡到现代的洛克菲勒，到当代的比尔·盖茨、乔布斯、艾伦·马斯克、吴仁宝等，他们以非凡的经营天才而成为不朽的传奇。当然，他们的精神境界也让人高山仰止。

乔布斯创建苹果公司，并用他的创造力推动了苹果公司的蓬勃发展，当该公司股东撇开乔布斯时，苹果公司马上由蓬勃发展转变为停滞和危机，市场份额从16%下降到4%。其后，苹果董事会不得不再度请乔布斯出山，而乔布斯则用从 iMac 到 ipod 等一系列新产品的推出，以及创新营销模式，再次证明了他的独特价值。苹果公司因为乔布斯而成为经典、成为传奇。

卡洛斯·戈恩先后在巴西、美国、法国及日本大刀阔斧地拯救过四家公司，尤其是他使日产汽车公司起死回生的传奇经历，一直被业界视为经典，他也因此被誉为当代"艾柯卡"。卡洛斯·戈恩是开创型人才的代表性人物之一，既有高瞻远瞩的智慧和战略天才，又能准确把握行业运作规律，表现出强大的创新能力。表现在实践中，卡洛斯·戈恩善于从全局高度审视企业，找出关键因素和优先顺序，然后将解决方案落实于具体环节。他善于把理念通俗化、标语化，深入浅出；把战略具体化、数字化，方便操作；把文化人情化、公司化，变成动力。他还能实施人才管理的创新，如组建跨职能团队等。正是基于强大的战略创新能力，卡洛斯·戈恩成就了他的传奇。

华西村是中国社会主义新农村的典范，也是世界农村的样板。可以肯定地说，离开开创型人才吴仁宝的掌舵，就不会有今天的华西村。有参观华西村的人感慨："我们那儿，山也好、水也好，就是缺个吴仁宝。"这话说到了关键。对记者"华西能否复制"的提问，创始人吴仁宝说："要看有没有能复制的人，这个人必须真正相信中国共产党，真正相信实事求是，真正相信中国特色社会主义。"①

那些开创型人才的成功案例都不是偶然的，这是他们的智能特征与实践需求契合的光辉范例。没有人能证明，换一个其他类型的人才也能产生相同的实践效果。

当今时代已经进入战略时代，全球化、信息化、高技术化、公开化等，使世界真正成了联系紧密的地球村。与此相应的是，无国界经营和庞大资本使企业管理变得超级宏观，国际市场所涉及的政治、制度、人文等因素也使经营充满变数，技术革命日新月异则大大增强了对企业提高核心创造力的要求，这一切，都不是一般战术能力所能解决的。没有强大的战略掌控能力，庞大的组织、庞大的资本、超级生产能力只会变成巨大的负担，生产越多，或许死亡越快。这就是柯达、夏普等跨国公司所面临的现实困境。战略时代就是战略制胜的时代。谁能掌控这样的时代呢？有强大战略管控能力和创新能力的开创型人才是无二的选择。这就是卡洛斯·戈恩被300多家大公司青睐的原因。幸运的是，卡洛斯·戈恩并非唯一，只要我们懂得了"相马"，就一定能找到"千里马"。

二、实现各类人才的优化组合

人才结构是人才系统的构成形式，是人才内部各要素的排列组合方式。建立合理的人才结构是充分发挥人才集体合力的关键。

肯定开创型人才的特殊价值并不意味着否定其他人才价值，在人才结构中，只要安排合理，各种人才都会产生相应的价值。在中国历史上，许多杰出的政治家都意识到人才结构的重要意义。刘邦在他统一天下的庆功宴上说："运筹于帷幄之中，决胜于千里之外，吾不如张良；镇国家、扶百姓、给馈饷，不绝粮道，吾不如萧何；连百万大军，攻必取、守必固，吾不如韩信。此三人者，皆人杰也。吾能用之，此吾所以有天下也。"

只有搭建起合理的人才结构，我们的事业才能顺利地加速前进。对于那些处于创业阶段的人才来说，把握人才智能特征，找好智能上互补的事业伙伴，将会事半功倍。而对于那些已经抓住机会已经形成事业规模的业主，把握自己的智能特征，通过组建合理的职业

---

① http：//baike.baidu.com/link? url = ZVIJc2wd3bQGhKWAHozRHmEyujZJlxBI5vA27 XsxPYVnjZrH-SNYMAzhque-qRroONRQKc-lgp_mcpqprgOAQVHsFhGIh8Tkt8rfREWeh84S。

经理团队作为补充，这也是必须作出的明智选择。

改良人才结构应该从以下三个方面着手：

首先，要优化核心团队。

核心团队是阐述理念、制定战略、表达路线、强化凝聚力的所在，不仅错误的顶层设计会导致全局被动甚至失败，战略的模糊和分歧也是致命的因素。所以，建立一个对正确战略有清醒认知并积极支持的核心团队，直接关系到事业成败。

所谓核心团队智能优化，强调的是集体智慧的完整性和互补性，确保合力的最大化。就一个领导团队而言，需要几种关键性的智慧合力。

美国通用电气公司、杜邦财团、新哈汶铁道公司以及碳化物联合公司经过调查，发现以董事长为首的领导集团主要由四种人构成：善于思想的人——从事深谋远虑；善于活动的人——从事各种难题调解；善于出头露面的人——做打头阵的工作；善于分析的人——从事综合分析工作。① 他们知道，不同性质的工作需要不同的思维方法，但何谓善于思想的人或善于活动的人、善于出头露面的人呢？

结合智慧人才模型，结论就是：在领导集团中，需要开创型人才——负责战略规划（顶层设计），掌舵实践；需要经验型人才——负责协调和分配，做"行政总裁"；需要博弈型人才、敏行型人才等类型人才作战术设计和参谋。决策核心不仅要以开创型人才为主导，还应该以价值外倾型人才为大多数，这样才能形成最有凝聚力和更容易发挥集体正能量的大局面。

历史上，在开创型人才主导的团队中，决策核心、决策层、执行层层次分明，人才结构最为合理。他们自己坐镇决策核心，以经验型人才、敏行型人才等为决策层，发挥博弈型人才、权变型人才、专业型人才等各种人才的执行力，使战略天才与集体智慧充分结合起来，进而形成强大的集体战斗力。

在开创型人才建立的核心团队中，一般以经验型人才和敏行型人才为骨干。

在秦始皇的核心团队中，有李斯、蒙毅、蒙恬等，李斯、蒙毅是经验型人才，蒙恬是敏行型人才。

汉武帝用人不拘一格，开创人才济济之盛世，他的核心团队中也是以经验型人才、敏行型人才为主的，韩安国、公孙弘等都是典型的经验型人才，汲黯、张汤等是典型的敏行型人才，大将军卫青也是敏行型人才，霍去病是博弈型人才。

在刘备的核心团队中，诸葛亮是经验型人才，关羽、张飞、赵云、黄忠等都是敏行型人才，作为博弈型人才的马超、魏延虽然都是方面军大将，但明显不在核心之列。

康熙时代，虽然早期重用了权变型人才索额图和急利型人才明珠，但那是一时的权宜

---

① 《领导科学基础》，广西人民出版社 1983 年版，第 276 页。

之计和政治平衡术，他后期主要重用作为经验型人才的张廷玉。在众皇子中，康熙对善于权术的皇八子胤禩及其势力有明显的打压，而他选择的接班人是"人品贵重，深肖朕躬"的皇四子胤禛（即后来的雍正皇帝）。

在华盛顿的核心团队中，杰斐逊是典型的经验型人才，亚当斯是敏行型人才，汉密尔顿是权变型人才。而在实际操作中，亚当斯、杰斐逊显然更得华盛顿的器重。

这些案例绝对不是历史的偶然和个例，而是开创型人才的用人理念和实践结合的光辉范例。

在企业中，本田公司的本田宗一郎和藤泽武夫的结合也是典型案例。他们分工明确，充分发挥了合力。作为本田核心的本田宗一郎是开创型人才，有强大的创新能力，他负责战略规划和技术开发；藤泽武夫是经验型人才，风格细腻，善于行政管理和协调。本田宗一郎将日常管理事务全权委托藤泽武夫，自己甚至都不到本田总部上班，只是专心于本田技研所，专注于战略研究和技术创新。正是基于这一黄金搭档的珠联璧合，开启了本田事业的辉煌。这两个个性迥异的人才的友谊，成为企业界的一段佳话。

显然，在开创型人才主导的团队中，核心团队的智能优化是最合理的，是既能实现智慧补充又能保持足够进取动力的结构模式。

需要指出的是，上述人才结构模式并不意味着每种人才都是独一的。如果一个团队中有两个、三个开创型人才，团队战斗力只会更强，就像在十月革命中列宁+斯大林结构一样。同样，其他类型的人才也不是独一的，重要的是明确他们相对应的位置和分工。

其次，强化执行团队的执行力。

好的战略必须有好的团队去执行，没有执行力的团队也是不可能成功的。成功的团队除了必须有一个核心领导层外，还要有一个强大的执行团队。

在顶层设计完成之后，就要仰仗一支敢打敢冲、有执行力的队伍。对于这个团队的组织和建设，不能照搬核心团队的建立模式。核心团队强调智能互补、强调价值观认同，但执行团队就不能强调智能互补，也不一定要强调价值观认同。对于执行团队而言，重要的是找准各种人才的优劣，扬长避短，把智慧的好钢用在刀刃上。

当然，能够以敏行型人才等外倾型人才为核心打造的执行团队无疑是最有战斗力的团队。戚继光是一个天才的军事家、战略家，在组建"戚家军"时，他特别强调队伍的执行力。戚继光选兵注重气质：城乡的油滑之徒不要，老兵油子不要，与官府交往多的人不要，细皮嫩肉的也不要。显然，戚继光所摒弃的主要是那种私欲较重的人，也就是精神内倾型之人才，这些人因为私念重容易削弱执行力，还会影响整个团队的合力。那些更少私欲杂念的人，更容易锻造成勇往直前的战士，这样的队伍才更具执行力。正是依靠这样一支队伍，戚继光创造了军事史上百战百胜而且伤亡最少的军事传奇。

总的说来，用人是根据事业面的宽度来选材的，要具体情况具体安排，因事而异，因人而异。譬如政治上的用人，这种执行团队涉及范围广，因而用人也会复杂很多，各种人才都可以扬长避短，合理使用。那些作为政治家的开创型人才是非常善于发挥团队执行力的。疆场拼杀，他们用博弈型人才和敏行型人才为大将，将战术能力变成制敌死命的武器；治理地方，他们用经验型人才和部分权变型人才为官员，保障政令的及时贯彻和执行。

开创型人才还善于通过改良组织结构来提高团队的执行力。

斯大林通过在红军中建立完整的党组织机构，使苏联红军迅速完成革命化改造，大大提高了红军的战斗力。

毛泽东领导的中国共产党的军队从一开始就建立了基层党组织。从井冈山时期开始，红军在连一级以上单位都设有党支部。在许多政工干部的协助工作下，解放军思想素质变得更高，组织更严谨，战斗力也变得更强。聂荣臻、罗荣桓、邓小平等高级政工干部在解放战争中发挥了巨大作用。在辽沈战役的关键时期，正是因为聂荣臻对中央关门打狗战略的坚决支持，最后帮助林彪下定拿下锦州的战役决心，保障了辽沈战役目标的最后达成。

在当今商战中，同样需要强大的执行团队。史玉柱的脑黄金营销仰仗的是强大的营销团队，乔布斯的苹果的成功同样仰仗强大的营销团队。

那么，究竟什么样的组合才是最佳团队呢？

结合当今的时代特点，最佳创业团队模式是：核心团队（开创型人才+经验型人才+自觉型人才）+执行团队（结合运营实际需要的多类型人才）的模式。这样的团队如果有战略、有产品，即使是初创，风险投资也完全可以放心进入。

第三节　开放性人才系统

各人才在集团中的位置必须有相对的稳定性，没有这种稳定性，人才系统就无法运作。但是，这种稳定性绝不能成为人才系统向社会敞开胸怀、广招贤能的障碍。只有永不间断地吸收优秀人才的集团，才能充满生机地不断发展、壮大。

要建立开放的人才系统，保障合理的人才结构，这是使人才队伍永葆青春的基础，是集团旺盛生命力的源泉，创业者不可不对之进行深入的研究。

一、永恒对人才敞开欢迎的怀抱

人才既不是远在天边的星辰，也不是我们招之即来挥之则去的奴仆。他们是具有鲜明个性的客观存在，需要尊重和人文关怀，更需要业主以开放的心胸来迎接他们。

有很多人自认为很重视人才，也会发出一些招贤纳才的信息。而实际上，他们就像叶公好龙似的，纸上画的假龙觉得很好，天上的真龙一来，就吓坏了。他们无法容纳人才个性，或者害怕人才超过自己因而无法控制，这都不是正确的心态和认识。应科学评估人才价值，敞开怀抱迎接真龙，接纳他们的个性，并扬长避短，这才是真爱才。

雄才大略的业主往往都是求贤若渴，而且永不满足。

汉武帝不拘一格，广揽英才，人才辈出。汉武帝注重从各种各样的渠道发掘人才，"卜式拔于刍牧，弘羊擢于贾竖，卫青奋于奴仆，金日磾出于降虏"，正是因为这种不拘一格的用才之道，成就了那个时代的人才之盛。韩安国、汲黯、公孙弘、唐蒙、庄助、司马相如、东方朔、主父偃、桑弘羊、卫青等，群星辉耀，他们"兴造功业，制度遗文，后世莫及"。汉武帝开创出英雄时代，正是立足于自己亲手建立的强大人才团队之基础上的。

曹操当兖州牧一职后的第一件事就是招贤纳士，后来做了丞相，帐下人才济济，但他仍不满足。他曾经三次下求才令，极尽爱才之意，"山不厌高，水不厌深；周公吐哺，天下归心"。这是他爱才之心永无满足的写照。正是由于曹操爱才不厌的作风，使魏政权的人才系统展示出开放的态势，贤者广集，人才辈出，为日后的一统中国奠定了坚实的人才基础。

世界上没有永恒强盛的国家，但也绝不会出现一个人才辈出却走向衰落的时代。从某种程度上来说，开放式人才结构正是美国创造力的源泉，也成就了美国至今的强盛。

世界上只有因缺乏人才而衰落的企业，而没有因人才过剩而陷入困境的企业。战略人才有战略人才的位置，战术人才有战术人才的用处，人才合力是最大的生产力。所以，任何集团都应该永恒地对人才敞开欢迎的怀抱。

我们有幸处于信息时代，开放的世界、强大的互联网支撑，为我们提供了广博的信息，千里马对我们而言，都是天涯咫尺。我们要把招聘制度用好用活，不要因为编制等借口而关闭引进人才的大门。

二、建立动态的调节机制

生命在于运动，人事也需要适时变动。

只要仔细地研究历史，我们就会发现，官僚化是所有集团走向困顿甚至衰败的开始。官僚化既是保守的代名词，也是腐败的同义语，更是扼杀创造力的刽子手。历史上的每个强大的王朝都是在开明开放中建立的，但随后，伴随着一个个利益集团的形成和壮大，社会组织官僚化越来越严重，形成恶性循环。利益集团需要用官僚化来维系它的特权，而官僚化病毒更善于借利益集团的功利追求而快速扩散，于是，腐败这种政治癌症就诞生了。腐败用它的贪婪本性不断吞噬利益集团的灵魂，利益集团在物质陷阱中越陷越深。最后，腐败与利益集团形成了共生关系，利益集团臃肿的身体成为腐败的最佳繁殖土壤。腐败则在肆意掠夺资源以满足利益集团之贪婪的同时，扩散为危及整个政治生态和社会环境的恶性肿瘤。社会于是在腐败的几何倍增中滑向危机的深渊。这就是历史的一般规律。

所以，官僚化就像糖尿病一样，表面不致命，问题很严重，而且，它一旦形成，根治很难。治理这种病症的基本药方就是要完善用人的动态调节机制，用"强化运动"和促进代谢功能来消除病灶。

——坚持合理的人才流动

人才是否适应具体岗位的要求，只有通过实践的检验，才能把握。特别是在我们还没有完全掌握人才鉴别方法的情况下，实践检验是很重要的环节。对于实践检验出来不合理的，就要迅速调整。

同时，有的人才在一定时期内适合某种岗位，但过一个时期，他不能随着形势的发展而进步，这时也是到了该调换的时候。特别是在技术进步一日千里的今天，有一些学习力不够的人，往往会被时代淘汰。

而当有更合适的人来接替这个岗位时，我们也没有任何理由不及时进行调整。

论资排辈对用人而言就是故步自封，就是停滞倒退的代名词。

——把握人才代谢的规律

新陈代谢是物质运动的规律，也是普遍的自然法则。一个人不会一成不变地永远适合于某一个岗位，因为社会在不断变化，岗位要求在变化。

即使是伟人，他们有时也难以超出自然规律的局限。"烈士暮年，壮心不已"的积极情绪，有时会产生消极的实践后果。当英雄们在壮年时，他们有足够的精力和耐心去循序渐进地前进，而到暮年忽至时，面对宏伟的事业，常常抑制不住采取非常规步骤的冲动。刘备早年从单骑行走江湖卖草鞋为生，到组织"义军"，崛起于草莽之中，一步一个脚印，最后建立蜀国，成就强大的基业。但是，到了其晚年，他按捺不住统一天下的雄心壮志，在条件尚不是十分成熟的情况下，以关羽、张飞之死为借口，出兵伐吴，企图一举消灭吴国，加快统一中国的步伐。但是，当时吴国实力还比较雄厚，也不乏有为之才。所以，刘备"出师未捷身先死"，伐吴以失败而告终。

一个国家强盛久了，也会走进"烈士暮年"的那种心理怪圈。它们会偏激地看待自己对世界、对人类的义务，失去慢慢地进行文化传播的耐心，而把武装干涉当成最有效的手段。而在这样做时，它们已为自己播种下衰败的种子。

还有一些人随着经验与年龄的增长，他们的进取心也会随之减弱。在中国一度热议的"59岁现象"就是典型，有些人到了退休年龄，看看现实左右，突然觉得奋斗一生获得甚少，于是产生退休前抓紧捞一把的冲动，结果是，一捞捞出问题，受到社会的惩罚。

要避免重复地犯类似的错误，就要通过建立动态的调节机制，确保人才系统的健康和活力。现代社会的选举制是克服人才结构僵化的好方法，能够通过不断换血优化人才结构。但是，首先这种选举制不能僵化，如果选举都成了形式主义，所谓调节也就成了一句空话。民主不能成为权术家"为反对而反对"的工具，不能成为庸俗政治的虚伪面纱。为"换血"而"换血"是不好的。本来很健康的班子，在没有合适的替代血液出现之前，盲目换血，可能适得其反。从这个角度来说，教条的民选也不是科学的方法。

只有当我们的人才体系具有了足够强大的代谢功能时，才能确保适时地用优秀的人才调节人才组织的机能，保障团队的积极进取。

三、建立后备干部培养机制

俗话说，巧妇难为无米之炊。动态的调节机制和合理的人才流动都必须以强大的人才储备为基础，这个人才储备在很大程度上要靠平时的积累。等到形势急迫时再培养相关人才，那时已经时不我待了。

每一个集团都应该面向未来建立自己的后备干部梯队，这个梯队在平时就是第一梯队的智慧补充，合适的时候就变成相应的骨干力量。

开创型人才都非常注重后备干部培养，也非常注重大胆启用新人。秦皇汉武、唐宗宋祖等英雄时代，无不人才济济、英雄辈出，正是以这一坚实的人才团队为基础，他们才成就了其非凡的历史功业。早在 2000 多年前，汉武帝就开始尝试人才的制度化培养和选拔。首先，汉武帝推行由郡国推举贤良方正的政策，广开仕途，使众多人才不至于因出身和资历的限制而被埋没。据传，仅公元前 140 年的全国大推举，由各地推荐或自荐上书建言政治得失的，就多达千数，汉武帝都按其才能大小授予官职。鼎鼎大名的董仲舒就是这一次选拔中脱颖而出的。此外，汉武帝采用董仲舒、公孙弘等人的建议，在长安兴办了中国历史上第一所正式的大学——太学，选拔郡县优秀青年授业，通过考试，从中选取治国人才。太学教材全部用五经，教师请精通儒学的人担任。到西汉末年，太学生增加到一万人。此外，汉武帝还提倡在郡国兴办地方学校。蜀郡太守方翁在成都修起学官后，汉武帝号召推广于全国。

苏联时期，斯大林也十分重视后备人才培养。1935 年，斯大林提出"干部决定一切"的口号，把加速培养干部作为当时联共（布）的头等重要任务。这一时期，苏联在干部的培训和培养方面开始走向正规化、制度化，并逐步完善，造就大批知识分子干部，并逐步走上重要领导干部岗位。斯大林还特别强化后备干部培养制度化，要求各级党组织书记都要选配能够代行职务的年轻干部，加快干部队伍年轻化的进程。1928 年，苏联具有高等教育程度的专家只有 9 万名，而到 1937 年，全国知识分子干部就有 960 万人，其中技术干部达 400 万人以上，为组织大规模的经济建设和最后取得卫国战争的胜利奠定了人才基础。

在商界，后备人才培养也一样重要。没有哪个企业不是依靠人才团队而兴盛的，也没有哪个企业缺乏相应人才而能持续发展的。

迪士尼公司在华特·迪士尼去世后，曾经经历了一个创新荒时期；夏普、柯达则走到了崩溃的边缘……这都是"第二梯队"没建设好的缘故。

建立雄厚的人才储备的意义是不言而喻的，这就像足球讲究"板凳深度"一样。

总的说来，当前社会对人才培养是很重视的。但是，许多培训都流于公式化模式，以为单靠课程就足以创造所需的人才，不懂得如何结合人才的智能特征实施有区别的培养。这种模式对执行层面的人才培养而言，是可以达到目的的。对战略人才培养来说，则效果甚微。而战略人才却恰恰是事关大企业生死存亡的第一人力资源。大企业人力资源部门如果不懂得人才识别，就不是称职的部门。

第四节　人才管理五项准则

科学管理必须以人本主义精神为内核，以具体的管理方法为指南，在具体的实践中统一主体价值与集体价值。

历史上关于人才管理的方法和谋略有很多，从韩非子的帝王之术到毛泽东的"治病救人"，从泰罗的科学管理到当代参与性组织模式，人们在实践中进行了不断的探索，也积累了丰富的经验。人才管理这个概念因应时代需要，总是不断地注入新的内涵。

人才管理作为一门科学，它随着时代的发展而发展，但人才管理的基本原则是一以贯之的。明确职责、以才定岗、度德量力、规范考核，把握好这些基本原则，我们就可以实现"无为而治"。

一、明确职责、建立参与型组织

管理首先就是要明确分工，划定职责。有效的管理就是要实现责、权、利三者的统一。承担责任，没有相应的权与利不行；享受权利，而不使之承担责任也不行。

我们这里所谓的明确职责，实际上包含两大层面的意思，一是从制度上明确权责范围，二是实施透明管理。总体上是要实现权责界定和监督的统一。前者是我们大脑中已有的教条概念，系指文书上的明确职责，这容易理解；后者则是我们常常忽略的内容，但其重要意义丝毫不亚于前者。每种职责都应该有普遍的告知，并接受全面的监督。

在实践中，我们却往往只注重权责范围界定，而忽略透明管理的重要性。殊不知，不受监督的权力自然会走向腐败，不受监督的职责等于虚设。之前，中国政府官员都有其明确的权责界定，但滥用权力的"大老虎"仍然层出不穷。何也？因为其权责不够透明和失去了监督机制。当权力失去了透明和监督，权力就会和贪婪共枕，就会和腐败联姻，就会导致无法无天，进而引发社会危机。中国当前的反腐败斗争把公开化当作一种主要手段，实际上也是对症下药。

管理不能没有权力，但没有制约的权力必然走向腐败。社会必须通过公开化和强化监督，把权力限定在其应该的范围。一个国家人民参政议政权力的大小、参与程度的广泛性以及参政议政能力的表现，是衡量一个国家政治文明程度的重要准绳。健康的政治就是要把人民引导到正确的政治轨道上来，让人民积极地参政议政，利用人民的参与和监督来保证社会的健康运行。

当代企业普遍把建立参与性组织当作重要的管理创新，这实际上也是进一步明确职责的表现，它强调员工不仅有一个具体岗位环节的角色职责，同时还有作为大家庭一员的另一个角色和职责。有些企业把企业领导的职责定性为"资源的再分配"，管理上则表现为全员参与、全员管理。

日本的松下公司十分注重调动所有员工的积极性，让他们积极参与到公司的运营中来。其创始人松下幸之助认为："只有公司的员工都把自己当成公司的主人，而不是被雇佣者，公司才能形成一个强有力的整体，才能持续发展。"①

戈恩进入日产公司时，日产公司正面临严重亏损，士气不振，濒临倒闭。戈恩在深入调研后，制订了日产复兴计划。他在完善岗位职能的同时，集中相关环节员工组建了 9 个跨职能团队（CFT），设置课题并找出解决方案。戈恩在这里实际上对员工身份进行了一次改造，它使员工不再只作为一个岗位环节而存在，而是作为一个整体而存在。通过这种管理创新，日产这个老化的机器又重新焕发出活力。仅仅 18 个月后，常年亏损的日产就扭亏为盈，在 2000—2001 年一年中，竟然实现 27 亿美元的赢利。其后，戈恩又审时度势，促成与中国东风集团的战略重组，诞生东风日产这个汽车品牌，成为活跃在中国市场上的重要竞争力量。当然，东风日产也为日产公司带来了滚滚利润。

保守的职责观念已经不合时宜，完善组织的参与性改造是时代文明的要求，也是集团发展的内在要求。

二、以才定岗、彰显主体价值

人才不可能兼通百行，贯通众理。有的精于此行而殊于彼道，也有的精于彼道而昧于此行，因其才而使之，这是实现人才主体价值与社会价值统一的关键。

"君子用人如器"，好钢要用在刀刃上，好人才要用在合适岗位上。总的来说，是要把握两个基本点：区分才识类别，不把专业素养与领导能力混为一谈；区分人才类别，不把岗位当作赏罚的标的。具体说来，在战略岗位，不要安排战术家，更不能安排战略和战术都不懂的人才，要把开创型人才当作首选；在战术岗位，不要安排专业型人才和自觉型

---

① 《跟财富精英学用人》，海洋出版社 2003 年版，第 36 页。

人才等，而要安排博弈型人才、敏行型人才等敢于冲锋陷阵和缺少顾虑的人才。当然，也要结合人才的知识结构。

《长短经》中说："使韩信下帏，仲舒当戎，于公驰说，陆贾听讼，必无囊时之勋，而显今日之名也。故任长之道，不可不察。"韩信能力在于治军打仗，没有文才，做文案当然不行；董仲舒是大儒、文豪，让他行军打仗只有失败这一种结果；于公善于断案，让他去游说，肯定收不到实效；陆贾只有文才，却让他去搞司法，肯定不会成名。才在何处就定岗何处，这是用才之正道。

中国春秋时期的政治家管仲是一个很善于量能授职的人。他对齐桓公说："升降揖逊，进退闲习，辨辞之刚柔，臣不如隰朋，请立为大司行。垦草莱，辟土地，聚粟众多，尽地之利，臣不如宁越，请立为大司田。平原广牧，车不结辙，士不旋踵，鼓之而三军视死如归，臣不如王子成父，请立为大司马。决狱执中，不杀无辜，不诬无罪，臣不如宾须无，请立为大司理。犯君颜色，进谏必忠，不避死亡，不挠富贵，臣不如东郭牙，请立为大谏之官。"管仲把"五杰"都安排在相应的岗位上，使他们的所长得到淋漓尽致的发挥，从而确保了齐国兴霸大战略的实现。

东汉光武帝刘秀知人善任，擅长柔术，有明主之称。在用人上，他对功臣在财物赏赐方面很大方，但在权力安排上却非常慎重。他以"治平尚德行，有事尚功能"为用人的基本方针，平定天下后，注重选用"忠厚之臣"、"循良之吏"来管理社会。对于功臣，除了像卓茂、邓禹等那样确有治世才干的人外，他一般不给他们以实权实职。刘秀还严格遵守有功则赏、有过必罚的准则，严格考核，裁汰冗员。此外，刘秀还大办教育，积极培养人才。刘秀时代，吏治清明，呈现出"光武中兴"之气象。

以前，在中国某些国企中，标兵、劳模常常被提拔到领导岗位上来。而事实上，有些标兵、劳模属于专业技术人才，他们只有专业才干，并不善于管理。提拔他们动因是好的，实效确实不好的，因为他们并不具备相应的领导力，结果是造成人力资源浪费。

在岗位安排上，一定要结合专业和人才智能特征两种要素综合考量，这样才能实现人尽其才，才尽其用，才能实现主体价值与社会价值的统一。

三、德识并举、价值观念至上

因为人才智能特征是道德属性与智能属性的统一，才与德并不一定一致。有德无才，只会贻误实践，浪费发展机遇；有才无德，则会祸害实践，造成更多损失。所以，选拔人才一定要度德量力，德、识并举。

唐太宗李世民在《贞观政要》中说："今所任用，必须以德行、学识为本。"可以说，正是这种以德识为本的用人方略，开创了"贞观之治"的大好局面。这种用才方针，在今天仍可奉为圭臬。

在《史记》中有这样一段故事：蔺相如以门客身份用于赵王，因为在咸阳、渑池两次会议上挫败秦王，维护赵王权威，被赵王拜为上卿（官名，相当于丞相一职），位在战功赫赫的大将军廉颇之上。廉颇初时对此极为不满，扬言："蔺相如徒以口舌为劳，而位居我上！吾必辱之"。后来，几经周折，在朋友虞卿的斡旋下，廉颇终于认识到自己在见识、胸襟、智谋等方面均不如蔺相如，对蔺相如心悦诚服。他向蔺负荆请罪，以释前嫌。于是将相和好，成为历史佳话。如果依功绩定位次，廉颇战功卓著，应当在蔺相如之上，但比德识、量才学，则上卿非蔺相如莫属。所以，虽然考绩进秩是吏之常法，但切不可因此而忽略因才任人之大政。唯有大才大用、小才小用，将以为将，相用为相，才能使人才各得其所，而尽其所能。

历史上如商汤之用伊尹，文王之用姜尚，齐桓公之用管仲，刘备之用诸葛亮等，都是因才任人之典范。而希特勒式的用人失误、戈尔巴乔夫式的用人失误，以及赵括、马谡一类的用人失误等，都是典型的失败案例。

在当前的政治实践中，我们一方面要从历史的经验中获得启迪，同时要结合九型人才模型对人才进行理性的筛选。一方面，全球化、信息化和高技术化使我们进入一个战略制胜的时代，小智慧已经无法担当起领导的职责，大国领导人唯有那些开创型人才、经验型人才的德与智才能匹配。另一方面，人类已经进入高风险的核武器时代，如果大国中再出现几个希特勒式"疯子"，人类所面临的就不只是"回到黑暗的中世纪"的问题，而是有可能全部毁灭。所以，对政治家量能度德，至为重要。

在企业实践中，同样要善于"量材"。李嘉诚的长江实业集团"中西合璧"、人才济济，在华人中有周千和、周年茂、霍建宁、洪小莲等著名经理人才，在外籍人才中有麦理思、马世民等。李嘉诚根据这些人的能力和品质，把他们安排在相应的岗位。这些人才合力的发挥，使李嘉诚在商战中游刃有余。李嘉诚总结自己的用人心得时说："知人善任，大多数人会有部分的长处，部分的短处，好像大象食量以斗计，蚁一小勺便足够。各尽所能，各得所需，以量材而用为原则……统帅只有明白整个局面，才能成为出色的领导，并使下属充分发挥最大的长处，取得最好的效果。"[①]

如何才能做到德才并举？确认人才价值取向很重要，重要岗位的人才必须有主动服务集体的意愿，并把个人价值统一到集体价值之中，而不是把个人价值凌驾于集体价值之上。自我偏执是容易产生与集体价值背离的行为的，有才无德很容易把集体带入歧途。学会结合九种人才模型来考量，将大大提升我们在这一环节上的管理水平。

四、严格考核、实行目标管理

没有目标不成计划，没有考核不成管理，如何使目标考核科学化，这是管理者一直在

---

① 《跟财富精英学用人》，海洋出版社 2003 年版，第 209~210 页。

实践中不断思考、总结的课题。

一是根据职责和目标设定，全面考核工作绩效。

这是一种硬性的目标考核，一般是对照细化的岗位指标考核，尺度比较容易把握。在经济工作中，决策层经过深入调研、分析，将年度经营指标细化分解到各个经营环节，并按年度进行考核。

在中国企业界，海尔管理模式一度在业界备受推崇。海尔总裁张瑞敏创立了"日清日高"的管理模式，具体地说，就是企业每天所有的事都有人管，做到控制不漏项；所有的人均有管理、控制的内容，并依据工作标准对各自控制的事项按预定的计划执行，每日把实际结果与计划指标对照、总结、纠正，确保达到全过程的控制目标。概括起来就是"帐不漏项，事事有人管，人人都管事，管事重效果，管人凭考核，考核为激励"。

现代企业在目标管理上已经普遍走上规范化道路，企业都有完整的事业计划和具体的目标管理方案，各事业部、职能部门、子公司、工厂都围绕事业计划制定细化的方针目标，并逐步推进。"矩阵管理"模式也好，"事业部制"也罢，中心思想都是要实现企业全体系目标管理，使指标落到实处。规范化的目标管理是现代企业管理科学化的标志。

二是要落实责任，赏罚分明。

落实责任非常重要，也是管理中的最大难题。

从一般意义上来说，主要是明赏罚，齐人心。《黄石公三略·上略》："故将无还令，赏罚必信，如天如地，乃可御人。"① 还有人在赏罚问题上总结出五条。其一是要公正无私，无高下之分、无亲疏之别。其二是赏不逾时，罚不迁列。其三是处罚从大人物做起，赏赐先从小人物身上体现。其四是赏不逾顶，罚不过度。其五是舍财慎官，除非真有其才，否则不可以官相赏。

从政治层面来说，落实责任相对复杂许多。就拿反腐败问题来说，我们并不缺少相关法律条文，但为什么就是屡禁不止、甚至还大有蔓延之势呢？这是因为制度与落实之间有很大的距离。如何统一制度与落实，做到令行禁止，这需要科学的顶层设计加上严格的追责机制。具体地说，就是要通过实行公开化和完善社会监督机制，实现对权力的充分制衡。每一种职责不是意味着一个教条主义的概念，而是意味着必须"谋其政"、"服好务"，任何"不作为"都没有借口，任何乱作为都要负责任。我们应该充分用活现代传媒技术和载体，使之成为照耀社会每一个角落的阳光。

俗话说得好，万事就怕"认真"二字。只要真抓实干，对症下药，就没有落实不了的责任。

---

① 常福林、默墨编著：《中国用人10方略》，山西人民出版社1994年版，第235页。

参 考 文 献

第一类　人才与管理

[1]［德］恩斯特·卡西尔著：《人论》，李化梅译，西苑出版社，2009。

[2]［美］海伦·帕尔默著：《九型人格》，徐杨译，华夏出版社，2006。

[3] 夏禹龙等著：《领导科学基础》，广西人民出版社，1983。

[4] 张鹏主编：《大象的舞步》，中国经济出版社，2004。

[5] 兰涛编：《李嘉诚何以成大事》，中国华侨出版社，2012。

[6] 白马编：《跟财富精英学用人》，海洋出版社，2003。

[7] 常福林、默墨编著：《中国用人 10 方略》，山西人民出版社，1994。

[8]（唐）赵蕤著：《长短经》，华中理工大学出版社，1992。

[9]（清）宋宗元著：《正经》，内蒙古文化出版社，1998。

[10] 张明林等主编：《孙子兵法与三十六计》，中央民族大学出版社，2002。

[11] 金泰编著：《统帅用兵韬略》，华龄出版社，1998。

第二类　历史

[1]（西汉）司马迁著：《史记》，中华书局，1959。

[2]（宋）司马光编著：《资治通鉴》，中华书局，2009。

[3]（晋）陈寿著，裴松之（注）：《三国志》，中华书局，2009。

[4]（后晋）刘昫著：《旧唐书》，中华书局，1972。

[5] 蔡东藩著：《宋史》，中国华侨出版社，2014。

[6]（明）宋濂 兼撰：《元史》，中华书局，1976。

[7]（清）张廷玉主编：《明史》，中华书局，1974。

[8]（清）李有棠著：《辽史纪事本末》，中华书局，1983。

[9]（宋）袁枢著：《通鉴纪事本末》，中华书局，1979。

[10]（清）毕沅著：《续资治通鉴》，中华书局，2009。

[11] 扬子彦著：《战国策正宗》，华夏出版社，2008。

[12] [美] 黄仁宇著：《万历十五年》，中华书局，2002。

[13] 丁中江著：《北洋军阀史话》，中国友谊出版公司，1996。

[14] [古希腊] 波里比阿著：《罗马帝国的崛起》，翁嘉声译，中国社会科学文献出版社，2013。

[15] [古罗马] 阿庇安著：《罗马史》，谢德凤译，商务印书馆，2008。

[16] 王荣堂、姜德昌主编：《世界近代史》，吉林人民出版社，1981。

[17] [澳] A.B.博斯沃斯著：《亚历山大帝国》，王桂林译，青海人民出版社，2006。

[18] [英] A.古德温编著：《世界近代史》，中国社会科学院世界历史研究所组译，中国社会科学出版社，1999。

[19] [美] 威廉·J.本内特著：《美国通史》，刘军等译，江西人民出版社，2009。

[20] [苏] 基姆主编：《社会主义时期苏联史》，人民大学编译室译，三联书店，1960。

[21] 军事科学院军事历史研究部著：《第二次世界大战史》，军事科学出版社，1998。

第三类　文化、理论

[1]《列宁选集》，人民出版社，1972。

[2]《毛泽东选集》，人民出版社，1991。

[3]《马克思恩格斯列宁斯大林论研究历史》，人民出版社，1975。

[4] 李靖宇主编：《社会主义政治体制大辞典》，沈阳出版社，1989。

[5]《四书五经》，吉林出版集团有限公司，2007。

[6]《荀子选》，人民文学出版社，1985。

[7]《吕氏春秋·淮南子》，岳麓书社，1989。

[8] 李大明主编：《诸子百家》，天津古籍出版社，2001。

[9] 李泽厚著：《中国古代思想史论》，人民出版社，1986。

[10] 李泽厚著：《中国现代思想史论》，东方出版社，1987。

[11] 马克垚主编：《世界文明史》，北京大学出版社，2004。

[12] [挪] G.希尔贝克 N.伊耶著，上海译文出版社，《西方哲学史》，童世骏等译，

2012。

[13]［美］悉尼·胡克著：《历史中的英雄》，王清彬译，上海人民出版社，1987。

[14]［俄］普列汉诺夫著：《论个人在历史上的作用问题》，三联书店，1961。

[15]［美］埃利希·弗洛姆著：《健全的社会》，欧阳谦译，中国文联出版公司，1988。

[16]［美］W.E.哈拉尔著：《新资本主义》，冯韵文等译，社会科学文献出版社，1999。

[17]［德］尼采著：《悲剧的诞生》，周国平译，上海人民出版社，2009。

[18]［美］理查德·尼克松著：《1999：不战而胜》，王观声等译，世界知识出版社，1989。

第四类 传记、回忆录

[1] 王建吉等编著：《四大革命导师传——马克思》，红旗出版社，1997。

[2] 王建吉等编著：《四大革命导师传——恩格斯》，红旗出版社，1997

[3] 王建吉等编著：《四大革命导师传——列宁》，红旗出版社，1997。

[4] 王建吉等编著：《四大革命导师传——斯大林》，红旗出版社，1997。

[5] 吴江雄主编：《毛泽东评点国际人物》，安徽人民出版社，1998。

[6] 黄中业著：《秦始皇大传》，吉林人民出版社，2002。

[7] 安作璋著：《汉武帝大传》，中华书局，2005。

[8] 赵克尧、许道勋著：《唐太宗传》，人民出版社，1984。

[9] 岳鑫、张焱著：《乾隆大传》，吉林人民出版社，2002。

[10] 李涛、张焱著：《康熙大传》，吉林人民出版社，2002。

[11] 刘杰诚著：《毛泽东与斯大林》，中共中央党校出版社，1993。

[12] 何钟山等著：《毛泽东与蒋介石》，中国档案出版社，1996。

[13] 李玉伟、郝宝利编著：《走下政坛的元首》，长春出版社，1992。

[14] 杨书案著：《孔子》，长江文艺出版社，1998。

[15] 杨帆著：《庄子：逍遥人生》，长江文艺出版社，1995。

[16] 徐文明著：《十一世纪的王安石》，当代中国出版社，2007。

[17] 朱东润著：《张居正大传》，百花文艺出版社，2001。

[18] 肖黎主编：《中国历代明君》，河南人民出版社，1987。

[19] 李富民主编：《明亡清兴六十人》，中国社会科学出版社，2007。

[20] 王志可主编：《大宋遗民的王朝岁月》，广西人民出版社，2008。

[21] 薛泉著：《李东阳研究》，湖南人民出版社，2007。

［22］康震著：《康震品李白》，东方出版社，2006。

［23］纪连海著：《和珅》，中国民主法治出版社，2012。

［24］文武著：《乾隆时代》，哈尔滨出版社，2008。

［25］华博著：《和珅秘史》，国家图书馆出版社，2010。

［26］周月亮著：《王阴明大传》，中华工商联合出版社，1999。

［27］侯宜杰著：《袁世凯全传》，河北教育出版社、广东教育出版社，2013。

［28］武育文等著：《张学良将军传略》，辽宁大学出版社，1987。

［29］蔡赓生编著：《丘吉尔传》，湖北辞书出版社，1996。

［30］章正余编著：《罗斯福》，京华出版社，2005。

［31］杜查理著：《拿破仑》，黑龙江人民出版社，1997。

［32］罗伯特·李著：《卡斯特罗传》，长江人民出版社，1998。

［33］杜查理著：《彼得大帝》，中国人事出版社，1996。

［34］解力夫著：《盗世奸雄希特勒》，世界知识出版社，1985。

［35］［俄］瓦·博尔金著：《戈尔巴乔夫传》，吉力译，时代文艺出版社，2002。

［36］牛景立等著：《墨索里尼》，京华出版社，2006。

［37］［英］戴维·欧文著：《隆美尔》，卜珍伟、江山译，解放军出版社，2010。

［38］罗启亮编著：《本田宗一郎传奇》，浙江人民出版社，2012。

［39］［美］小克莱·布莱尔著：《麦克阿瑟》，霍志海等译，战士出版社，2008。

［40］［美］华盛顿·欧文著：《华盛顿时代》，白如冰译，东方出版社，2012。

［41］［美］乔恩·李·安德森著：《切·格瓦拉传》，马昕译，湖北长江出版集团长江文艺出版社，2009。

［42］翁锡玲编著：《20世纪政治要人大传》，西北大学出版社，2014。

［43］周国平著：《尼采：站在世纪的转折点上》，上海人民出版社，1986。

［44］［俄］丘耶夫著，《莫洛托夫回忆录》，军事科学院外国军事研究所译，吉林人民出版社，1992。

［45］［美］罗伯特·斯雷特著：《索罗斯旋风》，黄铮译，海南出版社，1998。

［46］苑鲁、王敏著：《史迪威与蒋介石》，重庆出版社，2005。

［47］梁国藩主编：《世界伟人传》，陕西旅游、经济日报出版社，1998。

［48］赵天奕主编：《领袖们》，经济日报出版社，1997。

［49］王永生编著：《二战十六大名将秘档全公开》，京华出版社，2005。

［50］周桦著：《王石这个人》，中信出版社，2006。

［51］优米网编著：《史玉柱自述》，同心出版社，2013。

［52］汪建民编著：《俞敏洪为什么能》，北京工业大学出版社，2014。

第五类 其他

[1] 权延赤著：《红朝传奇》，内蒙古人民出版社，2001。

[2] 权延赤著：《走下神坛的毛泽东》，内蒙古人民出版社，2001。

[3] 权延赤著：《餐桌旁的领袖们》，内蒙古人民出版社，2001。

[4] 麓山子编著：《毛泽东诗词全集赏读》，太白文艺出版社，2014。

[5] 易定宏编著：《普京凭什么这么牛》，时事出版社，2004。

[6]（明）冯梦龙著：《东周列国志》，岳麓书社，1990。

[7] 罗贯中著：《三国演义》，岳麓书社，1986。

[8] 宋梅编：《战国策》，海天出版社，1996。

[9] 萧枫主编：《二十四史精华》，中国文史出版社，2002。

[10] 李文治 著：《晚明民变》，中国电影出版社，2014。

[11] 李敖著：《我来剥蒋介石的皮》，内蒙古文化出版社，1998。

[12] 戴晨京著：《百年蒋家》，华文出版社，2007。

[13] 黎东方著：《细说秦汉》，上海人民出版社，2013。

[14] 赵建敏著：《细说隋唐》，上海人民出版社，2002。

[15] 虞云国著：《细说宋朝》，上海人民出版社，2002。

[16] 黎东方著：《细说明朝》，上海人民出版社，2013。

[17]［俄］米哈伊尔·戈尔巴乔夫著：《对过去和未来的思考》，徐葵等译，新华出版社，2002。

[18] 安娜·路易斯·斯特朗著：《斯大林时代》，石人译，世界知识出版社，1979。

[19] 尹家民著：《国共往事风云录》，当代中国出版社，2012。

[20] 中国史学研究会主编：《戊戌变法》，上海人民出版社，1972。

[21] 邹范平著：《康雍乾盛世中的君臣关系》，陕西出版传媒集团、陕西人民出版社，2014。

[22] 王庆成著：《太平天国的历史和思想》，中国人民大学出版社，2010。

[23]［日］上乡利昭著：《摩托之父本田宗一郎》，张春林、梁俐译，中国经济出版社，1992。

[24] 曹仰峰著：《海尔转型——人人都是CEO》，中信出版社，2014。